国家社会科学基金教育学一般课题“文化资本与人力资本双重驱动下[illegible]
大学生就业风险研究”（项目号：BIA170199；结项鉴定等级：良好）研究成果

文化资本与人力资本双重驱动下的
大学生就业研究

高娟　著

Research on College Student Employment Driven by
Cultural Capital and Human Capital

WUHAN UNIVERSITY PRESS
武汉大学出版社

图书在版编目(CIP)数据

文化资本与人力资本双重驱动下的大学生就业研究/高娟著.—武汉：武汉大学出版社,2023.10
ISBN 978-7-307-23979-1

Ⅰ.文…　Ⅱ.高…　Ⅲ.大学生—就业—研究　Ⅳ.G647.38

中国国家版本馆 CIP 数据核字(2023)第 170415 号

责任编辑:黄河清　　责任校对:汪欣怡　　版式设计:韩闻锦

出版发行：武汉大学出版社　(430072　武昌　珞珈山)
(电子邮箱：cbs22@whu.edu.cn　网址：www.wdp.com.cn)
印刷:武汉邮科印务有限公司
开本:720×1000　1/16　印张:20.5　字数:399 千字　插页:1
版次:2023 年 10 月第 1 版　2023 年 10 月第 1 次印刷
ISBN 978-7-307-23979-1　定价:88.00 元

前　言

就业是关系民生改善与社会稳定的重要问题。大学生就业与我国社会发展和人民生活的诸多方面都息息相关。伴随我国高等教育大众化与普及化以及就业市场结构性矛盾的日益突出等问题，大学生就业形势日趋严峻。大学生就业不仅与国内外宏观经济形势和就业市场环境相关，更加与大学生自身、家庭和高校相关。高等教育的大众化与普及化虽然整体上提升了学生的受教育程度，但大学生就业的结构性矛盾依然存在，而大学生人力资本的提升能够更好地满足劳动力市场上对人才的需求要求，增强在就业中应对风险的能力，促进高质量就业的实现。同时，家庭文化资本对大学生知识能力积累和就业都会产生潜移默化的影响。而高等教育普及化中，高校文化资本对于大学生吸收和培养适应市场需求的知识与能力及应对就业市场环境也会发挥实质性的作用。

本书除绪论和结语外，共设七章，以大学生为研究对象，选取少数民族大学生为分析样本，基于教育的家校建构与个体特质的相互关系，结合理论分析与实证检验，循着“文化资本(家庭文化资本、大学文化资本)——人力资本——就业风险”的路径，探索文化资本与人力资本双重驱动下的大学生就业问题。作为大学生群体的重要构成部分，少数民族大学生是各民族地区社会经济建设的中坚力量，其就业问题不仅关系到少数民族家庭的利益，更关系到民族团结与社会稳定。本书的研究结果发现，家庭文化资本与大学文化资本既对少数民族大学生就业风险及其感知发挥直接效应，又通过积极影响人力资本而发挥间接效应，其中，家庭和大学公有性与民族性文化资本的作用具有差异化效应，且这些路径受到某些家庭背景或个体特征因素的调节。因此，需要结合就业风险总体应对策略，从个人、家庭、高校和社会层面积蓄人力资本、增值家庭文化资本、提升大学文化资本，以及完善政府政策调控和其他主体协同合作以营造公平的社会环境。本书丰富了文化资本与就业的理论成果，增强了在大学生就业风险应对中对家庭代际传承、学校过程建构与学生个人努力作用的理解，为大学生，尤其是少数民族大学生就业风险应对提供了参考路径。

本书是以作者所主持完成的国家社会科学基金教育学一般课题“文化资本与人力资本双重驱动下的少数民族大学生就业风险研究”(项目号：BIA170199)的最终研究成果为基础，进行适当调整和修改之后形成的，同时，也获得湖北省普通高等学校人文社会科学重点研究基地“高校风险预警防控研究中心”的资助。在本书出版之际，还要感谢刘宇航、段小玉、毛哲伟、苏金慧、陈诗卉、喻琪原和吴晗瑜等硕士生在资料收集、访谈和问卷调查等方面所做的基础工作。受作者专业水平所限，书中可能存在错漏或不妥之处，敬请广大读者批评和赐教。

高娟

2023年6月20日

目　　录

绪　论

“就业是最大的民生，也是经济发展最基本的支撑。”①大学生就业与我国社会发展和人民生活的诸多方面都息息相关。伴随我国高等教育大众化与普及化以及就业市场结构性矛盾的日益突出等问题，大学生就业形势日趋严峻。国家“十四五”规划(2021)明确提出“健全有利于更充分更高质量就业的促进机制，扩大就业容量，提升就业质量，缓解结构性就业矛盾”和“完善高校毕业生、退役军人、农民工等重点群体就业支持体系”。《“十四五”就业促进规划》(2021)提出“持续做好高校毕业生就业工作”。而党的二十大报告中也指出“强化就业优先政策，健全就业促进机制，促进高质量充分就业”。作为大学生群体的重要构成部分，少数民族大学生是各民族地区社会经济建设的中坚力量，其就业问题不仅关系到少数民族家庭的利益，更关系到民族团结与社会稳定。然而，少数民族大学生在就业市场中处于相对弱势地位，将要承受更大的就业压力。本书将“风险”观念引入大学生就业分析，以少数民族大学生作为样本对象，关注大学生所面临的就业风险，基于教育的家校建构(如家庭文化资本、大学文化资本)与个体特质(如大学生人力资本)的相互关系，探索文化资本与人力资本双重驱动下的大学生就业风险，以帮助大学生，尤其是少数民族大学生更好地应对激烈的劳动力市场竞争，维护民族团结与社会稳定。

一、研究背景与意义

(一)研究背景

作为一个统一的多民族国家，根据第七次全国人口普查结果显示，我国除汉族以外的其余55个少数民族约占全国总人口的8.89%，相比于2010年，各少数民族人口增长10.26%，少数民族人口所占比重也上升0.40%。我国各族人民之

---

① 参见2021年8月23日国务院印发的《“十四五”就业促进规划》。

间是休戚与共、荣辱与共、生死与共和命运与共的民族共同体，只有各族人民共同努力才能促进社会经济发展，推动民族地区的建设与发展，实现全社会的高质量发展和各族人民的美好生活。自 1999 年我国高校扩招以来，高等教育从“精英化”向“大众化”和“普及化”转变，我国大学生规模持续攀升。高等教育的“大众化”变革也为越来越多的少数民族学生提供了更多的机会，让他们能够进入大学接受高层次教育，少数民族大学生成为民族地区社会经济建设的中坚力量。我国 2010—2021 年高等教育普通本专科在校生与少数民族在校生人数及其所占比重如图 0-1 所示①。

图 0-1 中，根据教育部统计数据，2010—2021 年，我国高等教育普通本专科在校生人数和少数民族普通本专科学生人数都在逐年增长，如 2019—2021 年三年中，我国普通本专科在校生人数分别约 3031. 53 万人、3285. 29 万人和 3496. 13 万人，而少数民族普通本专科在校生人数则分别约 298. 87 万人、328. 95 万人和 358 万人，且少数民族普通本专科在校生人数占普通本专科在校生人数的比重也在逐年上升，从 2010 年的占比约 6. 76%上升至 2020 年的 10. 01%和 2021 年的 10. 24%。然而，与高等教育大众化和普及化相伴随的是高校毕业生规模的逐年增

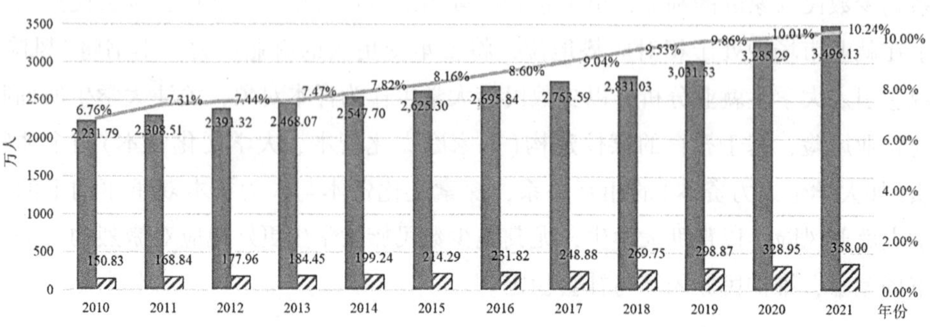

（数据来源：教育部网站 2010—2021 教育统计数据）

图 0-1　2010—2021 年普通本专科在校生与少数民族学生人数及其占比趋势图

① 由于 2021 年教育部统计数据在普通本专科学生上进行了更详细的划分，关于普通本专科学生的统计口径与 2010—2020 年有所差异，此处 2021 年普通本专科在校生与少数民族在校生人数为教育部 2021 年教育统计数据中公布的普通本科和职业本专科人数的合计数。

长，越来越多的大学毕业生涌入就业市场。我国2010—2022年高校毕业生人数及高等教育普通本专科毕业生人数如图0-2所示①。

图0-2中的数据显示，我国高校毕业生规模和普通本专科毕业生规模均呈现逐年增长趋势，2019—2022年高校毕业生规模已分别约达834万人、874万人、909万人和1076万人，2020年普通本专科毕业生人数约797.2万人，比2019年增长约5.1%，2021年普通本专科毕业生人数约826.51万人，比2020年增长约3.7%。而据教育部分析，2023年我国高校毕业生规模预计达1158万人，毕业生规模与增量均屡创历史新高。逐年增长的毕业生规模给就业市场带来极大的挑战，大学生就业压力也日益增长，就业结构性矛盾更加突出。劳动力市场上的人才匮乏与大学生的相对过剩同时并存，使得大部分的就业问题体现为结构性失业或职业风险的增加。而2020年全球疫情以及后续的持续影响，世界经济急剧下滑，进一步造成了全球劳动力市场的巨大冲击，就业市场上岗位缩减，大学生就业形势则更加复杂严峻。由于文化、思想观念与风俗习惯等方面的差异，少数民族大学生作为就业市场中的弱势群体，将要承受更大的就业压力，面临更大的就业风险。

（数据来源：教育部网站）

图0-2　2010—2022年高校毕业生人数与普通本专科毕业生人数变动趋势图

① 图中涉及的高校毕业生规模数据来源于教育部网站相关新闻，高等教育普通本专科毕业生人数的数据来源于教育部网站2010—2020年全国教育事业发展统计公报。由于教育部网站尚未公布2022年全国教育事业发展统计公报，此处普通本专科毕业生人数仅列示了2010—2021年的统计数据。且由于2021年统计口径上的差异，2021年高等教育普通本专科毕业生人数包括普通本科和职业本专科人数的合计数。

大学生就业不仅与国内外宏观经济形势和就业市场环境相关，更加与大学生自身、家庭和高校相关。高等教育的大众化与普及化虽然整体上提升了学生的受教育程度，但大学生在就业中定位与期望过高，而自身知识与能力储备不足，使得劳动力市场上出现“用工难”与“就业难”的双向局面，大学生人力资本的提升能够更好地满足劳动力市场上对人才的需求要求，增强在就业中应对风险的能力。同时，家庭中父母的文化程度、思想观念、行为模式、文化氛围或教育期望等对大学生知识能力积累和就业思维观念产生潜移默化的影响。而在高等教育普及化中，高校社会声誉、校风学风、文化设施、文化氛围、课程与制度配置是否满足就业市场需求，对于大学生学习和培养适应市场需求的知识与能力及应对就业市场环境也会发挥实质性的作用。少数民族大学生大多来源于教育基础较差的民族聚集地区，知识素质积累具有相对弱势，也增加了他们在大学期间积累人力资本的难度，而在基于大众文化背景的就业市场上，具有民族特色的文化心理与价值观念等族群文化特征也必将对少数民族大学生就业结果产生影响。现有研究认为，我国少数民族大学生就业问题产生的主要原因在于：第一，少数民族大学生就业受到特有的家庭、社会环境与民族文化的影响；第二，高校对少数民族大学生缺乏针对性指导；第三，少数民族大学生自身的就业观念与能力有待完善。那么，家庭、高校和个体对少数民族大学生就业是否具有事实上的重要影响呢？它们又是以何种方式产生作用的呢？当前研究结果对这些问题尚缺乏有效的解释力。为此，基于教育的家校建构与个体特质的关系，结合文化资本与人力资本的双重效应，兼顾少数民族文化的一般性与民族性特点，验证家庭与大学文化资本及人力资本对就业风险的作用路径，探讨如何发挥少数民族大学生家庭传承、大学建构和个体努力在就业风险应对中的作用，将是一个理论性和现实性并存的重要课题。

(二)研究意义

基于教育的家校建构与个体特质，结合文化资本与人力资本的相互关系，考察家庭与大学文化资本及个体人力资本在大学生就业中的双重效应具有重要的理论与现实意义。

1. 理论意义

第一，融合经济学、管理学、教育学与社会学，合理界定家庭文化资本、大学文化资本与就业风险的概念边界，丰富文化资本与就业风险的理论成果。本书综合运用经济学、管理学、教育学与社会学等多学科知识，将文化资本(家庭文化资本与大学文化资本两个层面)这一教育社会学与管理学研究议题与大学生就业风险这一经济学与教育学研究议题进行有效融合，对相关概念进行合理界定，有助于丰富文化资本、人力资本与就业风险的相关研究成果，拓宽其理论研究边界。

第二，综合考虑教育的家校建构与个体特质的关系，实现文化资本、人力资本与大学生就业风险的有效串联，提供更广泛的大学生就业问题研究的理论视角。本书结合对家庭文化资本、大学文化资本、人力资本与大学生就业风险之间关系进行逻辑推理与实务验证，从教育的家校建构与个体特质两个层面探索文化资本与人力资本互动对少数民族大学生就业风险双重效应的新理论，为大学生就业研究的进一步发展提供了一个更宽阔的理论视角。

2. 现实意义

第一，有助于了解少数民族大学生家庭与大学文化资本、人力资本及就业风险的现实状况，为大学生就业风险应对提供现实参考路径。本书结合个案调查与大数据问卷调查对少数民族大学生家庭与大学文化资本、个体人力资本及就业的实务状况进行分析，并对这三者之间的作用路径进行实务验证，有助于厘清大学生，尤其是少数民族大学生就业风险的主要来源，为少数民族大学生就业风险的应对提供有效的经验指导和现实依据。

第二，从教育的家校建构与个体特质双重角度为少数民族大学生就业风险的应对提供政策支持，有助于少数民族人才队伍建设的发展。本书将对大学生个体、家庭的就业选择与风险应对以及高校和政府关于少数民族大学生就业政策制定与就业风险应对产生重要影响。少数民族家庭应注重家庭文化资本的丰富，而高校，尤其是民族类高校，在对少数民族大学生的培养中应注重结合学校文化资本培育其人力资本，进而促进少数民族大学生就业，为民族地区人才建设的发展贡献力量。

二、文献综述

基于文化资本与人力资本的双重效应探索大学生就业问题是本书研究的核心问题，其逻辑关系为文化资本直接或透过人力资本对大学生就业发挥作用。因此，本书涉及文化资本、人力资本和大学生就业三个领域及其相互关系。

(一)文化资本与就业的研究

文化多样性代表的是具有可定义的独特文化背景的人群之间的差异集合，在世界上许多国家已经变得更加普遍(Diller，2010)。目前的研究显示，关于文化资本对就业的作用效应可能是独立于其他因素发挥主效应，也可能是与其他因素共同发挥综合效应，抑或受到其他因素的中介或调节。

1. 主效应：文化资本的就业效应

文化资本的主效应是早期文化资本就业机制研究中的主流分析模式，它主要是在对就业的多因素效应研究中，重点考察文化资本对个体就业的影响，而不着重考虑其他因素的变化。主效应观认为，文化资本可以不依赖于其他因素对个体就业发挥效应。

一方面，家庭文化资本对个体就业机会、就业收入、就业意愿与选择等具有显著的正向或负向效应。Curry(2001)在中西部的一所社区大学观察到，拥有不同种族背景但具有高文化资本特征的学生仍然留在班上，那些文化资本较低的人出于沮丧而辍学之后在工作机会方面的支持结构也很弱。Dumais 和 Ward(2010)的数据分析发现，家庭文化资本等对四年制大学入学和毕业的表现均产生显著影响。汪卫平和叶忠(2015)从理论上分析文化资本对大学毕业生的就业支持性发现，文化资本影响个人教育表现，对于大学毕业生社会资源能力的提升、职业获得机会的拓展和就业市场的发育成熟具有支持作用。而 Marks(2009)对澳大利亚的研究发现，文化资本对职业成就的影响弱于父母职业和财富的影响，与父母教育的影响相当。文化资本对收入的影响为负，主要是由于文化资本水平较高的人就业经验有限。在控制学历和就业经历的主要影响时，文化资本的任何组成部分对职业成就和收入方面都不会产生影响。Tramonte 和 Willms(2010)发现，关系型文化资本对职业期望具有较强影响，而静态文化资本对学生成绩具有较小影响。

另一方面，有研究表明，学校文化资本的部分要素，如学校声誉(类型)、学校质量等对毕业生的就业结果与收入具有显著正向影响(Fox，1993；Zhang，2005；闵维方等，2006；胡永远、马霖、刘智勇，2007)。Thomas(2003)发现，有证据表明，大学的选择性和控制性在很大程度上恢复了收入水平，而且来自重点私立大学的毕业生收入的提高，很快就抵消了与之相关的沉重债务。Long(2008)估计了不同大学质量对几个早期成人教育结果的影响发现，有确凿的证据表明，大学质量对大学毕业和家庭收入有积极影响，而对时薪的影响则较弱。Pietro 和 Cutillo(2006)研究发现，从研究型机构毕业的个人可能比在研究型机构学习较少的同龄人拥有更好的劳动力市场结果，机构研究质量对男性收入有正向影响，相比之下，教学质量似乎并没有增加学生的经济成功。Hartog、Sun 和

Ding(2010)报告的证据表明，大学声誉影响中国学士的工资，排名前100的大学和排名前400—500的大学之间23%的绝对差异在增加控制项后增加到28%左右。在前100名中，在回报方面没有差别。而高中自评质量在影响大学就读质量的同时，对收入没有影响。而McGuinness(2003)的研究结果表明，在控制了入职前的资格后，大多数毕业生的就业市场结果更多地取决于所学习的专业和授予的学位类别，而非就读的大学。也有研究证实，高校就业指导工作能够提升大学毕业生就业质量(彭正霞、陆根书、李丽洁，2020)，并有效缓解他们的就业压力和提升就业信心(李春玲，2020)。但代懋(2020)则发现，高校就业氛围、就业指导与宣传及就业课程等因素并未显著影响大学生的基层就业项目参与意愿。

2. 联合效应：文化资本与其他因素的联合就业效应

联合效应是在对就业的多因素效应研究中，同时考察文化资本和其他因素对个体就业的影响，它们可能在其中同时发挥各自的效应，也可能交互作用对就业发挥协同效应。根据是否考虑多因素之间的相互关系，联合效应可分为综合效应观和协同效应观。

(1)综合效应：文化资本与其他因素均影响就业

综合效应观认为，在就业的多因素效应研究中，当同时考察文化资本与其他不同因素对个体就业的作用效应时，不同因素可能均对就业发挥各自的效应，它们对就业同样重要。

一是文化资本与社会资本的综合效应。Vorhies等(2012)的讨论表明，社会资本和文化资本都会影响就业过程。与没有工作经验的人相比，有工作经验的人更看重通过他人提供的工作动力。持续就业描述了与职业专家的良好工作关系，以及自我意识、专业精神和工作场所知识的掌握对就业成功至关重要，而不稳定就业描述了对工作中控制情绪或行为的担忧。王颖和李慧清(2015)基于广州市20所高校大学生的调查研究发现，大学生学历与就读学校档次等文化资本方面以及家庭创业史、高校创业教育活动、创业地政府的支持、志同道合的创业伙伴与创业资金支持等社会资本方面都显著影响创业意愿的形成，而个体特质性别与应届生身份也显著影响了大学生的创业意愿。Iffland(2016)的研究结果表明，与金融资本一样，文化资本和社会资本对社区大学生的成功也有贡献。

二是文化资本与人力资本的综合效应。Grayson(2004)考察了文化、社会和人力资本在加拿大一所大学毕业两年后对四项工作成果的影响，研究发现，衡量文化和人力资本的变量对工作结果有独立的影响，而社会资本的影响微乎其微。

王志明(2008)基于教育与社会结构关系框架的理论分析表明，人力资本与文化资本在对个体教育获得的解释上应当予以结合，它们并非相互对立的。周小李(2011)认为，文化资本与符号资本的双重弱势是造成女大学生就业难的根源。

三是文化资本与其他多因素的综合效应。武毅英和刘莹(2013)指出，从教育视角而言，对高校毕业生阶层流动产生主要影响的原因是教育差异，这与人力资本观点较为一致；从经济视角而言，决定个体阶层流动的关键是制度因素；从社会视角而言，后致因素(文化资本)与先赋因素(家庭资本)都对就业流动中的相对公平具有促进作用；从历史视角而言，高校毕业生就业流动从精英阶段的"个体流动显著"演进到大众阶段的"整体流动显著"；从组织视角而言，就业流动和社会分层之间表现为整体的动态过程，主、客体与多影响因子构成的高校、政府、社会、学生等组织对其产生作用。Santos、Reis Neto 和 Verwaal(2018)利用巴西 2016 年 369 名有效被调查者的数据分析结果表明，文化资本、社会资本和心理资本对个体工作绩效有显著的正向影响，它们能够解释 57%的受访者的个人工作表现，而心理资本是主要的驱动因素。文化资本至少与社会资本一样，是个人工作绩效的重要驱动因素。

(2)协同效应：文化资本与其他因素协同影响就业

协同效应是在就业的多因素效应研究中，文化资本或其他因素的就业效应会随某一因素的增加而增加，即文化资本与其他因素相互促进，伴随其中某一因素的增加，其他因素对就业的效应也增加了。这种协同效应主要体现在文化资本与社会资本的协同效应上。Granovetter(1983)认为，个人投资于文化资本的结果是在社会网络的广度和深度上有更多的机会。虽然简单的文化资本投资并不能保证社会网络的增加，但是 Lareau 和 Horvat(1999)认为个人必须以对社会有益的方式激活文化资本，才能从社会网络中获益。布迪厄(1983)认为，社交网络可以走得很远，但如果没有网络成员深厚的文化资本，个人可能无法获得网络交往所追求的利益。对于社会地位较高的成员，文化资本被认为更高，因此可以通过与垂直伙伴的网络获得更大的利益。Coleman(1988)讨论了与社交网络相关的偶然效应，因为良好的社交网络意味着更好的工作。他指出，有必要考虑家庭背景等其他因素对网络的好处。文化资本的讨论与科尔曼的论证得出结论，即使一个人通过众所周知的开机设定把自己拉起来，并将自己的文化资本提高到精英阶层的水平，但由于他的家庭缺乏文化资本，他也不一定能从社交网络中获益。Lin(2001)在垂直社交网络关系方面的研究也表明文化资本水平较高的学生更有可能找到对社会有益的关系。Curry(2001)发现，那些文化资本较低的人出于沮丧而辍学，辍学的学生在家庭资源和密切联系方面的支持更少。经济资源和社交网络较少的高中留给学生的文化资本资源也较少(Taylor & Wollard，2003)，而文化资本水平较高的学校通过社交网络获得的资源数量更广更深，则更可能让学生在大学选择就读四年制院校(Perna & Titus，2005)。那些拥有高文化资本的人会主动获取资源并利用网络策略来获得社会流动性(Curry，2001；Fernandez-Kelly，2008；Schlossberg，1989)。

3. 中介效应：文化资本透过中介因素影响就业

文化资本的中介效应通过引入第三方中介因素来分析文化资本对个体就业的影响。中介效应观认为，文化资本对个体就业的效应可能是部分或完全通过其他中介因素发挥作用。

一是社会资本的中介效应。强晓华和查晓虎(2007)认为，大学生文化资本对其综合能力与就业机会的提升具有重要作用，而文化资本主要通过社会资本对其职业获得发挥作用。

二是学业成就的中介效应。Marks(2009)对澳大利亚的研究发现，文化资本对职业成就的影响在很大程度上是通过读写能力和计算能力的成就来发挥中介效应的。张艳、张双月和张莉(2018)的实证调研结果显示，学习成绩在家庭文化资本对农科大学生农村基层就业意愿中发挥中介作用。高娟(2022)对大学毕业生的问卷调查分析证实，大学生人力资本分别在家庭文化资本与大学文化资本对大学生地位获得的作用中发挥部分中介和完全中介效应。

(二)人力资本与就业的研究

关于人力资本就业效应的研究结论显示，人力资本对就业的作用效应可能是独立于其他因素发挥主效应，或是相互联合发挥多重效应或交互效应，抑或受到其他因素的中介或调节。

1. 主效应：人力资本的就业效应

人力资本主效应观是早期人力资本就业机制研究中的主流分析模式，它主要是在对就业的多因素效应研究中，重点考察人力资本因素对大学生就业的影响。主效应观认为，人力资本可以不依赖于其他因素而对大学生就业概率、就业质量和就业选择发挥积极效应、消极效应或无效应。

(1)人力资本对大学生就业概率的主效应

人力资本积累显著影响高校毕业生就业(董克用、薛在兴，2014)，人力资本存量及其价值实现程度是大学生就业结果的决定性影响因素，但其不同指标的影响力度不同(黄敬宝，2010)。多数研究认为，以学业成绩、英语水平、计算机水平、担任学生干部、获奖情况、社会实践、工作经历或兼职经历、政治面貌、所学专业、学校类别、学校层次等指标衡量的人力资本对大学生就业概率具有正面影响(如陈成文、谭日辉，2004；宛恬伊，2005；汪歙萍等，2007；刘家树，2008；黄敬宝，2012；董克用、薛在兴，2014；袁建华，2016)，人际交往能力、自我调适技能和职业技能也能发挥显著正向效应(陈成文、汪希，2009)。在人力资本框架内，健康的身体可以拓宽个人的就业机会范围，提高就业的可能性(Jones & Long，1979)，与再就业呈正相关(Liang & Yu，2019)。良好的外貌条件(陈成文、谭日辉，2004)和个性特征(胡永远、邱丹，2011)也显著正向影响高校毕业生的就业机会获得。而具有异质性人力资本信号的高校毕业生更容易在求职中获得青睐(樊文有、徐迅、石来德，2011)，重视资本投资而忽视提升人力资本水平，重视传授模仿性知识而轻视培养创新性知识的生产能力是大学生就业困境形成的根本原因(张宝贵，2017)。也有研究结论显示，作为人力资本核心表现的综合素质不能从总体上提升就业概率(黄敬宝，2012)。学历与毕业院校(刘小瑜、胡军刚，2008)、学习成绩(董克用、薛在兴，2014)、知识资本(周春平，2014)、英语水平(陈丽萍、刘森林，2015)对大学生就业不具有显著效应，而兼职情况与学习成绩发挥负向效应(陈成文、汪希，2009)，知名院校比非知名院校毕业生的就业率更低(董克用、薛在兴，2014)。受教育程度较高的青年群体可能比受教育程度较低的群体面临更高的失业率，而大学毕业生缺乏工作经验可以解释这一令人困惑的现象(Fernández，2006)。以教育衡量的一般人力资本与就业机会呈正相关，但与个体创业机会呈负相关(Liang & Yu，2019)。

(2)人力资本对大学生就业质量的主效应

人力资本变量对大学生就业概率和就业质量均具有积极作用，但人力资本各要素对职业地位获得的机会与获得的质量具有不同影响(陈成文、谭日辉，2004)，对就业概率具有积极影响的人力资本变量不一定对就业质量发挥积极的决定作用(孟大虎、苏丽锋、李璐，2012)。研究显示，健康状况(Grossman，1972；Mankiw & Scarth，2011)、具有兼职经历或早期工作经验(Stephenson，1981；Meyer & Wise，1982；Ruhm，1997)对收入和工资率具有显著的正向影响。大学生的教育程度和学校类型(Paul & Murdoch，2000)，学历、专业和学业情况等(Bills，2003)，工作经历与工作能力(如陈成文、谭日辉，2004)，获奖情况、担任学生干部层次和认知与判断能力(如陈成文、汪希，2009)，良好的个性特征(如胡永远、邱丹，2011)，学校层次、学历层次、所学专业、学业水平、政治面貌(如高耀，2011)，是否211高校毕业、获得奖励情况(董克用、薛在兴，2014)，奖学金等级与英语等级等人力资本通识素质类型(秦印，2017)，阅读、专业外的职业技能证书和论文发表等(邹波、周家星，2019)以及包含认知与非认知能力的个人能力(Heckman等，2018；张抗私、史策，2020)显著正向影响了大学生就业单位性质与前景、薪酬收入与就业满意度等不同就业质量方面。也有研究显示，学校类型、兼职经历等(高耀，2011)及除英语等级外的其他大学生人力资本变量(秦印，2017)对其初次就业满意度的影响并不显著，专业或职业资格证书等人力资本专业技能类型对初职薪资等级也不具有显著影响(秦印，2017)。性别因素及专业、学位与院校类别等身份符号因素较为显著地影响研究生就业匹配，而人力资本因素中社会实践经历与成绩具有一定影响，教育经历的影响比预期要低(张东海，2019)。

2. 多重效应：人力资本与其他因素的多重就业效应

多重效应是在对就业的多因素效应研究中，同时考察人力资本和其他某一种或两种因素对个体就业的影响、它们各自可能发挥的效应。根据研究结果，多重效应可以分为异质效应观和综合效应观两种观点。

(1)异质效应：对就业的效应孰弱孰强

异质效应观认为，在就业的多因素效应研究中，当同时考察人力资本和其他因素对就业的作用效应时，它们各自对大学生就业发挥差异化效应，某一个因素对就业具有更强的影响，将在其中发挥主导效应，而其他因素仅仅发挥辅助效应或无效应。

一是人力资本比社会资本的作用更重要。以教育和工作经历测度的人力资本因素作为后致性因素比从父母处获取的先赋性因素对个体职业地位的获取产生更重要的影响(Blau & Duncan，1967)。周必彧、翁杰和韩翼祥(2010)的研究表明，人力资本而非家庭社会经济背景显著决定了大学生就业，人力资本与社会资本分别是当前大学生就业的主导性与辅助性机制。杜桂英和岳昌君(2010)发现，高校毕业生人力资本比家庭背景对其就业机会具有更显著且更大的正向效应。李泽彧和谭诤(2011)发现，人力资本因素中学校类别、所学专业和工作经验等及其自身社会资本对其就业具有较大作用力，而其家庭社会资本因素则具有较少的作用力。乔志宏等(2011)的分析显示，大学生人力资本显著预测了其就业结果变量，但社会资本对其就业结果都不具有正向预测。赖德胜、孟大虎和苏丽锋(2012)发现，在决定大学生起薪上人力资本比社会资本更重要。李红霞等(2022)验证了人力资本是硕士生就业质量提升的核心因素，社会资本变量中仅性别对其有显著影响，而父母学历和职业等没有太显著的影响。

二是社会资本比人力资本的作用更重要。在个体职业获得过程和结果中，社会资本的作用甚至超过了教育等人力资本因素的作用(Granovetter，1973；Lin，Ensel & Vaughn，1981；Marsden & Hurlbert，1988；Wegner，1991)。人力资本对就业和社会经济地位都有显著的影响，但与就业的社会资本相比，人力资本的作用较弱(Nakhaie & Kazemipur，2013)，这一证据与Burt(1992)的观点一致，即社会资本对劳动力市场一体化的影响大于人力资本的影响。Davidsson 和 Honig(2003)发现，由强纽带和弱纽带组成的社会资本是新兴企业家以及在创业过程中取得进展的有力预测因素，研究支持了人力资本在预测创业初期的进入的作用，但对推动创业过程走向成功完成只有微弱的支持。康小明(2009)的分析显示，社会资本在高管职位获得的诸影响因素中的作用大于人力资本。杜桂英和岳昌君(2010)发现，高校毕业生人力资本对就业起薪在影响程度上不及家庭背景(家庭年收入、父母教育程度与家庭社会关系)。赖德胜、孟大虎和苏丽锋(2012)证实，在决定能否进入国有部门工作上，社会资本比人力资本重要。高岳涵、刘梦茹和王志萌(2018)认为，家庭社会资本更高的大学生更不愿意去农村就业，社会资本甚至超过了教育等人力资本因素对个体职业获得的作用。

三是政治资本比人力资本的作用更重要。有学者认为，社会资本中的政治资本比人力资本更重要。李宏彬等(2012)的研究表明，“官二代”与“非官二代”大学生的第一份工作起薪水平差异并非大学生家庭收入与父母教育程度及其自身高考成绩、所读大学质量和大学期间人力资本的积累所能解释的，父母政治资本却具有一定解释力。张文玉和蒋承(2018)研究发现，家庭社会资本中的政治资本比家庭经济资本、技术资本与其他资本的存量与使用量更能够显著正向影响大学生获取期望工作。

四是人力资本比文化资本的作用更重要。有学者认为，人力资本比文化资本更重要。如李文利(2010)研究发现，高等教育显著促进了大学生能力提升，而家庭文化资本的影响则不显著，且高等教育层次、工作经验与个人能力显著影响收入水平。

五是人力资本及其他多因素的异质效应。朱晓妹等(2013)对新生代大学生就业预期具有显著影响的是其拥有的人力资本、心理资本和环境因素(如劳动力市场供求、高校就业指导服务、父母期望等方面)，而其拥有的社会资本并不具有显著影响。陶建杰和张志安(2018)发现，人力资本与职业价值观是新闻本科生择业意愿的主要影响因素，而社会资本对其不具有显著影响。

(2)综合效应：人力资本与其他因素均影响就业

综合效应观认为，在就业的多因素效应研究中，当同时考察人力资本和其他因素对就业的作用效应时，人力资本与其他因素可能均对大学生就业发挥效应，它们对个体就业同样重要，共同构成了个体就业的影响机制。

一是人力资本与社会资本的综合效应。人力资本和社会资本是构成大学生就业的双重机制(徐晓军，2002)，它们在提升大学生就业概率上同样重要(赖德胜、孟大虎、苏丽锋，2012)。但从动态上而言，人力资本与社会资本对就业概率的效应分别在减弱和增强(黄敬宝，2015)。Kulm 和 Cramer(2006)的调查表明，“课外”(社会交往)和对学位的坚持程度与美国中西部 19~24 岁的大学本科生就业呈正相关。Ruiz-Adame Reina(2016)的研究显示，获得的知识(47.9%)和社交网络(28.8%)对西班牙老年医学领域的硕士研究生在找工作时的有用性似乎很高。人力资本与社会资本也是大学生或研究生就业质量的两大重要影响因素(曾湘泉，2010；王兴宇，2020)。人力资本和社会资本在对高校毕业生收入水平与职业声望上具有不同程度的作用(陈海平，2005)。高等教育阶段所积累的人力资本与社会资本要素显著正向影响了大学毕业生职业发展成就，人力资本要素对职业发展成就的影响较为深远，社会资本要素具有较强时效性(康小明，2009)。人力资本与家庭背景对高校毕业生求职结果、就业起薪与工作满意度(岳昌君、杨中超，2012)和自主创业行为(祝军、岳昌君，2019)具有显著影响。乔志宏等(2014)发现，大学生人力资本与家庭社会经济地位中大部分指标均影响大学应届生的毕业去向与就业结果。也有学者认为，社会资本、家庭社会经济地位和人力资本也显著影响了大学生的职业选择、自主创业和基层就业意愿(李黎明、张顺国，2008；高耀，2011；宋国恺、武天、李冬，2017)。

二是人力资本与其他多因素的综合效应。Fugate、Kinicki 和 Ashforth(2004)认为，定义为职业认同、个人适应性、社会和人力资本多维集合的就业能力有助于职业机会的识别和实现。岳昌君、文东茅和丁小浩(2004)、闵维方等(2006)的分析表明，个人素质是高校毕业生求职成败与收入水平的关键决定因素，学校提供的求职信息显著影响了求职结果与起薪水平，且家庭经济状况与社会关系网络对就业的作用也越来越明显。人力资本、家庭与学校背景和就业条件是影响高校毕业生基层就业的重要因素(Wang & Wen，2015)。González-Romá、Gamboa 和 Peiró(2018)的分析表明，人力资本和社会资本指标与大学毕业生就业状况相关，而人力资本、社会资本指标、职业认同与不同的工作质量指标相关。岳昌君和白一平(2018)的实证分析发现，高校毕业生的人力资本积累、家庭社会资本与学校背景及不同地区行业劳动力市场状况均影响了其求职结果、就业起薪和满意度。高振强和王志军(2018)认为，相对优越的人力与社会资本、高校良好的社会和学术声誉及劳动力市场二元分割是形成“985”高校毕业生就业偏好的原因。陈勇(2020)认为，影响高校毕业生就业质量的主要因素是人力资本、社会资本和社会环境。彭正霞、陆根书和李丽洁(2020)的调查证实，个体因素、家庭背景因素、学校因素及社会环境因素在不同程度上对不同维度的大学毕业生就业质量产生影响。陈扬霖(2021)发现，人力资本、家庭背景、学科专业和学校类型均影响着贫困毕业生的求职结果与起薪。

3. 交互效应：人力资本与其他因素交互影响就业

交互效应是在多重效应的基础上，当同时考虑人力资本与其他因素对就业的效应时，某一因素的就业效应随其他因素的变化而变化。交互效应的存在表明人力资本与其他因素的就业效应并非独立的，它们相互依赖、相互制约，共同影响就业的变化。根据交互效应形成的结果，可分为协同效应观和拮抗效应观两种观点。

(1)协同效应：协同增加就业效应

协同效应观认为，人力资本和其他因素在对就业的影响中具有协同增加作用，即人力资本与其他因素相互促进，伴随某一因素的增加，其他因素对就业的效应也增加了。

目前相关研究主要涉及人力资本与社会资本的协同效应，结果表明，人力资本与社会资本之间可以相互促进或转化，协同增加就业效应。人力资本最终依赖于个体所处社会环境发挥作用，而社会资本对人力资本发挥整合和协同效应(项保华、刘丽珍，2007)。Burt(1992)认为，通过视为社会资本的朋友、同事和更广泛的联系人，你可以利用你的财务和人力资本。Paul 和 Murdoch(2000)对法国的研究显示，学生的社会背景与他们所就读的院校类型之间有着密切的联系。Erickson(2001)认为，人力资本在一定程度上导致了更大的社会网络，从而通过对社会资本的控制，人力资本的显著效应降低。Chan(2012)发现最具竞争力的大学毕业生可能是经济发达地区的精英院校毕业生，进入这些精英学校的学生大多来自社会阶层较高的家庭。薛在兴(2014)发现，人力资本与使用的社会资本质量具有较强的相关。白玉芳(2014)认为，在提高就业质量和使人力资本获得较高回报上，社会资本发挥着重要作用。而人力资本与社会资本的这种相互促进或转化对就业可能发挥着协同效应。张庆玲、张斌和张宝和(2007)认为，研究生人力资本的作用需要通过社会资本的推动，社会资本的作用随着增加的研究生人数与加剧的就业竞争而越来越大。赖德胜、孟大虎和苏丽锋(2012)的研究证实，人力资本与社会资本在决定大学生能否进入国有部门工作上具有较强的互补关系，即社会资本的影响伴随人力资本作用的提高而显著提高，或者说人力资本的影响伴随社会资本作用的提高而增强了。

(2)拮抗效应：相互抵消就业效应

拮抗效应观认为，人力资本与其他因素在对就业的影响中具有相互抵消的作用，即人力资本与其他因素相互削弱，伴随某一因素的增加，其他因素对就业的效应降低了。

目前相关研究主要涉及人力资本与社会资本的拮抗效应，认为它们之间具有相互抵消或削弱的作用。如 Boxman、De Graaf 和 Flap(1991)发现，人力资本和社会资本可以相互替代。人力资本和社会资本在收入获取过程中相互作用，人力资本在社会资本存量较高时对收入的影响较小，而在社会资本存量较低时对收入的影响较大。但社会资本对任何层次的人力资本都有帮助，而人力资本在社会资本的最高水平上并没有什么作用。徐晓军(2002)发现，在对大学生的就业贡献率上，本科以下时社会资本大于人力资本，本科以上时结果相反，本科时则两者并重。这实际上表明，伴随学历层次(或人力资本存量)的上升，社会资本的作用越来越弱了。张文宏(2006)的研究显示，人力资本与政治资本越贫乏、社会经济地位越高的个体可能更频繁地运用社会网络资源实现职业流动。张顺和程诚(2009)的实证研究显示，社会资本与人力资本的交互项负向影响高校毕业生最终的求职结果，即欠缺社会资本的毕业生可以通过人力资本的增强来提升求职成功概率，进而降低求职难度。马莉萍和丁小浩(2010)的研究显示，拥有较低人力资本存量的大学生将社会资本视为人力资本的补充。人力资本水平越低的大学生认为社会关系对就业越重要，而社会关系越有限的大学生认为人力资本对就业越重要。赖德胜、孟大虎和苏丽锋(2012)证实，人力资本与社会资本在就业机会获取与起薪决定上相互替代，即社会资本的影响伴随人力资本作用的增长而降低，或者说人力资本的影响伴随社会资本作用的增长而降低。Coonfield(2012)发现，学历对求职和职业成就的效用在很大程度上取决于社会资本，由于享有社会资本的好处，社会地位较高的学生在许多情况下的大学学位和工作不一定是一致的。Nakhaie 和 Kazemipur(2013)也认为，人力资本对就业和社会经济地位的积极影响在一定程度上被社会资本所削弱。黄敬宝(2015)的研究显示，人力资本与社会资本对大学生就业质量的作用从 2012 年的互补关系转变为 2013 年的替代关系，寒门大学生可以通过努力拥有人力资本以提升就业质量，但他们即便拥有较多人力资本也比拥有社会资本的学生在就业中劣势。张文玉(2017)的调查研究显示，具有越高人力资本水平的大学生在求职中频繁运用家庭社会资本的概率越低。李中建和袁璐璐(2019)使用 Probit 与倾向得分匹配法的分析也发现，学历在家庭背景影响就业机会中发挥一定的替代作用。

4. 中介效应：人力资本透过中介因素影响就业

人力资本的中介效应通过引入第三方中介因素来分析人力资本对个体就业的影响。中介效应观认为，人力资本对个体就业的影响可能是直接的，也可能是部分或完全通过其他中介因素发挥间接作用。

一是工作选择的中介效应。岳昌君(2013)的研究显示，非工作因素(如人力资本、社会资本、学校背景等)既直接影响高校毕业生就业满意度，又通过对工作选择的影响间接影响就业满意度。

二是职业认同的中介效应。岳德军和田远(2016)对 2013 届毕业生的数据分析表明，大学生人力资本显著影响其就业起薪、就业满意度和人职匹配度，但不显著影响人组织匹配度。职业认同在大学生人力资本对就业人职匹配度的作用中发挥完全中介效应，而在对就业满意度与起薪的作用中发挥部分中介效应。

三是职业心理的中介效应。刘复兴和朱俊华(2017)的研究显示，大学生人力资本既对其就业结果具有显著的直接影响，又通过职业心理对其就业结果产生间接影响。

5. 调节效应：人力资本对就业的影响受调节因素干扰

调节效应是在分析人力资本对就业的效应时考虑人力资本以外的其他调节因素在其中的干扰作用。人力资本的调节效应观认为，人力资本对个体就业的作用效应可能会受到其他调节因素的干扰。

一是社会支持的调节效应。刘复兴和朱俊华(2017)发现，社会支持在大学生人力资本对就业结果的直接或间接作用中发挥调节作用，它在人力资本对大学生职业自我效能感、职业成熟度及职业结果预期对职业成熟度的作用中表现显著。

二是早期职业成功的调节效应。Dreher 和 Bretz(1991)对于早期职业成功将调节认知能力和职业成就之间的关系的预测提出了相应解释并进行了检验，结果表明，早期职业成功水平较低的个体，其认知能力的两项指标与后来的职业工作水平之间的关系比早期职业成功水平较高的个体更强。

三是性别因素的调节效应。Kirchmeyer(1998)的调查结果在工作经验和公司任期方面支持了人力资本变量对男性的客观与主观职业成功的影响比女性更大。Ng 等(2005)对客观和主观职业成功预测因素的分析发现，性别和时间(研究的日期)调节了人力资本、组织赞助、社会人口状况和稳定的个体差异对客观和主观职业成功的预测效应。董克用和薛在兴(2014)的研究显示，人力资本积累对女大学生毕业后初始收入比对男大学生的作用明显更小。王慧和叶文振(2016)也认为，人力资本与社会资本在对大学生就业质量的影响机制上具有较大的性别差异。林欣和林素絮(2019)发现，高职毕业生中男生与女生的就业概率分别与人力资本和社会资本的关系更大一些。

四是族群因素的调节效应。Sanders(2007)通过采访发现，来自不同社会和背景的移民都有在公共部门寻求工作的动机，而对人口普查数据的分析表明，移民比本地人更有可能利用人力资本获得政府职位。总体而言，拥有一篮子强大的人力资本和相关属性，将移民在公共部门工作的可能性提高了。梁枫、赵建敏和任荣明(2016)的研究发现，民族因素对少数民族大学生人力资本在其就业竞争力中的影响具有弱化作用，对学校社会资本的影响具有强化作用，对家庭社会资本的影响不具有显著的调节效应。

五是其他个体特征因素的调节效应。除性别、族群等个人特征外，生源地等其他个人特征在人力资本对就业的影响中也可能发挥调节效应。如丁小浩(2004)发现，男性、教育层次高、重点高校毕业和生源地来自大城市和农村的毕业生分别比女性、教育层次低、非重点高校毕业和生源地是县城的毕业生所感受到的人力资本比社会资本具有更高的相对重要性。

(三)文化资本与学生成就的研究

基于文化资本内涵特征的理论研究，国内外学者们主要从家庭或个体文化资本视角探讨了对学生成就的影响。

1. 作用结果：显著效应或非显著效应

文化多样性可能通过积极或消极的外部效应影响人和整个组织(Bellini 等，

2013)。Tan(2017)总结了1981—2015年在教育期刊上发表的文化资本与学生成就之间的关系，研究结果肯定了文化资本在解释学生成就中的作用，并指出文化资本不是一个对学生成就有明确影响的单维结构。然而，关于这种文化资本对教育成就的影响，研究结果却喜忧参半(DiMaggio，1982；De Graaf，1986；Katsillis & Rubinson，1990)。

(1)显著效应观

关于文化资本在学生的学业成绩、教育机会获得或教育选择中的作用的研究结果大部分是一致的，即文化资本水平较高的学生比文化资本水平较低的学生更有可能获得更高层次的教育机会，更有可能选择四年制学士学位授予学校或公立学术性高校、重点院校作为他们进入高等教育的起点，也更有可能在学习成绩和教育成就上获得成功。

在学业成绩上，文化在学生的学习成绩中扮演着重要的角色，尤其是就学生在学校的表现过好或过差而言(Walton & Cohen，2011)。教育成就体现了个人努力的结果，但也与家庭背景之间密切相关，家庭背景是对学业成绩影响最大的因素(Coleman，1966)。许多研究结果表明，家庭背景影响学生的学业成绩(如Lockheed，Fuller & Nyirongo，1989；Lee & Barro，2001；Pearce，2006；Gaynor，2012)，而文化资本调节了父母的社会经济地位和孩子的教育表现之间的联系(Xu & Hampden-Thompson，2012)，它在家庭社会经济地位和学生成绩之间发挥中介作用(Xie & Ma，2019)。家庭或个体文化资本对提升基础教育、中等教育或高等教育等不同阶段的学业成绩具有显著的积极影响(如DiMaggio，1982；Farkas等，1990；Aschaffenburg & Mass，1997；Lareau & Horvat，1999；Wildhagen，2009；Chiu & Chow，2010；Tramonte & Willms，2010；Riaz 等，2010；Jæger，2011；Grayson，2011；Cheng & Kaplowitz，2016；Huang & Liang，2016；Caprara，2016；Tan & Liu，2018；Piri 等，2018；Bodovski，Chykina & Khavenson，2019；余秀兰，2004；蒋国河、闫广芬，2006；周序，2007；方长春、风笑天，2008；张文宏、韩钰，2018)。

在教育获得上，文化资本对学生的教育获得具有显著积极影响(De Graaf，1986；Wu，2008)，父母与子女的文化资本正向影响了子女教育地位与社会地位的获得(仇立平、肖日葵，2011)。家庭文化资本是最不易被外界干扰的影响儿童教育的先赋因素之一(刘精明，2008)。在义务教育阶段，家庭文化资本对子代学业成就获得具有直接影响(方长春、风笑天，2008)。Sullivan(2001)的分析显示，文化资本对普通中等教育证书的考试结果有显著影响。在中等教育阶段，对初中以上教育获得的经验研究表明，文化资本在家庭背景对教育获得的影响中发挥中介效应(孙远太，2010)。张文宏和苏迪(2018)通过大型社会调查数据的分析显示，丰富的家庭文化资本与经济资本更大地促进了孩子在高中教育分流中流向优势教育与阶层地位的可能性，且家庭经济资本通过家庭文化资本发挥作用。在高等教育阶段，文化资本对个体高等教育的数量与质量获得具有显著正向效应(DiMaggio & Mohr，1985；Dumais & Ward，2010；Wadhwa，2018；侯龙龙等，2008；刘志民、高耀，2011)。文化资本水平越低，进入大学的可能性就越低(Perna，2000)。家庭文化资本丰富的子女更偏向于选择正规本科高校、学术性高校、公立高校和精英高校(Dustmann，2004；文东茅，2005；刘精明，2006；胡雪龙、康永久，2017；张意忠、黄礼红，2017)。在不同教育阶段的机会获得上，文化资本和经济资本丰富的优势家庭子女更多接受高等教育，而文化资本和经济资本较少的劣势家庭子女则大多接受中等与初等教育(郭丛斌、闵维方，2006)。

(2)非显著效应观

这种观点认为文化资本与学生成就的相关度较小，对其不具有显著的作用效应。部分学者发现文化资本对学业成就并未产生影响(Robinson & Garnier，1985)。尽管社会阶层的再生产是通过学校教育来实现的，但学生的能力和努力是教育成果背后的主要机制，没有任何证据表明文化资本在学业成就的获得上具有任何直接或间接作用(Katsillis & Rubinson，1990)。Kingston(2001)将文化资本的概念局限于文化实践，认为文化资本理论无法解释为什么美国社会精英在学校的表现比其他群体更好，文化资本和学校成就之间可能存在虚假的关联。他总结在学校取得成就和未取得成就的区别在于学习资源、书籍、电脑和学习空间的存在，而不是文化资源。Bamford(2014)的研究发现也支持了Kingston(2001)关于文化资本对学术成功影响甚微的批判。而Sullivan(2001)发现，当社会阶层控制时，文化资本只能对教育表现具有部分解释力，其对教育的影响程度受限。

2. 作用效果：阶层、族群、城乡、性别差异化

不同阶层、族群和城乡之间可能形成差异化的文化资本，而阶层、族群、城乡和性别等差异也干扰了文化资本对学生成就的影响。

(1)阶层差异化

不同阶层文化资本的差异化导致了个体教育成就和社会地位获得的差异化，

而文化资本的作用效应在不同阶层之间也存在一定差异，这可能导致社会上层阶层始终保持优势地位或者促使中下阶层、少数族群、工人家庭、农村家庭等劣势阶层的向上流动。“文化再生产论”认为，文化资本有利于社会经济地位较高家庭维持上层阶层地位（如 Bourdieu，1977，1989；McDonough，1997；Lareau & Weininger，2003；Marteleto & Andrade，2014；方长春、风笑天，2005；郭丛斌、闵维方，2006；文军、李珊珊，2018），其不可避免的含义是，缺乏这种精英文化资本的学生学业水平较低，因此被不公平地排除在教育成就所带来的全部好处之外。“文化流动论”认为，文化资本有利于社会下层群体逐渐积累而向上层阶层流动以实现阶层跨越（如 DiMaggio，1982；Kalmijn & Kraaykamp，1996；Aschaffenburg & Mass，1997；Dumais，2006；Blanden，2006；Strayhorn，2010；Byun，Schofer & Kim，2012；杨春华，2014）。迪马乔（DiMaggio，1982）提出，缺乏文化资本但渴望向上流动的孩子们有能力获得文化资本，以弥补他们过去的弱势地位。基于同样的观点，Strayhorn（2010）发现文化资本对于在过去处于弱势的青年寻求向上流动非常重要。还有些学者认为，文化资本兼有社会再生产与社会流动的双重功能（刘精明，2006；Wu，2008；Scherger & Savage，2010；Jæger，2011；仇立平、肖日葵，2011）。Jæger（2011）的研究发现，由于采用对合法文化熟悉程度的文化资本指标而主要支持文化再生产理论（高社会经济地位环境下的文化资本更重要），由于体现“协同培养”的指标则主要支持文化流动理论（低社会经济地位环境下的文化资本更重要）。不同家庭背景的文化资本回报是有差异性的（仇立平、肖日葵，2011）。吴愈晓、黄超和苏雯（2017）发现，文化资本的回报具有阶层差异，越高社会经济地位家庭的学生的文化资本的回报率也会越高。Jæger 和 Møllegaard（2017）发现，文化资本对高社会经济地位（SES）背景的儿童教育成功的正面直接影响高于对低 SES 背景儿童的影响。

（2）族群差异化

国外研究认为，尽管法院强制实行了 50 年的全民平等教育，但不同肤色的学生和不同社会经济地位的学生在教育结果上仍然存在相当大的差异（Jencks & Phillips，1998；Condron，2009）。种族或民族既影响一个人所获得的文化资本的数量，也影响其转换资源的能力（Arnold，1993；Lareau，1987；Orfield，1988；Wells & Crain，1994）。Lareau 和 Horvat（1999）采用质性研究发现“黑白种族”间对文化资本的拥有与运用具有差异，文中也指出“白人本身”就是一种文化资本。Perna（2000）发现，学术能力对“白人”上大学的影响最大，其次是社会文化资本，然而，对于非裔美国人和西班牙裔美国人来说，文化和社会资本在决定是否上大学方面与能力同样重要。Cooke-Rivers(2014)将精英父母文化资本操作化为父母的教育愿望、父母鼓励学术参与和促进职业道德，对“黑人”和“白人”中产阶级父母的访谈分析结果表明，“黑人”父母的文化社会化实践可能存在细微的差异，这显然与他们对精英文化资本的使用有关，这说明非精英文化资本具有强化精英文化资本的潜力，然而，这似乎与“黑人”青少年的成就或种族成就差距只有微弱的关系。Bamford(2014)发现，被概念化为学生和家长的参与的文化资本几乎不能解释教师评价本国学生与移民学生的差异。Tan 和 Liu(2018)发现，除教育资源外，儒家传统文化(CHCs)学生中的所有家庭文化资本指标与成就的关系均弱于非 CHCs，这表明 CHCs 对教育的强调可能会调节文化资本对学生成就的影响，使更多的学生在学业上取得成功。而我国对少数民族的研究则认为，社会分层和族群分层结构对我国少数民族的高等教育获得进行双重制约，家庭背景和族群身份对部分少数民族子女高等教育获得的数量与质量具有共同影响，当控制家庭变量时，与汉族学生相比，少数民族学生更容易获得本科教育机会(谭敏、谢作栩，2011；谢作栩，杨倩，2012)。

(3)城乡差异化

个体学业成绩和教育获得方面具有城乡差异，有学者认为，城乡因素和家庭文化资源(如父母教育程度)等因素共同导致了子女教育机会获得的差异(李春玲，2014；吴愈晓，2013；杨东平，2005 等)，也有学者认为，城乡家庭文化资本之间的差异是造成城乡家庭子女学业成就表现差异和教育获得的重要因素(如余秀兰，2004；蒋国河、闫广芬，2006；谢爱磊等，2018；朱镕君，2021)。而农村大学生经历了“先赋”与“后生”文化资本的两轮内部分化，第一轮分化表现为具有较低的先赋性文化资本，第二轮分化的特征表现为“先赋低且后生高”比“先赋低且后生低”的农村大学生所自我感知的教育收获显著更高(陈乐，2019)。而文化资本对个体发展的作用也具有明显的城乡差异。如李忠路和邱泽奇(2016)的研究发现，城乡差异也体现在家庭背景对学生学业成就的作用路径与机制中，家庭社会经济地位对农村学生学习成绩的影响小于对城市学生的影响，而农村学生的学业成就比城市学生更多地依靠自身学习行为。

(4)性别差异化

Dumais(2002)发现，女性和社会经济地位较高的学生更有可能参与文化活动，此外，在标准的普通最小二乘模型和固定的学校效应模型中，无论是否控制了布迪厄的惯习概念，文化资本对女学生的成绩有正向的显著影响，对于男生而言，这种效应较弱，只存在于固定效应模型中，习惯本身对所有模型的男女生都有很强的影响。作者认为，传统固有的性别印象在男学生缺乏文化参与方面发挥了作用，女学生可能会被更多地鼓励利用她们的文化资本在学校取得成功。李春玲(2009)认为，家庭背景因素对女性教育获得的作用明显比其对男性的作用更大，即女性教育机会获得更容易被家庭背景所局限，而较差家庭环境出身的女性，尤其是农村或农民家庭出身的女性，在受教育机会的获得上明显比其他人少。宋爽和郭衎(2018)的研究认为，男生的数学学习更易被家庭背景因素所影响。王鹏程和龚欣(2020)的分样本回归发现，家庭文化资本对农村儿童和女童学前教育机会的影响更大。

(四)研究现状评价

当前关于文化资本、人力资本与大学生就业的研究成果日渐丰富，文化资本与学生成就关系的研究也较为丰富，在研究对象上已经覆盖中、美、德、日等不同国家，涵盖从小学、初中、高中到大学各个阶段，涉及大学生、农民工或移民及少数族群等不同群体，研究内容上已经从独立的单因素效应分析拓展为多因素联合效应分析，研究方法上也已经从以理论研究为主拓展为理论与实证相结合的研究。然而，基于上述文献回顾与研究结论，相关研究依然存在一些不足尚待完善。

第一，现有部分研究关注文化资本与人力资本、人力资本与就业的研究，而较少关注不同场域的文化资本对大学生就业风险影响的传导路径与机理。文献回顾发现，学者们分别探索了文化资本与学生成就、人力资本与就业的关系，部分研究也探讨了文化资本中的某些要素在就业中的作用。然而，关于文化资本和人力资本对大学生就业的作用机理研究还没有形成完整的系统分析。虽然目前有少数研究分析文化资本与人力资本的联合效应(如王志明，2008；张艳、张双月和张莉，2018)，但分析不同场域的文化资本与人力资本对就业的联合效应的研究依然较少。同时，对文化资本的分析多以家庭文化资本为主，较少涉及学校文化资本。在过去几十年里，对学生成就的文化解释获得了广泛的研究和关注，其中许多研究都试图通过各种机制(价值观、态度、信仰、参观博物馆等)来确定学生的文化取向。然而，很少有研究试图将学生的文化取向与教育机构本身的文化取向区分开来，尤其是在文化的行为维度方面。尽管一些研究涉及了学校文化资本中的部分要素对学生成就的影响，但当前系统的以学校文化资本进行的研究还主要停留在概念、建设现状与问题以及评价机制等的理论探讨上(如陈国民，2010，2011；罗生全，2010；齐学红，2007)。而当前许多研究在分析文化资本的作用时，对家庭文化资本、学校文化资本或个体文化资本没有进行区分或直接混淆使用。总体而言，无论是理论分析还是经验研究，关于文化资本与人力资本在大学生就业中是如何发挥作用、是否相互作用、如何相互作用等方面尚未形成完整系统的研究成果，当前对不同场域的文化资本、人力资本与大学生就业风险之间的传导路径和作用机理的研究依然欠缺系统性。

第二，现有研究中结合实务状况的实证检验欠缺全面性，进而较少完整提出基于理论与实务的政策建议。尽管越来越多的研究利用数据分析对人力资本、社会资本和文化资本在大学生就业中的效应进行实证检验(如孟大虎、苏丽锋等，2013；董克用、薛在兴，2014；乔志宏等，2014；黄敬宝，2015；岳德军、田远，2016；张杨，2018；张文宏、苏迪，2018)，但其中一部分实证研究仅选取人力资本或社会资本某一个方面进行分析，也有部分研究从人力资本与社会资本两方面分析就业效应，却只有少数学者真正分析了人力资本与社会资本对大学生就业的交互效应(如赖德胜、孟大虎、苏丽锋，2012；黄敬宝，2015)，而文化资本就业效应的实证研究相对较少，文化资本与其他因素结合对就业的交互效应的实证研究则更少。然而，伴随文化与政治经济之间越来越紧密的联系，文化资本与各国经济增长、劳动力市场或社会发展之间关系的研究越来越具有学术价值，且一些研究也发现，文化资本与人力资本具有一定联系，也可能通过学业成绩等人力资本因素(如 Marks，2009；张艳、张双月、张莉，2018)影响大学生就业。同时，文化资本作为一个综合性的概念，大多数实证研究中的测度并未完整涵盖具身化、客观化和制度化形态，尚未建立家庭与学校文化资本的综合衡量指标体系，导致对家庭和学校文化资本要素如何作用于学生人力资本与就业风险的研究缺乏完整性和系统性。例如，在文化资本的衡量上，大多数研究主要分析家庭文化资本，如家中的书籍、父母的教育水平、参观博物馆或对时事的关注程度等(Lamont & Lareau，1988；张艳、张双月、张莉，2018)，还有些研究将文化资本与人力资本衡量指标混淆，将其视为大学生的知识与技能，以学历、成绩、专业和学校档次等衡量(如王颖、李慧清，2015)。总体而言，当前基于实务状况对文化资本与人力资本双重作用影响大学生就业风险的实证检验依然欠缺，而对大学生就业风险的政策建议也仅仅是依据理论推演而来，欠缺实用性。

第三，现有关于文化资本、人力资本与就业风险的研究虽涉及不同群体的研究，但较少考虑民族特点、区分民族群体对少数民族大学生进行研究。国内外关于文化资本作用的研究基本倾向于以特定群体作为研究对象，从学历层次上，大多数研究是以小学居多，后来渐渐有许多研究者将文化资本运用至初中、高中，甚至成人教育的趋势，也对高等教育获得的机会与质量的影响进行了探讨，但对进入高等教育阶段之后文化资本如何影响大学生的成就(如学业成绩、实践能力、就业等)的研究则相对较少。基于文化资本理论，我国学者对农民工文化资本与就业、女大学生文化资本与就业、人力资本对大学生就业的影响进行了研究，但目前仅有少数学者对少数民族大学生就业相关问题(如高岳涵，2015；白亮、万明钢，2016；李玲、蔡文伯、杨建刚，2016；梁枫、赵建敏、任荣明，2016；王培玲，2017；塔娜、达万吉，2017；胡维芳、谢政航，2019)、民族地区家庭文化资本对学生学业成就的影响(如姚佳胜、李颖芳，2012)进行研究。然而，少数民族大学生的家庭与大学文化资本、人力资本和就业风险受到民族特点的影响，具有一定的特殊性和差异性，因此，考虑少数民族文化特点进行本课题的研究具有重要现实性。

基于研究现状评价，综合考虑教育的家校建构与个体特质的关系，选取少数民族大学生作为研究样本，合理界定文化资本、人力资本与就业风险的概念，建立科学合理的衡量指标体系，将文化资本、人力资本与就业风险有效链接，从一个全新的视角研究大学生就业问题，正是理论界有待深入研究的问题，也是该话题的研究趋势，更是本书所关注的方向。

三、研究目标与内容

(一)研究对象与目标

本书选取少数民族大学生为样本对象，基于少数民族大学生的经验证据为支持，循着“文化资本(家庭文化资本、大学文化资本)——大学生人力资本——大学生就业风险”的基本路径，研究文化资本与人力资本双重驱动下的大学生就业，以期为发挥和利用文化资本与人力资本的双重效应创造切实可行的平台，为大学生就业风险的应对提供理论支持与政策建议。通过研究主要实现以下具体目标：

第一，界定家庭与大学文化资本、人力资本的内涵与结构及就业风险的概念与来源，建立以少数民族大学生为样本的文化资本与人力资本对就业风险双重驱动的理论框架。

第二，了解家庭与大学文化资本、大学生人力资本及就业风险的现状，验证文化资本对少数民族大学生就业风险的影响以及人力资本在其中的中介效应。

第三，提出基于个人、家庭、高校和社会等不同层面的少数民族大学生就业风险应对的对策建议。

（二）总体框架与重难点

1. 总体框架

本书循着“文化资本（家庭文化资本、大学文化资本）——大学生人力资本——大学生就业风险”的路径，以少数民族大学生的样本调查证据贯穿整个研究过程。研究内容主要包括如下几个构成部分：

绪论。该部分包括本书的选题背景与意义、国内外相关研究成果的文献回顾、研究目标与内容以及研究思路与方法。

第一章建立文化资本与人力资本对大学生就业作用的理论基础。从文化资本理论、人力资本理论、不确定性与有限理性理论方面构建文化资本与人力资本对大学生就业风险作用的理论基础。

第二章界定文化资本、人力资本与大学生就业风险的概念框架。首先，基于少数民族大学生的范围界定，梳理界定大学生就业风险的内涵与要素；其次，结合人力资本理论，回顾人力资本内涵和结构要素的主要观点，界定大学生人力资本内涵与结构；最后，基于文化资本理论，梳理文化资本内涵与形态的主要观点，界定少数民族大学生家庭与大学文化资本的内涵与结构形态。

第三章分析文化资本与人力资本对大学生就业风险的作用机理。首先，从微观、中观和宏观层面分析少数民族大学生就业风险的来源；其次，分析文化资本对学生成就的作用，包括家庭与学校文化资本的不同构成要素及其交互作用对学生成就的作用；再次，分析大学生人力资本对就业的作用，即大学生显性与隐性人力资本的不同构成要素对其就业的作用。最后，结合家庭代际传承、大学过程建构与个人后天努力之间的关系，从理论上阐述文化资本与人力资本对大学生就业风险的综合作用。

第四章对文化资本、人力资本与大学生就业风险进行质性研究。基于质性研究方法与设计，选取少数民族大学毕业生为样本，通过深度访谈了解被访谈大学毕业生个案的家庭文化资本、大学文化资本、人力资本与就业的基本状况，并形成家庭与大学文化资本及人力资本对就业风险作用形式的初步结论。

第五章调查文化资本、人力资本与大学生就业风险的现状。基于深度访谈的质性研究，以少数民族大学毕业生和在读生为样本，设计家庭与大学文化资本、人力资本与就业风险或就业风险感知的调查问卷，再分别结合毕业生和在读生的问卷调查数据，分析调查样本的家庭与大学文化资本、人力资本与就业风险或就业风险感知的现状。

第六章验证文化资本与人力资本对大学生就业风险的作用路径。借助对大学毕业生与在读大学生的问卷调查，分别基于少数民族大学毕业生和在读大学生的问卷数据，验证文化资本与人力资本的综合作用分别对就业风险和就业风险感知的影响路径，并在此基础上，进一步进行了调节效应检验和拓展研究。

第七章探讨大学生就业风险的应对策略与措施。基于理论分析与实证检验结果，结合教育的家校建构与个体特质的相互关系，提出少数民族大学生就业风险的总体应对策略与具体应对措施。

结语。该部分是对本书研究内容的概括与总结，包括对全书研究结论的总结、研究的主要特色创新和不足之处，为未来的相关研究指明方向。

2. 重点难点

本书拟突破的重点和难点主要包括：

第一，探索文化资本、人力资本对大学生就业风险的作用机理与路径。以少数民族大学生为样本，合理确定文化资本(家庭文化资本、大学文化资本)的结构要素，基于教育的社会与个体两个层面探讨就业风险的影响因素，进而深入剖析文化资本(家庭文化资本、大学文化资本)对就业风险的作用路径，形成系统的理论分析框架，是本书的重点。

第二，设计家庭与大学文化资本、个体人力资本与就业风险的调查问卷。本研究数据需要利用实地调研、访谈和问卷调查获取，在数据的获取上存在一定难度。因此，设计恰当的调查问卷测评和了解少数民族大学生家庭与大学文化资本、人力资本及就业风险的现实状况，是本书的难点之一。

第三，检验文化资本、人力资本对大学生就业风险的影响。本书需要运用统计软件进行信度效度分析、相关分析和路径分析等实证检验，在数据技术处理上具有一定难度，因此，基于少数民族大学生的样本数据，验证文化资本与人力资本对就业风险的影响，并提出针对性的政策建议，是本书的另一难点。

四、研究思路与方法

(一)研究思路

依照研究目标，本书设计了以下三个递进的层次(如图 0-3 所示)：

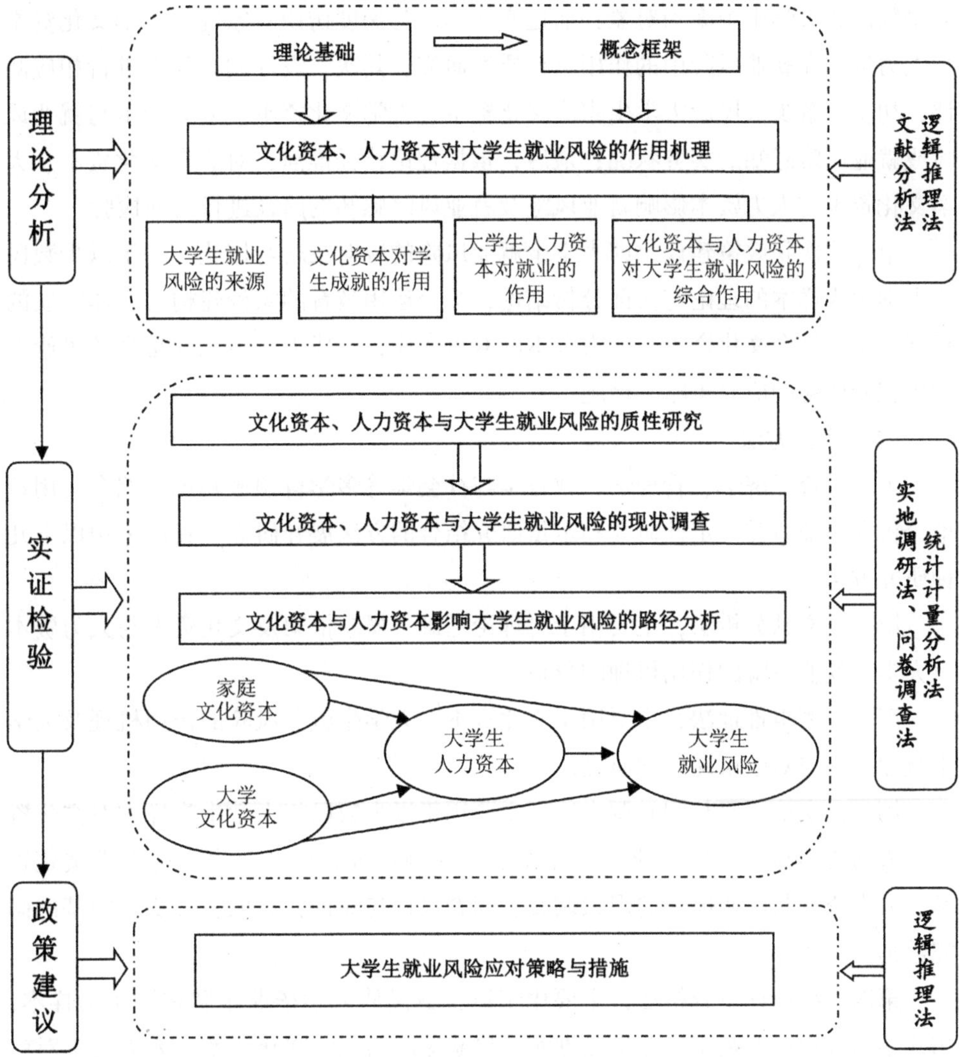

图 0-3　研究总体思路框架图

第一层次是理论分析。即理论基础、概念框架与作用机理的形成。基于经济学、管理学、教育学和社会学理论，界定以少数民族大学生为样本对象的家庭与大学文化资本、人力资本的内涵与结构要素及就业风险的概念与要素，厘清就业风险的来源，形成文化资本、人力资本对大学生就业风险作用的基本逻辑结构。

第二层次是实证检验。即质性研究、现状调查与路径分析检验。首先，以部分少数民族大学生个案为对象，通过实地调研与深度访谈对家庭、大学文化资本与人力资本在就业风险中的作用进行质性研究；其次，设计调查问卷进行相应测评，初步了解少数民族大学生家庭文化资本、大学文化资本、人力资本与就业风险或就业风险感知的实务状况；最后，根据理论路径推演，对家庭文化资本、大学文化资本与人力资本影响就业风险及就业风险感知的路径进行实证检验。

第三层次是政策建议。即大学生就业风险的应对策略与措施。基于以少数民族大学生为样本的理论与实证分析结论，综合运用教育的家校建构与个体特质的相互关系，结合文化资本与人力资本的双重效应，形成大学生尤其是少数民族大学生就业风险的应对策略与措施。

（二）研究方法

本书融合经济学、管理学、教育学与社会学等多学科领域知识，综合运用理论分析和实证研究、定性研究和定量研究结合的方法展开研究。具体采用以下几种研究方法：

第一，文献分析法，主要用于对理论基础、概念框架及文化资本与人力资本对大学生就业风险的作用机理的分析。

第二，逻辑推理法，主要用于文化资本对大学生就业风险的作用机理及大学生就业风险应对政策建议的研究。

第三，实地调研与问卷调查法，主要用于以少数民族大学生为样本对文化资本与人力资本在大学生就业中的作用进行质性研究，以及对家庭与大学文化资本、人力资本与就业风险的现状调查、问卷设计与测评，获取相关变量的基础研究数据。

第四，统计计量分析法，主要用于以少数民族大学毕业生和在读生为样本，构建结构方程模型基于毕业生数据实证检验家庭与大学文化资本、人力资本对就业风险、就业结果的作用路径以及基于在读大学生数据实证检验家庭与大学文化资本、人力资本对就业风险感知、就业意愿与期望的作用路径。

第一章 文化资本与人力资本对大学生就业作用的理论基础

大学生就业受到来自大学生个体、家庭、学校和社会多个层面众多因素的共同作用，伴随现代社会科学技术与生产力水平的快速增长，文化资本、人力资本与就业的紧密关联对于促进经济与社会发展发挥着越来越重要的作用。本书从资本的角度探讨大学生就业风险的来源与形成，主要基于文化资本理论、人力资本理论、不确定性与有限理性理论角度，建立文化资本与人力资本对大学生就业风险作用的逻辑关系，为本书的研究奠定理论基础。

第一节 文化资本理论：大学生成就的家校建构

文化资本理论是一个被广泛应用的理论，结合家庭教育和学校教育在文化资本积累中的作用，家庭与大学所传递的文化资本可以作为大学生教育成就或职业成就的重要解释力。

一、文化资本理论的产生与发展

文化资本理论是在马克思的资本理论基础上，由布迪厄进行细化拓展所提出，经过迪马乔等学者的进一步研究而发展起来，最早在教育社会学领域中得到运用。之后，文化资本理论从教育学、社会学领域逐渐扩展至经济学等多个学科领域。

资本理论贯穿于马克思主义政治经济学的研究中，他指出："商品流通是资本的起点。商品生产和发达的商品流通，即贸易，是资本产生的历史前提。"①商

① 北京大学经济系《资本论》教学组.《资本论》释义[M]. 北京：北京出版社，1980：106.

品流通的最后产物货币正是资本的“最初表现形式”。他认为，资本虽然是以物的形式存在，体现了人与自然之间的关系，但也更体现人与人之间的关系，它是能够带来剩余价值的价值①。当“价值成了处于过程中的价值，成了处于过程中的货币，从而也就成了资本”②，而“把剩余价值当作资本使用，或者说，把剩余价值再转化为资本，叫作资本积累”③。马克思在《资本论》中从经济学意义上深入分析了资本主义社会中资本的作用与地位。

法国社会学家布迪厄继承和发展了马克思的资本理论，基于对资本理论的非经济学解读提出了“文化资本”概念并对该理论进行了系统阐述。20世纪70年代初，布迪厄引入文化资本理论(即他的社会再生产概念的一部分)，作为界定社会流动(经济手段之外)的一种方法。1973年和1977年，布迪厄分别发表了《文化再生产与社会再生产》(Bourdieu，1973)和《教育、社会和文化再生产》(Bourdieu & Passeron，1977)，他借鉴马克思主义理论的基本原则，不仅局限于考察社会阶级与社会选择，而是研究了教育行为和阶层再生产之间的动态关系④。“正如马克思的经济资本概念，拥有经济资本的人有意识或无意识地将其投入教育体系中，使他们能够获得该体系的最终回报，从而使他们成为精英阶层的永久成员。同样，那些没有拥有这种文化资本的人必须更加努力地去获得它，以便在这个体系中获得成功。”⑤之后，在《资本的形式》一文中第一次完整提出文化资本理论，他指出，“资本是积累的劳动(以‘物化的’或‘具体化的’、‘肉身化的’形式)……资本是一种镶嵌在客体或主体的结构当中的力量，也是一种强调社会界内在规律的原则”⑥。“除非人们引进资本的一切形式，而不只是考虑经济

① 林宇. 家庭文化资本与农民工子女成就动机内驱力[M]. 厦门：厦门大学出版社，2011：34.

② 北京大学经济系《资本论》教学组.《资本论》释义[M]. 北京：北京出版社，1980：111.

③ 北京大学经济系《资本论》教学组.《资本论》释义[M]. 北京：北京出版社，1980：354.

④ Broadfoot T. Reviewed Work(s): Reproduction in Education, Society and Culture by Pierre Bourdieu and Jean-Claude Passeron [J]. Comparative Education, 1978, 14(1): 76.

⑤ Broadfoot T. Reviewed Work(s): Reproduction in Education, Society and Culture by Pierre Bourdieu and Jean-Claude Passeron [J]. Comparative Education, 1978, 14(1): 76-77.

⑥ 皮埃尔·布迪厄. 资本的形式. 薛晓源，曹荣湘主编. 全球化与文化资本[M]. 武锡申，译. 北京：社会科学文献出版社，2005：3.

理论所认可的那一种形式，否则是不可能对社会界的结构和作用加以解释的。”①他认为，资本可以表现为经济资本、文化资本和社会资本三种形式，并提出了文化资本的三种形态，用于解释不同社会阶层的孩子在学业上不平等的可能性(Bourdieu，1986)。

布迪厄工作的丰富性为社会科学研究者带来了创造性的挑战，其著作由于缺乏明确性而受到批评(Kingston，2001；Sullivan，2001；Lareau & Weininger，2003；Barone，2007；Dumais & Ward，2010)，研究人员对布迪厄的文化资本理论形成不同的解释。最早推广布迪厄的法文著作翻译的研究者之一是迪马乔，随后他将文化资本定义为等级文化参与，结合美国的数据将文化资本引入统计分析，验证对学业成功、教育程度、大学入学率、高等教育结果和婚姻选择的影响(DiMaggio，1982；DiMaggio & Mohr，1985)，对美国社会阶层流动的研究文献提出了可能的启示。而拉鲁等通过定性研究分析文化资本在家校关系构建中的重要性，利用文化资本解释儿童学校生涯当中的社会阶层差异，其著作进一步概述了文化资本研究的问题和挑战(Lamont & Lareau，1988；Lareau & Weininger，2003)。教育社会学领域的文化资本理论研究主要关注文化资本在个人发展与社会阶层差异中的作用。

随着社会发展中文化与经济越来越高程度的融合，文化资本与经济发展的关系也成为经济学界的热点话题。例如，克拉格和斯哥茨曼的研究为观察文化制度对经济发展与政治可能产生的影响提供了一个全新的视角②。弗莱尔认为，许多与经济相关的决策制定都受到社会与文化因素的影响，他将文化资本的思想引入经济推理中，通过将文化资本作为一个无限重复的博弈建立一个经济增长模型③。而思罗斯比将文化资本概念在社会学与经济学中的运用进行比较，分析了它对经济增长、经济可持续发展与投资分析的意义④。当前，文化资本理论框架

---

① 皮埃尔·布迪厄. 资本的形式. 薛晓源，曹荣湘主编. 全球化与文化资本[M]. 武锡申，译. 北京：社会科学文献出版社，2005：4.

② 克利斯朵夫·克拉格，索姗娜·格罗斯巴得·斯哥茨曼. 文化资本与经济发展导论. 薛晓源，曹荣湘主编. 全球化与文化资本[M]. 吴丹，译. 北京：社会科学文献出版社，2005：222.

③ 罗纳德·弗莱尔. 文化资本. 薛晓源，曹荣湘主编. 全球化与文化资本[M]. 宾建成，译. 北京：社会科学文献出版社，2005：193.

④ 戴维·思罗斯比. 文化资本. 薛晓源，曹荣湘主编. 全球化与文化资本[M]. 潘飞，译. 北京：社会科学文献出版社，2005：547-548.

已经应用于教育、语言、科学、艺术、社会学和经济学研究，还将继续在不同研究领域中得到广泛运用。

二、文化资本理论的主要观点

文化资本理论强调的是社会中的个人、群体和阶级为了社会中认为重要或有价值的东西而相互竞争的程度，从根本上而言，有些人会得到比他们应得的更多的社会宝贵资源，而另一些人则会因此得到比他们应得的更少的资源(Gao，2008)。在教育社会学领域，文化资本研究的根本关注点是文化与阶级、权力之间的关系。文化资本被视为理解教育不平等与社会阶级之间关系的一种手段。

(一)文化再生产理论

布迪厄结合文化资本与再生产形成了文化再生产理论，提出文化资本具有再生产特征。文化再生产理论涉及场域、惯习和资本这些基本概念。场域、惯习和资本共同作用产生实践或社会行动(Bourdieu，1977)。实践是当前条件(场域和资本)和过去条件(惯习)的相互关系，因此可以分解为组成部分(Bourdieu，1990)。场域是各种位置之间所存在的客观关系的网络或架构，也是人们为保护或增加自己的资本而竞争的社会空间(Bourdieu，1977)。场域是惯习发挥作用的社会环境，并构成了不同资本的一些属性。惯习可定义为“一种持久的、可换位的性情、结构化的结构构成的体系，倾向于将功能作为结构化结构，也就是说，作为产生和组织实践和表现的原则，这些实践和表现可以客观地适应它们的结果，而无需预先假定有意识地以目的为目标或明确地掌握实现它们所必需的操作”①。特定场域中的个体具有特定的个体性情倾向，这种特定的惯习引导不同的个体行为模式，不同的行为模式进一步构建着行为发生的场域。资本是存在于场域中各个主体上并决定主体所处位置与社会结构的劳动的积累，场域中的个体由于拥有不同的资本而处于不同社会结构位置上，同时也会利用资本去维持或改善在场域中的位置。当场域、惯习和资本相互作用时，它们形成一个结构(Bourdieu，1977)。资本、惯习和场域三个要素相互作用，为个人、群体和社会产生社会结果(Nugent，2008)。

文化再生产理论认为，文化资本最初是来源于社会实践，而其积累主要是以

① Bourdieu P. The Logic of Practice[M]. Stanford, CA: Stanford University Press, 1990: 53.

再生产方式实现的，家庭与学校是文化再生产的两个主要场域。文化资本是中上层阶级家庭传给后代的财产，通过家庭代际传承实现再生产，它补充了经济资本作为一种维持阶级地位和特权的跨代传递的手段。个人和组织在不断地争夺有价值的资本形式，从而复制和延续这种不平等。尽管学校教育具有文化再生产功能，但资本主义社会的教育形式和实践是以生产领域的经济关系为基础的，因此其目的是使社会不平等合法化，而不是减少社会不平等。就教育而言，通过精英群体的“教育行为”，社会被划分为支配和被支配群体，精英群体将其“文化专断”作为教育文化的合法定义①。作为“文化专断”的“符号暴力”的结果，“教育行为”本身是许多非精英儿童失败的原因，因为他们缺乏精英儿童与他们的老师共享的价值观和语言，这种接受教育交流沟通的适当语言技能称为“文化资本”②。具有文化资本优势的精英阶层的子女更能在学校教育中占据优势，将社会背景的不平等转化为教育证书的差异，保持优势地位。因此，学校教育通过支配群体的文化合法化实现文化资本的再生产与再分配，进而实现社会秩序与结构再生产。文化资本不是阶级地位的简单副产品或反映，而是社会再生产过程得以维持和合法化的机制(Bourdieu & Passeron，1977)。

(二)文化流动理论

文化再生产理论认为，通过学校教育文化资本最初的差异并没有减少或消除，而是被一种偏爱某种文化倾向的教育体系所强化。统治阶级的成员拥有最宝贵的社会和文化资本，在学校获得成功的机会最大，这使得大多数下层阶级的成员几乎没有实现社会流动的希望。而迪马乔则提出文化流动理论，对文化再生产理论进行了补充。文化流动论的支持者认为，文化资本并非只能通过家庭获得，而是可以通过个人努力在整个生命历程中获得，与家庭背景之间并非密切且稳固地相关，因此，非精英阶层家庭出身的子女也可以通过个体能动性自主自觉获取文化资本，实现在社会结构中的位置流动。

三、文化资本理论与大学生成就

一个人在教育成就和职业成就等方面的表现固然是自身能力和努力的结果，

① Broadfoot T. Reviewed Work(s): Reproduction in Education, Society and Culture by Pierre Bourdieu and Jean-Claude Passeron [J]. Comparative Education, 1978, 14(1): 76.

② Broadfoot T. Reviewed Work(s): Reproduction in Education, Society and Culture by Pierre Bourdieu and Jean-Claude Passeron [J]. Comparative Education, 1978, 14(1): 76-77.

但也与个体所处的场域之间明显相关。文化资本是长期获得的知识(Ward 等，2012)，它可以通过家庭关系和教育等多种途径获得(Bourdieu，1986)。Winkle-Wagner(2010)表示，文化资本可能以通过社会出身(其中包括家庭阶级特权)和通过教育两种方式实现。家庭教育与学校教育是两种主要的文化资本传承与发展方式。

家庭作为基于婚姻、血缘或其他合法关系而建立的社会基本生活单位，是一种产生惯习的机制，也是最原始的、最基础的和最重要的文化资本生产与再生产的场所。文化再生产理论强调，惯习是文化资本效应背后的机制。家庭成为文化资本生产与累积的第一站，是文化资本代际传递的重要场所。“先赋因素”在学业成就获得方面发挥重要作用，大学生在高等教育中的学业成功对于家庭预先投资的文化资本具有极大依赖性。大学生自出生就会受到家庭场域中父母思想观念、行为模式、文化氛围等文化资本形式的浸染，形成了他们各自独特的信仰体系、生存方式、穿着、行为以及与他人互动和决策的方式，这种惯习会显著影响他们接受或适应学校和社会场域主流文化的程度。因此，家庭所传递的文化资本对于他们的子女未来在高等教育中能否适应主流文化积累具有竞争力的人力资本、获得更好的就业结果最终实现学业成功必然产生重要影响。

除了家庭以外，学校是文化资本再生产的另一个重要场域。后期的学校教育与早期的家庭教育无法割裂且互为补充，也是文化资本生产与再生产的主要实现形式。尽管文化再生产理论认为，惯习存在于学校的系统和结构中，通过一套一致的程序和规则可能会使一些弱势家庭的子女难以适应或遵守，作为符号暴力的教育行为让来自具有文化资本优势的精英阶层子女更能获得学业成功。但学校教育不仅为学生学习知识和掌握技能创造受教育的条件，同时也在向学生传递它们的文化资本，并受到来自不同学生群体文化的影响而不断更新与发展其文化资本。高等教育作为大学生学校教育的重要组成部分，在大学生学习与就业中发挥着至关重要的作用。高等教育机构也有自己的惯习，例如，通过大学文化环境塑造大学生对未来学术和职业机会看法的方式，对处于大学场域的大学生适应社会文化环境产生不同的影响。不同高校所传递的异质性的学校文化资本必然对于大学毕业生，尤其是处于弱势地位的少数民族大学生的学习和毕业表现产生差异化的影响。

第二节　人力资本理论：大学生就业的个人努力

与马克思古典资本理论相对应，人力资本理论与文化资本理论均属于新资本理论，也是与文化资本理论息息相关的一个经济学概念，它们均对非物质资本的经济与社会价值予以关注。

一、人力资本理论的形成与发展

人力资本思想源远流长，早期古典经济学相关学者的研究都曾涉及，但并未获得当时主流经济学的认可，直至20世纪60年代，舒尔茨明确对人力资本进行系统论述并将其引入经济增长的分析中，使得"资本"内涵向广义延续为产生增值的全部资源的总称，而人力资本理论也被正式纳入主流经济学研究领域。

人力资本思想的萌芽与起源可追溯至古典政治经济学、新古典经济学和马克思主义经济学的相关研究。威廉·配第提出"土地是财富之母，劳动是财富之父"①。亚当·斯密(1776)将"一个社会全体居民或成员所具有的有用的能力"作为固定资本的一种，即"人力资本"②。约翰·穆勒(1848)指出，"手艺人的技能、精力和坚忍不拔的精神，完全可以像他们使用的工具和器械那样，看作是国家财富的一部分"，"人所学到的能力……当然应归于财富之列"③，知识和技能是提高劳动生产率与促进经济发展的重要因素④。李斯特(1841)将资本分为"物质资本"与"精神资本"，人的精神力量、人类的科技发现、发明和知识积累也是资本，是与物质资本相对的"精神资本"⑤。马歇尔(1890)指出，"所有资本中最有价值的是对人本身的投资"⑥。这些研究虽然并未提出人力资本概念，但已经将人的知识、技能或对人的投资视为资本。马克思认为，要想把货币资本转化为资本，货币所有者必须在市场上找到这样一种特殊商品，"它的使用价值本身具

---

① 李锡元，王永海. 人力资源会计[M]. 武汉：武汉大学出版社，2007：1.

② 朱必祥. 人力资本理论与方法[M]. 北京：中国经济出版社，2005：4.

③ 约翰·穆勒. 政治经济学原理及其在社会哲学上的若干应用(上卷)[M]. 赵荣潜，等，译. 北京：商务印书馆，1991：64.

④ 张文贤. 人力资源会计[M]. 沈阳：东北财经大学出版社，2002：7.

⑤ 朱必祥. 人力资本理论与方法[M]. 北京：中国经济出版社，2005：5.

⑥ 张文贤. 人力资源会计[M]. 沈阳：东北财经大学出版社，2002：7.

有成为价值源泉的特殊属性，因此，它的实际使用本身就是劳动的物化，从而是价值的创造”，这种特殊商品就是劳动力①。他提出了近似于人力资本的劳动力概念，并强调了劳动力在价值创造中的重要性。

现代人力资本理论形成于20世纪五六十年代，代表人物主要有西奥多·舒尔茨、加里·贝克尔、雅各布·明瑟尔、爱德华·丹尼森等。舒尔茨在其发表的演讲《人力资本的投资》(1960)中首次明确提出人力资本的概念，对人力资本的投资和在经济增长中的作用进行了阐述和论证。在随后的研究中，他进一步对人力资本投资、人力资源等进行了一系列系统的研究。舒尔茨主要从宏观层面构建了人力资本理论初始框架。而贝克尔则构建了人力资本理论的微观分析基础，其著作《人力资本投资：一种理论分析》(1962)与《人力资本：特别关于教育的理论与经验分析》(1964)在人力资本形成及人力资本投资过程等方面形成了具有开创性意义的研究成果。明瑟尔在《人力资本投资与个人收入分配》(1958)中，率先从人力资本投资方法探讨个人收入分配问题②，建立了个体所接受的培训数量与其收入分配之间的经济模型。丹尼森(1962)分解了索洛的“技术进步”因素，运用计量经济分析论证了教育投资对美国1929—1957年经济增长的作用。他的研究虽未明确人力资本概念，但丰富了人力资本要素作用的计量分析，对舒尔茨的人力资本理论进行了补充和修正。

20世纪70年代以后人力资本相关研究逐渐减弱，至20世纪80年代，随着新经济增长理论的出现与兴起，以保罗·罗默、罗伯特·卢卡斯等为代表的研究者将人力资本作为内生变量引入经济增长模型中，从经济增长模型阐述和论证人力资本的作用，完善与发展了舒尔茨和贝克尔等创立的人力资本理论。罗默在《收益递增与长期增长》(1986)中提出了一个长期增长模型，在这个模型中，知识被假定为一种边际生产力不断增加的生产投入。在这个本质上具有内生技术变化的竞争均衡模型中，他将知识分为一般性与特殊的专业化知识，而专业化知识(即专业化人力资本)则是促进经济增长的重要源泉。卢卡斯在《论经济发展的机

① 北京大学经济系《资本论》教学组.《资本论》释义[M]. 北京：北京出版社，1980：120.

② 根据朱必祥(2005)的观点，“从时间上讲，明塞对人力资本理论问题的研究早于舒尔茨和贝克尔，在他俩之前‘发现’了人力资本理论，但是该理论的创始人却通常被认为是后者。这也许是由于明塞他本人持续的追问研究‘导致了迟迟不能形成一部最终的成果’”。参见朱必祥. 人力资本理论与方法[M]. 北京：中国经济出版社，2005：26.

制》(1988)中考虑了三种模型，并将其与证据进行了比较，即强调物质资本积累与技术变革的模型、强调通过学校教育积累人力资本的模型以及强调通过“干中学”积累专业化人力资本的模型。他的研究认为，学校教育和“干中学”是人力资本的两条主要形成途径，通过学校教育形成的人力资本产生“内在效应”，通过“干中学”所形成的人力资本产生“外在效应”。这些研究不仅丰富了内生经济增长理论研究成果，而且进一步深化了人力资本理论，使得人力资本研究更加具体化和细致化。

二、人力资本理论的主要内容

根据朱必祥(2005)的概括，人力资本理论研究涉及理论原理研究与经济政策事件研究两部分，主要包括人力资本理论基础研究、人力资本价值论、人力资本产权理论、人力资本投资理论、人力资本财富论、人力资本经济增长理论和人力资本理论的经济政策研究七个方面的内容。人力资本理论使马克思“资本”的内涵从物质性概念扩展至非物质性概念，它阐释了人力资本的内涵特征、人力资本形成等基本理论，揭示了教育与经济增长和个体收入之间的关系等。其基本观点包括：

(一)人力资本的内涵特征

人力资本理论将对人的投资所形成的凝结于人体的知识、能力等视为资本，其定义内涵主要涉及以下方面：一是人力资本是一种体现在人身体上的资本，它虽然依附于人而存在却并非是人本身，主要表现为知识、技能、经验等形式；二是人力资本是通过后天投资所形成的资本，而并非先天具有的；三是与其他资本一样，人力资本具有经济价值，能够产生未来收益或回报。

人力资本作为一种资本形式，必然具有资本的共性，但相对于物质资本或其他资本形式，它又表现出一定的特性。有学者认为，人力资本具有无形资本、时效性、收益递增性、累积性、无限的潜在创造性、能动性和个体差异性特征(吴国存，1999)。有学者认为，人力资本具有生物性与生命性、生命周期性与可再生性、主体性和意志性、无形性、社会性、非经济价值性、使用效果的特殊性的特征(朱必祥，2005)。也有学者指出，人力资本具有个人占有天然性、使用的增值性、价值度量的不确定性、时效性、多样性和专用性以及受承载者个人偏好影响的特性(刘文，2006)。一般而言，人力资本所具有的特性主要表现在：一是对人的依附性，由于人力资本是存在于人身体中的资本，不能独立于人体而存在，必然与其承载者之间不可分离；二是价值变动性，由于人力资本依附于承载者而存在，会随着对承载者的投资和承载者的积累而形成与增长，也可能会随着社会环境与科技进步的变化而贬值等，使其价值处于不断变化的状态；三是使用时效性，由于人的生命周期有限，若不及时有效利用人力资本则会随着承载者的生命周期而消亡，同时人力资本若不及时更新也会随着时间推移导致价值逐渐减弱或丧失；四是主体能动性，人力资本受其承载者的控制，会随着承载者的主观意识或个体偏好而在使用中发挥不同的作用；五是无形性，人力资本不像物质资本一样具有实物形态，它是一种由主体意识投资形成和控制的无形资本，这使得它难以像物质资本那样被测度和计量。六是收益递增性，人力资本的规模收益率是递增的而不会下降①。实际上，这些特性都与人力资本对人的依附性这一特性相关，这一特性也使得人力资本还具有其他一些特点，必然与物质资本等其他资本形式表现出不同的特性。

(二)人力资本的形成

人力资本理论认为，人力资本是通过后天投资所形成的。人力资本投资有多种形式，一般认为主要有以下几种：一是教育投资。教育投资是最主要的人力资本投资形式，在人力资本的形成与积累中发挥重要作用。教育投资主要指学校教育的投资，包括正规学校教育与非正规学校教育投资，无论是个体及其家庭还是政府、社会投资用于普通学校教育的花费均属于人力资本投资，学校教育投资能够形成与积累人力资本存量。二是培训投资。培训投资是为了获得和发展特定职业所需的知识与技能而发生的各种投资支出。在人力资本投资形式中，贝克尔对在职培训给予了最多的关注，他区分在职培训为一般培训与特殊培训，并指出，许多工人通过在工作中学习新技能和完善旧技能来提高他们的生产力。在职培训是一个提高未来生产力的过程，与学校培训不同的是，这项投资是对工作进行

① 根据李建民(1999)的观点，“使人力资本规模收益率不下降或者提高的根本原因在于技术进步”。参见李建民. 人力资本与经济持续增长[J]. 南开经济研究，1999(4)：4. 而根据谌洁(2008)的观点，“报酬递增有两种涵义，一是指既定生产技术水平下，在不断追加某种生产要素的过程中，边际产出变化的阶段性特征，二是指技术进步前提下，要素生产力的提高。第一种涵义的报酬递增并不是人力资本的特性，任何一种物质生产要素的边际报酬都会在其投入量达到最佳比例之前，呈现出报酬递增的阶段性特征；第二种涵义的报酬递增是人力资本才可能具有的而不是所有人力资本都具有的属性。报酬递增既不是人力资本的特性，也不是所有人力资本都具有的普遍属性”。参见谌洁. 人力资本的报酬递增性质研究[J]. 云南社会科学，2008(6)：120-121.

的，而不是对专门从事教学的机构进行的(Becker，1962)。三是健康投资。贝克尔指出，人力资本投资的一种形式是改善情绪与身体健康(Becker，1962)。健康投资是个体、家庭、企业、国家和社会等用于保障或增强个体健康的投资，它通过延长人力资本承载者的生命周期对人力资本存量产生影响。四是迁移投资。迁移投资主要是人力资本承载者在不同地域与单位间流动时所需要支付的迁移支出，这项支出可能由承载者个体支付，也可能由迁移流入单位支付，或者两者共同支付。尽管这项支出并未直接影响人力资本存量，但通过迁移可能促使人力资本的提升，进而增加人力资本存量。

(三)人力资本的经济收益

人力资本理论从宏观和微观两个层面论证了人力资本与经济增长、个体收入分配的关系，主要形成了以下两种观点。

1. 人力资本是促进经济增长的最重要的资源

第一，人力资本的积累是社会经济增长的主要源泉。舒尔茨从三个方面进行了论证，人力资本与物力资本投资虽然都是经济发展中不可缺少的投资，但人力资本投资收益率超过物力资本投资的收益率，因此，资本积累的重点应当从物力资本向人力资本转移；同时，人力资本在促进经济增长的各个生产要素之间发挥着相互替代和补充作用，这种替代与互补作用使得人力资本积累速度显著增长成为生产中的一种要素投入，成为促进国民收入与经济增长的主要源泉之一。第二，专业化人力资本是促进经济增长的真正动力(Romer，1986)。第三，人力资本对经济增长兼有内部效应与外溢效应的双重作用。内部效应表现在人力资本会影响其承载者自身的生产率，主要是通过学校教育形成的人力资本产生的效应；而外溢效应表现在承载者个体的人力资本会影响社会中其他个体甚至整个社会经济，主要是通过“干中学”形成的人力资本产生的效应(Lucas，1988)。

2. 人力资本是促使个体收入增长的重要因素

通过教育、培训和其他投资形式对个体人力资本的投资实现了个体能力的提升，对促进个体生产率提升和收入增长具有重要意义。其中，教育投资是人力资本形成的最主要的投资方式，人们所受教育的差异会引起工资收入的差异，教育能够提升个体收入获得的能力，而教育水平的提升会使因受教育差异而形成的相对收入差异趋于减缓，同时人力资本投资的增加可以使物力资本投资与财产收入比例趋于下降，促使人们的收入趋于平等化。就社会整体而言，教育的普及是促使个体收入分配趋于平等的因素。而在职培训、健康投资等也是人力资本形成的重要途径与手段，也在增加个体收入和缩小个体收入分配差距方面发挥重要作用。

三、人力资本理论与大学生就业

人力资本理论强调，人力资本是一种体现在人身体上的知识、技能、能力等的结合体，人力资本积累较多的劳动者在就业市场中具有更多优势，往往能够拥有或获得更多就业机会与更高收入。人力资本积累是一个动态变化的过程，通过不断的教育投资也促进了人力资本存量的追加累积。人力资本理论强调了学校教育在人力资本形成与积累中的作用，学校教育通过促进个体知识与能力提升以适应经济增长变化所引起的就业机会变化。教育程度更高的劳动者通过学校教育能够积累更多的人力资本，在就业机会与收入分配中更具有优势。高等教育投资能够让大学生拥有更多的知识、技能与能力，帮助大学生适应日益复杂的就业市场。但不同高校在专业设置、培养方式和教育质量上存在差异，这些差异致使不同高校的教育在向大学生传递知识和培养能力方面依然存在差异，可能造成这些大学生在就业市场上具有差异化的适应力，进而造成他们在获取就业机会和就业质量上的差异。即使是同一高校的大学生在接受高等教育的期间，也通过不断的投资期望能够积累更多的知识与能力，但不同的投资所积累的知识与能力依然存在差异，导致人力资本投资不能适当或合理地转化为个体收益回报。此外，不同就业市场区域在人力资本供需关系上具有差异，加强人力资本流动能够更好地发挥人力资本在经济社会发展中的作用，对于促进大学生，尤其是弱势大学生群体的人力资本进一步积累和促进就业具有显著影响。可见，人力资本理论在大学毕业生就业结果与质量上具有较强的解释力，人力资本依然是大学毕业生就业结果、就业质量与就业风险的重要影响因素。

第三节　不确定性与有限理性理论：大学生就业风险形成

就业风险主要源于不确定性与相关行动者的有限理性，经济社会中的不确定性以及大学生的有限理性导致了大学生，尤其是少数民族大学生就业风险的形成。

一、不确定性理论

不确定性是与确定性相对应的概念，任何一种社会经济系统中，不确定性的影响始终存在。

(一)不确定性理论的发展

我国学者李拉亚(1995)将不确定理论的发展归纳为四大里程碑，即马克思不确定性理论、凯恩斯不确定性理论、理性预期不确定性理论与混沌不确定性理论。

马克思理论中不确定性理论占据着重要的位置，不确定性理论在马克思关于商品理论、再生产与经济危机理论中均有体现。奈特在《风险、不确定性与利润》(1921)中最早明确规范地将不确定因素引入经济分析中。他指出，概率有先验概率、统计概率与估计概率之分，先验概率与统计概率分别相当于主观概率和频率概率，它们均与真正的不确定性之间没有关系，只有估计概率与不确定性相关①。米达尔(1930)将预期与不确定性联系分析货币均衡问题。凯恩斯(1936)在宏观货币理论分析中考虑不确定性因素，将预期与不确定性引入经济理论的核心位置，奠定了凯恩斯经济学基本框架构建的基础。他坚持了奈特的不确定性思想，将概率分为可数量化与可知概率、非数量化与可知概率、非数量化与不可知概率三种类型，其中非数量化与不可知概率与奈特的估计概率类似，代表了一种真实的不确定性②。凯恩斯经济学思想强调了经济生活中所存在的不确定性，对一系列经济行为问题展开研究。而其对立派货币主义学派同样关注到不确定性问题。之后，再次关注不确定性的理论预期学派则否认了内生不确定性的存在，他们认为，当信息完备时，不确定性仅来源于经济系统外部的随机冲击，而当信息不完备时，不确定性问题则是理性经济人面临的问题(黄国石，2004)。20世纪70年代，混沌理论的发展为经济学研究提供了新的方法论，促进不确定性理论的研究进入成熟发展阶段。混沌经济学理论提出四个基本观点，即“经济变量之间的非线性关系，能产生混沌行为，从而导致系统的不确定性”，“混沌经济行为对初始条件具有严重的依赖性”，“经济系统中若存在混沌，则有蝴蝶效应存在”，“简单的系统可以产生复杂的行为，确定的系统可产生不确定的行为”③。

① 参见张雪魁. 知识、不确定性与经济理论：主流经济理论的三个替代性假设[M]. 上海：上海人民出版社，2010：17.

② 参见张雪魁. 知识、不确定性与经济理论：主流经济理论的三个替代性假设[M]. 上海：上海人民出版社，2010：18.

③ 黄国石. 预期与不确定性[M]. 厦门：厦门大学出版社，2004：78.

(二)不确定性理论的基本内容

不确定性是经济学、社会学和其他各学科中难以回避的问题，出现于所有与政策决策相关领域的研究中。

1. 不确定性的概念

关于不确定性的概念并未形成统一认识，经济学视角的不确定性通常与概率、风险、预期、决策等问题相关。目前不确定性定义存在比较流行的两种观点：一种观点将不确定性与概率事件相联系，以随机变量的方差衡量不确定性大小，一般也以风险反映，即能以概率所表述的不确定性；另一种观点则认为，不确定性与概率事件之间没有联系，即不确定性不存在稳定概率，故而无法以事件过去的发生频率预测未来的发生概率(刘怀德，2001)。从概念上而言，风险相当于降低不确定性的一种尝试，它通过尽量赋予不确定结果以可能性而实现，简言之，风险形成的威胁比不确定性小(诺沃特尼、斯科特、吉本斯，2011)。根据《新帕尔格雷夫经济学大辞典》的解释，只要人的决策有不止一种的可能结果，就会产生不确定性。因此，可以用世界状态、决策集合与结果集合定义不确定性(张雪魁，2010)。

2. 不确定性的类型

根据不同的分类方式，不确定性有不同类型。有学者总结，根据产生影响的时间可分为历史不确定性、现在不确定性与未来不确定性；根据不确定程度可分为有概型与无概型不确定性，如考特尼(Courtney，1997)将其分为前景清晰明显、有几种可能的前景、前景有一定变化范围与前景不明确四类即可概括为有概型与无概型不确定性；根据形成原因可分为主观不确定性与客观不确定性；根据来源可分为内部不确定性与外部不确定性①。凡托维茨和拉韦茨(2010)认为，某一领域专家在理解不确定性对特定实践产生的影响时，往往会以来源进行分析，而对于普遍研究而言，则必须审视不确定性的类型，即不精确、不可靠与无知的边界。经济学家对不确定性进行了多种分类，如张培刚(1997)将其分为市场不确定性与事件不确定性，Koopmans(1998)将其分为初级或外生的不确定性、次级或内生不确定性两类，樊纲(1994)提出了主观不确定性与客观不确定性②。刘怀德

① 参见吴树畅. 相机财务论：不确定性条件下的财务行为选择研究[M]. 北京：中国经济出版社，2005：24-26.

② 参见刘怀德. 不确定性经济学研究[M]. 上海：上海财经大学出版社，2001：125-127.

(2001)认为，不确定性包括三个方面，即结构性、行为性与结果性不确定性。张雪魁(2010)将不确定性分为客观不确定性、主观不确定性和真实不确定性。

3. 不确定性的成因

不确定性是由事物运行的结果不止一种而人们又无法确定所导致的。其主要原因在于：一是客观世界不确定性。由于社会经济系统是一个混沌系统，客观世界具有复杂多变性，即事物运行可能没有规律，形成了完全的随机性或自然的不确定性；二是主观世界的不确定性。尽管事物运行存在一定规律，但人们的主观思维或认识是有限的，使得人们不能完全认识客观世界，导致人们没有发现事物运行的规律；三是客观与主观世界不确定性的相互作用。在客观世界的多变性下，由于人们主观认识存在一定局限性，使得人们往往需要依赖一系列假设进行预测与判断，而依据对客观世界的主观认识进行判断可能能够获得对事物运行规律的真实判断，也可能造成对事物运行规律做出错误判断，这就致使行为结果具有不确定性。

二、有限理性理论

作为理性行为理论的核心观点，有限理性源于古典经济学与新古典经济学关于“经济人”假设的提出与探讨。

(一)有限理性理论的形成

“经济人”假设源于享受主义哲学与亚当·斯密的劳动交换经济理论(李珂，叶竹梅，2013)。古典经济学关于“经济人”的假设强调，人是自利的、理性的，在良好的法律与制度保证下，经济人追求个体利益最大化的自由行为会无意识和卓有成效地增进社会福利。新古典经济学对此进行了丰富与完善，在其分析框架下，理性经济人应当具备完全充分有序的偏好、完备的信息及无懈可击的计算能力，实际上，这只是在现实中不可能存在的理想状态(江晓东，2006)。尽管“经济人”假设并未形成权威或标准理解，但经济学学者通常认为，“经济人”假设即是“合乎理性的人”假设或“理性人”假设(李珂、叶竹梅，2013)。

现代管理理论之父、社会系统学派创始人巴纳德(Chester I. Barnard)最早质疑“理性人假设”并指出，人并非“完全理性的经济人”，而是仅具备有限决策与选择能力(李珂、叶竹梅，2013)。美国诺贝尔经济学奖获得者、决策理论代表人物西蒙则提出了有限理性说，该学说是西蒙在《管理行为》(1947)中最初提出的，他反思了“完全理性的经济人”的假设前提，对它们在决策行为中的真实性进行考察，以“管理人”取代“经济人”，挑战了完全理性假设并提出有限理性说。有限理性论以有限理性说为基础，西蒙指出：“一类理论把所有条件和约束都归于理性活动者体外的环境；另一类理论则认定，作为信息处理者的活动者本身的局限性，是非常重要的约束。这两类理论之间的区别尤其重要。我们可以把那类考虑到活动者信息处理能力限度的理论，称作有限理性论。”①不同学科的理论也可以同属于有限理性论。有限理性说不同于有限理性论，而是有限理性论中关于活动者自身局限性与理性行为间关系的一种学说或观点(杨砾、徐立，1988)。

(二)有限理性思想的基本观点

有限理性思想强调行为主体主观上是有意识的理性的，但客观上却做不到，这种理性是有限的。具体观点如下：

第一，人并非完全理性的，而是介于完全理性与非完全理性之间的有限理性。根据西蒙的定义，“理性指一种行为方式，它适合实现指定目标，而且在给定条件和约束的限度之内”②。理性是一个多层次的概念，有完全理性、直觉理性与有限理性之分③。完全理性认为人是具有完全理性的，这是一种对人的理性能力的理想看法。直觉理性往往与情感相联系，它将人们做出正确决策归功于直感与判断能力。有限理性是介于两者程度之间的理性，被认为更能反映人类的真实本性。

第二，人之所以是有限理性的，是由于受到自身能力的限制。有限理性强调主体能力对理性的限制，由于个体知识、精力与时间等都是有限的，而价值取向与行为目标又具有模糊性，人们往往容易在直觉判断下识别、利用与处理信息，难以准确无误地依据完整统一的信息进行判断，同时，即使人们充分识别与掌握相关决策信息，往往也只能确定一部分备选方案而非全部方案，且无法完全评估判断所有备选方案的可能结果，因此，只能依据自身能力选择相对合理性的决策，而未必是最优决策。

第三，人的理性会受到复杂的、不确定的外部环境的制约与约束。“有限理

① 杨砾，徐立. 人类理性与设计科学——设计技能探索[M]. 沈阳：辽宁人民出版社，1988：105.

② 刘世锦. 经济体制效率分析导论：一个理论框架及其对中国国有企业体制改革问题的应用研究[M]. 上海：格致出版社，2016：10.

③ 赫伯特·西蒙. 现代决策理论的基石[M]. 杨砾，徐立，译. 北京：北京经济学院出版社，1989：100-132.

性说强调理性活动者自身思考、推理、计算和认知能力的局限性，但决不能把它误解为不考虑外部环境的制约。事实上，有限理性说从一开始就把外部环境约束，当作一个基本条件，来加以论述了。认知能力的局限性总是相对复杂环境而言的局限性。”①

三、不确定性与有限理性下的大学生就业风险

不确定性理论强调，在社会经济生活中可能面临着各种不确定性，对个体决策、个体工作与生活以及收入与支出等都产生影响。劳动力市场中同样存在着各种不确定性，如就业市场环境复杂性、主体认知能力的局限性等，大学生所面临的各种客观不确定性与主观不确定性相互作用造成了大学生就业行为与结果的不确定性。当大学生的就业决策中包含不确定性时，这些就业决策总是存在着风险的。任何不确定性决策都必然面对或承担风险。如果大学生在就业中面临两个以上不确定性决策，往往也会导致多个不确定性的负面效应。而关于理性经济人的研究中，阿罗(1996)认为，理性包括行为理性(可以依据偏好对不同选择方案进行在任何时候独立于机会集合的排序)与知识理性(最大限度地利用可获取的知识形成判断)②。在知识理性下，即便在不确定性环境中，理性的大学生对可能的就业结果也能形成确定性的概率分布，此时有关就业决策的问题则转化为计算问题。但根据有限理性思想，就业市场中的大学生往往是介于完全理性与非完全理性之间的有限理性。大学生的有限理性本身也代表着经济行为主体所内含的不确定性因素，必定会对大学生的就业行为与结果产生影响，进一步造成经济社会生活的不确定性。而有限理性本身是复杂性的、不确定性的环境与人的受限制的理性能力结合的产物。大学生在就业决策中的有限理性实际上是他们在面临复杂的、不确定性的就业环境，受到自身能力限制下，力图实现一定就业目的所采取的行为风范。如果大学生的理性能力没有局限性或者是完全理性的，那么无论他们面对多么复杂的不确定性环境都能从容应对，又或者当就业环境并非不确定的而是完全简单确定的，此时大学生也不会感受到理性能力受到限制。然而，面临不确定性时，人的理性能力往往是有限的。在有限理性的约束下，大学生的就业

① 杨砾，徐立．人类理性与设计科学——设计技能探索[M]．沈阳：辽宁人民出版社，1988：106.

② 参见刘怀德．不确定性经济学研究[M]．上海：上海财经大学出版社，2001：10.

决策不仅体现在就业目标与过程当中，也会对就业结果产生影响。由于大学生在大学入学与毕业就业中均不可能获得所有的完备信息来进行理性选择，只能依赖于基于自身环境与背景的知识或偏好做出选择。如果在入学就读时学习目标不明确、对专业方向、高校培养情况、自身学习能力与未来就业情况的认知与判断不足，以及在毕业时，就业目标与价值取向不确定、对自身知识与能力认知不足、对就业市场环境判断不清，则可能造成大学生在不确定性的就业选择决策中出现偏误，导致在就业过程中面临各种风险。

第二章　文化资本、人力资本与大学生就业风险的概念框架

基于文化资本理论、人力资本理论、风险理论等相关理论，本章以少数民族大学生为样本对象，对家庭文化资本、大学文化资本、个体人力资本和就业风险的概念进行了梳理与界定，以便于实现对文化资本、人力资本与就业风险问题的理解。

第一节　大学生就业风险的概念框架

由于受到市场多变性与经济主体预期不完善性的影响，风险作为当今社会生活的重要组成部分，几乎是无时无处不在的。大学生作为经济主体，从入学到毕业乃至毕业后的各种选择都充满了或多或少的风险，而大学生就业风险就是其中之一。

一、大学生及少数民族大学生的范围界定

关于“大学”，在《辞海》中对其有两种释义：“一是实施高等教育的学校，分综合大学、专科大学或学院；二是儒家经典之一，原是《礼记》的一篇。”作为汉语词汇，我国著名哲学家和教育家涂又光(1997)概括提出，“大学”可以指成人终身教育、“大人”教育、大学问和大学校四层含义。作为英语词汇，“University”在日语中被翻译表示为汉字的“大学”，“大学”由此转译而来，作为一种被称为“University”的机构(张俊宗，2004)。汉语的“大学”与英语的“University”虽然在起源和意义上存在差异，但也基本表达了英语“University”中的某些观念。而中国现代大学实际上是起源于“University”的意义，正如梅贻琦先生所言，“今日中国之大学教育，溯其源流，实自西洋移植而来”①。英国《不列

① 涂又光. 中国高等教育史论[M]. 武汉：湖北教育出版社，1997：331.

颠百科全书》中认为大学是通常包括一所文理学院、研究生院与专业学院并有权授予各个学科领域学位的高等学府①。日本《世界教育辞典》认为，“大学是指高等院校中以学术为媒介进行研究和教育，即培养人和进行高等专业教育的机构”②。尽管不同国家关于“大学”的定义各不相同，但“大学”的概念本质上都可以理解为实施高等教育的机构。实质上，我国现代“大学”的释义有广义和狭义之分，广义的“大学”泛指高等教育机构，即所有实施高等教育的学校，既包括大学、学院、高等专科学校、职业技术学院等普通高等学校，又包括广播电视大学、职工大学等成人高等学校。如《中华人民共和国高等教育法》(2018)第六十八条中指出：“本法所称高等学校是指大学、独立设置的学院和高等专科学校，其中包括高等职业学校和成人高等学校。”③而狭义的“大学”仅指普通高等学校，主要包括大学、学院、高等专科学校、职业技术学院等高等学校。

“大学生”实质上是接受过大学教育的一种特殊的社会群体。基于对“大学”的释义，广义的“大学生”是指在所有实施高等教育的各类学校接受高等教育的学生，狭义的“大学生”则主要指在普通高等学校接受高等教育的学生。根据高等教育的不同层次，“大学生”又包括专科生、本科生、硕士研究生与博士研究生等。而“少数民族”这一概念主要针对多民族国家，在多民族国家中除了主体民族以外的其余民族均为少数民族。我国是一个拥有56个民族的统一的多民族国家，少数民族主要是指主体民族汉族以外的其他55个法定民族。“少数民族大学生”则是指在实施高等教育的机构接受大学教育的非汉族大学生。

针对研究目的，结合上述分析，本书中所指的“大学”主要是狭义的大学，即通过全国统一招生考试，以普通高中毕业生为主要招收对象，按照国家规定的标准和程序批准创办的实施高等教育的大学、学院、高等专科学校、职业技术学院等普通高等学校。考虑到不同层次的大学生在就业方面的差异性以及研究生人数的相对数量较少，本研究将涉及的“大学生”主要限定为正在或已经接受过普通高等教育的全日制专科生和本科生，而“少数民族大学生”则主要是指在全日

① 中国大百科全书出版社《简明不列颠百科全书》编辑部译. 简明不列颠百科全书 2[M]. 北京：中国大百科全书出版社，1985：408.

② 平冢益德主编. 世界教育辞典[M]. 黄德诚，等，译. 长沙：湖南教育出版社，1989：65.

③ 参见教育部.《中华人民共和国高等教育法》[EB/OL]. [2023-05-02]. http://www.moe.gov.cn/jyb_sjzl/sjzl_zcfg/zcfg_jyfl/202204/t20220421_620257.html.

制大学、独立学院、高职高专等普通高等院校接受高等教育的非汉族的全日制专科生和本科生。

二、大学生就业风险的内涵

"就业"作为当今世界各国普遍关注的焦点问题之一，在日常生活中广泛见之于各种政府文件、法律法规与社会新闻，尤其是随着我国高校扩招与就业市场结构性矛盾的日益突出等，就业问题与我国社会发展和人民生活的诸方面更加息息相关。对就业的概念界定，可以从理论和统计两个层次展开。关于理论上的"就业"，一些权威的汉语词汇著作或机构对其进行了的界定，而我国学者基于各自的研究目的也对"就业"进行了不同的界定。关于统计上的"就业"，国外比较权威的是国际劳工组织(International Labour Organization，ILO)提出的定义，该组织于1982年召开的国际劳动统计大会上对就业的概念进行了界定，并于2013年进行了重新界定。而我国比较权威的是由人力资源和社会保障部进行的界定。"就业"在理论与统计意义上的具体定义如表3-1所示。

表3-1　"就业"定义表

观点	来源	对"就业"的定义
理论上的定义	《辞海》(第7版)	就业，也称"劳动就业"。具有劳动能力和求职愿望的人，从事某种社会劳动，并取得相应报酬或经营收入的行为。
	《新华字典》(第11版)	得到工作机会，参加工作。
	《现代汉语词典》(第7版)	得到职业；参加工作。
	《现代经济辞典》	就业有广义与狭义之分。从广义上而言，就业是指投入生产要素，进行生产活动，获得生产要素的收入的过程。生产要素分为劳动力要素和资本要素，劳动力要素就业是通过付出劳动力获得工作报酬，资本就业是通过使用资本获得利润或利息。从狭义而言，就业是指劳动者拥有一份工作。指有劳动能力且愿意工作的劳动者付出劳动力得到报酬的过程。
	《中华法学大辞典·劳动法学卷》(1997)	就业是具有劳动权利能力和劳动行为能力的公民，获得有劳动报酬或经营收入的职业。
	全国科学技术名词审定委员会《教育学名词》(第一版)	就业是具有工作能力的人，通过从事一定社会经济活动，获取不低于当地最低生活保障标准的劳动报酬的状态。

续表

观点	来源	对“就业”的定义
统计上的定义	国际劳工组织第十九届国际劳动统计大会《关于工作、就业和不充分就业统计的决议》(2013)	就业人员是指那些在某一短期参照期内，为获取工资或利润而从事任何生产产品或提供服务活动的工作年龄段的人员。包括“在工作”雇佣人员(即至少在某一岗位工作一小时以上的人员)和“不在工作”雇佣人员(即因轮班、加班补休等工作安排暂时缺勤的人员)。
	中华人民共和国劳动与社会保障部(即中华人民共和国人力资源和社会保障部)《关于落实再就业政策考核指标几个具体问题的函》(劳社厅函[2003]227号)	就业人员：在法定劳动年龄内(男 16~60 岁，女 16~55 岁)，从事一定的社会经济活动，并取得合法劳动报酬或经营收入的人员。其中，劳动报酬达到和超过当地最低工资标准、高于城市居民最低生活保障标准，本人愿意从事更多工作的为不充分就业。

表 3-1 中对“就业”的定义分析显示，就业是指在法定劳动年龄内具有劳动能力的劳动者为获取合法劳动报酬或经营收入所从事的社会经济活动。本研究中所涉及的大学生就业是指大学生运用教育所获取的知识和能力通过合法劳动获取相应劳动报酬或收入的社会活动。在统计上，大学生就业有广义和狭义之分。广义的大学生就业包括大学生进行的各种类型的就业。根据教育部对毕业生就业状况统计办法的规定，高校毕业生就业主要包括与用人单位签订就业协议书、已签订劳动合同或用人单位出具接收函、定向或委培生回原单位、灵活就业(如自主创业、自由职业等)、升学(如专升本、考取研究生等)、出国出境留学或工作等、参加国家或地方项目就业七种形式①。而根据教育部对未就业毕业生的分类，高校未就业毕业生分为有就业意愿尚未就业毕业生(包括求职中、签约中、拟参加公招考试、拟创业、拟应征入伍)和暂不就业毕业生(包括暂不就业、拟升学、拟出国出境)②。狭义的大学生就业通常是指已与用人单位签订就业协议或就业

① 参见教育部教学厅[2004]7 号文件《教育部办公厅关于进一步加强和完善高校毕业生就业状况统计报告工作的通知》。

② 参见教育部教学厅函[2016]13 号文件《教育部办公厅关于做好全国普通高校未就业毕业生统计服务工作的通知》。

合同。

“风险”一词的来源充满争议，有人认为来自阿拉伯语、希腊和拉丁语，也有人认为出自14世纪西班牙或1319年意大利文献(杨雪冬，2004)。还有人认为其来源于远古时期渔民们体会到出海前“风”所带来的便利和无法预知的危险而产生了“风险”一词。根据艾瓦尔德考证，“风险”来源于古意大利语“RISQUE”，被理解为客观的危险出现于早期的航海贸易与保险业中，如航海中触礁、遭遇风暴等事件①。现代的“风险”概念来源于西方，于16世纪首次在德语中出现，17世纪通过法国与意大利引入英语(卢曼，1993)。“风险”在现代汉语中从字面上可理解为“可能发生的危险”(如《大辞海·语词卷》《现代汉语词典》中的释义)。由于人们所研究的具体问题存在差异，社会学、保险学、经济学等不同学科的学者对“风险”的理解也不尽相同。如美国的保险学书籍将风险理解为发生损失的可能性，德国社会学家贝克定义风险为与事实相对的充满危险的未来(Beck，1986)。综合当前对“风险”的理解，可归类为“主观说”(即风险所代表的损失不确定性是一种主观心理观念)与“客观说”(即风险是客观存在的)两种观点(洪锡熙，1999)，主要有一种损失机会或可能性、一种损失的不确定性、一种可能发生的损害、一种不能预期的结果四种说法(熊福生，2005)。概括而言，“风险”与“损失”“不确定性”“行为预期”三者密切相关，广义“风险”代表实际与预期结果偏离的可能性，而狭义“风险”代表实际与预期结果负偏离的可能性，即损失的可能性。

学者们基于“风险”的理解对风险附加了如自然风险、社会风险、政治风险和经济风险等各种特殊的含义。大学生就业风险实质上是从风险的角度考虑大学生就业问题。大学生就业风险是指社会经济环境中所存在的各种不确定性与大学生个体不完善的预期导致大学毕业生可能会在就业中遭受失业或选择与学历不相匹配的工作而面临着零收入或实际收入低于预期收入的结果(武向荣，2004)。它包括大学生在就业中可能面临的各种不同方面的有形或无形的损失。对大学生而言，所面临的最大就业风险并非单纯的能否找到工作，而是能否进入主要劳动力市场去工作(孟大虎，2005)。本书在大学生就业观念中引入风险概念，将少数民族大学生就业风险定义为由于大学生就业环境所存在的各种不确定性与少数民族大学生个人预期的不完善性，致使少数民族大学生在就业中遭受失业、从事与所

① 杨雪冬. 全球化、风险社会与复合治理[J]. 马克思主义与现实，2004(4)：61.

学不相匹配的职业等而面临实际就业收益低于预期就业收益的可能性。

三、大学生就业风险的要素

以少数民族大学生为样本，考虑到导致少数民族大学生实际就业收益低于预期就业收益的可能性因素具有多维性，根据对大学生就业风险的界定，少数民族大学生就业风险既可以表现为钱、财、物等有形损失的可能性，又可以表现为时间耗费、心理压力等无形损失的可能性。基于就业结果可分为失业风险和职业风险两种类型，具体可划分为以下风险要素：

（一）失业风险：就业选择性风险

失业风险是就业过程中的选择性风险，是少数民族大学生就业面临的最大风险。它是指少数民族大学生在毕业后处于没有工作岗位或暂未就业而面临着零收入或无法补偿教育成本所致的负收入的可能性。近年来我国大学生就业市场环境严峻，而一些大学生就业的期望过高，进而导致大学毕业生整体就业率不高，出现“毕业即失业”的状态，少数民族大学生就业率则更加不理想。在就业过程中，大学生从获取就业信息到实现就业之间需要经过很多程序，这就导致少数民族大学生能否最终实现就业存在不确定性。失业风险具体体现在以下三个方面。

1. 就业信息来源不足风险

就业信息来源越广泛及时且越有效可靠，则少数民族大学生的就业机会可能越多，失业的可能性越低。我国少数民族大学生多集中分布于民族院校或民族地区高校，就业意向也偏重于民族地区，这些地区的经济发展水平相对落后，导致少数民族大学生在就业信息来源渠道上可能相对有限，就业机会可能更少。尽管当今信息技术的发展使得劳动力供需信息的获取途径越来越广泛，大学生可以利用网络招聘等多种信息媒体获取就业信息，然而这些媒介所获取的信息作为广泛共享信息是否真实有效却无法保证，且网络就业信息不具有独占性，无法快速让求职大学生与招聘单位之间建立信任关系以促进求职成功。

2. 求职淘汰或自愿性失业风险

尽管就业信息占有越多的大学毕业生就业机会可能更多，但在求职过程中能否最终实现就业依然具有不确定性。少数民族大学生依据获取的就业信息在求职过程中可能依然无法与招聘方达成双向选择共识而遭遇招聘方淘汰或自愿性失业。一方面，在就业过程中，招聘方一般控制招聘的时间、程序与进度安排，通过层层筛选模式对大学生进行选聘，这一过程中聘用双方处于非对等地位，如果求职大学生无法在招募过程中与招聘方形成相互信任的关系，则会承担经历多重筛选之后最终依然被淘汰的风险。另一方面，即便在双向选择过程中，求职大学生通过层层筛选最终被招聘方录用，但如果其就业期望不适当也可能直接影响求职结果，导致大学生自愿性失业。无论是求职被淘汰，抑或自愿性失业，都可能造成一系列时间和金钱等方面的损失。

3. 协议或合同违约风险

求职大学生在与招聘方达成双向选择共识之后签订就业协议或劳动合同过程中可能存在着一定的潜在风险。一方面，在与招聘方达成就业意向之后所签订的就业协议条款格式固定、内容简单，并未对就业详细情况进行明确约定，这些可能导致毕业生实际就业的工作地点或工作岗位内容等与之后签订的正式劳动合同并不一致，导致大学生与招聘方之间存在解约风险。另一方面，大学生在正式就业之后与招聘方之间所签订的劳动合同虽然是为了保障签约双方的权利与义务，但劳动合同基本上是由用人单位所提供的固定格式合同，合同约定的相关条款更有利于聘用方。例如合同中经常都涉及试用期或实习期的相关约定条款，这些条款中对用人单位考察求职大学生的权利进行了约定，如果求职大学生在试用期或实习期达不到相关要求，聘用方可以予以无赔偿辞退，而如果求职大学生与聘用方解约则需要支付违约金。这些协议或合同方面的风险可能造成大学生支付违约赔偿等一系列有形或无形损失。

（二）职业不匹配风险：就业结构性风险

职业不匹配风险是就业过程中的结构性风险，是少数民族大学生就业面临的基本风险。它是指少数民族大学生在毕业后从事与预期工作不一致、与学历不匹配、与所学专业不对口等与所学不相匹配的职业导致实际就业收益低于预期就业收益的可能性。当前我国大学生就业市场形势比较严峻，为了降低失业（或待业）风险，许多大学生在对就业情势缺乏充分认知的情况下，并未综合考虑自身实际情况就直接盲目选择行业或专业、区域、岗位等实现就业，这可能导致一系列职业不匹配风险的产生，进而可能造成短暂就业之后的失业（或待业）风险。职业不匹配风险具体体现在以下两个方面。

1. 职业与期望不一致风险

职业与期望不一致风险主要是指少数民族大学生所选择就业的职业与期望的职业类型、工作地点、工作岗位或其他主观预期等不一致，无法实现职业发展预期而可能造成的各种有形或无形的损失。职业与期望的不一致体现了期望与现实之间的冲突，可能是由于期望太高所致，也可能是由于对现实缺乏恰当认知所致。例如，在就业过程中，有些少数民族大学生由于受到文化差异与基础教育经历的影响而综合实力比较薄弱，在就业市场上缺乏竞争优势，但对职业期待过高，从而在就业选择中放弃了适合自身发展的职业，导致最终就业与预期发展存在更大差异。

2. 职业与实际不匹配风险

职业与实际不匹配风险是指少数民族大学生所就业的职业与其实际所学的学历不匹配、专业不对口、知识能力不匹配等，导致从事低于实际知识与能力的职业而可能造成的各种有形或无形的损失。例如，有些少数民族大学生由于没有依照社会需求选择学习的专业导致不能从事专业对口的职业。而有些少数民族大学生在专业知识和综合能力方面的整体素质较高，却迫于整体就业形势下并未综合考虑自己所学的专业、所具备的知识能力等方面的因素就直接盲目选择职业，导致选择的职业与自身的实力不相匹配。

（三）职业健康伤害风险：就业适应性风险

职业健康伤害风险是就业过程中的安全性与适应性风险，是少数民族大学生就业面临的潜在风险。它是指少数民族大学生在毕业后所从事的职业对其身体健康或心理健康产生伤害或具有消极影响而造成金钱等有形损失或心理等无形损失的可能性。世界卫生组织将健康分为身体健康与心理健康，只有选择一份保障身心健康的职业，才能鼓舞职业发展的精神状态，促进自我完善与自我提升。然而，伴随经济飞速发展与科技日新月异，社会竞争愈来愈激烈，工作压力越来越大，各种职业上的身体与心理问题迅速蔓延，对职业人士的身心健康产生了许多负面影响。少数民族大学生进入工作岗位后也同样面临着可能的职业伤害风险。

1. 身体健康伤害风险

身体健康伤害风险主要是从事对身体有损伤或对生命安全有威胁的相关工作导致身体健康受损，进而可能造成各种有形或无形损失。它是就业中的一种潜在风险，主要是由于所从事职业的工作环境中可能具有一些有害因子，从而对就业大学生身体造成伤害或产生不良后果。大学生在就业过程中如果选择从事的职业长期工作于生态环境污染严重、辐射环境中，抑或长期工作任务繁重、心理压力大等都会造成身体过度透支，对其身体健康造成巨大伤害。少数民族大学生由于自身特点，在就业中处于弱势地位，承受着更大的就业压力，导致他们在选择职业时可能更注重实现就业，而忽略了职业的安全性，进而造成其身体健康上的各种损失。

2. 心理健康伤害风险

心理健康伤害风险主要是大学生不能适应就业单位的工作环境、融入就业单位的文化环境等导致心理健康受损，进而可能形成各种有形或无形损失。心理健康与身体健康互相作用，心理健康伤害可能对身体健康也造成严重伤害，故而这一风险在职业健康伤害风险中尤为重要。心理健康是大学生成长成才和良好发展的重要基础，与普通大学生相比，少数民族大学生在从业中的心理问题既具有相似性又具有异质性。除了一般大学生所面临的心理困扰之外，少数民族大学生受到自身语言习惯、饮食风俗习惯、宗教信仰等文化因素的影响，在工作环境中容易被存在偏见的同事所歧视或排斥，导致其可能更不容易对新的工作环境产生融入感和归属感，这可能对少数民族大学生造成心理健康的伤害。

第二节 大学生人力资本的概念框架

“资本(capital)”一词来源于拉丁语“capitale”，一个与名词“caput”对应的形容词，意思是“主要的”(Iarrobino，2005)。这个词最初的用途是区分本金和贷款的利息(Von Bohm-Bawerk，1959)。随着时间的推移，它的含义与用法也变得更加广泛，许多经济学家与社会科学家对资本的意义进行了调整，将它与人类的意义联系起来，从而形成了如人力资本、社会资本、文化资本、智力资本和教育资本等相关概念。

一、人力资本的内涵

资本最初作为经济学的基本概念长期以来只是物质资本的代表物，而作为新兴经济主体的应对产物，人力资本理论进一步拓展了经济学的核心概念范畴。继舒尔茨对人力资本定义之后，众多国内外学者对人力资本内涵进行了界定。纵观学者们对人力资本内涵的理解，主要有以下几种观点：

一是人力投资观。这种观点主要是侧重于从人力资本形成的角度进行界定，将人力资本定义为对人进行的教育、职业培训、健康等不同方面的投资所形成的资本(如 Becker，1962、1964；周天勇，1994；陈荣耀，1995；阎达五、徐国君，

1996；赵曙明、陈天渔，1998；李宝元，2000；高素英，2010）。其代表人物贝克尔认为人力资本是员工或公司通过如教育或职业培训等在技能上的投资，是通过对人的投资所形成的资本。

二是知识能力观。这种观点主要是侧重于从人力资本组成要素或内容的角度进行界定，将人力资本定义为知识、技术、能力与体力（或健康）等要素组合的总和（如 Schultz，1962；Thurow，1970；Eatwell，Milgate & Newman，1987；Costanza & Daly，1992；Becker，1993；刘迎秋，1997；丁栋虹、刘志彪，1999；张文贤，1999；Fitz-enz，2000；王建民，2001；Langelett，2002；方竹兰，2002；靳希斌，2003；蔡昉，2001、2016；Brewer & McEwan，2010）。其代表人物舒尔茨（1962）指出，人力资本是凝结于人身体之上的知识、能力与健康。

三是个体价值观。这种观点主要侧重于人力属性或特点与资本功效相结合的角度进行界定，将人力资本定义为依附于或凝结于人身上的、能影响或产生未来收益的价值存量（如 Blaug，1976；Lipsey & Steiner，1978；周其仁，1996；刘仲文，1997；李忠民，1999；何承金，2000；程承坪、刘小平，2001；徐鸣，2010）。Blaug（1976）认为人力资本是为了未来的金钱和非金钱方面的回报而花费在自己身上的开支。李忠民（1999）指出，人力资本是凝结于人体之内的，能够物化于商品或服务增加其效用，并以此分享收益的价值。

四是特殊个体观。这种观点对人力资本的个体范围进行了限定，认为人力资本并非全部个体拥有的资本，而是只有部分特殊个体才能形成或拥有的（如黄建军、丁志铭、曾凡清，1998；冯子标、焦斌龙，2000；魏杰，2000；刘贵生、余传贵，2001；盖骁敏，2005）。冯子标和焦斌龙（2000）认为人力资本是由投资所形成的高级劳动力。魏杰（2000）认为人力资本并非包括企业的全部人，而仅是特指企业中的企业家和技术创新者两种人。刘贵生和余传贵（2001）指出人力资本是拥有特殊劳动才能的那些人，并非普通劳动力。

五是综合定义观。早期学者们由于研究目的与内容的不同，在探讨人力资本定义时侧重于从单一视角考虑，对人力资本定义的表达并不完整。随着研究的深入，学者们逐渐结合人力资本的形成、内容以及属性功效等多重视角综合性界定人力资本的内涵（如李建民，1999；朱舟，1999；王金营，2001；朱国宏，2003；秦兴方，2003；朱必祥，2005；李玉江，2005；王爱华，2005；徐光华、陈万明、王怀明，2006；王秀丽、张昭俊，2008；葛玉辉，2010；刘苹，2013）。

二、人力资本的结构要素

基于对人力资本定义的不同观点分析，人力资本按照其形成、内容、性质和角色岗位等不同方式划分为不同结构要素(如表3-2所示)，具体结构要素的划分主要有以下几种：

一是人力资本形成要素。人力资本形成要素主要侧重于根据人力资本的投资形式或形成途径等方面的差异，对人力资本的结构进行划分的结构要素(如Schultz，1961；Nordhaug，1993；李建民，1999；何承金，2000；靳希斌，2003；McFadden，2008)。

二是人力资本形态要素。人力资本形态要素主要侧重于根据人力资本的构成内容与表现形态等方面的差异，对人力资本的结构进行划分的结构要素(Hudson，1993；Davenport，1999；周坤，1997；蔡昉、都阳、王美艳，2001；郭玉林，2002；方竹兰，2002；朱必祥，2005；McArdle等，2007；叶正茂、叶正欣，2007；高素英，2010；吕国营，2010；徐鸣，2010)。

三是人力资本性质要素。人力资本性质要素主要侧重于根据人力资本的性质特点和功效等方面的差异，对人力资本的结构进行划分的结构要素(如Becker，1984；Plian & Lee，1995；David & Scott，1999；丁栋虹、刘志彪，1999；王建民，2001；程承坪、刘小平，2001；朱明伟、杨刚，2001；吴能全、冯巨章，2003；Gibbons & Waldman，2004；陈维政，刘苹，胡豪，2005；Marvel & Lumpkin，2007；姚立根、韩伯棠，2007；夏光、张胜波、黄颖，2008等)。

四是人力资本类型要素。人力资本类型要素主要侧重于根据人力资本的“角色”定位或不同“角色”在知识与能力等方面的差异，对人力资本的结构进行划分的结构要素(如Lucas，1988；周其仁，1996；李忠民，1999；高闯、邵剑，2001；方竹兰，2002；秦兴方，2003；叶蜀君、温俊艳，2004；段兴民、张志宏等，2005；刘铁明、袁建昌，2008；高素英，2010等)。

人力资本有个体与群体之分(如Nordhaug，1993；李建民，1999；方竹兰，2002等)。根据上述几种观点的分析可以看出，人力资本的形成要素、形态要素和性质要素主要从个体角度考虑人力资本的结构要素，也可以进一步推广至群体(或组织)范围，而人力资本类型要素则主要是从组织的视角划分人力资本的结构要素。

表 3-2　“人力资本”结构要素表

观点	代表人物	分类方式	“人力资本”的结构要素
人力资本形成要素	Schultz (1961)	人力资本投资	健康(长寿、体力、耐力、活力、敏锐度)、一般训练和知识(由正规教育机构、雇主培训和自我指导提供)和特定工作技能(由雇主的培训和经验提供)。
	Nordhaug (1993)	投资形式	健康和医疗状况、正规学校教育程度、通过在职培训获得的技能水平、从成人教育中获得的生产能力、从迁移等过程中获得的区位优势和其他信息优势、员工个人动机。
	李建民 (1999)	存在于人体的不同形式	教育资本、技术与知识资本、健康资本以及迁移与流动资本等。
	何承金 (2000)	—	教育投资、科学研究费用、卫生保健投资、劳动力国内流动支出、国际移民费用。
	靳希斌 (2003)	—	教育资本、知识与技术资本、健康资本、迁移与流动资本以及培训资本等。
	McFadden (2008)		健康资本、一般训练和知识、特定工作技能、社会化和动机(由非正规教育和经验提供，有助于提高个人在团队中工作的能力)。
人力资本形态要素	Hudson(1993)	—	遗传特质、学历、经验、对于工作和生活的态度等。
	Davenport(1999)	—	人的先天能力、时间、精力和行为。
	周坤(1997)	层次	初级人力资本(健康人的体力、经验、生产知识和技能)、高层次人力资本(智慧)。
	蔡昉、都阳、王美艳(2001)	—	人力资本的体力因素(劳动者的身高、体重和健康状况，与其营养的摄入量、锻炼和健康护理)、人力资本的智力因素(天资禀赋、受教育程度、好学精神和工作经历等)。
	郭玉林(2002)	人力资本作为知识要素构成	显性人力资本、隐性人力资本。
	方竹兰(2002)	人力资本的内部要素	人力资本的潜在形态——能力、人力资本的现实形态——努力。

续表

观点	代表人物	分类方式	“人力资本”的结构要素
人力资本形态要素	朱必祥(2005)	人力资本自然属性、应用范围和收益特征	健康人力资本、教育人力资本、知识人力资本、能力人力资本。
	McArdle 等(2007)	—	教育、工作经验、培训、技能和知识。
	叶正茂、叶正欣(2007)	组织人力资本的形式或形态	系统性人力资本、显性人力资本、默示人力资本、隐性人力资本、关系性人力资本。
	王秀丽、张昭俊(2008)	人力资本组成要素	体力、智力、技能、知识、声誉、关系。
	高素英(2010)	蕴含于人身体中的能力形态	体能或身体素质、智能或科技文化素质、“德行”或道德素质。
	吕国营(2010)	—	Ⅰ型人力资本(人的知识、技能、经验和健康等舒尔茨意义上的人力资本)、Ⅱ型人力资本(人的品德)。
	徐鸣(2010)	人力资本内涵的内在结构层次	心体资本(心理资本、心智资本、健康资本)、图式资本(知识资本、技能资本、道德资本)。
人力资本性质要素	Becker(1984)	—	一般人力资本、特殊人力资本。
	Plian & Lee(1995)	—	企业特定人力资本、非企业特定人力资本。
	David & Scott(1999)	人力资本的价值性和通用性	高价值高专用性人力资本、高价值低专用性人力资本、低价值高专用性人力资本、低价值低专用性人力资本。
	丁栋虹、刘志彪(1999)	人力资本的边际报酬属性	异质型人力资本(凡是在某个特定历史阶段中具有边际报酬递增生产力形态的人力资本)、同质型人力资本(具有边际报酬递减生产力形态的人力资本)。
	王建民(2001)	使用性质和层级结构	通用性人力资本、专用性人力资本、专有性人力资本。

续表

观点	代表人物	分类方式	“人力资本”的结构要素
人力资本性质要素	程承坪、刘小平(2001)	影响未来收益价值存量的因素	效率性人力资本(完成一项生产活动所必需的知识、技能和体力)、动力性人力资本(影响人力资本所有者能动性发挥程度的因素，包括需要、兴趣、动机、情感、意志和性格等非智力因素)、交易性人力资本(影响他人行为的品德因素和关系性因素，它包括个人的道德因素、声誉和社会关系网络等内容)。
	朱明伟、杨刚(2001)	转移成本和对企业依赖程度	通用性人力资本、专用性人力资本、准专用性人力资本。
	吴能全、冯巨章(2003)	人力资本性质	通用性的非专有性人力资本、行业(职业)专用性的非专有性人力资本、企业专用性的非专有性人力资本、通用性的专有性人力资本、行业(职业)专用性的专有性人力资本、企业专用性的专有性人力资本。
	Gibbons & Waldman(2004)	应用范围	一般通用人力资本、特定企业人力资本、特定任务人力资本。
	陈维政等(2005)	员工在企业中的职位和员工的边际贡献率	高职务高贡献人力资本、高职务低贡献人力资本、低职务高贡献人力资本、低职务低贡献人力资本。
	Marvel & Lumpkin(2007)	—	一般人力资本、特定人力资本。
	姚立根、韩伯棠(2007)	核心能力的价值性与独特性	核心人力资本、专用人力资本、辅助人力资本、必备人力资本。
	夏光、张胜波、黄颖(2008)	以人力资本激励特征为基础	一般人力资本、行业人力资本、特殊人力资本。

续表

观点	代表人物	分类方式	“人力资本”的结构要素
人力资本类型要素	Lucas(1988)	劳动类型	体力型人力资本、技能型人力资本。
	周其仁(1996)	—	工人人力资本(体力、基本技能和努力)、经理的管理知识和才能(计量和监督)、企业家人力资本(对付市场的不确定性的能力)。
	李忠民(1999)	知识决定的能力的差异	一般型人力资本、技能型人力资本、管理型人力资本和企业家型人力资本。
	高闯、邵剑(2001)	—	一般性人力资本、特殊性人力资本(技能型人力资本、管理型人力资本、企业家型人力资本)。
	方竹兰(2002)	人们所拥有的知识层次和创新能力的高低	高级人力资本(最稀缺的创造—革新型人力资本和探索—倡导型人力资本,即产生创新思想和倡导创新实践的人)、中级人力资本(知识层次较高,但创新性较弱,执行程序性管理和程序性技术开发的人力资本)、低级人力资本(知识层次较低,经过一定培训就能从事熟练工作的人)。
	秦兴方(2003)	对人的知识和能力的不同要求	普通劳动者人力资本、技术人员人力资本、经营管理者和企业家人力资本。
	叶蜀君、温俊艳(2004)	劳动职能	管理型人力资本、技术型人力资本。
	段兴民、张志宏等(2005)	人力资本在组织中的“角色”作用	组织主持者、组织支援者、组织参与者。
	刘铁明、袁建昌(2008)	按照“知识和能力”对企业员工的划分	普通型人力资本、管理型人力资本、技术型人力资本、企业家型人力资本。
	高素英(2010)	不同能力结构分布	一般型人力资本、技术研究型人力资本、企业家型人力资本。

三、大学生人力资本的概念界定

人力资本(Human Capital)实际上是将人力视为一种资本。“资本”作为经济学领域的重要概念，在早期西方经济学中理解为一种能够带来生产效益的生产要素，它是能够为资本所有者产生利润的所有手段。马克思主义经济学强调资本既具有自然属性，又具有社会属性。在众多关于“资本”的定义中，马克思在其经典著作《资本论》中基于资本主义社会生产关系，将“资本”概括为“能够产生剩余价值的价值，代表了剥削与被剥削的一种社会关系”。在过去的一个世纪中，资本的定义及其具体形式得到了扩展。经济学家费雪(Fisher，1960)首次对资本进行了全面的定义。费雪对资本的基本概念是简单而全面的，资本包括所有能提供人类喜欢的服务的物质对象(Tobin，1991)。正如托宾所解释的那样，费雪对资本的理解在当时有些争议，因为人们习惯于认为资本与商品交易以及后来的工业化直接相关(Dietz，1975；Hicks，1974)。长期以来，人们一直认为，有形资本(工厂和机器)促进了商品和服务的生产在市场上以现金(经济资本)销售。但费雪将“人类的身体和思想”纳入其中，为后来资本理论的扩展提供了可能，尤其是舒尔茨和贝克尔在20世纪60年代概括提出了人力资本概念。所谓“人力”就是“人的能力”①，即人类个体所拥有的各种体力与脑力的总和。将人力资本引入资本的范畴，使资本从物质性范畴拓展至非物质性范畴。

本书所研究的大学生人力资本体现的是一种个体人力资本，它存在于不同社会关系中，其中的“资本”应当类似于西方经济学中的概念，代表了一种能产生收益的生产要素或资源。结合国内外学者们对人力资本内涵的界定，本书认为，少数民族大学生人力资本是通过个体、家庭、学校和国家的各种投资所形成的，凝结在少数民族大学生个体身上的，有助于其提供具有经济价值的生产与服务，能够在未来预期创造经济收益或社会效益的各种体力与脑力要素的总和。它是由少数民族大学生外显性人力资本与内隐性人力资本构成的有机整体。其中，少数民族大学生外显性人力资本是指少数民族大学生所具有的能够以一定方式确定或观测到其价值的、外在表现出来的、看得见的人力资本价值组成部分，如学业成绩、外语水平、获得各种奖励等方面。而内隐性人力资本是指存在于大学生头脑

① 广东、广西、湖南、河南辞源修订组，商务印书馆编辑部. 辞源(修订本)[M]. 北京：商务印书馆，1998：158.

中的、价值无法直接观测到的、内在的未完全公开或无法完全表现出来的人力资本价值组成部分，如心理承受能力、人际沟通能力、创新能力等非认知能力方面。尽管学历层次、学校类别层次、专业类型等也是通过各种投资所形成的，对大学生在未来预期创造经济收益或社会效益具有重要影响，但是它们却并非绝对意义上体现于人体的知识与能力，因此，它们并非完全意义上的人力资本。

第三节　家庭与大学文化资本的概念框架

经济学家和社会学家使用资本理论来描述人类行为，并预测随着时间推移的经济增长与社会不平等。当资源被杠杆化、转换和投资以创造新资源时形成资本(Bourdieu，1986；Zukin & DiMaggio，1990；Flora，Flora & Fey，2004)。根据资源转换的性质和目的，存在不同形式的资本。经济学家传统上将资本区分为物质资本、自然资本与人力资本三种类型(Throsby，1999)，而社会学家将文化定位为一种资源率先提出文化资本这一资本要素。继人力资本之后，文化资本概念的提出进一步深化了对资本的认识，实现了对资本概念更深层次的超越。

一、文化资本的内涵

贝克尔在关于人力资本的研究中指出，人们在某种教育的预期收益并非严格意义上的货币，还可以包括文化和非货币收益(Becker，1992)。而布迪厄对人力资本的概念进行了完善，提出了“文化资本”概念。不同学科领域的学者关于文化资本的内涵主要形成了以下几种观点：

一是文化结构论。文化结构论是基于文化的结构将文化资本视为镶嵌于主体或客体结构中的一种文化力量。布迪厄(1986)认为，文化资本是知识、经验和审美偏好的积累，包括语言能力、文化意识、艺术作品、科学知识和教育证书等多种资源(Swartz，1997)。它包括一群人之间具身化、客观化、制度化的信仰、行为和品位，以表达一种超越经济利益的等级制度(Bourdieu，1986)。Lamont 和 Lareau(1988)对文化资本给出了一个操作化定义，文化资本是制度化的，即广泛共享的、高地位的文化信号(态度、偏好、正式知识、行为、商品和证书)，这些文化被用于社会和文化排斥。Dalziel 等(2009)认为，文化资本是一个群体具身化的文化技能和价值，以所有群体定义的形式，从群体的上一代继承，经过当前群体成员的适应与扩展以及群体成员所期望的被传递给下一代。

二是主体能力论。主体能力论是基于能力的角度将文化资本视为主体所具有的一种能力，尽管在能力的意义表达上存在差异，但这种观点均侧重于文化资本的精神和制度形态。这种观点认为，文化资本是一种能力(毕淑芝、王义高，2002)，代表了各种各样的知识与技能(Zweigenhaft，1993)。Gouldner(1979)将文化资本定义为以文化上可接受方式执行任务的能力。Yosso(2005)将文化资本表述为文化价值主体的知识、技能和能力的积累。

三是价值积累论。价值积累论是从资本性质的角度将文化资本定义为文化价值积累所形成的财富，即以财产形式所具体表现的文化价值的积累，作为人类劳动成果的这种文化价值的积累紧接着可能会引起物品和服务不断地流动(Throsby，1999；金相郁、武鹏，2009；周云波、武鹏、高连水，2009；徐明生，2011；王云、龙志和、陈青青，2013)。李沛新(2007)认为用于文化商品的生产、运输与交换的价值积累就是文化资本。它是由文化产品、文化能力、文化制度等方面所构成的(金相郁、武鹏，2009；周云波、武鹏、高连水，2009；徐明生，2011)。

四是价值增值论。价值增值论是基于资本功能的角度将文化资本定义为能产生未来收益实现价值增值的一种价值或价值观体系。Barrett(1998)认为，文化资本是有助于协调员工、消费者与社会关系的一种价值。Clague 和 Schechtman(2003)指出，能够对社会形成未来收益而创造与维持需要支付昂贵代价的文化制度可以被视为文化资本的形式。文化资本是能创造新价值的价值(陈赞晓，2007)，文化资本是人们习得的能够带来未来收益的特定价值观体系(高波、张志鹏，2004)。

五是文化资产论。文化资产论是从资本投入与投资的角度将文化资本视为对文化资产的占有以及资本投入或投资所形成的文化资产。Rojas 等(2001)指出，文化资本是以文化知识实体表现的对某种文化资产的占有。Howkins(2002)认为，创意资本作为文化资本的另一种形式，是投资形成的一种资产，能够对未来创造力与创意产品产生发挥促进作用。文化资本可以视为投入文化产业或价值生产过程，能够形成收益的具有文化形态的资产(王雪野，2008；梁君，2012；崔玉平、王彬，2018)，泛指与文化和文化活动相关的任何有形与无形资产(朱伟珏，2005)。

六是文化资源论。文化资源论是从资源转换的性质与目的角度将文化资本作为与物质、人力与自然资源同样的能够带来收益的具有稀缺性的文化资源。布迪厄(1973, 1977)认为，文化资本是社会成员在追求成功过程中所使用的文化资源，它是社会认为值得追求和拥有的象征性财富的占有工具。Farkas 等(1990)和 De Graaf 等(2000)将文化资本称为文化资源。Lareau 和 Weininger(2003)指出，文化资本的关键在于，它允许文化被用作一种提供获得稀缺回报的资源，并受到垄断，在某些条件下，可能会代代相传。姚俭建(2005)认为文化资本是包含文化能力、习性、权力和产品的文化资源的总和。

七是资本关系论。资本关系论是从文化资本与人力资本或物质资本等其他资本之间的关系的角度将文化资本视为与人力资本具有联系或差异的资本。具体形成了两种不同观点：一种观点突出文化资本与人力资本等其他资本之间的共性和联系，即文化资本与经济学中的人力资本概念非常接近(Robbins, 1991)，它是构成人力资本的要素之一(Costanza & Daly, 1992)。而另一种观点则认为文化资本与人力资本之间是存在差异的，如 Chiswick(1983)认为，收入差距中除了一般人力资本因素以外的部分是文化因素所产生的。受教育程度高的人员知识可能同时由人力资本和文化资本两个不同方面构成(Martin & Szelényi, 1987)。

综上所述，关于文化资本内涵的不同界定主要是源于不同学科学者们在理解文化资本的侧重点上存在一定差异，有些学者侧重于强调文化资本中的“文化”(文化结构论、主体能力论)，而有些学者侧重于强调文化资本中的“资本”(价值积累论、价值增值论、文化资产论、文化资源论)。实际上，许多学者是融合多种观点之后对文化资本进行的综合界定(如 Bourdieu, 1973, 1977, 1986; 金相郁、武鹏, 2009; 周云波、武鹏、高连水, 2009)。人们普遍认为，对于文化资本概念的适当操作化方式没有共识(Barone, 2007)。文化资本在范围上有广义与狭义之分，狭义文化资本体现了等级或阶层文化范围，将文化资本视为中上层阶层专属的文化符号或对主流文化信号的熟练与熟悉(如 DiMaggio, 1982; DiMaggio & Mohr, 1985; Bourdieu, 1986; McDonough, Antonio & Horvat, 1997; Aschaffenburg & Maas, 1997; Lamont & Lareau, 1988; Kingston, 2001; Wildhagen, 2009; Yosso, 2005; Chao, 2013)，而广义文化资本体现了全部群体文化范围，将文化资本视为所有群体都能够拥有的包括对上层文化的熟悉与熟练以及文化多样性表现形式两部分的文化资本(Erickson, 1991、1996; Lareau & Weininger, 2003; 李煜, 2001)。

二、文化资本的形态

文化资本的概念，由布迪厄(Bourdieu, 1977)提出，迪马乔(DiMaggio,

1982)加以扩展，用来解释社会不平等是如何通过学校等机构再生产(Eitle & Eitle，2002)。在对文化资本的概念进行界定时，不同学科对文化资本形态的研究主要形成了两大流派(如表3-3所示)。

一是社会学流派。社会学与教育学的学者们主要基于与阶层惯习相联系的社会阶层的差异对文化资本的形态进行划分。

布迪厄认为，文化资本可表现为三种形态：一是具身化形态。它可以描述为精神与身体的持久性情，是与身体联系在一起并以身体化为前提，通过社会化而获得的内化于个体的修养、态度、偏好或品位等。具身化文化资本的传承更为隐蔽，个体只有被具身的文化资本所渗透才能获得某种文化能力，而资本的持有者一旦死亡，这种形态的资本就会消失。二是客观化形态。它与具身化的文化资本紧密相连，是反映某种知识、品味或价值形式的物质产品，是体现在实物中的文化资本，如书籍、绘画、纪念品、工具等，在其物质性上是可以传播的。因此，客观化文化资本与经济资本的区别在于文化资本所转移的并非消费资产的能力，而是合法所有权。它既可以被物质性占用又可以被象征性占用，与经济资本相比，这类资本的占用更具有象征性意义而非物质意义。三是制度化形态。它是将个体的文化能力以一定形式得到法律的保障和公众承认并通过社会机构授予的资格或证书等形式将其制度化的一种文化资本形态。它在文化市场上具有广泛认可的价值，虽然被定义为一种客观化的形式，但被认为是象征着文化资本和权力的个人的文凭或学位。文化资本的制度化之所以重要，因为它是一种可以与经济资本相互转换的文化资本。通过这种方式，个体将其文化资本转化为经济资本和符号资本(Bourdieu，1986、1989)。

卡特认为文化资本由主流文化资本与非主流文化资本构成，这两种资本形式虽然相互联系，但却不尽相同，它们代表着不同的文化货币，其效益也因资本的使用场域而异。例如，在一种情况下，年轻人可能利用占主导地位的文化资本来获得学术和社会经济流动性，在另一个场景中，他们可能会利用他们的非主流文化资本来表达群体内的情感(Carter，2003)。

迪马乔在“等级文化参与”的意义上从文化态度、文化活动与文化信息方面衡量文化资本(DiMaggio，1982)。刘辉武(2007)将文化资本分为文化能力型文化资本与制度化文化资本。Tramonte、Willms(2010)区分了表现为父母高雅活动和实践的静态型文化资本和表现为孩子与父母之间文化互动与交流沟通的关系型文化资本两种形式的文化资本。王处辉、朱焱龙(2018)将文化资本分为名义文化资本与实在文化资本。

二是经济学流派。经济学学者们主要基于财富存在的形式或文化的种类对文化资本的形态进行划分。

思罗斯比最早从文化经济学视角对文化资本进行界定，与布迪厄一样，思罗斯比根据财富以有形或无形形式的存在将文化资本分为有形文化资本与无形文化资本两类，分别对应着布迪厄的客观化和具身化形态。其中，有形文化资本主要积累于建筑物、遗址、艺术品等文化遗产以及如油画、雕塑等以私人物品形态存在的艺术品和手工艺品，这些有形财产引起服务的流通，而这些服务在进入消费阶段时可能会作为私人或公共的商品被消费，且(或)也可能应用于产生新的物品与服务，包括新的文化资本。无形文化资本由与既定群体相符的一系列思想、实践、信仰、传统与价值观构成，与其相结合的是以公共物品的形态存在于公共领域中的如文学与音乐等一系列艺术品，这些无形财产也会导致服务流通，可能会产生部分的私人最终消费，且(或)也可能产生新的文化产品(Throsby，1999)。

李沛新(2007)在有形的与无形的文化资本划分的基础上进一步从文化的种类将文化资本分为固体的、产品的和流动的文化资本。金相郁和武鹏(2009)及周云波、武鹏和高连水(2009)综合了布迪厄与李沛新的观点认为文化资本由有形的文化资本(包括固体的、产品的文化资本)和无形的文化资本(包括身体化和制度化文化资本)构成。梁君(2012)认为文化资本主要由精神、物质与制度文化资本三个方面构成。

表 3-3　“文化资本”的形态

流派	代表人物	“文化资本”的形态	
		形态类别	形态描述
社会学流派	DiMaggio (1982)	文化态度	对于特定的艺术类活动和职业的兴趣。
		文化活动	在多大程度上进行过视觉艺术创作，经历过多少公开展演，参加过多少美术作品比赛或相关活动，阅读过多少文学作品。
		文化信息	在文学、音乐、美术方面所掌握的信息。所涉及的是熟知度、欣赏水平以及历史知识，而非在特定实践中所发展的技能。

续表

流派	代表人物	“文化资本”的形态	
		形态类别	形态描述
社会学流派	Bourdieu（1986、1989）	具身化形态	可以描述为精神和身体的持久性情，是与身体联系在一起并以身体化为前提，通过社会化而获得的内化于个体的态度、修养、偏好或品位。
		客观化形态	与具身化的文化资本紧密相连，是反映某种知识、品位或价值形式的物质产品，是体现在实物中的文化资本，如书籍、绘画、纪念品、工具等，在其物质性上是可以传播的。
		制度化形态	是将个体的文化能力以一定形式得到法律的保障和公众承认并通过社会机构授予的资格或证书等形式将其制度化的一种文化资本形态。
	Carter(2003)	主流文化资本	是指占主导地位的群体为保持自身优势而使用的资本，是对强势的、高地位的文化属性、代码和信号的概念化。
		非主流文化资本	是指社会地位较低的个体用来在各自的社群中获得“真实的”文化地位的资源，体现了一套被赋予较低地位群体的品位或欣赏和理解方案，包括对特定语言、音乐或互动风格的偏好。
	刘辉武(2007)	文化能力型文化资本	以行为方式、语言风格、品味与生活方式、价值观念等为形式。
		制度化文化资本	以文凭、职业证书等为形式。
	Tramonte & Willms(2010)	静态的文化资本	表现为父母的高雅活动和实践。
		关系的文化资本	表现为孩子与父母之间的文化互动与交流。
	王处辉、朱焱龙（2018）	名义文化资本	与那种有形的、外显的、客观的文化资本以及像西波隆尼所认为的具有虚幻性的影子资本。
		实在文化资本	与阶层地位匹配并经由时间累积而形成的作为内在性情的文化资本，具有无形、内蕴和身体化的特征。

续表

流派	代表人物	“文化资本”的形态	
		形态类别	形态描述
经济学流派	Throsby(1999)	有形的文化资本	被赋予了文化意义(通常称为“文化遗产”)的建筑、遗址、艺术品和诸如油画、雕塑及其他等以私人物品形式而存在的人工品。
		无形的文化资本	包括一系列与既定人群相符的想法、实践、信仰、传统和价值观。
	李沛新(2007)	有形的方面	被赋予了文化意义的建筑、遗址、雕塑、绘画、书法、书籍、报刊、电影拷贝、录像带、录音带、光碟等。
		无形的方面	包括人们的思想、创意、信念、技巧(手艺)、民间传说、传统、社会价值(知名度)等。
	李沛新(2007)	固体的文化资本	它是指可以用于文化商品生产的被赋予文化意义的自然风光、地形地貌、山水河流、建筑等文化资源。
		产品的文化资本	是指可用于文化商品生产的经过人们思维创造出来并依附于一定物质形态的文化符号资源。
		流动的文化资本	是指创造于人脑，无需依附于人脑以外的任何物质的尚未形成产品的思想、理论、意识、观念、传说和创意等文化资源。
	金相郁、武鹏(2009)；周云波、武鹏、高连水(2009)	有形的文化资本	包括李沛新所论及的固体的文化资本和产品的文化资本。
		无形的文化资本	包括布迪厄所描述的身体化的文化资本和制度化的文化资本。
	梁君(2012)	精神文化资本	消费支出、专利数量、教育经费、研发经费、非物质文化遗产。
		物质文化资本	文化产业、物质文化遗产、文化设施。
		制度文化资本	开放程度、市场化程度、自由程度、腐败程度。

三、家庭与大学文化资本的概念界定

基于家庭与学校这两个文化资本再生产的重要途径与主要场域，本书将文化资本分为家庭文化资本与学校文化资本两个层面，从少数民族大学生家庭文化资本与大学文化资本两方面分别进行界定。

(一)家庭文化资本的界定

结合文化资本的概念与特性，少数民族大学生家庭文化资本是指少数民族家庭内部通过相互交流与实践所累积而来的文化能力、文化产品和文化体制等能够对少数民族大学生的发展具有重要影响或创造新价值的有形或无形文化资源。综合考虑少数民族家庭所具有文化资本的大众性与民族性双重特点，少数民族大学生家庭文化资本可以分为公有性和民族性家庭文化资本两个维度，表现为具身化、客观化和制度化三种形态。

1. 少数民族大学生家庭文化资本的维度

作为一个多民族国家，我国主流文化发挥了广泛化与大众化特性，而少数族群的存在则延续了文化的差异化与多样化。尽管主流文化经常以政治、经济等多种形式掩盖了族群文化所具有的特殊性，然而，不同民族文化具有不同的文化价值，是一个民族与其他民族进行区分的主要标志。考虑到少数民族家庭既拥有主流大众性文化，又拥有少数民族所特有的族群文化，本书认为，少数民族大学生家庭文化资本可以分为以下两个维度。

(1)公有性家庭文化资本

公有性家庭文化资本主要是指少数民族家庭所拥有的一般性、大众性的家庭文化资本，也是每个现代普通家庭所具备的或期望具备的文化资本，它体现了对主流文化资本的占有。具体表现在家庭拥有的图书、钢琴、字画、电脑或其他工具器械等文化产品以及家庭成员的学历学位或文凭、语言能力、文化修养、性情习惯、兴趣爱好、家庭文化氛围、文化活动参与、教育思想观念和期望态度偏好等方面。

(2)民族性家庭文化资本

民族性家庭文化资本主要是指少数民族家庭所拥有的民族性的资源设施与文化产品，具有民族特色的风俗信念、价值观、文化活动、语言或文化品位、饮食偏好等具有民族特性的文化资本。具体表现在家庭成员所拥有的少数民族非物质文化遗产传承人等民族特色证书或资格认证形式，家庭拥有的本民族文学艺术品或衣食等文化产品、饮食品味偏好、对文化物品的熟悉与熟练、本民族文化活动的参与、宗教信仰、家庭对本民族文化的交流情况、民族思想信念、身份与情感认同等方面。

2. 少数民族大学生家庭文化资本的形态

基于布迪厄文化资本理论，少数民族大学生家庭文化资本包括以下三种具体形态。

(1)具身化的家庭文化资本

具身化的家庭文化资本是指以文化修养、文化品位、习性等形式所表现的家庭文化资本，它可以视为一种文化能力，体现在家庭成员的阅读习惯、学习能力、兴趣爱好、文化修养、性情习惯以及家庭教养方式、文化氛围、内部交流沟通等方面。由于具身化形态的文化资本中有个人投资的成本，只有个体才能直接获得。因此，它不能以某种瞬时方式从父母转移至子女，既不可能一蹴而就地从一代传递给下一代，也不可能以直接赠送或购买等形式从一个人传递给另一个人，却可以潜移默化的形式实现代际传递和发挥影响。

(2)客观化的家庭文化资本

客观化的家庭文化资本是指以在实物或媒介中被物化和客观化形式所存在的家庭文化资本，它可以被视为一种文化产品，体现在家庭内所拥有的书籍、艺术品、工具、器具及专门学习场所等文化物品方面。尽管这些物质产品可能只要付出一定的代价就很容易转让给他人，但如果缺乏解释、欣赏或操作文化产品的相关知识或技能，那么接受者只能从物质上而不是象征性地使用它。

(3)制度化的家庭文化资本

制度化的家庭文化资本是以经过证书或资格认证形式体制化的家庭文化资本，它可以视为一种文化体制，体现在家庭中父母的教育文凭、学历或资格证书、语言以及少数民族物质或非物质文化遗产传承人等民族性特色资格认证方面①。不同于前两种类型，因为它赋予它所要保障的文化资本完全原始的特征。换句话说，个人可以持有某种形式的具身化的文化资本，并以某种方式制度化。

① 语言可以被视为一种制度化的文化资本形式。例如 Richardson 等(2007)回顾了 Lemke (1990)的研究，指出语言的形式被运用在一个人说话、手势或行为的方式中，体现了制度化的文化资本。

通过这种制度化，具身化文化资本具有了客观价值。学历是布迪厄论述的制度化文化资本的主要类型。例如，一个学生有通过正规的大学学位认可的某种形式的能力。现在，这个人在劳动力市场上的价值与其他相同学位的人相当。制度化文化资本是将个人层面的具身化文化资本转换为群体层面的客观化文化资本的一种方式，从某种意义上是介于具身化形态和客观化形态的中间状态的一种文化资本。

广义上而言，家庭文化资本应当是由家庭中父母拥有的文化资本与子女拥有的文化资本所共同构成的，家庭中家长的文化资本通过代际传递转移于子女，子女通过吸收内化而继续传承。追溯到封建时代，财富可以通过贵族、拥有头衔或通过继承和/或婚姻获得土地来获得。这些形式的经济资本代代相传，随着财富而来的是接受教育和获得文化知识的能力。伴随教育大众化，文化资本的竞争日益激烈。然而，由于教育的成本，只有那些拥有经济资本(财富)的人才有可能帮助发展他们孩子的文化资本。这种资本的转移成为文化资本理论中最有力的原则，发现于父母向子女的转移(Bourdieu，1986)。除了家庭中通过代际传递所获得的文化资本，子女的文化资本还可以通过学校教育途径获得，是由家庭中所获的文化资本与学校所获的文化资本综合构成的。考虑到本书所研究的就是家庭与学校对少数民族大学生学习与就业的作用，因此，本书中的少数民族大学生家庭文化资本主要针对家庭中家长拥有的文化产品、文化能力和文化制度，不包括子女所拥有的文化资本。

(二)大学文化资本的界定

基于文化资本的概念与特性，借鉴陈国民(2011)、崔玉平和王彬(2018)等的观点，本书认为，少数民族大学生大学文化资本是指少数民族大学生所就读的大学通过长期发展所积累形成并被持续运用于价值创造过程中的文化能力、文化产品和文化体制，能够实现大学未来的价值增值和对少数民族大学生的发展具有重要影响的有形或无形文化资源。少数民族大学生大学文化资本可以分为公有性和民族性大学文化资本两个维度，表现为具身化、客观化和制度化三种形态。

1. 少数民族大学生大学文化资本的维度

个体在家庭文化资本的浸染下进入学校进行有计划与有组织的集体教育，学习各种预先设计且内容统一的系统知识与技能，从而对个体的成长与发展产生重要影响。学校为了各自的生存与发展也会借助其文化资本优势有效运用各种资源服务于自身发展。尽管大学文化资本的主体是作为一个有序运行整体的大学，但大学师生作为构成整体的组成部分，在不断开发、积淀、继承、创新和发展大学文化中也形成了大学文化资本的独特表现形式。来自不同民族的师生为少数民族大学生所就读的大学注入了不同的文化，使得其大学文化资本兼具一般性与民族性双重特性。

(1)公有性大学文化资本

公有性大学文化资本主要是指少数民族大学生所就读大学拥有的一般性、大众性的大学文化资本，它是每个高等院校或现代大学所具备的或期望具备的文化资本，体现了大学对主流文化资本的占有。具体表现在大学的建校历史、社会声誉、校风学风、教学设施、文化设施、文体活动、教师学历与学术水平、师生关系、学校规章制度等方面。

(2)民族性大学文化资本

民族性大学文化资本主要是指少数民族大学生所就读大学拥有的具有民族特性的大学文化资本，它体现了大学对具有民族特色的物质、精神或制度等方面文化资本的占有。具体表现在大学的民族品牌、多元文化氛围、民族文化包容性、价值理念、所拥有的民族性资源设施和文化产品、民族性文体活动、具有民族特色的制度规章以及针对少数民族学生的特有课程设置与就业培训指导、校园民族文化认同等方面。

2. 少数民族大学生大学文化资本的形态

在研究学校文化资本的概念时，许多学者借鉴布迪厄的观点，将大学文化资本分为三种形态。

(1)具身化的大学文化资本

具身化的大学文化资本是指大学整体及其主体成员以精神与身体的持久的价值理念与行为方式表现出来的文化资本。它是大学文化资本最主要的形态，是一种主体性的、精神与行为层面的文化资本。具体体现在大学的建校历史、社会声誉、教学理念、学风校风、文化氛围、文化认同、价值观念、教师知识水平、师生关系等方面。具身化大学文化资本的形成周期较长，无法以买卖、交换或馈赠等方式实现流转，体现了一所大学排他性占有的有别于其他大学文化资本的本质特性。

(2)客观化的大学文化资本

客观化的大学文化资本是将大学拥有的文化资源以各种文化、教学与科研活动的形式生产物化为具有文化价值的客观实物。它是大学文化资本的物质载体，是一种客体性的、物质层面的文化资本。具体体现在大学的校园环境、景观建筑、文化设施、硬件设施、教学设备、文体活动、学校藏书、教育成果产品等蕴涵大学文化的各种物质环境方面。客观化大学文化资本既可以被物质性占有，又可以被象征性占有，虽然它以客观化的物质形态存在，但若离开人文环境则仅仅是毫无意义的物体。

(3)制度化的大学文化资本

制度化的大学文化资本是指大学整体及其主体成员所拥有的能够长久保存的、以官方正式制度形式认定并授予法定资格或证书等形式将其制度化的文化资本。它是大学文化资本的外部表现形态，是一种客观化的、制度层面的文化资本。具体体现在官方认定的大学品牌"头衔"和学科质量等级、官方授予的各种奖励或荣誉称号、经过认可的各种规章制度与管理制度以及主体成员的学历文凭、职称证书、荣誉称号证书及其被公开认可的教学科研成果等方面。制度化大学文化资本是具身化大学文化资本的转化产物，赋予了大学权威的且受到法律保障的文化价值，也成为一般大学与一流大学之间差距的重要原因。

大学并非存在于真空中，而是嵌套在显而易见的社会经济结构之中。作为这一体系的延伸，大学文化体现了更广泛的社会议程的理想(Kamens，1974)。大学文化资本通过师生之间的传递与继承实现代际传递。由于不断变化的环境因素使得大学的环境或文化背景变得更加难以衡量。每年都有新学生、新教授、新演讲者和新活动，教育的理念就是关注进步和成长，因此，了解学校的环境可能是困难的，大学文化资本也在不断更替和整合。然而，尽管有些因素在不断变化，大学的多重利益使得其内部变革相对缓慢，大学文化资本具有惊人的生命力。

综上所述，依据布迪厄(1986)的文化资本形态划分，对少数民族大学生家庭文化资本与大学文化资本两个层面进行界定的结构内容如表 3-4 所示。

表 3-4　少数民族大学生家庭与大学文化资本结构内容表

层面维度＼形态		具身化形态	客观化形态	制度化形态
家庭文化资本	公有性家庭文化资本	父母阅读习惯、学习能力、兴趣爱好、文化修养、文化活动参与、家庭教养方式、文化氛围、亲子交流沟通、教育期望等	家庭内拥有的文化物品及其熟悉与熟练等	父母的教育文凭、学历或资格证书、父母的汉语语言能力等
	民族性家庭文化资本	家庭成员的民族观念、民族包容性、民族性文化活动或宗教活动参与、涉及民族文化或问题的交流等	家庭内拥有的民族文化物品及其熟悉与熟练等	父母拥有的民族特色证书或资格认证形式，如少数民族物质或非物质文化遗产传承人等
大学文化资本	公有性大学文化资本	大学的建校历史、社会声誉、教学理念、学风校风、文化氛围、文化认同、教师知识素质、师生言行和师生关系等	大学的校园环境、景观建筑、一般性文化设施、硬件设施、教学设备、一般性文体活动、学校藏书、教育成果产品等	官方认定的大学品牌“头衔”和学科质量等级、官方授予的各种奖励或荣誉称号、主体成员的学历文凭、职称证书、荣誉称号证书、经过认可的各种规章制度与管理制度等
	民族性大学文化资本	大学的多元文化氛围、民族文化包容性、民族文化认同等	大学所拥有的民族性资源设施、文化物品、民族性文体活动等	大学民族品牌、具有民族特色的制度规章和管理制度等

第三章　文化资本与人力资本对大学生就业风险的作用机理

大学生的就业风险来源于哪些方面？以少数民族大学生为样本，文化资本与人力资本在就业风险中发挥何种效应？如何发挥效应？作用机理或机制如何？本章对这些问题展开理论分析。

第一节　大学生就业风险的来源

大学生就业过程涉及个体、家庭、学校、社会等多个方面，而其就业风险是多种因素综合作用的产物，既有来源于外部的因素，又有来源于内部的因素；既有来源于宏观方面的因素，也有来源于中观或微观方面的因素，这些风险来源因素之间交互影响且相互作用。

一、微观层面风险来源：大学生个体因素

从微观层面而言，大学生个体自身的就业心态、就业准备、人力资本存量状况等个体因素是其就业风险的个体内部来源。

一是在就业心态上，当前大学毕业生在就业过程中普遍存在着就业观念陈旧滞后、就业期望偏高等问题，这主要是由心理认知不准确所导致的。少数民族大学生在就业中同时具有自卑与自负的双重心态。一方面，由于语言习惯和民族文化等差异，少数民族大学生依然具有较浓厚的弱者意识，容易产生自卑焦虑、缺乏自信等心态，在就业中思想相对保守，乡土观念比较严重，缺乏挑战新环境的信心而不愿意到其他城市寻求新的就业机会，这种自卑心态导致他们在就业竞争中处于明显弱势地位。另一方面，一些少数民族大学生不能全面理解就业问题，认为作为大学生的“天之骄子”应当从事与自己身份匹配的职业，这种自负心理导致他们将就业与择业重点聚焦于行政事业单位或国有企业等社会认可度较高的

职业，同时倾向于大城市和高薪酬的职业，希望寻找终身安稳的“铁饭碗”，而最终可能造成失业。

二是在就业准备上，少数民族大学生在就业思想与行动上都存在准备不足情况。在思想上，有些少数民族大学生来自思想观念相对封闭的贫困地区或民族区域，涉世未深与封闭的成长环境导致其就业风险意识较为淡薄，在就业过程中缺乏警惕性与敏感性，风险防范与维权意识较差，往往由于求职心切容易上当受骗，最终造成就业中的各种财产或身体损失。而在行动上，有些少数民族大学生从入学选择就读专业到毕业就业都比较依赖父母或亲人的意见，往往缺乏明确的职业目标与职业规划，在读期间并未将所学专业与兴趣爱好恰当融合，通常临近毕业时才感受到就业危机，同时缺乏对各项民族政策、就业政策与就业信息的充分了解，信息来源与获取量都相对较少，这些都可能导致少数民族大学生毕业之后面临失业或职业不匹配等各种就业风险。

三是在人力资本存量上，由于许多少数民族大学生在基础教育上相对薄弱，导致其在大学阶段的知识、素质、技能、能力等人力资本的积累上也不具有优势和竞争力。例如，一些生活在民族地区的非汉语母语的少数民族大学生汉语水平普遍较差，其汉语理解能力的缺陷致使他们在其他知识学习上也存在一些困难，使得他们在英语、计算机或专业知识上不具有绝对竞争优势，而民族文化的差异又可能导致部分少数民族大学生对就业环境的适应力和融入感相对较差，这些对他们在“汉语”就业市场实现就业或满意就业都会产生不利影响。道德品质与知识能力素质等人力资本是所有大学生实现就业和提升就业质量的重要条件，如果人力资本存量不足将会导致少数民族大学生面临各种就业风险。

二、中观层面风险来源：家庭与学校因素

从中观层面而言，家庭与学校两方面的因素是少数民族大学生就业风险的外部中观来源。家庭与学校是少数民族大学生的直接关联方，尽管家庭与学校因素是个体就业风险的外部来源，但它们与少数民族大学生个体发展与就业却具有紧密的直接联系。

（一）家庭因素

家庭是大学生生活与成长的原始环境，对大学生个体特性、思想观念或人力资本等的形成与积累都具有重要影响。少数民族大学生就业风险来源的家庭因素主要包括家庭经济资本、文化资本与社会资本三个方面。

一是家庭经济资本。家庭经济资本对大学生教育投入、就业观念、就业压力等都有重要影响。家庭经济资本丰富的少数民族大学生可以花费更多的资金和时间投资于身体与教育，既可以培养良好的身体素质，又可以增加各种理论学习与社会实践机会，促进综合素质的提升和人力资本的积累。同时，在就业过程中，家庭富裕的大学生承担失业成本的能力更强，就业压力相对更小，且更能够在择业时考虑与兴趣爱好相联系，而不仅仅关注职业收入。

二是家庭文化资本。家庭中父母学历水平与职业、教育理念与教育方式、家庭文化氛围、家庭教育与就业期望等传统家庭文化资本因素潜移默化的熏陶对少数民族大学生就业观念与职业道路的选择都发挥着重要的作用，而少数民族家庭特殊的民族文化背景、思维观念、风俗习惯与宗教信仰等家庭民族文化环境对少数民族大学生的个性特征、生活习惯与就业心理等也具有长期的影响。

三是家庭社会资本。非均衡的家庭社会资本让不同家庭的大学生在社会资本存量上形成了先天差异，从而使得不同大学生拥有不同的就业机会，面临不同的就业风险。占有社会资本较多的少数民族家庭的大学生主动利用社会资本能够获取更充足可靠的就业信息，抢占更多的就业资源，增加有效的就业机会，规避各种就业风险，而这从另一方面却会抢占社会资本劣势家庭大学生的就业机会，对他们造成潜在的就业危机与风险。家庭经济资本、文化资本与社会资本通过不同方式对少数民族大学生的社会价值观、就业心态、就业准备、人力资本等产生重要影响，最终影响其就业风险。

(二)学校因素

学校是除家庭以外对个体成长具有影响的另一个重要因素。对大学生成长产生影响的学校因素包括从小学到大学的每个阶段，然而对大学生就业具有直接影响的主要是大学。大学兼具大学生的培养者与就业中间人的双重身份，其文化资本的差异化是少数民族大学生就业风险来源的重要因素。当前就业市场的矛盾兼有总量与结构两方面的矛盾，但大学生的需求与供求总量的矛盾并非主要矛盾，而结构性矛盾才是导致大学生就业问题的主要矛盾。大学在品牌声誉、办学水平、学风校风、校园文化环境、文化氛围、文化资源、师资水平、专业设置与课程设置、管理体制与规章制度、就业创业指导等方面的差异化造成了大学生人力资本存量的差异化，也导致了大学生就业风险的差异化。具有文化资本优势的大学应当拥有优秀的品牌实力与社会声誉、优良的学风校风、良好的校园文化环境与氛围、雄厚的师资力量、新颖的教学方法、适应市场需求的专业设置与课程设置、合理有效的管理体制与规章制度、完善的就业指导机制以及宽松多元化的民族文化氛围、各种民族特色的文化资源与文化活动、具有针对性的规章制度和就业指导，才能满足对少数民族大学生的人才培养需求，促进少数民族大学生人力资本的积累与就业风险的控制。我国少数民族大学生虽然分布于全国各大高校，但绝大多数集中于民族地区高校或民族院校，因此，民族地区高校与民族院校文化资本的多寡直接影响了大部分少数民族大学生在人力资本与就业风险上的差异。

三、宏观层面风险来源：社会环境因素

从宏观层面而言，经济、制度、市场、文化等社会环境因素是少数民族大学生就业风险的外部宏观来源。

（一）经济环境因素

经济发展状况对大学生劳动力市场需求具有重要影响。经济全球化促进了我国宏观经济的快速发展，不仅改善了学习与生活条件，提升了就业能力，也增加了就业岗位。然而，市场经济条件下，工业化与全球化推进的同时信息化也在不断发展，一方面，产业结构的调整与技术的进步对我国就业市场提出了新的知识与能力素质要求，另一方面，区域经济的非平衡发展与产业结构调整的不确定性造成了就业市场的供求不平衡与区域差异化，经济全球化与经济体制转型的双重作用所导致的结构性失业问题日益显性化。我国少数民族大学生基本来自民族地区，毕业后也大多选择民族地区就业，但民族地区经济发展水平相对较低、基础设施不健全、教育投入幅度较小，民族教育发展缓慢阻碍了少数民族大学生人力资本的积累与提升，而民族地区经济发展的相对滞后与产业结构不合理导致人才需求岗位相对较少，进一步增加了少数民族大学生的就业风险。

（二）制度环境因素

社会主义市场经济资源配置方式下，涉及教育制度、人事制度、劳动法规、社会保障制度等多个方面法律法规的各项入学与就业制度因素影响着少数民族大学生的就业风险。少数民族学生高等教育入学照顾制度提升了民族生源与民族地区的整体人力资本水平，但“统分统包”向“双向选择”就业制度的变化使得优惠入学的少数民族大学生就业能力薄弱。我国民族地区高等教育资源分配失衡也导致许多少数民族大学生所接受的高等教育不具有公平性。就业制度与入学制度的不衔接及民族地区高等教育资源的相对劣势导致少数民族大学生在就业市场上缺

乏竞争力，处于相对弱势的地位。而人事户籍档案制度方面的限制虽确保了少数民族大学生本区域系统的优先就业，但却阻碍了跨区域的统一就业市场的形成。同时，就业法律法规的不健全、就业保障制度的不完善无法实现对招聘行为的有效监管，导致用人单位的招聘活动不公开、不透明且聘用管理欠规范，进而侵害了大学生的合法就业权益，造成大学生的各种就业风险。

（三）市场环境因素

作为社会劳动力市场的重要组成部分，大学生就业市场的规范化能够有效促进就业双方进行双向选择，引导大学生自主择业或创业，优化人才资源的合理配置，实行公开、公平和公正的就业竞争。由于劳动力市场的区隔化和人工智能的广泛应用，当前大学生就业市场供求的结构化矛盾依然较为突出。在市场供求数量上，尽管我国经济的高速增长创造了越来越多的就业机会，但产业结构调整与技术进步使得人工智能化大范围推进，市场对一般劳动力的需求大大缩小。然而，高等教育的大众化使得大学生数量逐年增长，高等教育供给数量的增长已超过了对一般人才需求的增长速度，许多少数民族大学生由于受到传统文化思想和创业环境的影响，自主创业积极性也不高，这些在一定程度上引发了人力资本薄弱的少数民族大学生的失业现象。在市场供求结构上，由于我国区域经济发展不均衡，劳动力市场分割明显，发达地区、大中城市与落后地区、农村乡镇劳动力市场以及不同行业职业差异化较大，这种劳动力市场地域与职业的分隔化导致劳动力自由流动不通畅，大学生在发达地区、优势单位的供给量相对过剩，而在西部地区、乡镇农村、中小企业的供应却严重不足，造成自愿性失业或职业不匹配等问题。

（四）文化环境因素

社会价值观、文化习惯、心理与舆论等文化环境对少数民族大学生就业择业观与用人单位用人观具有重要影响，形成了各种就业风险。一方面，社会价值观体现了社会对某些事物的评价以及由此而来的行为取向。一定时期内，一些占主流地位的普遍的就业价值观决定了大学生的就业意向和职业选择。例如，某一时期内，社会对不同行业不同职业地位形成了差异化的评价，尽管职业在客观上没有高低贵贱之分，但在社会心理与舆论环境的影响下，大学生就业观念也会趋近于社会主流的价值追求。然而，随着社会主流价值观的不断变化，就业观念与选择也会发生变化。而文化习惯相似性也是大学生就业选择的重要因素，尤其是少数民族大学生，更加会优先选择与自身文化习惯与饮食习惯比较相近的职业环境。另一方面，用人单位同样会依据社会主流价值观的用人标准在社会心理与舆论引导下来识别与选择聘用人员。例如，社会观念中依然存在着应届大学生经验不足、心理素质不好以及少数民族大学生综合素质差等偏见，在这种民族狭隘心理与舆论影响下，有些用人单位对少数民族应届大学生的聘用存在明显的歧视与偏见。而风俗习惯与文化习惯的差异也让一些用人单位对录用少数民族大学生存有顾虑。

第二节　文化资本对学生成就的作用

文化资本被认为是教育成功的一个重要因素。作为文化资本再生产的重要场域，家庭和学校场域自身的文化资本对学生学业成绩或教育获得等成就因素发挥着重要影响，为此，本研究从家庭与学校场域的文化资本探讨对学生成就的作用机制。

一、家庭文化资本对学生成就的作用

家庭是最原始、最基础和最重要的文化资本生产与再生产的场所。尽管有证据表明家庭参与对学生成功的重要性，但家庭在成就中的作用被低估了(Israel、Beaulieu & Hartless，2001)。家庭文化资本对学生教育成功可能通过以下因素发挥作用。

(一)父母教育程度的作用

从受过高等教育和社会经济地位较高的父母那里继承文化资本的孩子们在教育体系中具有初始优势，并被教导要把教育成就放在更重要的位置，这些优势造成了较早的成绩差距(Bourdieu，1966，1979)。许多定量研究证实，父母教育程度与职业对子女的数学与语言成绩或教育获得具有显著影响(如 De Graaf，1988；Wojtkiewicz & Donato，1995；Lucas，1996；Spera、Wentzel & Matto，2009；Huang & Liang，2016；Caprara，2016)。也有研究认为，父亲受教育程度(如李春玲，2014；杨宝琰、万明钢，2015)或母亲受教育程度(如 Mercy & Steelman，1982；林嘉绥，2000)之一在子女学业成绩、智力发展和个人成就中更具有预测力。父母受教育程度对子女教育成就均具有显著作用，但父母的影响程度在各个教育层次上有所差异(如刘精明，2008；方长春、风笑天，2008；吴愈晓，2013)。

(二)家庭文化物品的作用

Nonoyama-Tarumi(2008)发现，在所有国家，家庭教育资源、文化财产和家

中书籍数量等多维 SES 对学生成就的效应大于以父母的教育和职业定义的标准 SES。杨宝琰和万明钢(2015)认为，以文化耐用品和书籍等为表现形式的客观化文化资本对学业成绩具有直接负向影响。Tan 和 Liu(2018)发现，客观化(相对于制度化)的家庭文化资本与儒家传统文化学生成就的相关性更强。例如，现代家庭中书籍所有权这些物质条件影响孩子学业成功(Cabanová，2014)，家里有越多的书就越有可能被一所重点大学录取(Bodovski、Chykina & Khavenson，2019)，家庭中阅读材料少的学生比阅读材料多的学生的学习成绩要低(Mullis & Jenkins，1990)。而随着家庭电脑拥有率的上升，家庭中拥有电脑以及使用电脑与孩子们的学业成绩或表现具有显著的正相关(Attewell & Battle，1999；Caprara，2016)，且在控制了学校表现的其他影响因素后，这个结果仍然成立(Casey 等，2012)。

(三)家庭文化环境的作用

如果一个孩子的早期家庭教育资源和文化环境能得到改善，如有更多的书和花更多的时间一起阅读，对孩子的认知发展(Chang、Park & Kim，2009)、阅读兴趣，甚至在更高年级的数学和阅读成绩上将具有显著积极的影响(Dearing 等，2009；McCartney 等，2007)。家庭阅读环境会直接影响孩子的成绩(De Graaf，1988)，良好的幼儿家庭学习环境有利于青少年学习成绩的提高(Lin & Chen，2015)。父母的阅读行为与学生的表现显著相关(Yamamoto & Brinton，2010)，对孩子们的教育获得有显著影响，经常阅读的父母不仅拥有更多可供支配的语言和认知技能可以传授给孩子，还提供了一个类似于学校氛围的刺激性学习环境(De Graaf、De Graaf & Kraaykamp，2000)。

(四)家长文化活动参与的作用

许多类型的家长参与可以对学生的成绩产生积极的影响，家长参与度高与更高的学生学业成功有关(Dube & Mlotshwa，2018；Hill & Tyson，2009；Dearing 等，2009；Jeynes，2007；Patall，Cooper & Robinson，2008；Stone，2006；Falbo，Lein & Amador，2001；Izzo 等，1999；李忠路、邱泽奇，2016)。作为家长参与的一种类型，父母文化活动参与是父母文化资本对学业成功作用的一种重要方式。家长参与提供了自由时间和家庭作业时间的结构安排(Fan & Chen，2001)，包括参观博物馆和其他教育场所(Reynolds & Gill，1994)。Yamamoto 和 Brinton(2010)发现，与家长一起进行的美术活动与学生的表现显著相关。而 Tramonte 和 Willms(2010)指出，代表父母的高雅活动和行为的静态文化资本对学生教育成果具有较小影响。

（五）家庭教养方式的作用

Lareau（2003）将父母教养方式分为中产阶级父母普遍采用的协作培养和工人阶级父母经常使用的自然成长两种。采用协作培养时，父母将孩子视为一个正在接受训练的成年人且通过品位、行为、偏好等系统地将自己的文化资本赋予孩子；而采用自然成长教育方式的父母认为，成年人应当将孩子当作孩子来对待，让孩子在较少父母干预的情况下成长，他们更倾向于信任制度和权威人士，比如政府机构和学校（Gearhart，2018）。Turner、Chandler 和 Heffer（2009）的考察结果表明，权威型教养方式持续影响着大学生学业成绩。Roksa 和 Potter（2011）发现，新兴和稳定的中产阶级母亲在育儿实践上的差异，有助于解释数学和阅读成绩上的差距。许殷宏和朱俐嫚（2014）的分析表明，采用协作培养的中产阶级学童由于资源丰厚更易有较佳的学业表现，采用自由成长的劳动阶级学童由于家校生活区隔而负面影响其学习。

（六）家长教育期望的作用

教育期望是学业成就和教育获得的重要决定因素（吴愈晓、黄超，2016）。父母利用文化资本促进青少年学业成就的最有效方式之一是通过他们对孩子教育成就的渴望。有证据表明，父母的期望影响学生学业成功（Astone & McLanahan，1991；Singh 等，1995；Hao & Bonstead-Bruns，1998；Keith 等，1998；Smith-Maddox，1999；Hill，2001；Catsambis，2001；Fan & Chen，2001；Yan & Lin，2005；Hill & Tyson，2009；Spera、Wentzel & Matto，2009；Huang & Liang，2016；赵必华，2013；王烨晖、张缨斌、辛涛，2018；方超、黄斌，2019）和大学教育获得（王甫勤、时怡雯，2014）。尽管发现学业成绩与父母期望之间存在关联，但由于父母的期望与学术成果同时进行评估，有些研究对潜在的反向因果关系持开放态度（Keith 等，1998；Hill，2001）。

（七）家长教育支持的作用

父母文化资本用于培养学业成功的一个重要方式是通过他们对青少年教育的支持，这包括以学业成绩为重点的亲子交流沟通和支持青少年教育愿望的活动（Cooke-Rivers，2014）。大量研究表明，成绩的提高、高中毕业、更积极的学习效果等都与父母的支持有关（Chohan & Khan，2010；Hill & Tyson，2009；Ream & Palardy，2008；Ho & Willms，1996；Muller，1993；Astone & McLanahan，1991；Fehrmann 等，1987；张敬培，2016）。Tramonte 和 Willms（2010）发现，代表亲子文化互动和沟通的关系型文化资本对学生教育成果具有较强影响。而定量研究的证据则表明，相比采用客观的成绩测量指标，当采用有主观因素的成绩测量时，父母的文化资本(此时主要指父母的支持)和学生成绩之间的关系似乎更强。总体而言，通过对如分数和进入更高学习层次等结果的影响，父母对青少年学业生活的支持似乎是学业成功的一个重要因素(Cooke-Rivers，2014)。

(八)家长教育监控的作用

父母利用精英文化资本的另一种方式是向孩子灌输学术纪律和努力工作的承诺(Cooke-Rivers，2014)。这经常被家长们用来监控青少年在家中的行为。家长监控可以促进青少年的职业道德，研究也显示，它与青少年学业成绩具有积极关系(Castro 等，2015；Catsambis，2001；Desimone，1999；Ho & Willms，1996；Astone & McLanahan，1991；Fehrmann 等，1987；张敬培，2016)，或消极关系(McNeal，1999；Singh 等，1995)，抑或没有任何关系(Yan & Lin，2005；Xu & Corno，2003；Darling & Steinberg，1997；Keith 等，1986)。而有证据表明，消极结果归因于反向因果关系。总之，家庭监控与结果大多有积极的关系，但也存在反向因果关系的问题，可能产生一些负面影响，然而，职业道德的提升似乎支持了青少年的学业成就(Cooke-Rivers，2014)。

(九)家庭文化资本要素的综合作用

一是交互效应。Hill 等(2004)发现，受教育程度较高的父母的学术参与和较少的行为问题有关，而行为问题与成就和抱负有关；受教育程度较低的父母的学业投入与抱负有关，而与行为或成就无关。Tan(2015)证实，在控制一些变量之后，文化资本对学生成就的主效应和交互效应(家庭教育资源×父母教育、家长教育期望×父母教育)均具有统计学意义。Castro 等(2015)的研究显示，当家庭对孩子有很高的学业期望、发展并保持与孩子在学校活动方面的沟通、帮助他们养成阅读习惯时，父母对儿童学习活动的总体监督与高成绩之间的联系最强。Sun 等(2018)的研究表明，父母的参与在各个国家的特定领域缓和了家庭社会经济地位(由父母教育程度、职业和家庭财富组成)与儿童早期发展之间的关系。二是中介效应。杨宝琰和万明钢(2015)发现，父亲教育程度既对学业成绩发挥直接正向效应，还通过父母教育期望、教育支持的中介效应发挥间接效应，但中介作用比直接作用要弱。Guo 等(2018)认为，父母期望和特定的父母参与行为在家庭社会经济地位与阅读成绩之间发挥重要的中介作用。Xie 和 Ma(2019)的分析显示，对大多数经济体而言，客观化文化资本可以解释所有三个常用的 SES 指数对学生素养的影响，而具体化文化资本只能解释父母的职业和教育水平对学生素养的影响。

二、学校文化资本对学生成就的作用

在学校环境中，文化资本的作用也得到了研究。Cabrera 和 Padilla(2004)发现，父母的支持和抱负对学生的学业成绩很重要，但对学生的学业成功还不够，而诸如充实计划、导师、教师和同伴等非家庭来源都提供了学生用来获得大学入学许可并坚持到毕业的直接信息。Win 和 Miller(2005)通过对大学生学业成绩影响因素的分析发现，高中学校对大学生学习成绩的影响超越了学生自身的背景特征。从学校视角对学生学业成就作用效应的研究认为，学校文化资本可能通过以下因素作用于学业成就。

(一)学校环境氛围的作用

Win 和 Miller(2005)认为，学校中存在浸没效应和强化效应两种普遍现象。浸没或积极外部效应是指不管学生过去的学习成绩如何，只要学生在一个成绩优异的学校环境中学习，其随后的学习成绩就会得到提高。当学生在大学的学习成绩因所就读学校的整体学术氛围而提高时，强化效应就会体现出来。因此，鼓励所有学生在学校取得高水平的学业成绩是有益的。Hanselman 等(2014)发现，学校环境的社会认同建构对学生学业成就和成功也具有影响，学校环境调节了对黑人和西班牙裔学生成绩自我肯定的效益，在标准化成绩结果中有部分支持。而学生所感知的学校氛围与其学业成绩之间密切相关(Jia 等，2009；Berkowitz 等，2017；鲍振宙等，2013；李文桃等，2017；聂倩等，2018)，且这种关系不受校级贫困和地区因素的影响(Gietz & McIntosh，2014)。

(二)学校教育期望的作用

教师期望对学生成绩有影响(Rubie-Davies、Hattie & Hamilton，2006；赵必华，2013)。Van den Bergh 等(2010)采用自评和内隐联想测验对 41 名小学教师的偏见态度进行评价并获得了 434 名学生的教师期望和学习成绩，分析表明，教师期望和学习成绩与偏见态度的自评测量没有关系，然而，教师偏见态度的隐式测量却被发现可以通过教师期望来解释不同班级的种族成就差距大小。Jacob 和 Harvey(2010)的研究结果发现，当学校领导提供一个以学术为导向的环境，在这种环境下对高学术成就的价值观和期望是学校文化的一部分时，学术成就会得到提升。针对不同种族或民族的研究则认为，非裔美国学生不仅在历史上一直被社会认为是无法在学校立足，也未能将自己在学术成就上的能力概念化(Hill，

2011），要改变这一现状，教育工作者和整个社会对非裔美国人取得成就的期望应该发生转变（Nichols 等，2010）。

（三）学校师生关系的作用

学校良好的师生关系对学生成绩产生正效应（Dube & Mlotshwa，2018；赵必华，2013）。Hughes 等（2008）研究发现，师生关系质量对阅读和数学成绩具有正向影响，成绩、努力投入和师生关系质量构成了影响早期成绩的动态系统的一部分，而杨宝琰和万明钢（2015）也得到类似结论，但当纳入其他类型变量时，其影响不再显著。范丽恒、李锦和金盛华（2009）研究发现，教师差别行为对学生学业成绩具有影响。Meier 和 Melton（2012）认为，一些少数族裔学生不能表现得与"白人"学生一样好且高中毕业率与"白人"学生一样高，因为"白人"教师本身对少数族裔学生缺乏关心，老师们无法很好地与少数族裔学生相处，所以他们不会像对待"白人"学生那样尽力帮助他们。虽然这是否完全准确在某种程度上是一种猜测，而且往往难以证实，这意味着许多老师是种族主义者，而这种情况通常不会出现（Meier & Melton，2012）。然而，有时，教师们对少数族裔的成绩差距也是有责任的，因为他们的态度会影响学生的成绩水平（Van den Bergh 等，2010；Meier & Melton，2012）。

（四）学校设施资源的作用

学校的物质设施对学生成绩具有显著正向影响，教室、家具、书籍的可用性等学校设施对学生学术成就是不可或缺的（Mwamwenda & Mwamwenda，1987）。成功的学校也可能有更好的工作条件和设施以及更多的教学材料（Lay & Chandrasegaran，2016）。学校设施的环境、高质量的教育设施具有促进学习和提高学生成就水平的潜力（O'Neill & Oates，2001；Johnson，Kraft & Papay，2012；Lavy & Nixon，2017），学校建筑质量较差则会导致阅读和数学成绩下降（Berman 等，2018）。课堂电脑科技产品、互联网连接及适当的学习设施均可促进学生取得较佳的学习成绩（Dube & Mlotshwa，2018），校内阅读资源对学生阅读素养也具有显著影响（Huang 等，2019）。Arshad、Qamar 和 Gulzar（2018）证实，学校所有物理设施对学生学业成绩的贡献约为 15.4%。但 Hopland（2013）对 8 个国家的学校设施（建筑和场地）与学生成绩之间关系的研究结果表明二者呈负相关，但估计系数基本不显著，且学校设施似乎对各国有不同的影响。也有研究认为，学校设施的显著差异没有造成学生学业成绩上的显著差异（Alimi、Ehinola & Alabi，2012），学校建筑质量的好坏也没有显著影响学生成绩，研究结果的差异可能在于研究所用方法的差异(Earthman，2018)。

(五)学校教师水平的作用

教师学历、学位和学生成绩呈正相关(Darling-Hammond，2000)。Rowan、Chiang 和 Miller(1997)认为教师对学生学习成绩的影响可以通过教师的能力、动机和工作情况这三类变量来解释。受过教育和认证的高素质教师比没有准备的教师更容易获得高的学生成绩(Hoffman 等，2005)。林嘉绥(2000)对幼儿数学入学准备的调查显示，教师文化程度显著影响了儿童的数学成绩，其中大专和高中文化程度教师的影响更大，此外，研究也发现，教师文化程度并非儿童数学入学准备的教师条件决定因素，教师对文化与专业修养的态度和敬业精神也决定了幼儿的数学成绩。Dee 和 Cohodes(2008)的研究表明，通过学科认证的教师有更高的学生成绩，更有可能提高学生的智力投入。Ndlovu(2018)发现，一名在相关学科和班级规模等方面受过培训、拥有一个高质量的校长、在学校有较高资源禀赋的教师可以提高学生的考试成绩。Rahim(2018)的分析表明，学校规模、多级化学校、教师资格和教师出勤率是儿童计算能力和英语阅读技能的显著预测因子。

(六)学校品牌特征的作用

Astin 和 Oseguera(2004)认为，了解上名牌大学的好处是文化资本的另一种形式，Tierney(1999)也认为择校是文化资本的制度化形式(Meza，2011)。Marks 等(2001)认为，学校部门对大学入学成绩有很大的影响，平均而言，私立学校的学生比天主教学校的学生有更高的大学入学分数，而天主教学校的学生又比公立学校的学生有更高的分数(Win & Miller，2005)。赵必华(2013)认为，学校平均社会经济地位、班级人均数对学生成绩发挥正效应。学校规模和多级化学校是学习成果的显著预测因子(Rahim，2018)。而杨宝琰和万明钢(2015)的研究认为，学校类型对学业成就不具有显著影响，一定程度上表明了学校物质与师资等的差异并非导致城乡学生学业成绩差异的主要原因。

(七)学校规章制度的作用

学校经认可的各种规章制度与管理制度等属于学校文化资本的制度化形态。Luiselli、Putnam 和 Handler(2005)认为，建立有效的纪律实践制度对确保学业成功和提供安全的学习环境至关重要。盛冰(2006)认为，好的学校制度在某种程度上能够降低家庭背景或出身不平等的重要性。薛海平和王蓉(2013)的调查显示，集体与个人绩效奖金均对学生成绩产生显著正效应，但集体绩效奖金的影响更大。赵德成和王璐环(2019)发现，学校治理结构影响学生成绩，且在中国四省

(市)和高分国家或经济体呈现不同模式。

(八)学校文化资本要素的综合作用

学校的具身化、制度化和客观化文化资本可能对个体学业成就发挥综合作用。这种综合作用可能表现为学校文化资本多个因素的共同作用，如 Usman(2012)的研究结果表明，良好的学习环境、良好的课堂秩序、良好的教师行为、正确的教学方法、良好的教师专业教育、较高的学习动机、较高的社会经济地位、良好的课程活动和较大的学校规模都能提高学生的学习成绩，缺乏沟通技巧、班级拥挤、家长的传统思维和选择性学习习惯、离家太远、学校资源匮乏等都会降低学生的学习成绩。还可能表现为学校文化资本多个因素的协同作用。一是交互效应。Lee 和 Barro(2001)的研究表明，更多的学校资源，尤其是班级规模较小的学校，但也可能更高的教师工资和更长的学制会提高教育成果。二是中介效应。Uline 和 Tschannen-Moran(2008)的研究证实了学校环境氛围在学校设施质量与学生成绩之间发挥中介作用。

三、家庭与学校文化资本对学生成就的交互作用

文化资本是在家庭中传播的，它按社会阶层和教育水平分布不均，并由父母传给子女(Sullivan，2001)，文化资本的传递对教育水平具有直接影响(Scherger & Savage，2010)。Jæger(2009)提出文化资本促进教育成功必须具备三个条件，即父母必须拥有文化资本，他们必须将他们的文化资本转移给孩子，且孩子必须吸收文化资本并将其转化为教育上的成功。家庭文化资本通过代际传承使得来自不同家庭的学生拥有不同的文化特性，而不同文化背景的学生形成一个文化差异化的学校群体，受到他们的信仰和习惯的影响，导致他们在某所学校内的学习习惯与学业成就水平也不同(Chiu & Chow，2010)。

家庭与学校文化资本在对学生成就的作用中具有一定的交互效应。不同家庭背景的学生，学校教育资源对其学业具有不同影响(Coleman，1966)，家庭背景与学校交互共同对学生知识素养产生作用(张文宏、韩钰，2018)。孙志军、刘泽云和孙百才(2009)研究发现，提高学校投入将会缩小因家庭背景差异所造成的儿童成绩差异，且这一关系在数学成绩上更为显著。Usman(2012)的研究发现，通过家长和老师的相互合作，可以克服学生的不足，提高他们的技能和能力，取得更好的效果。Zemková 和 Mentel(2013)的研究指出，每个孩子在接受教育的过程中，都会带来不同的家庭习惯，影响学生的学习成绩，也会产生不同的教师对待

学生的态度。家庭背景是影响儿童教育关系的主要因素，教师对学生的态度和行为形式也受到学生家庭声誉的强烈影响。

第三节　大学生人力资本对就业的作用

人力资本在劳动力市场具有直接“信号”作用，是大学生获取就业机会和进入某种职业的“敲门砖”。人力资本更高的个体在寻找新工作时既可以花费较少时间，又可以有更高的收入和职位(Rotkowski，2003)。现代职场以市场选择为主，高校就业实行的是求职者与用人单位的双向选择，人力资本的作用显得尤为重要(陈海平，2005)。大学生人力资本依然是影响大学生就业结果和就业质量的重要因素(岳昌君、杨中超，2012)，且人力资本不同维度对大学生就业风险也产生显著影响。

一、大学生显性人力资本对就业的作用

一般认为，以学业成绩、外语水平、获得各种奖励等为代表的大学生显性人力资本因素能够显著积极影响大学生就业，部分研究则认为某些人力资本要素并未显著影响大学生就业结果。具体表现在以下几个方面。

(一)学习成绩的作用

作为人力资本的重要表现形式，学习成绩是用人单位较重视的聘用指标，是大学毕业生顺利就业的前提条件(白玉芳，2014)。学习成绩是区分求职应届毕业生的重要信号，70%以上的雇主方更青睐于学习成绩优秀的求职者(樊文有、徐迅、石来德，2011)。有研究认为，以学习成绩较差为基准，成绩优秀和中等的大学生成功就业的概率更大(黄敬宝，2015)，学习成绩好促使大学毕业生能够获得劳动力市场上的良好投资回报(岳昌君、白一平，2018)。也有研究发现，专业学习成绩正向影响就业竞争力，但却并未表现出显著的促进作用(李正卫、傅剑、裘颖，2010)。钟云华(2011)发现，在毕业这个时点上，学习成绩的正向影响得不到体现。董克用(2014)通过对北京地区毕业生抽样调查结果指出，学习成绩均未显著影响总体就业率、初始就业收入和其他就业质量变量，但却显著影响男性大学毕业生的就业率，学习成绩好的男性大学毕业生就业率显著高于学习差的男性大学毕业生，因为普遍不如女生认真的男大学生取得较好的学习成绩则更能显示其优秀程度。

（二）外语水平的作用

英语等级等是能够充分反映大学生“通识素质”的指标（秦印，2017），因此，英语水平对就业机会比率的影响是显著的，且作用比较明显（刘家树，2008），对大学生初职薪资等级等客观就业质量也有显著正向影响（钟云华，2011）。袁建华（2016）证实，英语通过六级有利于就业，但黄敬宝（2012）则认为，过四级比过六级的影响力更大，不过英语六级对就业的积极影响逐步上升。显然，大学英语四、六级证书已由原本为测试语言的一种工具转化为取得学位、就业机会乃至某种社会身份的敲门砖，发挥着劳动力市场信号的筛选功能（樊文有、徐迅、石来德，2011）。相较于国有企业和事业单位，三资企业更看重求职者的外语能力。另外，获得英语四、六级证书的大学毕业生，其基层就业意愿会较为微弱（宋国恺、武天、李冬，2017）。董克用（2014）发现反映认知能力的外语水平对毕业生就业结果的预测能力影响显著。然而，陈丽萍和刘森林（2015）研究指出在影响单位类型、月薪的变量中，英语水平相对于其他人力资本对大学毕业生就业单位类型的选择和月薪的影响是次要的，英语过四级和六级并没有就业优势（黄敬宝，2015）。大学英语六级指标并不是一个很好的度量大学生技能资本的指标，作为知识资本的衡量指标也许更为合适（周春平，2014）。

（三）其他学习成就的作用

除了外语水平的作用，获得职业资格证书、计算机证书、双学位、发表论文、科研经历等其他学习成就方面在理论上也能够一定程度地显著影响大学生就业。专业资格证书是对专业水平实力的证明，可以作为就业和求职的凭证及从事特定专业的法定注册凭证（袁建华，2016）。毕业生拥有某种专业性资质认证则可向雇主表明他们专业能力上的优势以弥补工作经验上的不足，从而凸显优势（樊文有、徐迅、石来德，2011）。获得职业资格证书的大学生有很强的就业竞争力，对毕业生的就业有正面影响（白玉芳，2014；陈成文、汪希，2009），对工资的正向影响尤为显著（胡永远、邱丹，2011），也有研究发现，职业资格证书虽然对工资水平的影响不明显，但对求职结果却发挥很大的作用（孟大虎、苏丽锋、李璐，2012）。而董克用（2014）认为计算机证书对毕业生求职结果具有预测能力，对就业有显著的正向影响。拥有计算机等级证书，获得就业机会的概率将会增加（周春平，2014；黄敬宝，2010）。黄敬宝（2015）认为通过计算机二级和三级对承诺月薪有一定或很强正面影响；拥有其他证书对月薪有一定影响，对就业单位性质和地区有正面影响；发表论文没有正面影响大学生承诺月薪，但正面影响就业单位性质，对就业满意度有不显著的正面影响。袁建华(2016)指出，辅修其他专业可以大大提升毕业生国内或国际化企业的就业面。乔志宏等(2014)发现，拥有辅修或双学位经历的大学生的收入比没有这些经历的大学生更低。有科研经历的大学生对科研可能产生更多的兴趣而继续选择深造，也更可能具有考试申请中的优势。

(四)政治面貌的作用

由于中共党员的身份本身就是在校各方面表现优异的象征(刘小瑜、胡军刚，2008)，是不是中共党员已成为一些用人单位选拔人才的重要参考依据，大学生的就业质量与加入党组织呈正相关(黄敬宝，2012；袁建华，2016)。党员身份体现了良好的个性特征，且更符合雇主方的用人需求，明显有助于提高就业概率与初始工资(胡永远、邱丹，2011)。赵建国和王嘉箐(2017)对大连部分高校的调查发现，相对卓越的个人修养与人格品质帮助大学生党员在工作变动、晋升与职业发展中获得优势地位，职业前景和工作稳定性也更好。然而，陈成文和谭日辉(2004)发现，日趋增多的大学生党员数量，甚至假冒党员或干部，导致党员或干部身份在就业机会获得上的作用大打折扣。党员特征在很大程度上反映的并非大学生的综合能力，而是代表学习成绩与思想政治素质(周春平，2014)。张抗私和朱晨(2017)认为，政治面貌在大学生就业所有影响因素中的排名最低。政治面貌的限制主要在于政府或国有企业(宛恬伊，2005)，国有企业和事业单位相较三资企业更加看重学生的党员身份(樊文有、徐迅、石来德，2011)。陈丽萍和刘森林(2015)调查发现，相比非党员大学毕业生，党员毕业生在公有制单位中的就业比例和月薪更高。中共党员毕业生在党政机关的就业概率与平均月薪更高，所感知的就业满意度也更高(高耀，2011)。董克用(2014)发现，党员学生比非党员学生在“体制内”单位就业具有明显优势。但肖阳和边燕杰(2019)也指出，党员对外在匹配产生负面影响，即党员比非党员更可能进入外在不匹配的岗位中。

(五)学生获奖情况的作用

获得奖学金等各类荣誉证书或奖励在大学生就业中有显著意义。大学生获奖级别能显著预测毕业生毕业前获得单位录取通知数量(乔志宏等，2014)。奖学金是高校对学生学习成绩的综合评定和奖励(袁建华，2016)，企业在招聘时通常以学习成绩筛选竞聘者，作为能够充分反映大学生“通识素质”的指标，获得奖学金对大学生工作前景(陈成文、汪希，2009)以及初职薪资等级等客观就业质量有显著正向影响(秦印，2017；胡永远、邱丹，2011；黄敬宝，2015)，例如，获得奖学金正向影响了毕业生的求职起薪(汪卫平、叶忠，2015)，且它对毕业生求职结果的预测能力较强(董克用，2014)，积极影响也逐步上升(黄敬宝，2012)。但周春平(2014)认为，奖学金对大学生就业的影响不显著，知识资本积累并未显著提升大学生的就业能力。奖学金没体现出对大学生承诺月薪的正面影响(黄敬宝，2012)。同时刘家树(2008)指出，奖学金对就业机会比率具有反向作用。

(六)学生干部经历的作用

在就业过程中，大学毕业生很容易受到是否担任学生干部经历条件的限制(陈宏军、李传荣、陈洪安，2011)，学生干部这一人力资本因素积极影响就业(孟大虎、苏丽锋、李璐，2012)。有学生干部经历的毕业生较普通学生的就业概率更高(胡永远、邱丹，2011；袁建华，2016)。徐莉和郭砚君(2010)认为，学生干部经历与就业质量存在正相关关系，担任学生干部的学生可以获得更多社会资本以提升就业质量。该指标也显著正向影响毕业生就业地区选择，担任过学生干部的同学更倾向于选择在东部沿海城市、省会城市和地级市求职(汪卫平、叶忠，2015)。白玉芳(2014)发现，在校期间担任过学生干部的毕业生与未担任过任何职务的毕业生相比就业状况明显更好，更容易找到满意的工作(岳昌君，2013)并获得较高的收入(岳昌君、杨中超，2012)。另外，在校期间担任学生干部的层次越高，月收入越高(乔志宏等，2014)。由此可以看出，担任学生干部仍然是区别求职毕业生的重要信号(樊文有、徐迅、石来德，2011)，对就业概率的积极影响逐步上升(黄敬宝，2012)。但也有学者认为，学生干部经历对大学生就业满意度产生不显著的正面影响(黄敬宝，2015)，是否担任社团负责人对大学生获得期望工作没有显著影响(张文玉、蒋承，2017)。

(七)实习实践或兼职经历的作用

实习实践经历是雇主方用以甄别不同大学毕业生的重要信号(樊文有、徐迅、石来德，2011)。人力资本更高的大学毕业生入职后能更好地适应工作，且这种作用主要是由人力资本的实习维度所体现的(乔志宏等，2011)。社会实践经历逐渐成为影响大学生就业的重要因素(汪歙萍等，2007)。大学生的实践与协调能力是单位或企业所关注的重点，有过工作经历的求职者无论其能力如何，获得职业地位的机会会明显增加(宛恬伊，2005；钟云华，2011)，对毕业生求职结果具有较强的预测能力(董克用，2014)。参加社会实践活动对提高从业经验和公关交际能力有着重要作用(刘家树，2008)，参加过社会实践的大学生就业概率相对较高

(袁建华，2016)。同时，社会实践经验对就业竞争力有正向影响，但是作用并不十分显著(李正卫、傅剑、裘颖，2010)。在实习经历方面，有实习经历的大学生获得就业机会的概率增加(周春平，2014)，实习经历显著正向影响工资(胡永远、邱丹，2011)。但黄敬宝(2010)指出，实习经历对就业的积极影响逐步减弱，对综合素质的影响明显下降，对就业意愿的影响呈上升趋势(黄敬宝，2015)，对就业行为的影响下降，总体影响也是下降的(黄敬宝，2012)。也有研究表明，兼职经历对于大学生就业具有显著的正向影响(孟大虎、苏丽锋、李璐，2012)，在校期间有过兼职经历的同学去企业就业的概率更高，但对就业后的月薪和满意度的影响均不显著(高耀，2011)。

二、大学生隐性人力资本对就业的作用

除了外在表现出来、看得见的外显性人力资本外，某些无法直接观测价值或未完全公开表现的内隐性人力资本在大学生就业中也发挥着重要作用。

(一)道德品质素质的作用

政治面貌这一外在表现出来的显性人力资本指标反映了大学生道德品质素质的某些方面，但并非对包括道德修养、政治素养、吃苦耐劳、勤奋好学等个体品质特征所表现的道德品质素质的完整体现。德才兼备是大学生的标识，良好的道德修养、政治素养和个人品质是实现就业和职业成功的基础。几乎所有用人单位都偏好具有良好道德修养、政治素养和有责任心、进取心等品质的大学毕业生，这也是大学生就业中非认知能力的重要表现。有研究发现，非认知能力中，对于女性劳动者更为重要的是情绪稳定性与宜人性，而对男性劳动者影响更大的是尽责性(乐君杰、胡博文，2017)。富有责任心、努力和情绪稳定的劳动者能够获得更高的收入(王春超、张承莎，2019)。

(二)特殊文化技能或能力的作用

除了学习成绩、外语水平、计算机水平、获得职业资格证书等专业技能外，以音乐、书法、绘画、运动等文体特长形式所表现的特殊文化技能或能力也是大学生顺利实现就业或适应职业需求的重要参考因素。尽管大学生求职的核心竞争力依然是专业技能或非认知能力等，但随着社会经济的发展，大多数企事业单位更加注重文化建设，音乐、书法、绘画、运动等特殊文化技能或能力作为大学生综合素质的体现，成为用人单位评价与选聘求职者的重要加分项，也成为大学生尽快融入或适应职业环境文化的一种手段。正如刘永生(2016)的质性研究发现，

大学生优质就业以兴趣特长为重要前提，三所名牌大学的十位青年学子实现优质就业首先得益于他们根据自己的兴趣特长及早明确了求职方向。

(三)心理调适与承受能力的作用

大学生在承受挫折或抗压能力、环境或文化适应能力、自我调试与控制能力方面的优势对于降低和应对就业风险具有重要意义。传统人力资本往往忽略了非认知发展在大学生就业中的作用，然而，非认知发展在本科生群体中的解释力度比外语、计算机和专业知识等传统人力资本所关注的核心指标认知发展更强，自我意识、对抗压力和社会责任感等本科生非认知发展对其初职月薪发挥更重要与稳定的促进作用(朱红，张宇卿，2018)。适应能力是用人单位做出聘用决定时考虑的一个重要综合素质指标，大学生对劳动力市场就业环境适应能力或文化适应能力差将会增大就业风险率，也会减弱职业稳定性。也有研究发现，自我调适技能显著正向影响大学毕业生就业机会的获得，对自我调适技能的要求每提高一个等级，大学毕业生就业机会获得的可能性便扩大 1.438 倍，能就业的发生比率也会相应上升 43.8 %(陈成文、汪希，2009)。

(四)人际社交或沟通能力的作用

在大学生外在表现出的显性人力资本中，担任学生干部或在社团组织任职等在一定程度上体现了求职者的交际或沟通能力。但并非全部大学生在校期间均会主动参与学生干部选举或加入社团组织，部分大学生的交际或沟通能力并未完全公开表现出来。求职者的人际沟通能力与行为礼仪是雇主方对其甄别的最重要的三个因素之一，雇主方的雇佣决定不仅关注专业素质，更关注语言表达、社交活动、社会适应能力等综合素质(樊文有、徐迅、石来德，2011)。人际交往能力对大学生就业机会获得的相对影响力最大(陈成文、汪希，2009)，交际能力越强的大学生获得就业机会的可能性越大(周春平，2014)，人际关系也是影响女大学生就业质量的重要因素(张抗私、盈帅，2012)。而语言表达能力、发现解决问题与组织领导能力等则是以国家机关为代表的公共部门选拔人员时较重视考察的社会能力(张优良、刘腾飞，2016)。在大学生人力资本中，以交际能力和口头表达能力反映的能力资本能够有效地降低毕业生就业难度，交际能力强和口头表达能力强的大学生就业难度更小(宗晓武、周春平，2012)。

(五)工作与创新能力的作用

尽管以担任学生干部以及参与社会实践实习或兼职等形式所表现的显性人力资本在一定程度上体现了大学生的工作能力，但这些显性指标并未完全代表大学生的工作或创新能力。工作能力始终居于求职的主导地位，毕业生一致认为它对找寻工作最重要，这表明大学生在校期间的首要任务是加强培养自身能力，但这种工作能力能够以学习成绩或担任学生干部等表现出来尚待进一步研究(马莉萍、丁小浩，2010)。工作能力经验储备显著影响大学毕业生获得就业机会后的工作前景、工作条件与环境以及工作福利(陈成文、汪希，2009)，也是对女大学生就业质量产生影响的重要因素(张抗私、盈帅，2012)。陈成文和谭日辉(2004)指出，工作能力对大学生地位获得机会的影响是正向的，当工作能力上升一个等级时，大学生地位获得增长1.282倍。创新是企业竞争优势的来源，在新的人才标准中，创新能力被认为是求职者的理想能力。张优良和刘腾飞(2016)发现，创新能力的发展负向影响大学生进入公共部门就业的选择，却正向影响他们进入私营部门就业的选择。

第四节　文化资本与人力资本对大学生就业风险的综合作用

文化资本与人力资本双重驱动下的少数民族大学生就业风险综合作用系统是存在于一定的环境中，体现个人努力与家校建构等多元关系主体共同联动构成的有机整体。在文化资本与人力资本双重驱动框架下，少数民族大学生家庭代际传承、学校过程建构与个体后天努力对就业风险发挥着综合效应。

一、家庭文化资本——就业风险

家庭是文化资本代际传递的重要场域，也是个体社会化的重要实现场所，家庭教育通过文化资本的代际传承发挥教育的家庭建构意义，公有性与民族性家庭文化资本之间相互作用，在大学生就业中发挥重要作用。

(一)公有性家庭文化资本——就业风险

尽管就业风险受到多方面因素的影响，但家庭对与主流文化环境相适应的一般性或公有性文化资本的占有，通过代际传承效应对大学生就业观念或期望的建立及就业策略的选择等方面都可能发挥作用，而影响着他们的就业风险与成效。第一，以文化修养、品性、偏好、态度等表现的父母一般性具身化文化资本通过对家庭场域中的大学生子女潜移默化的浸染，来塑造他们在生活方式、行为模式、品位风格、思维决策等方面的差异，对就业结果和就业风险产生影响。第二，家庭提供的一般性客观化文化资本不仅让大学生继承了这些文化物品，还通过对文化物品的价值内化影响着大学生的兴趣或爱好等方面，这一过程也将对他们在劳动力市场上的就业选择和策略发挥重要作用，进而影响就业风险。第三，父母制度化公有性文化资本能够兑换成经济资本，往往也能够占有更多的社会资本，让大学生子女可能树立差异化的就业观念和就业期待，也在大学生子女就业参与方面具有更强的力度，能够为大学生子女就业提供更优质的平台，直接创造差异化的就业机会，同时，随着家庭中父母文化程度等制度化文化资本的提升，更能够通过家庭交流与大学生子女分享更为丰富的社会经验，影响子女就业策略的选择。这些都对就业风险将会产生重要影响。

（二）民族性家庭文化资本——就业风险

少数民族家庭处于族群环境中，在族群文化的熏陶下，家庭成员继承了族群文化资本中的各种要素，并随着社会变迁发展和族群内部变异等，逐渐内化吸收其他族群的文化资源、习性、价值观与行为模式等，形成了不同少数民族家庭所占有的差异化民族性文化资本，并在不同代际传承与演化，对少数民族大学生子女在不同场域中就业的风险产生影响。第一，家庭中父母的具身化文化资本通过对少数民族大学生子女在民族特色文化修养、品位、习性等方面的熏陶与传承，可能会影响着大学生子女对主流劳动力市场环境的融入性与适应性，对于少数民族大学生在不同文化劳动力市场就业产生差异化的影响。例如，具有较强民族特色文化风俗、宗教习性等的少数民族家庭大学生可能在家庭宗教或风俗习惯的传承下而不利于融入主流劳动力市场环境，这对于他们在主流劳动力市场就业产生消极影响，但对于在本民族文化相符的就业市场上却可能没有显著的负面效应。第二，家庭父母拥有的制度化民族性文化资本或提供的客观化的民族性文化资本，可能会让少数民族大学生对于本民族文化遗产或文化物品所蕴含的内在文化价值产生巨大兴趣，激发他们对民族性文化遗产或物品熟悉与熟练的共鸣，积极提升民族性文化遗产或文化物品的传承、使用并将其转化为符合当代市场发展需求的创业或就业模式的兴趣，影响着大学生就业风险。但这种制度化与客观化民族性文化资本所象征的文化品性与惯习又可能会不利于他们适应主流劳动力市场的职业，增加一定风险。可见，少数民族家庭的民族性文化资本只有与所处场域的主流文化相适应或匹配时，才能发挥或利用民族性文化资本的效用，否则，可能不仅无法发挥积极作用，反而可能会被主流社会所排斥，在少数民族大学生就业中产生负效应。

二、家庭文化资本——人力资本——就业风险

大学生人力资本是大学生个体投资通过教育过程获得的知识、素质、能力的综合，体现了大学生通过个人努力所具备的个体特质，人力资本的积累与储存产生了劳动力市场上的“信号”作用，从而直接作用于就业风险。而教育行为所形成的个人特质离不开家庭文化资本的传承与利用。

(一)公有性家庭文化资本——人力资本——就业风险

家庭中公有性文化资本的占有通常是普通家庭父母用以提升子女人力资本积累并实现就业成功的有效资源。拥有不同文化资本的家庭通过有意识地或潜移默化地促使大学生具有差异化的文化素养、惯习与习性，决定着他们在大学期间的选择与判断能力以及学习调节力等，影响他们对人力资本积累的态度、行为和效果，进而对就业风险产生影响。第一，家庭具身化公有性文化资本所代表的父母不同的文化习惯、文化氛围和教育理念，通过潜移默化的影响一定程度上塑造了大学生子女差异化的学习目标、动机和效果，对大学生知识学习、文化实践活动、人际关系的构建和大学生活过程都具有显著影响，在知识、素质和能力方面的积累上产生差异化的作用。第二，家庭提供的差异化客观化一般文化资本让大学生享受着不一样的客观文化条件，为他们的学习与文化实践活动创造不同的客观条件，对于他们学习知识、开阔视野和提升综合素质都有影响。第三，制度化文化资本更丰富的父母能够为大学生子女提供更多高等教育的信息资源和文化理解，促进他们应对面临的挑战和情感承受，且他们大多数更加关注子女的成长与发展，对大学生子女在教育方面的关注与投资更多，对子女的教育参与和学习动机激励等方面的力度和能力也更强一些，能够为子女创造更多的物质保障与精神支持，对于子女的学习兴趣培养和人力资本积累都更有帮助。

(二)民族性家庭文化资本——人力资本——就业风险

文化是遗传型的一种决定性补充，它朝着一个特定人的文化意义系统的方向塑造着人类心理社会的分化，因此，在不同的时代和社会，不同的民族所重视和促进的实践、智力、理想的发展成果方面产生了分歧(Nsamenang，2008)。少数民族家庭民族性文化资本的代际传承对于大学生融入与主流文化相适应的学校教育具有影响，它能否在学校教育中发挥优势效应取决于与主流文化的融合，只有与开放性的主流文化相融合，才能快速适应和融入学校主流文化环境中。一方面，民族性家庭文化资本可能不利于他们提升融入学校教育环境的积极主动性，

让他们在主流文化的学校教育中处于弱势，例如，具有民族性特色的宗教、风俗习惯以及对就业或生活中面临的民族偏见的预期等可能会阻碍少数民族大学生的学业努力或与汉族群体之间的社会交往，不利于其在大学主流文化环境中的人力资本积累。另一方面，也可能促进他们在综合素质或文化能力方面的提升。如少数民族家庭拥有的民族性文化物品以及父母对民族文化物品的熟悉与熟练能够促进大学生积累更多的文化特长，家庭民族文化活动的参与和民族文化的交流讨论能够丰富家庭文化生活和增强少数民族文化自信，而家庭对民族偏见的交流讨论也可以缓冲少数民族大学生在就业歧视上的影响，并促进他们更加努力来建立文化自尊，打消这种消极刻板印象，可能有利于促进人力资本的积累，在就业风险应对上产生一定积极影响。

三、大学文化资本——就业风险

大学作为高等教育阶段大学生学习与生活的主要场域，所建构和传递的文化资本促进了大学生就业观念、态度或能力等的建立，而这些可能转化为大学生对社会各个领域的未来就业取向与结果，可见，大学文化资本不仅仅作用于教育过程之中，也与体现个体特质的人力资本同样呈现于教育的结果之中。

(一)公有性大学文化资本——就业风险

大学教育除了传授未来职业所需的各种专业知识和帮助学生培养各种素质与能力，也将自身的文化资本内化于大学生个体，所灌输和传递的与主流社会文化相适应的一般性文化资本，预演了职业场所中的各种关系角色，能够促进大学生思维方式、行为习惯等的形成与建立，对少数民族大学生的就业选择与就业成败发挥作用。第一，体现大学精神与行为层面的公有性文化资本通过持久的价值理念与行为方式内在地对大学生就业风险产生影响。大学有何种价值理念与行为方式，就会形成何种文化判断力与选择力，大学的社会声誉、教学理念、师资关系、校风学风等方面影响大学生的价值观、文化惯习与态度等的形成，对于大学生就业选择与策略判断发挥作用，这是影响就业风险的重要因素。第二，大学为大学生所提供的软硬件设施等客观化一般性文化资本是大学教育所具有的影响力的客观表现，与大学人文环境与文化能力相伴随，通过对大学生的学习目标、动机和结果影响而作用于就业风险。第三，大学制度化公有性文化资本也是大学教育影响力的外部表现形态，这种教育影响力能够直接在就业市场形成品牌效应，成为影响大学生就业成败的直接因素，同时，大学经认证的各种制度规范对于引导大学生树立正确的择业观念和合理的自我定位，拓宽大学生就业渠道，适应劳动力市场环境以降低就业风险具有显著意义。

(二)民族性大学文化资本——就业风险

大学教育主要是建构和传递与主流社会文化环境相适应的文化资本，除了公有性文化资本，大学民族性文化资本的建构使得少数民族大学生能够更好地与全部大学生一起共享文化资源，融入主流文化环境，可能对少数民族大学生就业选择与判断产生影响，对就业风险发挥作用。无论是以大学的多元文化氛围、民族文化包容性、民族文化认同等价值理念与行为方式体现的具身化民族性大学文化资本，还是大学所提供的民族性资源设施和民族性文体活动等具有民族特色的客观化文化资本，抑或官方授权或认定的具有民族特色的制度化文化资本，都有助于激发和增进少数民族大学生对中华民族的民族情感，促进少数民族大学生与不同民族同学的交往交流，对于适应未来不同文化环境的劳动力市场具有重要作用，同时，也有助于帮助少数民族大学生客观认识与评价自身的文化适应力，为他们未来就业对地域或环境的选择提供判断依据，这对于规避或降低就业风险也必定发挥作用。

四、大学文化资本——人力资本——就业风险

高等教育在大学生的成长与发展中始终发挥着重要作用，少数民族大学生人力资本差异与家庭文化资本密切相关，也与大学文化资本及其在大学生中的内化不可分离。除了家庭代际传承与个体后天努力的作用，学校过程建构通过文化资本及其价值内化在少数民族大学生就业风险中也发挥着一定间接作用。

(一)公有性大学文化资本——人力资本——就业风险

大学是不同民族大学生学习的主要场域，不同大学具有不同的文化能力、文化产品和文化体制，所培养的大学毕业生也必然受到所在学校文化的熏陶带有大学文化资本的印记。大学生个体特质差异并非家庭背景所形成的天然不平等，学校教育也是克服一定不利因素、实现公平机会的有效手段。占有更多公有性文化资本的大学在一般性或主流性文化能力、文化产品和文化体制方面的优势能够为大学生创造更优质的学习体验，对于促进大学生在知识、素质与能力的提升上具有显著意义。第一，大学具有的一般性具身化文化资本以及大学良好的社会声誉、校风学风、师生关系和文化氛围等，培养了学生良好的道德品质、知识素质和开拓创新精神等。第二，大学为大学生提供一般性客观文化产品，为大学生的

学习与生活创造良好的客观条件，并指导大学生个体如何利用这些客观条件来增加自身的人力资本存量。第三，大学经过认定的品牌“头衔”和学科质量等级所体现的教学理念与教育教学水平及各种经过认证的制度规范，可以为大学生学习创造良好的制度条件，促进大学生学习与思考的积极主动性，提升他们的知识、素质与能力，这些都是影响未来就业成败的重要因素。大学教育不仅为大学生学习知识和掌握技能创造受教育的条件，还通过建构与主流社会相适应的文化资本，推动大学生适应主流文化环境，促进大学生个体特质的获得，发挥学校在教育中的作用。

(二)民族性大学文化资本——人力资本——就业风险

家庭传承的文化资本在一定程度上影响着少数民族大学生进入大学之后与大学文化的适应性，而大学所传递的民族性文化资本对于少数民族大学生个体能否快速适应大学主流文化环境，进而积极努力应对大学期间的学业学习，促进人力资本积累和就业具有重要意义。大学文化资本也表现了一种权力关系，有助于厘清大学文化体系中所存在的各种关系，在尊重不同文化价值的基础上，促进多元文化的形成。无论是大学所传递的多元文化氛围、对不同民族文化的包容性、民族文化认同等表现形式的具身化民族性文化资本，还是大学所提供的民族性资源设施或民族性文体活动等形式的客观化民族性文化资本，抑或具有民族特色的制度规章和管理制度等形式的制度化民族性文化资本，都能够增强少数民族大学生对大学的归属感，让少数民族大学生感受到被他们所在的大学所接受，这是促进少数民族大学生学习的外部动机，也是促进少数民族大学生主动融入或接受主流文化的外部动机，有助于激发少数民族大学生的知识学习效果和文化适应、人际沟通、心理承受等能力素质的培养效果，进而规避或降低未来可能的就业风险。

系统是由具有特定功能的、相互有机联系的多个要素所构成的整体(霍绍周，1988)。在大学生就业风险的作用系统中，家庭文化资本的传承利用、大学文化资本的建构内化及大学生个体人力资本的积累运用都不是简单的生理反射或者是独立的操作过程，反而可能是大学生与各种因素间所产生的互动及其复杂运动。与此同时，少数民族大学生生活于社会大环境之中，思想观念、文化意识等都会受到社会环境因素的影响，而存在于系统中的大学生就业过程的参与主体——家庭、大学及社会其他主体也都能感受来自社会环境层面的随机干扰，形成运动演化。以少数民族大学生为样本的文化资本与人力资本双重驱动下的就业风险作用如图 3-1 所示。

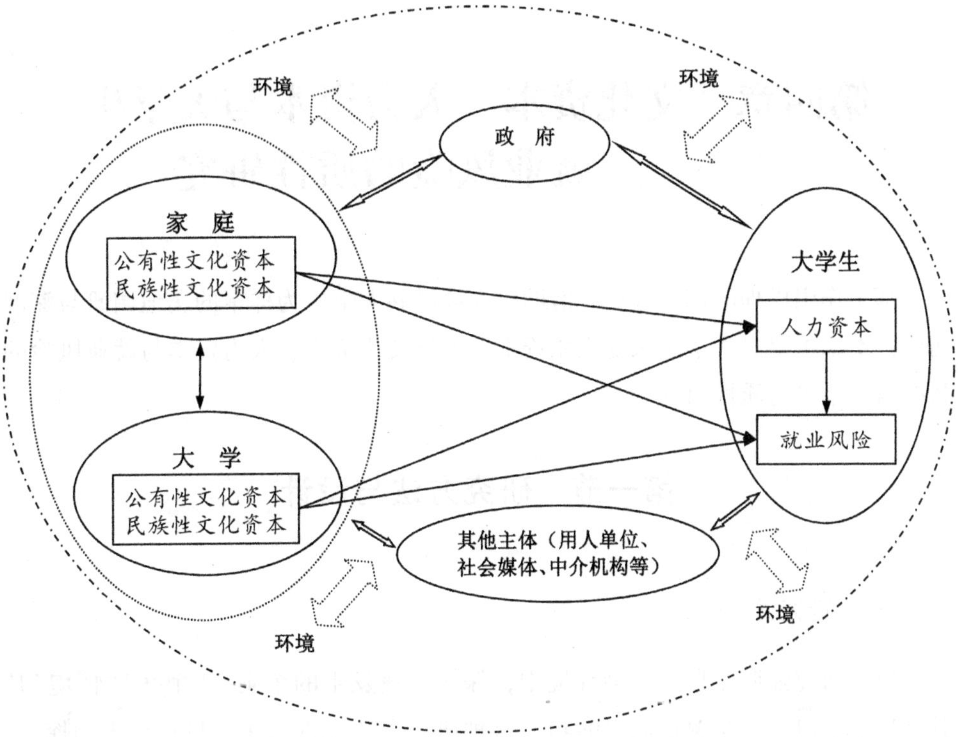

图 3-1　文化资本与人力资本双重驱动下的就业风险综合作用系统图

第四章　文化资本、人力资本与大学生就业风险的质性研究

基于作用机理的理论分析，借助以少数民族大学生为样本的实地调研与深度访谈，本章主要对大学生家庭文化资本、大学文化资本、人力资本与就业风险的状况与关系进行质性研究。

第一节　研究方法与设计

一、研究方法

质性研究强调在自然社会环境中，深入考察发生的个案，“个案”“情境”是其常用术语(Davis & Marsh，1994)。这种研究方法允许对主题进行更大的探索，而不是简单地验证现有数据(Krathwohl，1998)。正如 Creswell(2013)所说的，“进行定性研究是因为我们需要对这个问题有一个复杂、详细的了解。这个细节只能通过直接与人交谈，去他们的家或工作的地方，让他们不受我们期望发现所阻碍的讲故事”①。因此，在对相关研究问题进行量化研究前，采用质性研究集中深入地选择较小样本进行研究。为了让后续的调查研究更有说服力与真实性，采用质性取向的个案研究，以实地调研与深度访谈法为主要资料来源，对问题与现象进行深入的整体性探究。

二、访谈提纲与资料收集

本章旨在揭示大学毕业生家庭与大学文化资本、人力资本与就业的基本状况

① Clucas R S. A Case Study of the After-School Programs at Tomorrow's Aeronautical Museum and the Development of Embodied Cultural Capital[D]. Claremont Graduate University, 2015：33-34.

及其关系。访谈选取部分少数民族大学毕业生为样本围绕该问题展开，共分为五个主要部分：第一部分是被访谈的少数民族大学生基本情况，如民族、籍贯、学历、专业等个体特征及家庭背景情况等；第二部分是被访谈的少数民族大学生家庭文化资本情况，具体设计了包括15个方面问题的访谈提纲；第三部分是被访谈的少数民族大学生大学文化资本情况，访谈提纲主要包括14个方面的问题；第四部分是被访谈的少数民族大学生人力资本情况，访谈提纲主要包括6个方面的问题；第五个部分是被访谈的少数民族大学生就业情况，访谈提纲主要包括7个方面的问题。

访谈采用半结构化访谈，选取13名少数民族大学毕业生进行有针对性的访谈，这些被访者在参与访谈时均已实现就业①。在重点对中×民族大学进行田野调查的基础上②，进一步辐射选择其他院校的学生作为访谈对象，参与者包括来自不同生源地的部分民族和专业的少数民族毕业生，以期代表更广泛的少数民族毕业生群体。通过结合本研究目的设计访谈提纲并进行非正式访谈来获取信息，但在访谈时并不局限于访谈提纲，而是根据实际情况灵活地进行必要的调整。这种方法允许在提出问题的顺序以及允许修改和后续问题上有更大的灵活性，有助于确保获得必要的信息，并允许研究人员处理意想不到的新兴主题（Museus，2007）。由于访谈参与者分布于不同地区的高校，访谈是以线上访谈与线下访谈相结合的方式进行的，并被适当记录与储存，以便于对参与者个案情况的深度描述与解释分析。

三、访谈对象的基本特征

出于保密原则，根据访谈时间在研究中对每位访谈对象采用数字编号予以反映，访谈对象的基本信息如表4-1所示。

① 为了便于完整分析毕业生就业风险状况及家庭、大学文化资本与人力资本对就业风险的作用，此处的访谈主要选择大学毕业时或毕业之后已实现求职就业的少数民族大学毕业生作为样本对象。

② 考虑到对被访谈对象所涉及高校信息与资料的保密性，书中全部隐去了被访谈对象来源高校的部分信息，未使用全名。

表 4-1 访谈对象基本信息表

访谈对象	民族	学历	就读大学	家庭所在地	家庭经济状况
1 号	回族	本科	中×民族大学	宁夏泾源	一般
2 号	回族	本科	××财经大学	湖北宜城	小康
3 号	蒙古族	本科	西×民族大学	新疆焉耆	一般
4 号	苗族	本科	西×民族大学	青海西宁	小康
5 号	撒拉族	本科	中×民族大学	青海化隆	一般
6 号	土家族	本科	中×民族大学	湖北利川	小康
7 号	壮族	本科	××电子科技大学	广西桂林	一般
8 号	土家族	大专	××工程职业技术学院	湖北恩施	一般
9 号	回族	大专	××医学高等专科学校	河南民权	一般
10 号	藏族	本科	××大学	西藏贡嘎	一般
11 号	苗族	本科	××师范学院	江苏盐城	良好
12 号	畲族	本科	中×民族大学	浙江景宁	一般
13 号	藏族	本科	中×民族大学	甘肃天祝	一般

第二节 访谈内容分析

一、访谈对象的家庭文化资本状况

基于理论分析，结合少数民族大学生及其家庭所表现出来的一般性与民族性文化特点，从这两个层面分析访谈对象的公有性与民族性家庭文化资本状况。

(一) 公有性家庭文化资本状况

结合公有性家庭文化资本维度的理论分析，从具身化、客观化和制度化三种形态分析访谈对象的公有性家庭文化资本基本状况。

1. 具身化公有性家庭文化资本状况

被访谈对象中，部分少数民族家庭文化能力偏低，主要体现在父母没有阅读习惯、文化修养较低，家庭教养方式主要是提供金钱和精神上的支持，亲身参与度不高、亲子交流沟通虽然不少但更多地停留于生活层面，很多父母对于孩子在学校的学习与活动方面都不太了解，父母对子女的教育期待也普遍不高，更多地希望子女能够选择公务员等稳定的职业。例如，访谈对象 1 号、12 号提到由于父母是个体工商户，平常比较忙，很少看书看报或进行其他阅读，也很少会参与其他文化活动或旅游活动等，且上大学之后对自己的学习过问较少。5 号、8 号、12 号都说到父母几乎不会有参观博物馆等文化活动，自己的家庭氛围比较严肃，父母鲜少与自己进行学习生活的沟通，只会偶尔问问交没交男女朋友之类的问题。而访谈对象 2 号、3 号、9 号、10 号在访谈中都共同提到父母比较关心其学习情况，但在完成学业的过程中更多的是其自己做决定，父母一直非常支持并鼓励自己，对自己的成绩要求并不是很严格，只希望在毕业后能找一个离家近并且稳定的工作。但也有一部分访谈对象反映家庭文化能力较好，访谈对象 4 号、6 号、7 号的父母体现了家庭教育中较高的父母参与度，6 号的父母有偶尔阅读的习惯，也会鼓励其多看书，父母和哥哥经常与其沟通交流学习生活以及人际交往上的问题并为之提出建议，在其读大学期间也非常支持其更多地参与各种比赛和活动，也会直接帮忙收集比赛资料，鼓励他在假期进行一些工作实习增加实务经验以开阔眼界；访谈对象 4 号、7 号、11 号、13 号也都提到了家庭氛围很和谐，自己会和父母谈心聊一些学习生活上的话题，也会和父母一起去参加一些高雅文化活动，父母很关心其学习和就业，从经济和精神上支持其参加课外学习和社团活动，上学期间也会帮他们报名课外补习班，报考公务员时也会主动提供经济支持为其报名公务员考试辅导班，对其有着较高的教育期待。

2. 客观化公有性家庭文化资本状况

被访谈对象中，大部分少数民族家庭里一般性文化物品种类较少，部分家庭虽然拥有一些书籍或其他文化物品，但基本上父母使用的频率不高。例如，有 7 名被访对象直接说家里基本没有藏书，文化物品也很少，父母平时不爱看书，也一般不会看书。访谈对象 1 号、5 号提到家里虽有一些书籍，但大多数是自己和兄弟姐妹在初高中时期购买的名著、漫画等课外书籍，还有 ipad 等学习工具也是上大学期间自己购买的，父母很少阅读。访谈对象 2 号说家里只有一些简单的杂志，别的藏书不多，家里人也不是很爱看书。6 号提到家里存有一些书籍，父母会翻阅。7 号提到家中有部分计算机类、文学类、绘画类的图书，父母偶尔读书看报，一般会看一些文学类的书籍。少部分少数民族家庭拥有较多书籍，但其他文化物品依然较少。例如，访谈对象 11 号提到家中名著较多，父亲会阅读新闻小说，母亲一般阅读教辅用书，但除了书籍，家里基本上没有其他文化物品了。13

号也提到家中虽然藏书众多，有名著、法律、医学和民族文化等种类方面的书籍，父母平常也喜欢阅读，但其他文化物品仅有字画，且父母平常也不会关注。

3. 制度化公有性家庭文化资本状况

被访谈对象中，大部分少数民族家庭父母文化程度偏低，且许多家庭父母为农民或个体职业者，职业阶层也偏低①。访谈对象父母受教育程度与职业状况信息见表 4-2 所示。表 4-2 中显示，被访者父母仅有 13 号的父亲拥有本科学历，3 号的父亲和 4 号的父母亲均为大专学历，其余访谈对象父母基本都是中等教育及以下文化程度，且还有几乎半数访谈对象的父母是小学及以下学历文化程度。而从职业状况上看，有三个家庭父母均为个体工商户，有四个家庭父母均在家务农，还有三个家庭父母全部或其中一人无固定工作，这些职业状况已超过了被访人数的一半。例如，访谈对象 5 号、8 号、10 号的父母双方均为小学及以下文化程度，主要工作也多为务农。

表 4-2 访谈对象父母文化程度与职业状况表

访谈对象	民族	父母文化程度(父/母)	父母职业状况(父/母)
1 号	回族	高中/初中	个体工商户
2 号	回族	高中/高中	民企员工/公务员
3 号	蒙古族	大专/高中	兽医/无工作
4 号	苗族	大专/大专	工程师/民企员工
5 号	撒拉族	小学及以下	无固定工作
6 号	土家族	高中/高中	个体工商户
7 号	壮族	高中/高中	务农
8 号	土家族	小学/小学	务农
9 号	回族	初中/小学	务农
10 号	藏族	小学	务农

① 虽然有些文化资本的相关研究中将父母职业也作为家庭文化资本的衡量指标之一，但在许多研究中，家庭中父母职业阶层通常被视为社会资本变量的衡量指标，因此本文在理论分析中并未将父母职业阶层视为家庭文化资本制度化形态的衡量指标，但由于该指标往往与父母文化程度或教育程度指标具有关联性，故而此处在分析制度化形态的家庭文化资本时依然结合父母职业状况进行了分析。

续表

访谈对象	民族	父母文化程度(父/母)	父母职业状况(父/母)
11 号	苗族	大专/本科	教师
12 号	畲族	小学	个体工商户
13 号	藏族	本科/小学以下	公务员/无工作

在汉语水平或能力上，除了一些少数民族聚居地和自治地区的家庭平时使用本民族语言交流，父母汉语水平一般以外，大部分少数民族家庭父母的汉语语言水平良好，家庭日常均能够熟练使用汉语交流。例如，访谈对象 5 号的父母在家均使用撒拉语交流，只能用汉语进行简单交流。10 号的父母在家均使用藏语交流，汉语水平较弱。3 号的父母在家均使用蒙古语交流，但汉语水平也良好。13 号家庭在家中也使用藏语交流，但父母汉语水平良好，在工作中依然采用汉语交流。而其余几位访谈对象则家庭里都能熟练使用汉语交流，语言的民族性不强。

(二)民族性家庭文化资本状况

根据民族性家庭文化资本的理论维度，由于被访谈的少数民族毕业生中，父母基本上没有拥有如少数民族非物质文化遗产传承人等经资格认证的民族特色证书，因此，此处主要从具身化和客观化两种形态分析访谈对象的民族性家庭文化资本基本状况。

1. 具身化民族性家庭文化资本状况

被访谈对象中，大部分家庭父母很少参与本民族文化活动和宗教活动，也很少涉及本民族文化的交流，基本上所有的少数民族家庭都表现出很强的民族包容性，大部分父母也没有对子女在学习或就业过程中会受到民族偏见而产生担忧，同时，除了个别民族惯习比较强的家庭外，大部分的少数民族家庭民族观念不太强。例如，访谈对象 5 号的父母会每天做礼拜，父母和哥哥都会诵读古兰经。访谈对象 13 号提到父亲为公职人员是不允许参加宗教活动的，但也会与父母一起参加某些重大节日的文化活动。3 号的父母和其本人也都热爱文艺活动，经常参加社区和学校组织的一些民族文艺活动。13 号还提到父母一般会在家谈论一些藏族的历史文化和习俗，但一般不会讨论其他民族的文化习俗之类的话题。而 11 号、12 号也均提到家庭中偶尔会谈论本民族的历史文化、风土人情或民族遗产，11 号谈到主要是母亲会和她进行相关交流，而且父母也会和她讨论可能会遇到民族偏见的问题，父母担心她在外地不易就业。1 号也提到父母和她交流过就业方面可能会遇到的民族偏见方面的问题。除此之外，其他访谈对象在访谈中均表示家里很少涉及本民族文化的交流，也都不参加宗教活动和本民族的文化活动，也不会担心在生活中会受到民族偏见。

2. 客观化民族性家庭文化资本状况

被访谈对象中，大部分少数民族家庭基本上没有民族性的家庭文化物品，如民族特有的乐器、工艺品等，且大多数家庭父母并不能熟练使用这些民族性文化物品，这可能是由于大多数访谈对象的家庭居住地属于汉族聚集地，很多生活习惯和文化语言均不具有明显的民族性，只有一些少数民族聚居地和自治区的家庭保留有少量的本民族文化物品。例如，访谈对象 3 号的家里存有蒙古族的特色乐器马头琴，父母能够进行马头琴演奏，也会偶尔拿出来演奏；5 号家庭中的书籍大多为宗教类书籍，父母和哥哥都会诵读经书；13 号家庭中拥有本民族的艺术品唐卡，虽然该生本人能够绘制唐卡，但父母不能绘制。此外，除有个别民族如饮食习惯等的民族性需要额外注意外，其余几位访谈对象的家庭则并未拥有民族性的文化物品。

二、访谈对象的大学文化资本状况

尽管不同大学表现出不同的文化资本，但大学生作为大学文化资本的受众群体，同一所大学的不同大学生对文化资本的感知也可能存在差异，对大学文化资本状况的分析既考虑不同大学文化资本客观状况，也考虑不同大学生对大学文化资本的感知状况。

（一）公有性大学文化资本状况

基于理论维度分析，从具身化、客观化和制度化三种形态分析访谈对象的公有性大学文化资本基本状况。这三种形态的公有性大学文化资本基本状况分别如表 4-3、表 4-4 和表 4-5 所示。

1. 具身化公有性大学文化资本状况

表 4-3 中显示，被访谈对象所就读的八所大学的建校历史均在 60 年以上，较为悠久。而访谈对象感知的学校社会声誉、校风学风、师生关系、文化认同等方面也存在一定差异。例如，来自同一所高校的访谈对象 1 号、5 号、6 号、12 号、13 号对学校声誉感知存在差异，1 号觉得学校社会声誉一般，其余同学则觉得学校声誉良好。对教师教学能力的感知上也是如此。他们均指出自己学校师生关系融洽或较好，自己也会和老师经常交流，主要是学业方面的交流，也会交流

部分生活方面的事情。且学校学风校风较好，浓厚的学习氛围对学习有促进作用。而其中6号则指出学风和校风有待优化，在学业和就业方面要更加积极。从3号和4号的访谈中了解到，学校教师教学能力很好，学生与老师的关系很好，老师平时比较关心学生的学习与生活，学生也经常会在课后与老师交流，学风校风较好，文化氛围浓厚，自己的人生观和价值观也会受到这种文化氛围的影响。访谈对象2号、7号、10号、11号也认为就读的高校师生关系融洽、学风校风较好、教师教学能力较好，7号提到课后有时候会和老师交流，主要是交流一些实验课上的操作问题，老师也会激励他们将更多的课余时间放在学习上，也鼓励多多参加与就业有关的讲座等。10号提到老师会关心自己的日常生活，学校管理不会特别严，但也不会不管，这样的环境让他更自律、更轻松。访谈对象11号提到会和老师交流一些课程上的问题，同学们学习都很努力。8号、9号均认为所就读高校教师教学能力一般，8号谈到在学校一般不与老师交流，9号认为学校师生关系挺融洽的，但由于自己的性格原因一般不会主动与老师交流，而学校的学风和校风都挺好，在这种环境下学习没有什么压力，挺轻松自在的。通过访谈还发现，所有访谈对象对所就读高校具有较好的文化认同感，基本认为自己的大学生活愉快，通过大学学习增长了知识、提升了技能或能力和收获了友情，能够获得较好的个人成就感和社会肯定。

表4-3　访谈对象就读大学的具身化公有性大学文化资本状况表

访谈对象	学校	建校时间	社会声誉	校风学风	教师教学能力	师生关系	大学文化认同
1号	中×民族大学	1951	一般	较好	一般	比较好	大学让我无论在人际交往还是社会实践方面收获都挺大
5号			良好	较好	挺好	融洽	大学生活愉快，在学习和友情上有一定收获
6号			良好	有待优化	良好	良好	大学生活愉快，锻炼了自己的实践能力
12号			良好	很好	很好	很和谐	大学生活愉快、收获了知识与友谊
13号			良好	良好	非常好	良好	大学生活愉快，收获了专业知识、解决问题的能力

续表

访谈对象	学校	建校时间	社会声誉	校风学风	教师教学能力	师生关系	大学文化认同
2号	××财经大学	1951	一般	较好	较好	融洽	大学在知识，人际交往上都有较大收获　锻炼了自己的人际交往的能力
3号	西×民族大学	1951	良好	良好	很好	融洽	大学生活愉快，让我收获了友情
4号			良好	较好	很好	很好	大学让友情、人生观和价值观都有较大变化
7号	××电子科技大学	1960	一般	较好	优越	较和谐	大学学会和不同性格、不同生活习惯的人相处，也掌握一些专业技能
8号	××工程职业技术学院	1959	一般	一般	一般	融洽	大学生活愉快，让胆量变大、性格开朗了
9号	××医学高等专科学校	1921	一般	挺好	一般，个别老师教学挺好	比较融洽	大学生活挺愉快的，收获了丰富的理论知识和很多知心的同学
10号	××大学	1950	良好	良好	较好	很好	大学生活愉快，收获了很多好朋友，也让自己更自律了
11号	××师范学院	1958	一般	很好	较好	较好	大学期间生活愉快，收获了很多朋友和良好的课业成绩

2. 客观化公有性大学文化资本状况

表4-4的统计资料显示，访谈对象所就读的大学中，除两所高职高专院校外，其余八所本科院校校区占地面积均在1500亩以上，且一所专科院校新校区占地面积也有千亩。大部分访谈对象所感知的校园文化环境也较好，他们都提到自己学校校园环境优美，整体布局合理，但同一所大学就读的大学生对大学校园环境表现出不一样的感知。例如，访谈对象1号、5号、6号、12号和13号就读

表 4-4　访谈对象就读大学的客观化公有性大学文化资本状况表

<table>
<tr><th rowspan="2">访谈对象</th><th rowspan="2">学校</th><th colspan="2">校园文化环境</th><th colspan="2">文化基础设施与设备</th><th colspan="2">藏书等文化软资源</th><th rowspan="2">文体活动</th><th rowspan="2">科研或教育成果</th></tr>
<tr><th>基本状况</th><th>个体感知</th><th>基本状况</th><th>个体感知</th><th>基本状况</th><th>个体感知</th></tr>
<tr><td>1号</td><td rowspan="5">中×民族大学</td><td rowspan="5">学校占地1550余亩，校舍面积100万余平米。校园内绿树成荫、花香四季，具有浓郁民族特色的现代建筑鳞次栉比，湖光山色与人文景观交相辉映，构成了教学、科研和生活的优美环境</td><td>学校环境非常好</td><td rowspan="5">教学楼、实验楼、行政楼配备完善；图书馆、体育馆、美术馆、博物馆、运动场馆、校医院等设施齐全</td><td>教学设施条件非常完善</td><td rowspan="5">截至2018年年底，图书馆馆藏总量已达940万余册，其中电子图书631万余册，纸本图书239万余册。2017年，建设了RFID智能图书馆管理系统</td><td>藏书比较丰富</td><td>学校各种文体活动比较多</td><td rowspan="5">“十三五”期间，获国家级科研项目291项，其中重大重点项目36项；发表CSSCI期刊论文761篇，其中在《中国社会科学》等权威期刊发表论文131篇；发表SCI期刊论文1373篇，其中一区论文279篇；出版高水平学术专著245部，获批授权发明专利271项，获省部级科研奖励123项；制定中药材艾叶国际标准1项；湖北全面小康建设研究院入选2017年度中国核心智库，建成“国家级科技企业孵化器”、国家级“互联网+中华文明”全国示范基地</td></tr>
<tr><td>5号</td><td>学校较小、环境好，布局不好</td><td>教学设施条件较好</td><td>图书馆藏书种类丰富，会经常借阅</td><td>每年四月份会举行民大节</td></tr>
<tr><td>6号</td><td>环境优美，布局一般</td><td>教学楼宽敞且数量多，室内多媒体教学设备齐全</td><td>图书馆藏书或其他教学资源多，各个专业方面都有，但更新速度一般；个人使用频率不高；专业设置不一样会有区别，一般在实验课上使用的频率更高</td><td>运动会、歌舞比赛等</td></tr>
<tr><td>12号</td><td>校园环境很好，布局很不错</td><td>教学基础设施较好，教学楼、宿舍楼、图书馆、游泳馆都有，内部配置较好</td><td>图书馆藏书或电子资源、教学工具、实验器械等很多，涵盖各个方面，更新速度快，个人会利用这些资源，教师也会用于教学</td><td>迎新晚会、各种活动</td></tr>
<tr><td>13号</td><td>校园环境优美，布局很好</td><td>教学条件和内部配置非常好，有教学楼、实验楼等</td><td>图书馆藏书或电子资源、教学工具、实验器械等非常多，更新速度快；教师上课经常利用；个人也会经常利用</td><td>民大节、民族舞蹈大赛等</td></tr>
</table>

续表

访谈对象	学校	校园文化环境		文化基础设施与设备		藏书等文化软资源		文体活动	科研或教育成果
		基本状况	个体感知	基本状况	个体感知	基本状况	个体感知		
2号	××财经大学	学校设有两个校区，共占地1821.73亩	校园布局很好	—	有图书馆、体育场、游泳馆；教学楼和实验室配备计算机；有专业教学专用教室	现有藏书204万余册、电子图书193万余种	图书馆藏书或各类教学资源多，但个人所学专业没有较多利用实验器械的机会	篮球赛、网球赛、运动会等以及各类知识竞赛	“十三五”以来，获国家级课题立项133项，省部级课题163项，出版著作及教材466余部，公开发表学术论文3319篇，获省部级以上奖励71项；现有各类科研平台26个
3号	西×民族大学	学校总占地面积约3000亩；共三个校区；校舍建筑面积113.6万平方米	校园环境非常好，布局非常好	教学楼、实验楼、行政楼、图书馆、体育馆、民族博物馆、足球场、网球场等运动场馆、校医院等设施配备齐全；拥有极富特色的民族博物馆和全国高校规模最大的藏学文献馆、世界上规模最大的彝学文献馆。	教学条件很好，内部配置非常好	馆藏图书资料1100余万册(含电子文献)，教学科研仪器设备总值5.49亿元，校园数字化建设成效显著	图书馆藏书或其他教学、实验器械资源等非常多，但不清楚更新速度	文艺晚会、舞蹈比赛、篮球赛、运动会	2000年以来承担国家级科研项目550余项，省部级科研项目1620余项，出版学术著作1200余部，获国家科技进步奖1项、省部级科研成果奖480余项
4号			校园环境非常舒适，还获得了中国人居环境范例奖，具体布局也很喜欢		教学条件很好，黑板有电子板屏幕，有投影；教室内部配置非常好		图书馆藏书或其他学习资源等非常多；老师上课会经常利用这些教学工具或实验器械，个人会利用，但不经常使用	运动会、民族舞蹈大赛	
7号	××电子科技大学	共四个校区，总占地面积约4153亩	校内绿树成荫、风景优美；学校教学楼集中，食堂和宿舍距离较近，布局挺好	学校图书馆建筑面积4.5万余平方米。	教学条件一般，学校有区级实验室，教学楼和实验室2006年建设的，有多种实验仪器和教学设施，可以满足日常教学和科研使用	图书馆现有纸质图书219万余册，电子图书282万余种，数据库90余个，中外文期刊(含纸质、电子)39000余种。具有先进的网络信息平台和智慧校园平台	图书馆资料丰富，可以满足多种需求，电子纸质都有，更新速度快，我会经常使用图书馆的资料，老师也会使用。	运动会、篮球赛等体育项目	近五年，新增国家级科研项目327项；发表SCI、EI收录论文2000余篇，出版学术著作150余部，获得省部级科研成果奖励96项

续表

访谈对象	学校	校园文化环境		文化基础设施与设备		藏书等文化软资源		文体活动	科研或教育成果
		基本状况	个体感知	基本状况	个体感知	基本状况	个体感知		
8号	××工程职业技术学院	占地面积约540亩；2021年形成了“一校两区”办学格局	个人感觉校园绿化很好	图书馆馆舍面积近10000平方米，座位数1000余个。	教学设施资源该有的都有，学习、生活、娱乐场地都有	图书馆馆藏纸质图书近41万册，馆藏纸质期刊450余种	图书馆藏书或电子资源、教学工具、实验器械多，但更新慢；个人会使用自己专业实验器械	运动会	—
9号	××医学高等专科学校	学校新校区占地面积千亩，建筑面积近30万平方米	个人感觉布局挺合理	建有7个实训中心；建有千兆校园网、远程教育网站、多媒体教学评估系统、图书自动化管理系统、电子阅览室、计算机室等设施；拥有4所集医疗、教学、科研于一体的附属医院	所就读的大学是新校区，学校刚建好，内部配置和基础设施在逐步完善；教学条件很好，各种教学工具配套齐全，实验用具也都是最新的	图书馆藏书94.5万册，中外期刊近千种；教学科研仪器设备总值1.8亿元	教学工具和实验器械挺多，医学生上课经常会用到	篮球赛、护士节、运动会	近年来，发表论文1507篇，被SCI、EI、ISTP收录论文61篇，参编教育部、卫生部规划教材593部，其中主编117部。承担市厅级以上科研项目452项，其中国家自科基金项目4项；获市厅级以上科研成果奖434项，其中获中华医学科技进步二等奖1项，中华预防医学会科技进步三等奖1项，河南省科技进步一等奖3项、二等奖4项、三等奖3项；国家专利25项

续表

访谈对象	学校	校园文化环境		文化基础设施与设备		藏书等文化软资源		文体活动	科研或教育成果
		基本状况	个体感知	基本状况	个体感知	基本状况	个体感知		
10号	××大学	学校校园占地面积4742亩，校舍建筑面积107.8万平方米	校园环境很美观，布局很好	固定资产24.25亿元；教学科研仪器设备总值7.9亿元；建有体育馆、综合训练馆、游泳馆和足球、网球等场地，各类体育运动场馆设施齐全	教学条件较好	图书馆纸质藏书430万册，期刊1581种，全文电子图书147万册，各类中外文数据库60个	藏书多且种类丰富，但个人不经常去图书馆	篮球赛、运动会	近三年来，学校共主持承担各级各类科研项目2246项，其中，国家自科基金项目120项，并在优秀青年科学基金项目和重点项目获得零突破；国家社科基金项目和教育部重大课题攻关项目12项；国家科技重大专项、国家重点研发计划等国家级项目(课题、子课题)92项。获国家、省部级科研成果奖69项；获国家和省部级优秀教学成果奖25项。出版学术专著95部，发表高水平论文2278篇

续表

访谈对象	学校	校园文化环境		文化基础设施与设备		藏书等文化软资源		文体活动	科研或教育成果
		基本状况	个体感知	基本状况	个体感知	基本状况	个体感知		
11号	××师范学院	现有两个校区，校园占地面积1500亩	校园环境比较现代化，布局好，教学楼和图书馆相邻，方便下课之后去图书馆学习	—	图书馆、教学楼、食堂和宿舍条件都较好，内部配置完善，有空调有投影仪，条件不错	馆藏文献总量达370万册，拥有中外文数据库50多个，涵盖了各个学科领域	藏书量适中，图书馆不算很大；教具蛮多，有各种模拟课所需的教具，更新速度快；由于可能会损坏，个人不经常利用，有些课老师会用到	新生晚会和一些欢迎会	近五年来，学校承担省部级以上项目320余项，其中国家级项目110余项。荣获包括国家级教学成果奖、全国高校科学研究优秀成果奖、江苏省科学技术奖、省哲学社会科学优秀成果奖在内的多项高层次奖励

（注：表中部分数据来源于所涉及高校官方网站中的相关资料，数据资料收集时间为2022年1月3日）

的高校建立有“双子塔”等典型文化建筑，美术馆和各类体育场馆等设施设备齐全，1 号、12 号和 13 号均认为自己就读大学的校园环境和布局都较好，而与他们在同一所大学就读的 5 号和 6 号则认为学校校园环境虽然很好，但布局却不是很合理。尽管不同大学在硬件设施、教学设备、文体活动场所方面存在一定差异，但大部分访谈对象认为所就读大学的文化基础设施与设备条件较好，即使有部分同学认为学校教学条件一般，但他们对学校设施或硬件条件也都比较认同。如 7 号虽然认为自己学校教学条件一般，但也提到学校有多种实验仪器和教学设施，可以满足日常教学和科研使用。而 8 号也提到学校教学设施资源该有的都有，学习、生活和娱乐场地都有。在文化软资源方面，不同大学的藏书资源存在差异，例如，两所国家民委直属民族类高校所拥有的纸质和电子图书合计均达 900 万册以上，而两所高职高专院校藏书量均在 100 万册以下。尽管如此，大部分访谈对象认为学校藏书、教学工具、实验器械等资源基本能够满足个人的使用，只是在资源的更新速度和利用率上存在一定差异。在学校文体活动上，高校文体活动均较为丰富，具有不同学科优势的学校在文体活动类型上有些差异，访谈对象在相关文体活动的参与度上也存在一些差异。这些高校都拥有各自具有代表性的客观性科研或教育成果，但不同规模和品牌质量的高校在教育科研成果的数量和质量上也具有显著差异。

3. 制度化公有性大学文化资本状况

根据表 4-5 所示，被访谈的少数民族大学毕业生所就读大学层次偏中上等，其中 2 人就读于高职高专院校，其余 7 人均就读于本科院校。虽然访谈对象就读的八所高校均为非“985”或“211”的普通高校，但其中两所高校为国家民委直属的综合性民族院校，三所高校为省属重点建设高校，一所高校为省属公办本科院校，两所高校为高职高专院校，在大学品牌“头衔”存在明显差异。相应地，访谈对象所涉及的大学在学科建设质量、官方授予的各种奖励或荣誉以及大学主体成员教师的学历文凭、职称证书和荣誉称号证书上也存在显著差异。例如，在学科建设方面，其中除两所高职高专院校和一所省属公办院校外，其余五所本科院校除设立多个本科专业外，均设有硕士点、博士点、博士后流动站，且八所院校均获得过不同程度的官方授予或认定的奖项和荣誉称号。在师资力量方面，两所高职高专院校教职工人数均不足千人，一所省属公办本科院校教职工 1500 余人，其余五所院校教职工人数均在 2000 人以上，且大部分专任教师拥有高级职称和硕博学位，基本反映出具有更高层次品牌“头衔”的大学中教师学历层次更高，且

表 4-5　访谈对象就读大学的制度化公有性大学文化资本状况表

访谈对象	学校	品牌“头衔”	学科建设质量	官方授予的奖励或荣誉	教师学历、职称或荣誉称号等	经认可的各种规章制度与管理制度
1号、6号	中×民族大学	直属于国家民族事务委员会的综合性普通高等学校；2018年入选省“国内一流大学建设高校”	现有4个一级学科博士点，25个学术型一级学科硕士点，20个专业型硕士点；本科招生专业82个，涵盖10大学科门类，获批一流本科专业建设点34个(国家级14个)，环境工程专业通过工程教育专业认证，获得国家级“新工科”项目4项、“新农科”项目5项、“新文科”项目4项，获批国家级一流本科课程9门、教育部课程思政示范项目2项；民族学、化学和药学3个学科入选“国内一流学科建设学科”；2017年，民族学在教育部学科评估中被评为A类学科；化学、工程学、材料科学3个学科进入ESI学科排名全球前1%	2012年获批国家级教师教学发展示范中心；2017年获评“全国创新创业教育深化改革示范高校”；被国务院、国家民委、湖北省、武汉市授予“民族团结进步模范单位”“民族团结进步模范集体”“全国民族团结进步创建活动示范高校”等称号；多次被湖北省委评为“党建工作先进单位”“先进党委中心组”“先进基层党组织”，连续19年被评为湖北省最佳文明单位，连续多年获得教育部、湖北省高校校园文化建设优秀成果奖	具有博士学位的专任教师占58%；拥有“黄大年式教师团队”，引培了国家“杰青”、国家“优青”、国家“万人计划”领军人才等一批高层次人才；涌现出“全国模范教师”“全国师德标兵”“湖北省十佳班主任”等优秀教师代表	规章制度比较科学合理的，学生管理制度比较人性化；课程设置和实习安排一般；学校提供的就业指导与实践机会一般
5号、12号、13号						学校管理制度人性化；学校开设的课程合理；提供实践机会和专门的就业指导
2号	××财经大学	省属重点大学	下设19个学院、1个教学部、14个独立研究机构；有4个一级学科博士点及博士后流动站；一级学科硕士点12个，专业学位硕士点15个、本科专业63个；已挂牌省级重点学科10个，省级重点培育学科1个，省级优势特色重点建设学科2个，6个省级高峰高原学科及方向；国家级：一流本科专业建设点11个、特色专业4个、精品课程1门、精品视频公开课1门、双语教学示范课程1门、来华留学英语授课品牌课程1门、国际会计人才培养模式创新实验区1个；教学成果奖1项；省级：一流本科专业建设点5个、特色专业5个、重点建设专业7个、品牌专业5个、综合改革试点专业4个、人才培养模式改革试点专业1个、人才培养模式创新实验区4个、区域经济合作国际人才培养基地1个、重点教学实验室1个、实验教学示范中心5个、虚拟仿真实验教学中心2个、虚拟仿真实验教学项目3个、精品课程30门；教学成果奖23项	全国首批“深化创新创业教育改革示范高校”，并多次获评全国“创新创业典型经验高校”	学校高级职称604人，其中教授191人、副教授342人，具有博士学位417人。教育部长江学者特聘教授3人，全国“百千万人才工程”专家4人，国家突出贡献专家3人，国务院特殊津贴专家19人，入选教育部新世纪优秀人才支持计划1人，全国师德标兵1人，教育部全国高等学校教学指导委员会委员6人，云南省委联系专家、云岭学者、省政府特殊津贴专家等各类高层次人才近200人。省级教学团队6个、教学名师17名、高层次人才特殊支撑计划高等学校教学名师9名	学校管理制度比较人性化；学校开设的课程比较合理；学校提供实践机会和专门的就业指导

续表

访谈对象	学校	品牌“头衔”	学科建设质量	官方授予的奖励或荣誉	教师学历、职称或荣誉称号等	经认可的各种规章制度与管理制度
3号	西×民族大学	国家民族事务委员会直属综合性民族高校	设有25个学院；有2个博士后流动站，1个博士后创新实践基地，4个博士学位授权一级学科，26个硕士学位授权一级学科，21个专业学位授权点，87个本科专业；有9个一级学科为省(部)级重点学科；13个专业获批省级及以上“卓越人才教育培养计划”，其中4个专业入选国家级“卓越人才教育培养计划”；有9个国家级一流本科专业建设点、13个省级一流本科专业建设点、6个国家级本科特色专业、10个省级本科特色专业，5个省级本科人才培养基地，3个省级实验教学示范中心，2个省级虚拟仿真实验教学中心	2003年，在首轮教育部本科教学工作水平评估中获得优秀；2017年，获首届“全国文明校园”、第五批“全国民族团结进步创建示范学校”称号；全国“卓越法律人才培养基地”“全国高校民族预科教育基地”“全国高校实践育人创新创业基地”“中央部属高校大学生校外实践教育基地”“国家民委双语人才培养基地”“全国毕业生就业典型经验50强高校”和“全国创新创业典型经验50强高校”，连续十次被评为“四川省毕业生就业工作先进集体”“四川省大学生就业创业服务先进单位”；多项校园文化建设成果分获全国、四川省高校校园文化建设优秀成果特等奖、一等奖。民族博物馆是“全国民族团结进步教育基地”和“四川省民族团结进步教育基地”	博、硕士生导师664人；有56人先后荣膺国务院政府特殊津贴专家，1人获聘为“长江学者奖励计划”特聘教授，7人入选国家“万人计划”、国家百千万人才工程等人才项目，3人入选文化名家暨“四个一批”人才、宣传思想文化青年英才，8人入选教育部“新世纪优秀人才支持计划”，84人次先后入选国家民委人才项目、突贡专家等，201人次先后入选四川省人才项目、突贡专家等	学校管理制度比较人性化；学校开设的课程合理；提供实践机会和专门的就业指导
4号						学校管理制度人性化；学校开设的课程合理；提供实践机会和专门的就业指导

续表

访谈对象	学校	品牌“头衔”	学科建设质量	官方授予的奖励或荣誉	教师学历、职称或荣誉称号等	经认可的各种规章制度与管理制度
7号	××电子科技大学	国家工业和信息化部、国家国防科技工业局与广西共建高校、国家“中西部高校基础能力建设工程”入选高校、省重点建设高校	开设有本科专业79个，其中，国家级一流专业建设点20个、通过工程教育认证专业12个(含住建部行业认证1个)、国家综合改革试点专业1个、国家级特色专业5个；现有国家级一流本科课程5门，有国家级精品课程、国家级双语教学示范课程、国家级精品资源共享课、国家级精品在线开放课程共7门。学校获得“十一五”和“十二五”国家级规划教材9种。获得高等教育国家级教学成果奖6项。现有博士学位授权一级学科点4个；博士后科研流动站3个；硕士学位授权一级学科点19个；硕士专业学位授权类别11个；是硕士研究生推免工作高校。“工程学”学科、“材料科学”学科、“计算机科学”学科进入ESI全球前1%	国家首批深化创新创业教育改革示范高校，拥有全国首批大学生创新创业实践基地，学校大学生创新实践基地被共青团中央、全国青联命名为“全国青年科技创新示范基地”；被评为“2012—2014年度国家级创新创业训练计划实施工作先进单位”；在全国普通高校大学生竞赛排行榜五轮总排行榜中位列全国第46名；学校大学科技园获批为国家大学科技园，学校大学科技园众创空间获批为“国家级众创空间”；首批高等学校科技成果转化和技术转移基地、获批2020年度国家知识产权试点高校	有国家杰出青年科学基金获得者6人、国家“百千万人才工程”人选6人、中科院“百人计划”5人、教育部“新世纪优秀人才支持计划”人选7人、全国杰出专业技术人才1人、全国优秀科技工作者2人、国务院政府特殊津贴专家32人、教育部高等学校教学指导委员会委员9人、广西八桂学者11人、广西特聘专家8人、广西优秀专家8人、广西“十百千”第二层次人选18人、广西八桂青年学者3人、广西杰出青年基金获得者22人、广西教学名师10人、广西卓越学者6人、广西高校“百人计划”23人、广西高校思想政治教育杰出人才支持计划领军人物和卓越人才3人；有教育部“全国高校黄大年式教师团队”1个、广西人才小高地3个、广西高校创新团队6个	学校的管理制度比较人性化；学校开设的课程合理；提供实践机会和专门的就业指导

续表

访谈对象	学校	品牌“头衔”	学科建设质量	官方授予的奖励或荣誉	教师学历、职称或荣誉称号等	经认可的各种规章制度与管理制度
8号	××工程职业技术学院	省人民政府直属的公办全日制高职院校，是全国水利职业教育示范院校、全国优质水利高职院校、水利行业高技能人才培养基地、水利部水利工程管理培训中心、长江水利人才培养基地共建单位、省“双高计划”建设院校	—	连续2年获评全省平安建设优胜单位；两项成果获评全国水利院校德育教育优秀成果，两次获评全国“三下乡”社会实践优秀单位	有全国高校党建样板支部1个、全省抗疫工作先进个人1人、全省优秀党务工作者1人、全省优秀共产党党员1人、全省高校优秀共产党员1人、全省高校先进基层党组织1个，1人获“湖北省脱贫攻坚先进个人”荣誉称号	学校的管理制度人性化；学校开设的课程合理；提供实践机会和专门的就业指导
9号	××医学高等专科学校	省优质专科高等职业院校、省高水平高等职业院校和高水平专业群建设单位、省首批高等职业教育特色院校、省“卓越医生教育培养计划”试点院校等	开设临床医学等22个专业及专业方向；护理专业实训基地是中央财政支持的职业教育实训基地；临床医学、医学检验技术专业评为中央财政支持的高等职业学校重点建设专业；临床医学、医学检验专业实训基地是省级示范性实训基地；临床医学、护理、口腔医学、医学检验技术、医学影像技术等专业为省级特色建设专业；药理学教学团队是省级优秀教学团队；外科学课程被教育部临床医学类专业教学指导委员会评为国家级精品课程；医学影像检查技术、急救护理技术、药理学、全口义齿工艺技术课程被评为省级精品课程	先后荣获“全国五一劳动奖状”“全省五好基层党组织”“全省先进基层党组织”“全省思想政治工作先进单位”“全省高校行风评议工作先进单位”“河南省职业教育先进集体”“河南省文明单位”“河南省文明校园标兵”“河南省第七批依法治校示范校”“省级卫生先进单位”“省级平安校园”等100多项荣誉称号。学校在教育部人才培养工作水平评估中获得优秀格次；在全省普通高等学校毕业生就业工作评估中获优秀格次	校本部现有专兼职教师中教授、副教授240人；拥有博士、硕士学位326人，有全国及河南省专业学会主委、副主委及河南省学术技术带头人、河南省创新人才、河南省教学名师、中青年科技专家、河南省青年骨干教师等36人，特聘教授12人	学校的管理制度比较人性化；学校开设的课程挺合理；提供实习机会和专门的就业指导

续表

访谈对象	学校	品牌“头衔”	学科建设质量	官方授予的奖励或荣誉	教师学历、职称或荣誉称号等	经认可的各种规章制度与管理制度
10号	××大学	省属高校中规模最大、学科门类较全的综合性大学，为省重点建设的骨干高校，是国家“中西部高校基础能力建设工程”入选高校，省“国内一流大学建设高校”	现有3个博士后科研流动站、3个一级学科博士学位授权，涵盖15个二级学科；34个一级学科硕士学位授权，涵盖175个二级学科；具有同等学力人员申请硕士学位授予权，具有18个专业硕士学位授权类别；设有105个本科专业，其中有6个国家特色专业、11个湖北省品牌专业，14个国家级一流本科专业，25个省级一流本科专业，9个专业入选湖北省战略性新兴(支柱)产业人才培养计划，国家级、省部级专业综合改革试点专业7个	教育部卓越工程师教育培养计划、国家卓越农林人才培养计划、卓越医生教育培养计划、国家大学生创新创业训练计划、人才培养模式创新实验区和本科专业综合改革试点项目以及湖北省拔尖创新人才培养计划和战略性新兴(支柱)产业人才培养计划的实施高校；2007年学校接受国家教育部本科教学工作评价，获得“优秀”成绩	专任教师中，教授310人，副教授851人；具有博士、硕士学位的教师2046人，其中具有博士学位的教师940人；获批省部级以上人才项目、专家称号人选287人，其中国家级人才56人；现有博士生导师144名，硕士生导师840人，兼职博士生导师99人，兼职硕士生导师644人	学校的管理制度非常人性化；学校开设的课程挺合理；不清楚学校是否提供实习机会和专门的就业指导
11号	××师范学院	省属公办本科院校；国家级语言文字规范化示范校、国家级教师培训基地；省也是全国首家接受中学教育全科认证的试点高校	有79个本科专业。有国家级一流本科专业建设专业点6个、国家级特色专业建设点3个、国家级综合改革试点专业2个、国家级一流本科课程6门、国家级虚拟仿真实验项目2项、国家级大学生校外实践教育基地1个。有省级一流本科专业建设专业点16个，省高校品牌专业建设工程一期项目4个、二期项目5个，省重点专业(类)7个，省级实验教学示范中心12个	省文明单位、省优秀校风建设先进单位、省高校先进基层党组织、省师资队伍建设先进高校、省高等学校思想政治工作先进集体、省安全文明单位、省平安校园、省园林式单位、省爱国卫生先进单位、全国大学生社会实践活动先进单位，荣获全国第八届高校校园文化建设优秀成果特等奖	高级职称人员600余人、博士400余人，160余名教师被南京大学、武汉大学等高校聘为博士生导师或硕士生导师	学校管理制度一般；学校开设的课程合理；提供实习机会和专门的就业指导

（注：表中部分数据来源于所涉及高校官方网站学校简介中的相关资料，数据资料收集时间为2022年1月3日）

高级职称教师也占比更多。这一结论在访谈对象的感知中也有体现，例如，3 号和 4 号提到学校任课教师都是博士，教学能力和科研水平都很高，文化氛围浓厚。8 号提到学校知名度较低，报考学生大多是湖北本地学生，任课教师学历大多是硕士，很少有博士。同时，访谈对象对学校经过认可的各种规章制度与管理制度也具有不同的感受，但并非完全与学校品牌或类型一致。例如，大多数访谈对象认为所在大学的管理制度比较人性化或具有人性化，课程设置与实习安排合理，也提供了专门的就业指导与实践机会。但不同大学的同学对所在大学的各项规章和管理的感知也不一致，如 10 号表示并不清楚学校是否提供实习机会和专门的就业指导等，11 号提到学校管理制度一般。即使是同一所大学的不同访谈对象也对大学制度存在差异化的感知，有些同学认为学校各项规章与管理制度合理，而有些同学则认为一般。

（二）民族性大学文化资本状况

结合民族性大学文化资本的具身化、客观化和制度化三种形态，根据访谈结果整理的访谈对象民族性大学文化资本基本状况如表 4-6 所示。

1. 具身化民族性大学文化资本状况

表 4-6 中的资料显示，尽管被访谈对象包括来自民族类院校和普通院校的少数民族大学毕业生，但所有同学均反映所就读大学民族融合度很好，对不同民族文化较为尊重，文化氛围宽松和多元，具有较好的文化包容性。而且这种宽容、多元和具有包容性的文化氛围能够帮助他们快速融入大学生活和适应所在大学文化，也让他们能够与不同民族的同学和谐融洽相处。受访者大多表示大学期间所相处的同学包括本民族和其他民族的同学，与本民族及其他民族的同学相处都很融洽，不同民族同学之间相处时基本差异不大，访谈对象 7 号认为这是因为很多少数民族同学也是从小就跟汉族一起学习和交流，没有保留很多本民族的一些风俗习惯。当然，也有少数受访者表示存在一些饮食、风俗习惯等方面的差异。例如，1 号表示除了饮食方面的差异，大学期间与各民族同学相处在生活方面和语言方面差异并不大。6 号也提到各民族相处起来没有差异，除了一些民族风俗习惯等，但会尊重这些差异。而 10 号则感觉由于生长环境不一样，相处中还是有些差异。

2. 客观化民族性大学文化资本状况

表 4-6 中的统计资料显示，被访谈对象所就读大学拥有的民族性资源设施主

表 4-6　访谈对象就读大学的民族性大学文化资本状况表

访谈对象	学校	大学民族文化氛围与包容性	大学民族文化认同感	大学民族性资源设施	大学民族性文体活动	少数民族学生数量	大学民族性课程制度	大学民族性奖励制度	大学民族性就业指导制度
1号	中×民族大学	大学文化氛围非常宽松、多元，尊重不同民族文化	大学教育对于文化适应性具有非常大的帮助；大学期间与汉族或其他少数民族同学相处在生活方面和语言方面差异并不大，主要是饮食方面的差异	有专门针对民族生的各种设施，如专门的清真食堂等	非常多，各种民族节日活动等	非常多	有	有部分	有部分
5号		学校尊重不同民族文化	大学文化氛围对快速融入大学生活无帮助；相处的同学中各民族同学都有，与不同民族同学相处没有差异	有清真食堂	每年四月份会举行民大节。展示各个民族美食、服装、乐器、娱乐活动，学生都可以参与体验	多	无	无	有
6号		学校尊重不同民族文化	大学帮助我融入大学生活；相处的同学中各族同学都有，相处起来没有差异，除了一些民族风俗习惯等，如回族不吃猪肉，我们要尊重	有清真食堂等	各民族节日活动；也有正规的民族社团活动	非常多	有	有	有针对少数民族同学加分政策等
12号		学校很尊重不同民族文化	大学文化氛围对快速融入大学生活有帮助；相处的同学中其他民族都有，相处中也没有差异，大家都很好	有清真食堂	民族美食节、各种民族活动等	多	有	有些奖学金只针对少数民族	有
13号		学校十分尊重不同民族文化	大学文化氛围对快速融入大学生活有帮助；相处的同学中有本民族同学也有其他民族同学，和他们相处基本没有差异	有清真食堂	民大节、民族舞蹈大赛等；有民族文化社团，举办民族文化知识大赛等	较多	预科班课程	与其他同学一起参与正常的奖学金评比	不清楚

续表

访谈对象	学校	大学民族文化氛围与包容性	大学民族文化认同感	大学民族性资源设施	大学民族性文体活动	少数民族学生数量	大学民族性课程制度	大学民族性奖励制度	大学民族性就业指导制度
2号	××财经大学	学校尊重不同民族文化	大学文化氛围对快速融入大学生活有帮助；相处的同学中各民族都有，觉得和他们相处没有差异	有清真食堂或清真窗口等	较少，泼水节、插花节等；有正规的民族社团组织	多	没有	没有	不清楚是否有针对民族生的就业政策指导
3号	西×民族大学	学校尊重不同民族文化	大学包容性文化氛围对文化适应性挺有帮助的，利于快速融入大学生活并且喜欢上自己的学校；相处的同学中各民族都有，与不同民族同学相处没啥差异，大家都是正常人，并且都具备新世纪大学生应有的礼貌	有专门针对民族生的各种设施，如专门的清真食堂或清真窗口等	民族舞蹈大赛、民族趣味运动会；有正规民族社团活动等	很多	有	有	提供，例如民族地区的招聘信息会转发给民族地区的学生
4号	西×民族大学	学校非常尊重不同民族文化	大学让我了解了很多不同民族的文化，民族包容感更强了；相处的同学中各民族都有，与不同民族同学相处没啥差异	有专门针对民族生的各种设施	民族舞蹈大赛、民族趣味运动会；篝火晚会、三月三节、彝族过年等	多	有	有	有

续表

访谈对象	学校	大学民族文化氛围与包容性	大学民族文化认同感	大学民族性资源设施	大学民族性文体活动	少数民族学生数量	大学民族性课程制度	大学民族性奖励制度	大学民族性就业指导制度
7号	××电子科技大学	学校尊重不同民族文化	大学文化包容性能够让我快速融入大学生活；相处的同学中本民族的也有，其他民族的也有，没有什么太大差异，因为很多少数民族学生也是从小就跟汉族的人一起学习和交流，没有保留很多本民族的一些风俗习惯	有清真窗口	有针对不同民族的活动，如泼水节等，有民族社团组织，有火把节等活动	一般	有	没有	有民族生的就业政策指导
8号	××工程职业技术学院	学校尊重各个民族文化	相处的同学主要是汉族同学，觉得和他们相处没有差异，因为日常生活习惯都相同	有清真窗口	没有	少	没有	不清楚	没有
9号	××医学高等专科学校	学校挺尊重不同民族文化	大学文化包容性帮助快速融入大学生活；相处的同学都是其他民族的，我觉得我们之间没有什么差异	有清真的食堂，虽然不是很多，但也挺满足的	没有	较少	没有	没有	没有

续表

访谈对象	学校	大学民族文化氛围与包容性	大学民族文化认同感	大学民族性资源设施	大学民族性文体活动	少数民族学生数量	大学民族性课程制度	大学民族性奖励制度	大学民族性就业指导制度
10号	××大学	学校尊重不同民族文化	大学文化氛围影响了快速融入大学生活；相处的同学中各民族同学都有，觉得相处中还是有点差异，因为生长环境不一样	目前没有	有少数民族社团，自己也会给同学们介绍藏族的好吃的，传播文化，还有一些美景	一般	开设了选修课	没有	不清楚
11号	××师范学院	学校尊重不同民族文化	这种文化氛围对快速融入大学生活有帮助；相处的同学中其他民族居多，基本是汉族，感觉与他们相处没有差异，生活习惯相似	没有	没有	不多	没有	没有	不了解

要是专门的清真食堂或清真窗口，除访谈对象10号和11号提到学校目前没有以外，其余学校都有清真食堂或清真窗口，除此之外仅两所民族类院校具有较多的民族性文化物品，包括民族性设施和文化资源等。比如，中×民族大学建立有浓郁民族文化特色的现代建筑，建有民族学博物馆，收藏了我国以壮、苗、黎、土家、瑶等南方民族为主的具有极高历史文化与学术价值的少数民族文物藏品一万余件(套)，图书馆馆藏10余万册南方少数民族文献。西×民族大学的民族博物馆收藏了国内35个民族的各类珍贵文物达一万余件，校园内的民族团结碑象征着中华民族团结一心，图书馆馆藏民族类及相关图书文献达30余万册，含多种文字及版本的《大藏经》《贝叶经》以及清代以来西南民族地区的地方志和20世纪50年代民族调查资料等珍贵文献。在民族性文体活动方面，就读于两所民族类院校的访谈对象反映学校民族性的文体活动较多，也有专门的正规民族社团组织会举办一些民族特有的文体活动。例如，中×民族大学既有民大节、民族舞蹈大赛等，还有针对各个民族节日的庆祝活动等。西×民族大学不仅有民族舞蹈大赛和民族趣味运动会等，还有民族社团组织的篝火晚会、三月三节、彝族过年等活动。而访谈对象2号和7号虽然就读院校并非民族类院校，但学校所在地为少数民族聚集地区，学校也会有一些针对不同民族的节日活动或民族社团举办的民族性文体活动，如2号提到学校有泼水节、插花节等类似活动，7号提到校内有民族社团会举办泼水节、火把节等活动。其余在非少数民族聚集地区的普通高校就读的访谈对象8号、9号和11号反映学校基本没有什么民族性文体活动，10号则表示学校有少数民族社团会举办一些活动宣传民族文化，自己和其他藏族同学也会给同学们介绍藏族的美食和美景，传播藏族文化。

3. 制度化民族性大学文化资本状况

在被访谈对象中，有七位少数民族毕业生来自民族类院校，六位同学来自普通院校，来自民族类院校的访谈对象均反映本校少数民族学生数量非常多或较多，来自其他院校的同学则表示学校少数民族学生数量一般甚至很少，而来自普通院校的六位同学中有两位同学所在高校处于少数民族聚集地区，比其他普通院校的少数民族学生数量相对稍多一些。在学校的民族性制度规范方面，来自民族类院校的大部分被访者都反映学校设立了具有民族特色的规章制度和政策。比如，西×民族大学有专门针对民族生的就业政策，对新疆、西藏等民族地区的学生进行就业帮扶，提供就业信息和机会，设立针对少数民族学生的独立的奖励制度，并针对少数民族学生开设了汉语语言与民族政策相关课程。中×民族大学同样也开设了汉语语言与民族政策相关课程和针对少数民族学生设置独立的奖励制度，并针对民族学生设置了加分政策。但同样来自这两所民族类院校中的少部分同学则表示自己并不清楚学校是否有专门针对少数民族学生的课程制度、奖励制度或就业培训指导制度等，也有同学认为学校并没有这些相关制度规范。而就读于非民族类普通院校的访谈对象中，7 号表示学校有专门针对少数民族学生的相关课程，也有针对民族生的就业政策指导，10 号提到学校开设了针对少数民族学生的相关选修课程，而其余同学则反映学校没有针对少数民族学生的这些制度规范，或者表示自己不清楚或不了解学校是否有相关制度。

三、访谈对象的人力资本状况

根据理论分析，从外显性与内隐性两个方面分析被访谈的少数民族大学毕业生的人力资本状况。

（一）显性人力资本状况

如表 4-7 所示，被访谈对象显性人力资本存量具有显著差异化，访谈对象 6 号、11 号和 12 号在政治面貌、学习成绩、外语水平、其他学习成就、奖学金等荣誉证书、比赛或实践获奖和其他实践经历等许多方面的存量上都表现出一定优势，2 号和 7 号在某些方面具有一定知识素质积累的优势，但其余大部分少数民族学生显性人力资本存量却处于中下游水平。在知识水平方面，仅有 3 名同学学习成绩优秀、5 名同学通过了英语四级、六级及获得计算机二级、专业资格证等技能性证书，其余大部分少数民族毕业生在学业成绩、外语水平和其他学习成就方面都没有优势。例如，3 号、8 号和 10 号学习成绩都处于中下水平，也未获得任何外语方面的资格证书及其他计算机或专业资格证书等其他学习方面的成就。5 号和 13 号的学习成绩也处于中下水平，仅获得了英语四级证书，也未获得其余相关学业资格证书。9 号仅学习成绩处于中上等，但外语水平和其他学习方面也没有形成优势。而在综合素质方面，大部分同学政治面貌为共青团员，仅有 6 号和 12 号分别为中共党员和预备党员，有 6 名同学获得过奖学金、三好学生或学生标兵等荣誉证书，且主要以奖学金为主，但大部分的少数民族学生会积极参加社会或学校举办的活动和相关比赛，学生工作和社会实践实习经验也比较丰富。

表 4-7　访谈对象显性人力资本基本状况表

访谈对象	政治面貌	学习成绩	外语水平	其他学习成就	奖学金等荣誉证书	比赛或实践获奖	其他实践经历
1号	共青团员	良好	CET4	会计证、计算机二级	无	校级奖项	参加过社团组织；参加暑期“三下乡”活动；有专业实习经历
2号	共青团员	较好	CET4、CET6	无	多次获得优秀团员	学院足球比赛四等奖	学生会体育部部长
3号	共青团员	中下	无	无	无	民族舞蹈大赛一等奖、篮球比赛第一名	社团负责人；参加社会实践三次
4号	共青团员	良好	无	无	多次获校级优秀证书	民族舞蹈大赛三等奖、社会实践调研优秀奖	系学生会文艺部部长；参加社会实践
5号	共青团员	中下	CET-4	无	无	无	无
6号	共产党员	优秀	CET 4、CET6、雅思	会计从业资格证、证券从业资格证、教师资格证、普通话二甲、发表论文	校级奖学金多次、优秀班干部、优秀团干部、优秀志愿者、创新标兵	会计杯·会计风采大赛一等奖、正大杯全国市场调查与分析大赛湖北省赛三等奖、“观沧海”比赛荣获全国大学生保险责任行金奖	班团支书、大学生职业发展协会人力资源部部长；在会计师事务所和证券公司参加专业实习
7号	共青团员	较好	CET4、CET6	计算机二级	校级奖学金	广西电子设计竞赛获得一等奖	参与过支教、勤工俭学等社会实践
8号	共青团员	中下	无	电工证	无	无	担任过校团委学生会事务员
9号	共青团员	中上	无	无	国家励志奖学金、三好学生、三好学生标兵	“512 护士节”比赛无菌技术操作第三名	在县医院实习半年

续表

访谈对象	政治面貌	学习成绩	外语水平	其他学习成就	奖学金等荣誉证书	比赛或实践获奖	其他实践经历
10号	共青团员	中下	无	无	无	无	无
11号	共青团员	优秀、专业前5%	CET4、CET6	计算机二级、初中数学教师资格证、普通话一级乙等	三年一等奖学金	校级比赛二等奖	学生会文艺部部员；曾在县级初中实习三个月
12号	预备党员	优秀、专业前三	CET4、CET6	计算机二级、初级会计证、证券从业证、银行从业证	国家奖学金、优秀学生专业一等奖	GMC全国三等奖、社会实践校级先进个人	校会计协会副会长；参与5次社会实践；曾在银行和公司实习
13号	共青团员	中下	CET4	无	无	第三届全国高校企业价值创造实战竞赛—校内赛三等奖、学院暑期“三下乡”实践活动先进个人	参加暑期“三下乡”活动；曾在地方财政局和会计师事务所实习

（二）隐性人力资本状况

在被访谈对象中，大部分少数民族毕业生对自己隐性人力资本状况的评价都较好，总体而言，隐性人力资本状况在一定程度上与显性人力资本状况呈现相关关系，尤其是与通过比赛或实践获奖、其他实践经历等所体现的素质方面具有一定正相关关系。大多数的少数民族学生积极参加学校活动和相关比赛，学生工作和社会实践经验也比较丰富，隐性人力资本随之得到提高。事实上，这些实践经历和结果在一定程度上也反映了学生某些方面的能力，是对隐性人力资本的一种体现。而有少数的学生由于显性人力资本的缺乏以至于隐性人力资本情况也不乐观。例如，访谈对象5号和10号在校期间学业成绩都处在中下游水平，无英语四级、六级和其他技能性证书，也没有相关的比赛活动以及社会实践经验，在访谈中评价自己时都显得不太自信，表明自己人际关系能力、表达沟通能力、团队协作能力都一般。其他的几位访谈对象则都较为自信，评价自己性格开朗乐观，有良好的人际关系和表达沟通能力、团队协作能力。

具体而言，在道德品质素质方面，大部分同学们认为自己的道德修养较高，性格外向善良、开朗乐观，个体品质良好，能够吃苦耐劳，少数访谈对象如5号觉得自己虽然待人温和，易相处，但个性沉静内敛，偏内向型性格。在特殊文化能力方面，少部分少数民族同学指出自己拥有一些文体特长，如4号擅长唱歌，7号会拉小提琴，13号擅长民族舞和制作唐卡。在心理调适与承受能力方面，大部分访谈对象认为自己生活健康积极向上，对环境和文化的适应能力较强，少数访谈者觉得自己对环境的适应能力一般。如3号认为自己对待生活不急不躁，踏实向前，适应能力较强；7号谈到生活就是充满各种挑战，要有迎难而上的勇气，对生活始终充满期待，自己一般尽量依靠自己的力量完成任务，有困难的时候会积极寻求他人的帮助，会让自己通过学习和了解尽快融入不同的环境和文化。而9号认为自己能自我调节情绪，遇到什么事基本上不会特别慌，但对环境的适应力一般；1号、10号和12号也提到自己的适应能力一般。在人际社交或沟通能力上，大部分被访者提到自己有良好的人际关系，较强或良好的表达沟通能力和团队协作能力，也有少部分同学认为自己其中某些方面一般，例如，9号提到自己比较慢热，表达能力不是很好，但善于与别人沟通，团队协作能力也挺好；11号提到不太擅长经营人际关系，但表达沟通交流能力较好，团队协作能力也不错；12号表示自己人际关系和团队协作能力良好，但表达能力和沟通交流能力一般。在工作与创新能力方面，大部分被访者认为自己办事能力较好，但团队创新能力一般，即使是在显性人力资本存量上具有较强优势的6号和12号也提到自己虽然办事能力较强，但创新能力还有待提升。

四、访谈对象的就业状况

访谈对象就业状况的分析包括对被访者毕业时是否实现就业、就业单位薪酬、单位性质和就业地区这些基本就业状况的梳理和对访谈对象就业风险状况的分析。访谈资料整理如表4-8和表4-9所示。

(一)基本就业状况

虽然被访谈对象在参与访谈时均已实现就业，但其中有些被访者在大学毕业时并未及时实现就业，而是在毕业之后才最终实现就业。例如访谈对象4号是在毕业以后通过公务员招考才确定最终的就业单位。12号和13号最初的就业选择是通过考研实现继续升学深造，但由于首次考研失败，所以选择在毕业后先确定一家单位就业，再继续考研。表4-8中的资料显示，访谈对象中有六位同学的最终就业单位分别是政府机构、事业单位或国有企业，其中三名同学通过公务员考试考取公务员，一名同学通过事业单位招考成为教师，两名同学分别通过亲属推荐和公开招聘在国有建筑企业或银行就职，且他们所就职的国有企业均为中央直属管理的大型企业，其余七位同学则通过公开招聘、校企合作及内部人员、亲属或专业教师推荐实现民营企业就业。而他们的职业薪酬待遇也基本上与就业单位相关，在政府机构、事业单位或国有企业就业的六名同学普遍表示工作单位的薪酬待遇较好，而在民营企业就业的同学则大部分认为薪酬待遇一般。例如，2号在国企工作，工作地点又在文化名城陕西西安，工作压力小且工资待遇较好。在就业地区上，除访谈对象2号、7号、8号和13号外，其余受访者均选择在家庭所在地所属的省或市就业。例如，受访者6号就业地为家庭所在地湖北利川，不仅工作稳定工资待遇也较好。

表4-8 访谈对象的基本就业状况表

访谈对象	就业单位	就业渠道途径	单位薪酬待遇	就业单位性质	就业地区
1号	会计师事务所	公开招聘	一般	民营企业	宁夏银川
2号	建筑业企业	亲属推荐	较好	国企(央企)	陕西西安
3号	传媒公司	公开招聘	一般	民营企业	新疆库尔勒
4号	国家税务局分局	公务员考试	较好	政府机构	青海海东
5号	中国农业银行化隆县支行	公开招聘	好	国有银行	青海化隆
6号	公务员	公务员考试	较好	政府机构	湖北利川
7号	华米科技	内部人员推荐	符合预期	民营企业	广东深圳
8号	制造业企业	校企合作	一般	民营企业	江苏苏州
9号	私人诊所	亲属推荐	不太好	民营企业	河南郑州

续表

访谈对象	就业单位	就业渠道途径	单位薪酬待遇	就业单位性质	就业地区
10号	公务员	公务员考试	较好	政府机构	西藏山南
11号	初中教师	公开招聘	较好	事业单位	江苏南京
12号	私企	公开招聘	一般	民营企业	浙江景宁
13号	南京兴宇贸易有限公司	专业教师推荐	良好	民营企业	江苏南京

（二）就业风险状况

表4-9中的资料显示，大部分受访者的就业信息来源较丰富，包括来源于各类线上招聘平台、地方人才网站、企业官方网站、学校就业中心和现场招聘会中发布的各类招聘信息以及亲属、老师和同学介绍推荐的就业信息，总体来看，就业信息来源不足风险较小。但随着网络信息的普及化，同学们的就业信息来源主要以各类线上招聘平台的招聘信息为主，比如，访谈对象1号、3号、7号和11号的就业信息来源于招聘网站，4号和5号的就业信息分别来源于当地人才网和就业信息网，6号的就业信息来源于各大微信公众号。只有少部分同学会同时通过多种不同渠道获取就业信息，如2号通过各类网络招聘信息和亲属介绍获取就业信息，13号则同时通过老师同学介绍、招聘网站和各类官网获取就业信息。在求职成功率上，受访者中仅有1号、4号和11号同学获得了两个及以上的offer，且他们的求职时间跨度都较长，而其余同学均只求职成功一个工作岗位。结合求职时长来看，部分通过各种形式关系网络推荐就业的受访者更容易在更短时间内实现成功求职就业，而通过公开招聘则需要花费更长求职时间才能实现求职成功。例如，访谈对象2号、7号、8号和9号都是通过不同关系网络推荐在一个月或两个月以内实现成功就业，而其余大部分受访者求职时间在六个月左右。总体而言，受访者的求职失败风险依然相对较高。

在被访谈对象中，大部分少数民族毕业生的职业风险相对并不高。除1号和12号认为自己的工作不稳定，3号认为工作稳定性一般，大部分受访者表示自己的工作稳定。在职业匹配度上，5号认为自己的工作与学历不匹配，1号认为工作匹配度一般，5号、6号和12号认为自己的工作与专业不对口，其余访谈对象均认为目前的工作稳定，与学历匹配且与专业也对口；9号和12号认为自己的工作与期望的工作性质、岗位、地点和待遇不一致，11号认为不太一致，1号和

表 4-9　访谈对象的就业风险相关状况表

访谈对象	就业信息来源	求职时长	收到 offer 的数量	工作与预期是否一致	单位少数民族同事数量	能否尊重和满足风俗习惯	工作是否稳定	工作与学历是否匹配	专业是否对口	工作是否适合身心健康	工作能否满足兴趣	能否满足未来职业发展预期	能否实现追求的生活方式	工作是否满意	是否喜欢这份工作	是否愿意一直从事这项工作
1号	智联招聘	6个月	2(猎头公司、会计师事务所)	一般	多	能	否	一般	是	适合	一般	一般	一般	满意	喜欢	是
2号	网络、亲属介绍	2个月以内	1	是	一般	能	是	是	是	适合	能	能	能	满意	较喜欢	是
3号	招聘网站	5个月	1	是	少	能	一般	是	是	适合	能	不确定	不确定	满意	喜欢	是
4号	当地人才网站	1年	3(酒店物业企业、移动公司、公务员)	是	多	能	是	是	是	适合	不能	能	能	满意	喜欢	是
5号	就业信息网	3个月	1	是	多	能	是	否	否	适合	能	能	能	满意	喜欢	是
6号	各大公众号	6个月	1	是	一般	能	是	是	否	促进身心健康，比较适合	不能	能	能	满意	较喜欢	是

续表

访谈对象	就业信息来源	求职时长	收到 offer 的数量	工作与预期是否一致	单位少数民族同事数量	能否尊重和满足风俗习惯	工作是否稳定	工作与学历是否匹配	专业是否对口	工作是否适合身心健康	工作能否满足兴趣	能否满足未来职业发展预期	能否实现追求的生活方式	工作是否满意	是否喜欢这份工作	是否愿意一直从事这项工作
7号	招聘网站	1个月	1	是	多	能	是	是	是	会让我身心愉悦	能	能	能	非常满意	喜欢	是
8号	学校就业中心	1个月以内	1	基本一致	很少	能	是	是	是	适合	能	能	能	满意	喜欢	否
9号	亲属介绍	1个月以内	1	否	多	特别能	是	是	是	适合，无约束	不能	不能	不能	一般	喜欢	否
10号	单位官网	1~2个月	1	是	多	能	是	是	是	—	能	能	能	满意	喜欢	是
11号	招聘信息网站	4~5个月	2(县级初中、区级初中)	不太一致	不多	能	是	是	是	还算适合	能	能	能	满意	有时候喜欢	暂时愿意
12号	现场招聘会	1个月以内	1	否	不多	能	否	是	否	不适合	不能	不能	不能	不满意	不喜欢	否
13号	老师同学介绍、招聘网站、各类官网	3个月	1	是	不多	能	是	是	是	适合	能	能	能	满意	喜欢	否

8号则认为一般或基本一致；1号认为目前的工作对兴趣爱好、职业发展预期和追求的生活方式的满足程度均一般，4号、6号、9号和12号认为目前的工作不能满足自己的兴趣爱好，而其余同学认为工作能够满足自己的兴趣爱好；9号和12号认为目前的工作不能满足个人职业发展预期和实现追求的生活方式，3号表示目前无法确定，而其余同学则认为目前的工作能够满足职业发展预期和实现追求的生活方式；而全部受访者均认为工作单位能够尊重和满足个人的风俗习惯要求，无论所在工作单位的少数民族同事是多还是少；除12号认为目前的工作不适合自己外，其余受访者均认为工作适合自己的身心健康，如6号认为工作能够促进身心健康，比较适合自己，7号提到工作会让自己身心愉悦。整体来看，除12号对目前的工作不满意且不喜欢目前的工作和9号对工作满意度一般外，其余访谈对象均表示相对于其他同学对目前的工作是满意的，也喜欢或较喜欢这份工作，但8号、9号、11号、12号和13号均表示不愿意一直在目前的单位工作，其中，8号、9号和11号均表示自己在目前的单位只是为了积累更多工作经验，未来希望更换更满意和适合的工作，而12号和13号表示自己的目标是通过考研实现继续升学深造。可见，职业风险在一定程度上受就业质量的影响，访谈对象中工资待遇好、就业地距家乡所在地较近的同学，工作一般比较稳定，就业质量较好且工作满意度也较高，职业风险就相对较小。例如，访谈对象8号、9号和12号均在私企就业，工资待遇一般，不符合自身的工作预期，即使工作稳定，也不愿意长期从事目前的工作，职业风险则相对更高。

第三节　分析结论

通过对访谈对象的访谈内容分析发现，个人、家庭和学校在少数民族大学毕业生的就业中均以不同形式发挥着不同程度的作用。

一、人力资本对毕业生就业风险的作用

以往研究已经证实，人力资本在大学生就业中发挥重要作用。通过访谈分析也发现，不同类型的人力资本在少数民族大学毕业生就业风险中产生不同影响。

(一) 显性人力资本的作用

结合访谈对象的就业状况可以看出，少数民族大学生显性人力资本方面的积累，尤其是综合素质方面的优势，可以在一定程度上增加其就业机会，提升就业

质量，降低就业风险。例如，6号在大学期间就成为了一名中共党员，成绩一直比较优秀，通过了英语四级、六级和雅思6.0分，获得会计从业资格证、证券从业资格证、教师资格证、普通话二级甲等证书，在期刊上成功发表过论文，还多次获得校级奖学金，获得过优秀班干部、优秀团干部、创新标兵等称号，也有多次参加比赛和活动并获奖的经验，在大学期间担任班级团支书、大学生职业发展协会人力资源部部长，假期在会计师事务所和证券公司都进行过专业实习，有充分的实习实践经验，在访谈中6号提到正是因为自己大学期间知识素质各方面都表现比较优秀，毕业时自己才能成功通过公务员考试的笔试和面试，达到报考单位的要求，才能找到一份薪酬待遇较好、自己也满意和比较喜欢的工作。1号提到自己最终就业的会计师事务所虽然比较看重就读学校，但是最主要的还是注重专业水平和获得的证书，面试过程中也比较关注学习成绩，自己之所以能够顺利通过应聘求职成功就是因为大学期间学习成绩较好，还获得了会计证，证实了自己的专业知识水平。4号提到自己在校期间学习成绩良好，有助于自己在相关单位考试中考分合格，而大学期间参加的各种实践活动和获奖帮助自己面试过程表现优秀，而考分合格和面试优秀是被用人单位录取的主要原因，同时，自己认为在求职中所学专业和专业证书发挥较大作用。11号认为就业单位比较缺数学老师，而自己面试时表现得大方得体，且自己有专业资格证书和一定教学经验，是自己能够成功找到目前的教师职业的因素之一。5号认为尽管自己的就业机会不多，但大学所学的知识对自己的就业还是发挥了较为重要的作用。8号表示虽然自己是通过校企合作推荐就业的，就读学校和所学专业发挥较大作用，但是工作经验更加重要。9号则表示自己之所以不能顺利找到自己想要的工作，主要是因为在受到就读院校知名度的影响下，也没有相关的专业证书和工作经验。此外，也有部分访谈者认为所学专业在求职中最为重要。例如，2号虽然在学习成绩、外语水平、荣誉证书和实践等方面都具有一定人力资本优势，但他认为自己是亲属通过社会关系网络推荐就业的，专业对口是最重要的，其他人力资本因素的影响一般。而10号也认为自己之所以能够成功考上当地县城的公务员，最主要是因为所学专业发挥的作用。

（二）隐性人力资本的作用

访谈分析发现，除了显性人力资本，以非认知能力为主要表现形式的隐性能力型人力资本在就业中也发挥较大的作用。例如，1号在访谈中提到自己获得的两个求职意向中，最初签约的猎头公司虽然比较看中学校，对专业要求很低，但也比较看中能力，最主要的还是要看创造业绩的能力，自己曾在大三暑假时在该猎头公司实习，之后由于业绩较好，与该公司签约。3 号在校期间虽然学习成绩一般，但非常乐于参与学校的各种文体活动，获得校园民族舞蹈大赛团队一等奖和系女子篮球比赛第一名，担任所在民族社团主负责人，并有多次对外交往经验，人际关系良好，朋友很多，沟通、表达能力、团结协作能力都较好，她认为自己能够通过招聘获得目前的工作是由于能岗匹配，个人能力在就业中发挥较大作用，只有正确地认识自己，做到能力和岗位匹配，才能找到适合自己的工作。6 号也认为自己能够顺利考上公务员，笔试与面试都符合要求，表达与沟通能力发挥了最大的作用。7 号在校期间成绩比较优秀，多次获得校级奖学金，通过了英语四级、六级，拥有计算机二级证书，获得校奖学金，同时还获得了电子设计竞赛省级一等奖，也参加过支教和勤工俭学等社会实践活动，且自己勇于面对挑战，拥有乐器特长，对环境或文化适应能力较强，人际关系、表达能力和沟通交流能力较好，团队协作能力很强，办事能力突出，可以在原来的工作中积极创新，在访谈中，7 号认为单位会录用自己主要是因为认可自己的能力，自己各方面的能力在求职中是比较重要的，而其余方面也会产生部分影响。11 号表示除了专业资格证书和教学经验外，能力在求职中也发挥重要作用，求职中需要有较强的抗压能力和适应能力。12 号表示本地人加上能力是自己被用人单位录取的原因，13 号也认为自己具有的团队协作能力是用人单位聘用的主要原因，他们也都表示能力在求职中发挥的作用比较大。

二、家庭文化资本对毕业生就业风险的作用

质性分析发现，家庭文化资本在对少数民族大学毕业生就业风险的影响中既发挥一定直接作用，又通过人力资本发挥一定间接作用。

（一）家庭文化资本对就业风险的作用

1. 公有性家庭文化资本的作用

第一，家庭一般性文化能力越强，少数民族大学生就业风险相对越小。研究发现，家庭文化能力对大学生的就业状况有着较为明显的影响，主要体现在阅读习惯、家庭文化氛围、对子女的教育期待等方面所产生的影响。在阅读习惯上，家庭中若父母更喜欢阅读，也通常有一定的藏书量可供日常阅读，在潜移默化中会影响子女的阅读习惯，使之更多地接触书籍，增加阅读量，培养阅读的习惯，而这些良好习惯对于学习与就业都有较大帮助。例如，6 号在访谈中提及父母在

她还小的时候就一直有读书看报的习惯，对书籍有着好奇心，也想主动去翻一翻一些书籍杂志等，并且父母也会在平时闲暇的时候和她聊一聊最近的见闻并彼此交流一下看法。她喜好阅读的习惯在求学的过程中也有着正向的帮助，拓宽了她的知识面，为自己的就业也增加了助力。而8号的父母没有读书看报的习惯，家里也没有藏书报刊等读物，他在访谈中也提到不太喜欢读书，觉得读书比较枯燥无聊。在文化氛围较好的家庭，亲子沟通较多，父母对子女的学习与就业较为关心，对就业也会产生影响。例如，4号谈到父母经常会与其沟通学习与就业，对其就业给予建议和引导，对于自己的就业方向影响较大。6号的父母经常与其进行交流，鼓励其能够在毕业之前多积累一些实习经验，对更多的工作环境有了解，这样能够选择出自己更加满意的工作，最终6号在经历了几次实习后选择了考公务员，她说想稍微轻松稳定一点，自己对这份工作也十分满意。8号说父母平时基本不和自己进行交流，在平时的学习过程中也很少关心指导，对自己的学习和就业要求也不高，一般只会关心自己交没交女朋友或毕业后尽早结婚等话题，且父母在高考之后也只是建议他能学一门技术性强的专业，掌握一门技术从而找到工作养活自己，所以自己也不会特别强求学习成绩，只希望毕业之后能有个事做就行了。在教育期待方面，父母对子女不同的教育与就业期待也会影响子女的就业选择和结果。有些父母更希望子女能够在工作上有更多的选择，希望子女从事福利待遇好或具有挑战性的工作，而有些父母更加偏向于让孩子留在自己身边，在家乡找一份稳定的工作。例如，7号的父母希望其能去广州或深圳这样的大城市工作，多闯一闯，找一份收入待遇高一点的工作，让自己的生活过得好一点，最终7号就职于深圳的一家科技公司，自己对这份工作也比较满意。而5号和10号在访谈中提到父母对自己的就业要求就是想让他们能回到家乡找一份安安稳稳的工作过日子，而且家里的工作也比外面的竞争压力小一些，最终5号入职家乡所在县里的银行，10号考了当地县里的公务员，他们对于自己的就业还比较满意，因为对工作并没有特别高的期望，能安稳生活就行。

第二，家庭一般性文化物品越丰富，少数民族大学生就业风险相对越小。研究发现，家庭文化物品的存量对少数民族大学生就业具有正向影响。例如，访谈对象6号的家里有一些藏书可供日常阅读，涉及多种种类，父母也有阅读的习惯，也会鼓励其多看书开阔眼界，对其学习习惯的养成以及就业都有着积极影响，6号在就业过程中由于平时积累丰富，就业选择相对较多，最终成功考上公务员，家人和自己都十分满意这份工作，就业概率和质量都较高，就业风险较小。11号家中书籍较多，父母也会支持或鼓励自己阅读，这也是自己选择师范类院校就读的原因之一，对于个人的一些就业选择也有较大影响。

第三，父母文化程度越高，汉语能力越好，少数民族大学生就业风险相对越小。研究发现，少数民族大学生的就业情况受到父母文化程度的影响，父母的文化程度越高时，家庭的文化能力也越强，对大学生就业也产生积极影响。例如，访谈对象4号的父母均为大专学历，在其就业过程中参与度较高，为其提供方向指引帮忙挑选报名岗位，帮其报名公务员考试辅导班补习，该同学毕业后成功考上了公务员，就业质量较高，风险也较小，对这份工作家人和自己都十分满意。11号的父母分别为大专和本科学历且都是学校教师，受到父母影响也选择了大学就读于师范院校，毕业后从事教师职业。相反，访谈对象8号的父母都只有小学学历，在其就业过程中没有能提供什么帮助，8号在访谈中提到找工作的过程是比较困难的，没有找到什么合适的工作，只能由学校安排到校企合作的公司上班，工作和专业对口，但应该不会长久待下去，就业机会和就业质量相对较低，就业风险也较高。同时，访谈对象中大部分少数民族家庭父母的汉语语言水平都良好，日常均可以熟练使用汉语进行交流，而少数民族聚居地和自治地区的家庭平时交流使用民族语言，汉语水平一般，其就业情况相较于其他学生也更差一些。例如，访谈对象5号和10号，家里都是使用本民族语言交流，父母的汉语水平一般，只能进行简单的汉语对话，两个访谈对象在就业过程中都有地区限制，父母希望他们能够在家乡找个安稳的工作，语言和习俗都能够很适应，且在外地找工作难度也比在家乡高很多，最终5号在当地县城的银行入职，而10号考取了当地县城的公务员，虽然父母和自己也都比较满意，但实际上相对其他同学而言就业机会是较低的，就业过程中选择很少，就业风险较大。

2. 民族性家庭文化资本的作用

少数民族家庭民族性文化资本越丰富，大学生的失业风险可能相对越小，但职业风险在一定程度上可能相对会越大。尽管大部分受访者家庭民族性文化资本并不特别丰富，但少数民族家庭某些民族性文化特点依然可能局限了部分大学生的就业选择，对就业风险产生一定影响。从就业状态上看，大部分受访者都选择回到自己家乡所在地求职就业，许多同学表明是受到文化风俗习惯等的影响，若回原籍就业可能更有优势，也更容易获得求职成功，但这也可能降低了整体职业匹配度和满意度等。例如，5号的父母经常参与本民族活动，民族性文化观念较强，认为其回家乡就业更适应，自己也发现在外地找工作难度更高，最终在家乡所在县顺利求职成功。1 号提到虽然自己最初签约的是曾实习过的猎头公司，但由于自己是回族，家人考虑饮食文化和以后生活的问题，对于自己在内地工作比较反对，尽管自己不是很在意这些，但顾忌家人意见综合考虑之后还是决定回家乡宁夏去找工作，自己虽然对猎头这个行业很感兴趣，但是家乡那边没有这样的行业，所以只好选择去事务所。11 号也提到父母会与其交流在就业中遭受民族偏见的可能性问题，担心自己是少数民族且所就读学校非重点大学导致在外地不易就业，这让自己从进入大学开始就对就业较为焦虑，且几乎致使自己报考家乡的教师编制。其余也有一些少数民族学生在访谈中表示家庭民族性文化资本并没有对他们的就业产生影响。例如，13 号谈到在就业中没有碰到过民族偏见的问题，因为大家对藏族有所了解，也很喜欢藏族文化，在国家的政策支持下，藏区与全国同步发展，藏族人民生活水平良好，与其他地区差别不大。

（二）家庭文化资本通过人力资本对就业风险的作用

1. 公有性家庭文化资本的间接作用

第一，家庭一般性文化能力通过影响少数民族大学生人力资本的积累对其就业风险产生作用。研究发现，文化氛围、亲子沟通等方面更好的家庭更加重视对子女的教育，会更多地创造学习氛围以及参与子女的学习过程，促使子女养成更好的学习习惯与学习积极性，从而提升其人力资本存量，尤其是在学业成绩和课外活动与实践方面，而当其人力资本存量提升时，其在就业竞争中的筹码也会随之增加。例如，4 号、6 号、7 号、11 号都在访谈中提到父母一直比较关心自己的学习成绩，会在上学的时候给自己报补习班补习比较薄弱的科目，想办法提升自己学习成绩，上了大学以后也经常询问在学校的情况，更是非常支持参加一些比赛和课外活动，丰富自己的经历。6 号提到父母非常关心自己的学业成绩，平时放假回家也会一起交流在学校的情况，鼓励自己更高质量地完成学业，这也使她的学习积极性一直都挺高，大学期间成绩一直比较优秀，多次获得校级奖学金，为以后的就业奠定了良好的基础，同时可能由于父母经商，也非常重视对其人际关系能力的培养，教育其要礼尚往来、努力学习、把握人际沟通的技巧等，这也使她很喜欢参加相关类型的活动，她提到正是有了这些经历和性格，才能在就业时比别人多一些选择，虽然不一定能够干自己喜欢的事情，但是可以从中选择自己更喜欢的。7 号提到父母对自己的学习一直十分关心和支持，他们觉得自己当时条件不好没有上过大学，所以希望其能够成绩优秀以便有个好未来，自己在校期间获得的各项成绩也为自己的简历丰富了一笔。3 号谈到父母经常与其交流，并鼓励其大学期间在学习的同时一定要多参加一些学校的活动，多结识朋友，这和读书学习一样有意义，因此她在校期间非常乐于参与学校的各种文体活动，人际关系、沟通与表达能力、团结协作能力都较好，这样的性格培养和能力提升也使她毕业以后成功入职了一家传媒公司，自己和家人对工作也比较满意。而文化能力较弱的父母虽然大多数也十分关心子女的学习成绩，但并没有实质措施去帮助子女提升成绩，也没有意识加强课外活动或者专业相关比赛方面，只是让子女自己多用心，子女也不太热衷参加各种社会活动和比赛。例如 5 号、8 号、9 号、10 号都在访谈中提到父母不怎么参与自己的学习，主要是提供经济支持，更多的是支持自己的决定。5 号提到家里氛围严肃，父母对自己在学校的情况也不太了解，鲜少与父母进行学习生活方面的沟通交流，父母对其的就业情况偶尔关心，只是希望他们毕业以后回家乡找个安稳的工作，所以自己对自己也没有什么高的要求，在校成绩一般，英语四级水平，无其他证书和考试，自己更愿意利用假期和闲暇时间做一些兼职挣钱，挣点钱也能买自己喜欢的东西，减轻一点父母的负担，毕业以后就直接在当地县城银行工作。

第二，家庭文化物品通过影响少数民族大学生人力资本的积累对其就业风险发挥作用。访谈分析发现，家庭文化物品的存量对少数民族大学生的人力资本存量具有一定正向影响，进而对就业也产生正向影响。例如，访谈对象 6 号的家里有一些藏书可供日常阅读，涉及多种种类，父母也会鼓励其多看书开阔眼界，这使其养成了良好的阅读和学习习惯，相较于其他同学平时更加注重积累，做事也更加专注，其在大学期间积累了多种形式的人力资本，在就业过程中由于积累了较为丰富的经验和人力资本存量，就业选择也相对较多，最终成功考上公务员，就业质量较高，就业风险较低。11 号和 13 号也都提到家庭中拥有较多书籍让自己从小就养成了喜欢阅读的习惯，而且做事也较为专注，这对于在大学期间自主学习自控力有一定影响。11 号谈到父母将阳台腾出来做书房，为自己创造更好的学习条件，也为自己积累更丰富的人力资本提供了支持，对自己顺利寻找到满意的工作有间接影响。

第三，父母文化程度和汉语能力通过影响少数民族大学生积累的人力资本对其就业风险产生影响。通过访谈发现，少数民族大学生的人力资本存量一定程度上受到父母文化程度的影响，父母的文化程度越高时，家庭的文化能力也随之越强，会对大学生的人力资本积累产生积极影响，进而影响就业。例如，访谈对象 11 号的父母均受过高等教育且是初中教师，平时非常关心子女的学习成绩，也会经常与老师交流学习情况，他谈到父母帮助其塑造了正确价值观，而且为其学习与就业提供了相对宽松自由的氛围，对于自己积累人力资本有一定影响。6号和7号的父母均为高中学历，父母平时较为重视对其知识素质和能力的培养，这两位访谈对象的人力资本情况也明显优于其他访谈对象，正是有了这些人力资本的积累，使他们在就业过程中能够有更多的选择，就业质量更高，就业风险更小。相反，访谈对象8号和10号的父母都只有小学及以下学历，在其学习和就业过程中参与度并不高，这两位访谈对象的人力资本存量情况则明显较薄弱，就业选择也具有很多局限性。10号在访谈中提到父母虽然关心自己的学习情况，但由于父母文化程度不高，在完成学业的过程中更多的是由其自己做决定，而且西藏地区的教育水平相对薄弱，自己的学习基础也比较差，想要获得优秀的成绩也很难，自己在校学习成绩一般，未通过英语四级、六级，也没有其他证书，毕业之后也直接回西藏考上了当地县城的公务员。同时，受访者父母汉语能力与熟练程度对于子女的人力资本积累也有一定影响，部分少数民族聚居地和自治地区家庭中父母汉语水平一般，平时交流使用民族语言，学生人力资本积累情况相较于其他学生也更薄弱，进而影响了其就业。例如，访谈对象5号和10号父母的汉语水平一般，只能进行简单的汉语对话，家里都是使用本民族语言交流，自己的汉语水平也只是一般水平，这也直接导致了这两名同学在人力资本积累方面的弱势，既没有拥有优异的学习成绩，在人际沟通等能力方面也会有一些劣势，使得他们的就业选择更少，就业风险较大。

2. 民族性家庭文化资本的间接作用

由于被访谈对象中大部分少数民族家庭没有保存民族性的文化物品，也很少参与本民族文化活动和宗教活动，家庭也都表现出很强的民族包容性，学习或就业过程中也没有受到明显的民族偏见，且除了个别民族惯习比较强的家庭外，大部分少数民族家庭民族观念不太强，家庭里也很少涉及本民族文化的交流，许多同学表示家庭中民族性文化资本对其人力资本并未产生显著影响。但部分少数民族家庭拥有的具身化和客观化形态民族性文化资本在毕业生人力资本积累上还是具有一定积极影响，尤其是在综合素质和能力的积累上，进而对就业也产生一定影响。例如，访谈对象3号家庭存有蒙古族的特色乐器马头琴，父母热爱文艺活动，自己受到影响也非常热爱，经常参加社区和学校组织的一些民族文艺活动，大学期间获得了学校民族舞蹈大赛一等奖，也让自己性格开朗，善于与人沟通，适应能力较强，这些都对在传媒公司成功就业有很大帮助。13号谈到自己会与父母在家谈论一些藏族的历史文化和习俗，这让自己对藏族文化也比较感兴趣，学会了制作唐卡，也对民族舞蹈比较擅长，培养了一定的文化能力，对自己更好地融入大学生活提升学习成绩和综合素质有一定的帮助，也帮助自己建立自信，培养良好的人际沟通能力和团队协作能力，在就业过程中才会有更多的信息来源渠道，帮助自己顺利求职就业。

三、大学文化资本对毕业生就业风险的作用

质性分析发现，大学文化资本在对少数民族大学毕业生就业风险的影响中同样既发挥一定直接作用，又通过人力资本发挥一定间接作用。

（一）大学文化资本对就业风险的作用

1. 公有性大学文化资本的作用

第一，大学一般性文化能力越强，少数民族大学生就业风险相对越小。大学良好的学校社会声誉、校风学风、师生关系和文化认同等不仅有助于提升大学生的人力资本积累，而且有助于降低就业风险。例如，1号提到在求职成功的两家企业中，猎头行业公司比较看中学校品牌声誉，实习生基本上都是一本以上的，对专业要求很低，而事务所也比较看重所就读的高校。在大学期间也会和老师或辅导员沟通就业问题，老师也会提供一些实习就业机会，这对于以后的求职有一定的帮助。4号表示学校浓厚的人文氛围让自己的人生观、价值观受到了影响，所以会更谨慎选择就业，自己在求职过程中也会反复衡量，虽然成功求职几家不同性质的单位，但最终还是选择了更加稳定的公务员。7号提到大学期间老师会鼓励多参加与就业有关的讲座，自己也会经常去参加，对于自己的就业产生一定帮助。13号提到在求职过程中经常与老师沟通，老师也对制作简历、职业选择等提供了很多有用的建议。而所就读学校的社会声誉、师生关系、学风校风和文化氛围处于相对弱势的受访者的就业风险也相对更高一些。例如，8号和9号所就读学校的社会声誉、师生关系、教师文化水平和学风校风比较一般，他们的就业机会和就业质量相对也较低，就业风险相对较大。9号认为尽管自己想进正规医院工作，但由于毕业院校的声誉和知名度不高，没有顺利找到医院的工作。

第二，大学一般性文化物品越丰富，少数民族大学生相对的就业风险越小。不同规模和品牌的大学拥有的文化物品存在显著差异，大学为就读学生所创造的校园文化环境、文化基础设施与设备、各种文化软资源和文体活动以及教学科研

成果是大学生学习与生活的客观条件，也是大学品牌质量的客观体现。访谈分析发现，尽管不同大学拥有的客观文化物品存在显著差异，如访谈对象4号就读的民族类高校学校环境优美、图书资源丰厚、教育资源和科研教育成果丰富，8号就读的学校规模相对较小，图书馆藏书量也相对较少，教育资源相对短缺。但大多数受访者认为自己学校的文化物品能够满足基本需要，大学一般性文化物品对少数民族大学生就业似乎并未产生特别显著的直接影响，但不同大学拥有的客观文化物品差异实际上体现了大学品牌质量上的差异，对大学生的知识能力积累与就业的影响发挥显著作用。4号认为所在大学提供的各种人文环境与客观条件较大影响了自己人生观、价值观，增强了自己通过学习知识改变生活环境的想法，借助学校所创造的良好的客观环境和资源，其最终考上公务员。而8号提到求职中就读学校和所学专业发挥的作用比较大，他在待业1个月后，经学校推荐在一家校企合作企业工作，工作质量和工资待遇都比较一般，并不符合他的预期，他也不愿意长期继续这份工作，就业风险相对较大。

第三，大学的品牌越强、学科质量与师资力量越强、制度规范越完善，少数民族大学生就业风险相对越小。被访谈对象中，8号和9号所就读的高校是高职高专院校，就业质量相对较一般，就业风险相对较大。9号就读的高等专科学校在学科建设与师资力量方面都比较薄弱，他认为学校教学能力一般，只有个别老师教学挺好，自己的知识和能力也一般，毕业后本来比较想去医院上班，但由于毕业院校的原因没有成功，只能经家人介绍在河南郑州一家私人诊所上班，工资待遇一般，自己对这份工作也不是很满意，不会长期从事这份工作的。2号、7号、10号均就读于本科院校，就业满意度高且稳定，工作满足预期，愿意长期工作，就业风险小。11号提到自己就读的学校虽然不是名牌高校，但由于就读的是师范院校，从事初中教师比较对口，学校对自己的成功就业有一定的帮助。而学校的各种管理制度、课程设置与实习安排制度以及就业指导与实践机会也有助于少数民族大学生降低就业风险。例如，6号提到学校在就业中提供了各种信息支持，合理的课程制度和各种就业指导与实践机会等都让自己提前感受了一些工作的生活状态，为今后真正的工作提供参考。8号提到虽然学校并非知名院校，但学校联系企业安排了自己的就业，学校关于校企合作方面的就业政策给予了很大帮助。但也有部分受访者如4号和5号认为大学所提供的就业指导对自己的就业没有太大帮助，这与不同学生对所在大学各种制度与政策的了解和运用也有较大关系。

2. 民族性大学文化资本的作用

第一，大学民族性文化能力越强，少数民族大学生就业风险相对越小。大学宽松多元的文化氛围和对不同民族文化的包容性能够帮助少数民族大学生尽快融入大学生活和大学文化，也增强了大学生的文化包容性和环境适应力，有助于大学生为适应未来面对不同文化的就业环境做好准备，对于促进其顺利实现就业具有一定意义。访谈分析发现，基本上所有受访者均表示所在学校的文化氛围都较为宽松多元，对不同民族文化也较为尊重，不同民族同学间文化交流较多，对于增强自己的文化适应性有较大帮助，而这对于自己未来的就业选择和风险是有较大影响的。例如，4 号谈到大学的民族文化氛围让自己了解了很多不同民族的文化，自己的民族包容感更强了，对于将来到不同地区和环境去就业也有了信心，尽管自己最终依然选择回到家乡所在省份去工作，但只是出于工作稳定性等方面的考虑，自己实际上有其他几个工作意向，求职成功率较高，就业风险较低。

第二，大学民族性资源设施和民族性文体活动的举办对少数民族大学生的就业虽然没有显著的直接影响，却能增强大学生的文化包容性和民族文化认同度，对其就业风险产生一定影响。结合受访者的就业情况来看，虽然大学中民族性文化物品多的受访者，如 4 号和 6 号的就业机会和质量较高，就业风险较小，但来自其他较少民族性文化物品的大学的被访者如 10 号同样考上公务员，就业风险也较小，大学民族性文化物品的丰富程度似乎没有太大影响。但不同民族性资源设施和文体活动对于学生的文化包容性却具有较大影响，例如，6 号提到大学的民族性资源设施让自己在意识上更加强化尊重各民族文化，文化包容性与认同感更强，这对于自己的学习、生活与就业都有一定的影响。

第三，大学民族性课程与规章制度的设立，有助于降低少数民族大学生的就业风险。访谈发现，民族类高校或处于少数民族聚集地区的高校中少数民族学生相对较多，一般开设了一部分专门针对少数民族学生的汉语语言与民族政策等相关课程，有一些针对少数民族学生的独立奖励制度，也会提供一些针对少数民族学生的就业培训或指导，这对于促进少数民族大学生实现就业和降低就业风险有显著作用。例如，访谈对象 3 号谈到像他们这种偏远地区民族生的工作机会不像别的同学那么多，比较不好找工作，学校的就业帮扶政策就解决了这个问题，他们会把民族地区的就业信息发送给对应地区的民族生，为同学们提供较多的就业机会，这大大提高了少数民族大学生的就业概率。6 号提到学校针对少数民族学生的民族类课程和奖励制度会弥补一些民族地区因条件限制丧失的一些机会，为少数民族学生提供的就业指导也能帮助他们更好地就业。

(二)大学文化资本通过人力资本对就业风险的作用

1. 公有性大学文化资本的间接作用

第一，大学一般性文化能力通过影响少数民族大学生人力资本的积累对其就业风险发挥作用。例如，访谈对象2号提到大学期间会与老师交流与学科相关的问题，老师对自己的学习和就业都能给予帮助和指导，这对于自己积累专业知识具有较大帮助。4号提到学校良好的文化氛围和学风校风让自己的人生观、价值观都有较大变化，促使自己更加努力工作学习知识改变生活环境，然后再去摄取更多知识。6号虽然认为自己学校的学风校风有待优化，但这种文化氛围却让自己在学业和就业方面都更加积极，促进自己积累更丰富的人力资本，也锻炼了自己的实践能力，让自己真正面对社会的时候有一点准备。11号认为学校学风和校风很好，同学们学习努力，对自己有一些积极影响，收获了良好的课业成绩，有利于自己的就业。13号也提到学校浓厚的学习氛围对学习有促进作用，帮助自己掌握了扎实的专业知识，收获了专业知识、解决问题的能力，在就业中发挥了作用。而8号和9号所就读的高职高专的社会声誉、师生关系和学风、文化氛围较一般，他们所积累的人力资本情况也较差，人际关系能力、表达沟通能力、团结协作能力都比较一般，他们的就业风险相对更高一些。

第二，大学一般性文化物品通过影响少数民族大学生人力资本的积累对其就业风险发挥作用。例如，访谈对象4号提到学校硬件软件资源条件对于自己的学业能力提供了较大支持，为自己的就业提供了良好保障。7号提到虽然所就读大学教学硬件条件一般，但学校实验仪器设备足以满足日常使用，且图书资料丰富，能满足多种需求，更新速度快，自己所学的专业对学习资源要求比较高，平时看的都是最新的科研资料，学校老师推荐的学习资料基本上在学校图书馆都能找到，这极大地提高了他的学习热情，他也经常利用这些学习资源，这让自己有更好的客观资源条件学习掌握能力，积累了丰富的人力资本，毕业后他凭借丰富的人力资本，仅用了一个月的时间就找到了自己较满意的工作，就业风险较小。然而，由于大学生对学校提供的文化物品运用度的差异，在不同大学就读或即使是在同一所大学就读的大学生对学校创造或提供的客观条件的感知也存在差异，这也是导致不同大学生人力资本积累差异的一个重要因素。如10号提到虽然学校里哪方面的图书都有，但自己并不怎么去图书馆，积累的人力资本也非常少。同一所大学就读的5号认为校园环境布局不好，这种布局导致宿舍离教学楼较远，让自己去教学楼学习的次数变少，而13号认为学校的图书馆和教学楼方便下课后去学习，对于人力资本积累有支持作用。

第三，大学品牌“头衔”、学科质量与师资力量及管理制度规范通过影响少数民族大学生人力资本的积累对就业风险产生作用。例如，访谈对象6号谈到所就读的大学在学科建设和师资力量方面实力都比较强，能够给予自己在学习或就业方面较多建议，在校期间自己不仅学习成绩优秀，还参加过许多专业性竞赛并获奖，且拥有丰富、优质的实习经历，而在大学期间之所以积极参加比赛和参与实习，就是想先尝试一下不同的职业内容，从而确定自己的就业目标，最终决定找一份轻松稳定的工作，成功考上公务员，就业质量相对较高，就业风险也相对较小。2号提到学校开设的课程合理，也提供了有针对性的实习实践机会，这让自己积累的专业知识更加丰富，帮助自己找到更好的工作。3号也提到学校提供的科学的就业指导和实习实践机会对就业很有帮助，这方面的专业教育让自己能有条件去找到适合自己或满意的工作，降低就业风险。

2. 民族性大学文化资本的间接作用

第一，大学民族性文化能力通过影响少数民族大学生人力资本积累而对就业风险产生影响。访谈发现，基本上所有访谈对象均认为所在大学的文化氛围较为宽松多元，对不同民族文化包容性强，增强了自己的文化适应性，让自己与不同民族同学相处融洽，而大学表现出的这种民族性文化能力帮助大学生快速适应学校生活环境，为大学生创造了良好的学习环境，对大学生人力资本积累具有显著作用。例如，3号提到学校对不同民族的包容性对于自己的学习生活挺有帮助的，有利于自己快速融入大学生活并且喜欢上自己的学校，能够更安心地学习知识，增强素质能力，这对于就业有直接作用。7号提到大学宽松多元的文化氛围让自己学会和不同性格、不同生活习惯的人相处，也让自己对所学专业有了更多的了解，掌握一些专业技能，选择就业时也更有底气了。8号提到大学的文化氛围和生活让自己的性格开朗了，增强了自己的人际交往、表达能力和团队协作能力，这也是学校推荐实现就业的因素之一。

第二，大学民族性文化物品通过影响少数民族大学生人力资本积累而对就业风险产生影响。例如，12号提到学校各种民族性资源设施方便了自己的学习和生活，能够让自己更好地投入学习积累知识能力。3号和4号所就读的大学不仅有民族社团，每年还会举办民族性的文体活动，这使少数民族学生有了展示自己的机会。3号提到大学提供的各种民族性资源设施不仅让自己吃上喜欢的美食，也有利于向新朋友介绍家乡美食和文化，增进了自己与人沟通和谐相处的能力，学校举办的民族性文体活动也积累了自己丰富的参赛经验，其所在团队在校园民族舞蹈大赛中获得一等奖，自己同时担任社团负责人，有较强的人际交往、表达沟通和团队协作能力，毕业后其成功在家乡找到专业对口的工作，工作轻松稳定，就业风险也较低。同样，4 号乐于参与各种民族性的文体活动，所在团队曾获得民族舞蹈大赛第三名，丰富的参赛经验使他乐观自信，成功担任系文艺部部长，联谊经验丰富，有一定的组织领导能力，个人能力较强，毕业后 4 号决定回家乡考公务员，通过笔试后，丰富的校园工作经验使他成功通过面试，工作稳定且福利待遇较好，就业风险小。

第三，大学民族性课程与规章制度通过影响少数民族大学生人力资本积累而对就业风险产生影响。例如，访谈对象 6 号认为学校针对少数民族学生开设的汉语语言与民族政策相关课程为少数民族学生，尤其是基础较差的少数民族学生在大学期间积累人力资本提供了一定保障，能够帮助他们提升学习效果。4 号提到一些少数民族地区生活条件落后，相应的针对少数民族学生设置的奖励制度，既可以鼓励学生学习上进步，又可以给予一定的生活帮助，让学生更好地投入学习。12 号也认为设置针对少数民族学生的奖励制度可以鼓励他们更积极地积累知识文化。7 号指出尽管学校目前没有对少数民族学生的独立奖励制度，但自己认为很有必要设置，因为少数民族学生有很多家庭条件不是很好，设置针对少数民族学生的奖励制度可以鼓励他们好好学习，有助于丰富少数民族大学生的人力资本，提高就业概率和就业质量，降低就业风险。

第五章　文化资本、人力资本与大学生就业风险的现状调查

基于理论分析和质性研究，结合少数民族大学毕业生和在读生的问卷调查数据，本章分别梳理家庭与大学文化资本、人力资本与就业风险或就业风险感知的现状。

第一节　文化资本、人力资本与就业风险现状：毕业生的调查分析

本调查以602名少数民族大学毕业生的问卷调查数据为基础，对家庭与大学文化资本、人力资本、就业现状进行详细分析。

一、被调查大学毕业生基本特征

被调查的少数民族大学毕业生共602名，在个体特征、所就读学校类别特征和家庭背景特征上表现出如下几个方面的特点。

(一)被调查毕业生个体特征

1. 被调查对象民族分布特征

被调查少数民族大学毕业生共来自28个民族，其中，土家族有187人，约占比31.1%；回族有99人，约占比16.4%；壮族有74人，约占比12.3%；苗族有54人，约占比9%；满族有32人，约占比5.3%；彝族有19人，约占比3.2%；畲族19人，约占比3.2%；藏族17人，约占比2.8%；蒙古族16人，约占比2.7%；布依族15人，约占比2.5%；瑶族14人，约占比2.3%；白族10人，约占比1.6%；侗族9人，约占比1.5%；哈萨克族和土族各5人，分别约占比0.8%；穿青人、维吾尔族和黎族各4人，分别约占比0.7%；傣族和傈僳族各3人，分别约占比0.5%；羌族2人，占比0.3%；仡佬族、独龙族、仫佬族、朝鲜族、哈尼族、锡伯族、撒拉族各1人，分别约占比0.1%。被调查对象具体民

族分布如图 5-1 所示。

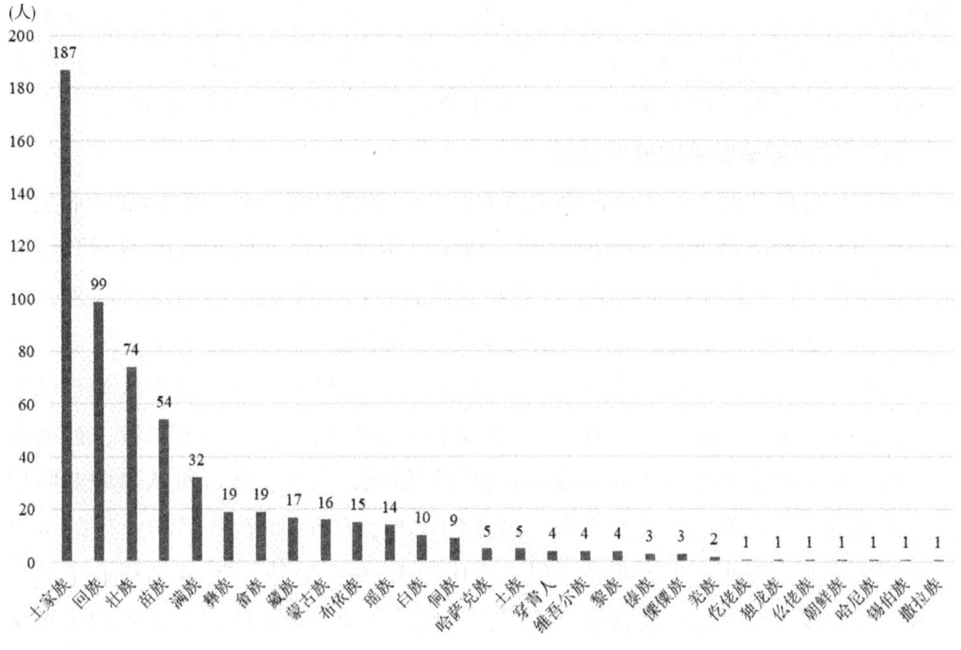

图 5-1　被调查少数民族大学毕业生民族分布图

2. 被调查对象其他个人特征

被调查对象除 4 名专科毕业生外，其余均为少数民族本科毕业生。在性别分布上，被调查少数民族大学毕业生中，男生共有 200 人、约占比 33. 2%，女生共有 403 人、约占比 66. 8%。在生源地上，大部分毕业生来自农村或乡镇，共 336 人、约占比 55. 8%，其余部分毕业生来自于城市地区，其中来自县或县级市的毕业生共 131 人、约占比 21. 8%，来自市或市地级城市的毕业生共 96 人、约占比 15. 9%，来自直辖市或省会城市的毕业生共 39 人、约占比 6. 5%。被调查少数民族毕业生所学专业共涉及 12 个学科门类，其中工学学科的毕业生最多，共 224 人、约占比 37. 2%，其次是管理学学科共 148 人、约占比 24. 6%，法学共 70 人、约占比 11. 6%，经济学 50 人、约占比 8. 3%，理学 42 人、约占比 7. 0%，文学 23 人、约占比 3. 8%，其余还有农学共 19 人、约占比 3. 2%，哲学 8 人、约占比 1. 3%，医学 7 人、约占比 1. 2%，教育学 5 人、约占比 0. 8%，历史学 5 人、约占比 0. 8%，艺术学 1 人、约占比 0. 2%。

（二）被调查毕业生学校特征

被调查少数民族大学毕业生大部分来自国内外普通本科院校，共 541 人、约占比 89.9%，另外还有 5 名毕业生来自 985 高校或国外重点高校，约占比 0.8%；25 名毕业生来自“211”（非“985”）高校，约占比 4.2%；27 名毕业生来自民办高校或独立学院，约占比 4.5%；4 名毕业生来自高职高专，约占比 0.7%。

（三）被调查毕业生家庭背景特征

在家庭经济状况上，大部分被调查对象家庭经济情况一般，少部分毕业生认为自己的家庭经济情况非常差或较好。其中，40 名毕业生认为自己的家庭经济情况非常差，占比约 6.6%；149 名毕业生认为自己的家庭经济情况比较差，占比约 24.8%；391 名毕业生认为自己的家庭经济情况一般，占比 65%；20 名毕业生认为自己的家庭经济情况比较好，占比约 3.3%；只有 2 名毕业生认为自己家庭经济情况非常好，仅约占比 0.3%。在父母职业阶层上，整体上来看，被调查的少数民族毕业生父母所从事的最高职业阶层偏低，其中，父母所从事职业阶层占比最高的是农民阶层，共 235 人，占比约 39%，甚至还有 20 名毕业生的父母属于城乡无业、失业、半失业者阶层，占比约 3.3%。另外，有 44 名毕业生的父母从事职业属于国家与社会管理者阶层，占比约 7.3%；有 22 名毕业生的父母从事职业属于经理人员阶层，占比约 3.7%；有 19 名毕业生的父母从事职业属于私营企业主阶层，占比约 3.2%；有 28 名毕业生的父母从事职业属于专业技术人员阶层，占比约 4.7%；有 54 名毕业生的父母从事职业属于办事人员阶层，占比约 9%；有 90 名毕业生的父母从事职业属于个体工商户，占比约 15%；有 16 名毕业生的父母从事职业属于商业服务业员工阶层，占比约 2.7%；有 74 名毕业生的父母从事职业属于产业工人阶层，占比约 12.3%。

二、被调查毕业生家庭文化资本现状

根据前述家庭文化资本维度划分，被调查少数民族大学毕业生家庭文化资本现状分为两个模块，分别是公有性家庭文化资本和民族性家庭文化资本。其中公有性家庭文化资本主要调查少数民族大学毕业生的父母受教育程度、父母汉语能力、家庭文化物品的种类、家里所拥有的书籍、报刊数量等、父母阅读习惯、家庭文化交流等文化能力情况；而民族性家庭文化资本则更多地考察了少数民族毕业生家庭特有的民族性文化资本状况。

（一）公有性家庭文化资本现状

1. 被调查毕业生父母文化程度状况

被调查的少数民族大学毕业生中，有 12 名毕业生的父母没有接受过正式的学校教育，占比约 2%；有 104 名毕业生的父母只有小学学历，占比约 17.3%；有 198 名毕业生的父母拥有初中学历，占比约 32.9%，有 146 名毕业生的父母具有高中学历，占比约 24.3%，有 60 名毕业生的父母具备大学专科学历，占比约 10%，有 71 名毕业生的父母拥有大学本科学历，占比约 11.8%，还有 11 名毕业生的父母拥有研究生学历，占比约 1.8%。

2. 被调查毕业生父母汉语能力状况

在被调查少数民族大学毕业生父母的汉语语言能力上，约 6.1%的毕业生反映父母汉语水平非常差，约 11%的毕业生反映父母的汉语水平比较差，约 39.5%的毕业生反映父母的汉语水平一般，还有约 27.2%的毕业生反映父母汉语水平比较好，16.1%的毕业生则反映父母的汉语水平非常好。

3. 被调查毕业生家庭文化物品状况

被调查少数民族毕业生家庭的文化物品涉及种类较多，其中，有 381 名、占比约 63.3%的毕业生家庭拥有书籍，有 102 名、占比约 16.9%的毕业生家里有字画、雕塑等艺术品，有 50 名、占比约 8.3%的毕业生家里有古董，有 193 名、占比约 32.1%的毕业生家里有独立的书房或书桌，有 385 名、占比约 64%的毕业生家里有电子或纸质学习工具，有 174 名、占比约 28.9%的毕业生家里拥有中西乐器、书法绘画工具等文化器具。调查还显示，许多被调查对象家庭同时拥有多种文化物品，其中，约 3.2%的毕业生家庭同时拥有上述全部六种文化物品，约 6.1%的毕业生家庭同时拥有其中任意五种文化物品，约 11.5%的毕业生家庭同时拥有其中任意四种文化物品，约 15.8%的毕业生家庭同时拥有其中任意三种文化物品，约 24.6%的毕业生家庭同时拥有其中任意两种文化物品，约 21.6%的毕业生家里拥有其中一种文化物品，还有约 17.3%的毕业生家里什么文化物品都没有。

4. 被调查毕业生家庭书籍数量状况

被调查少数民族毕业生中，约 19.8%的毕业生认为家里几乎没有书籍、报刊等，约 24.1%的毕业生认为家里所拥有的书籍、报刊等数量比较少，约 37.2%的毕业生认为家里所拥有的书籍、报刊等数量一般，约 15.4%的毕业生认为家里所拥有的书籍、报刊等数量比较多，约 3.5%的毕业生认为家里所拥有的书籍、报刊等数量非常多。

5. 被调查毕业生家庭具身化公有性文化资本状况

在被调查少数民族毕业生家庭中，对于父母在喜欢阅读书籍、报刊方面，在经常听广播、看电视新闻、听音乐、绘画等方面，在经常与毕业生参加高雅文化活动方面，在经常与毕业生交流时事、科学、文学、艺术、书籍等方面以及在希望子女继续升学或成为某一领域的专家这五个方面，分别有约 18.8%、9.0%、28.6%、23.3%、5.8%的毕业生认为父母表现非常不符合，分别有约 21.8%、13.1%、29.9%、24.8%、11%的毕业生认为父母表现比较不符合，分别有约 37%、41.7%、30.6%、33.6%、37.9%的毕业生认为父母表现一般，分别有约 16.1%、27.2%、8.1%、14.3%、27.4%的毕业生认为父母表现比较符合，还分别有约 6.3%、9.0%、2.8%、4.2%、17.9%的毕业生认为实际情况非常符合。被调查毕业生的具身化公有性家庭文化资本状况如图 5-2 所示。

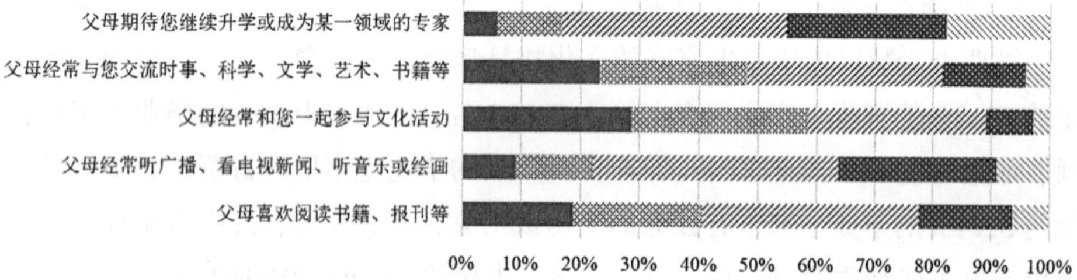

	父母喜欢阅读书籍、报刊等	父母经常听广播、看电视新闻、听音乐或绘画	父母经常和您一起参与文化活动	父母经常与您交流时事、科学、文学、艺术、书籍等	父母期待您继续升学或成为某一领域的专家
■非常不符合	18.8%	9.0%	28.6%	23.3%	5.8%
※比较不符合	21.8%	13.1%	29.9%	24.8%	11.0%
⁄⁄一般	37.0%	41.7%	30.6%	33.6%	37.9%
▩比较符合	16.1%	27.2%	8.1%	14.3%	27.4%
⧵⧵非常符合	6.3%	9.0%	2.8%	4.2%	17.9%

图 5-2　被调查少数民族毕业生具身化公有性家庭文化资本状况图

(二) 民族性家庭文化资本现状

被调查少数民族毕业生家庭中，在客观化民族性文化资本上，对于家庭里拥有许多本民族的文学作品、乐器等艺术产品、手工艺品、服饰、食品、民居等方面以及父母熟悉并掌握本民族的文化物品使用这两个方面，分别有约 18.8%、23.6%的毕业生表示非常不符合实际情况，分别有约 25.9%、24.6%的毕业生认为比较不符合实际情况，分别有约 36. 4%、31. 9%的毕业生认为一般；还有分别约 13. 1%、14. 8%的毕业生认为比较符合实际情况，剩余分别有约 5. 8%、5. 1%的毕业生认为非常符合实际情况。

而在具身化民族性文化资本上，对于父母在经常参加本民族的宗教活动或文化活动方面、家庭中对本民族文化的交流方面、父母对不同民族文化的包容性方面以及家庭中对就业与生活中遭遇民族偏见可能性的交流这四个方面，分别有约 24. 9%、16. 8%、4. 0%、32. 4%的被调查毕业生认为非常不符合实际情况，约 23. 8%、21. 4%、4. 8%、22. 6%的被调查毕业生认为比较不符合实际情况，约 29. 9%、36. 2%、28. 9%、30. 6%的被调查毕业生认为父母表现一般，约 13. 8%、18. 8%、32. 9%、10. 1%的被调查毕业生认为比较符合实际情况，剩余分别有约 7. 6%、6. 8%、29. 4%、4. 3%的被调查毕业生认为非常符合实际情况。被调查对象的民族性家庭文化资本具体状况如图 5-3 所示。

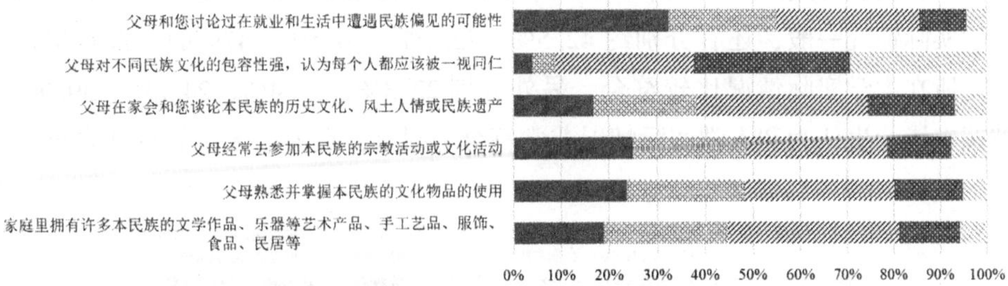

	家庭里拥有许多本民族的文学作品、乐器等艺术产品、手工艺品、服饰、食品、民居等	父母熟悉并掌握本民族的文化物品的使用	父母经常去参加本民族的宗教活动或文化活动	父母在家会和您谈论本民族的历史文化、风土人情或民族遗产	父母对不同民族文化的包容性强，认为每个人都应该被一视同仁	父母和您讨论过在就业和生活中遭遇民族偏见的可能性
■非常不符合	18.8%	23.6%	24.9%	16.8%	4.0%	32.4%
比较不符合	25.9%	24.6%	23.8%	21.4%	4.8%	22.6%
一般	36.4%	31.9%	29.9%	36.2%	28.9%	30.6%
比较符合	13.1%	14.8%	13.8%	18.8%	32.9%	10.1%
非常符合	5.8%	5.1%	7.6%	6.8%	29.4%	4.3%

图 5-3 被调查少数民族毕业生民族性家庭文化资本状况图

三、被调查毕业生大学文化资本现状

基于前述大学文化资本维度划分，根据作为受众群体的被调查少数民族大学毕业生对所在大学文化资本的感知来分析大学文化资本现状，可以具体分为公有性大学文化资本和民族性大学文化资本两个模块。

(一)公有性大学文化资本现状

公有性大学文化资本主要从被调查少数民族大学毕业生所就读大学的建校历史、社会声誉、校风学风、教学条件、校园环境、图书馆资源、文体活动频率、学术科研成果、师生关系、规章制度、课程设置、对毕业生就业指导、个人所得成就感等方面进行考查。调查发现，绝大部分毕业生对自己所读大学的公有性文化资本整体评价较好。被调查对象所在大学的公有性文化资本具体状况如图 5-4 所示。

1. 具身化公有性大学文化资本现状

图 5-4 中的数据显示，在大学悠久的建校历史、大学社会声誉好、大学校风和学风好以及大学的师生举止文明、关系和谐四个方面，分别有约 1.8%、1.0%、1.2%、0.7%的被调查少数民族毕业生认为所在大学实际情况非常不符合，分别约 4.2%、2.7%、2.8%、1.8%的被调查毕业生认为和大学实际情况比较不符合的，分别约 29.2%、30.2%、24.8%、19.6%的被调查毕业生表示所在大学实际情况一般，还有分别约 42.5%、42.7%、46.5%、47%的被调查毕业生认为所在大学实际情况比较符合，另外分别 22.3%、23.4%、24.8%、30.9%的被调查毕业生认为和大学实际情况非常符合。同时，在关于大学教育让自己获得

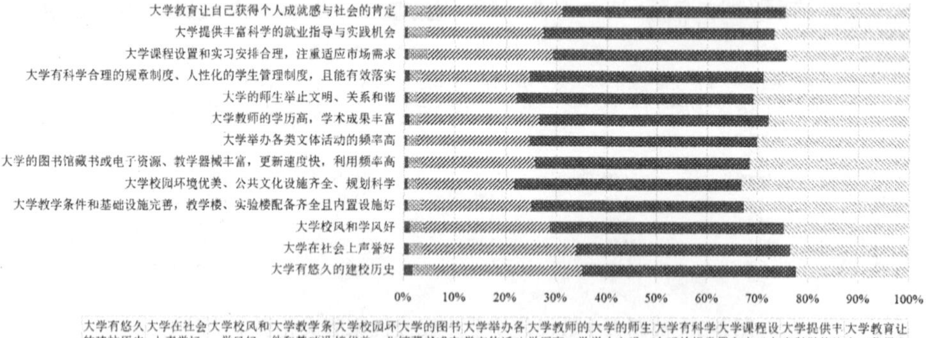

	大学有悠久的建校历史	大学在社会上声誉好	大学校风和学风好	大学教学条件和基础设施完善，教学楼、实验楼配备齐全且内置设施好	大学校园环境优美、公共文化设施齐全、规划科学	大学的图书馆藏书或电子资源、教学器械丰富，更新速度快，利用频率高	大学举办各类文体活动的频率高	大学教师的学历高，学术成果丰富	大学的师生举止文明、关系和谐	大学有科学合理的规章制度、人性化的学生管理制度，且能有效落实	大学课程设置和实习安排合理，注重适应市场需求	大学提供丰富科学的就业指导与实践机会	大学教育让自己获得个人成就感与社会的肯定
■非常不符合	1.8%	1.0%	1.2%	0.8%	0.7%	0.8%	0.5%	1.0%	0.7%	1.0%	0.8%	0.7%	0.7%
比较不符合	4.2%	2.7%	2.8%	2.8%	2.0%	2.5%	2.3%	2.2%	1.8%	2.3%	3.8%	4.2%	3.7%
一般	29.2%	30.2%	24.8%	21.4%	18.8%	22.4%	21.8%	23.3%	19.6%	21.3%	24.6%	22.4%	26.7%
比较符合	42.5%	42.7%	46.5%	42.2%	45.3%	42.7%	45.3%	45.7%	47.0%	46.5%	46.3%	46.0%	44.4%
非常符合	22.3%	23.4%	24.8%	32.7%	33.2%	31.6%	30.1%	27.9%	30.9%	28.9%	24.4%	26.7%	24.6%

图 5-4　被调查少数民族毕业生公有性大学文化资本状况图

个人成就感与社会的肯定方面，分别约 0.7%和 3.7%的被调查毕业生表示非常不同意和比较不同意，分别约 44.4%和 24.6%的被调查毕业生表示比较同意和非常同意，其余约 26.7%的毕业生则表示一般。

2. 客观化公有性大学文化资本现状

图 5-4 中，在大学教学条件和基础设施完善，教学楼、实验楼配备齐全且内置设施好方面，在大学校园环境优美、公共文化设施齐全、规划科学方面，以及在大学的图书馆藏书或电子资源、教学工具、实验器械丰富，更新速度快，利用频率高这三个方面，分别有约 0.8%、0.7%、0.8%的被调查毕业生认为这和所在大学实际情况非常不符合，分别约 2.8%、2%、2.5%的被调查毕业生认为和实际情况比较不符合，还有分别约 42.2%、45.3%、42.7%的被调查毕业生反映自己所在大学实际情况比较符合，分别约 32.7%、33.2%、31.6%的被调查毕业生认为和所在大学实际情况非常符合，其余约 21.4%、18.8%、22.4%的被调查毕业生则表示自己所在大学实际情况一般。而在大学举办各类文体活动频率高方面，分别约 0.5%和 2.3%的被调查毕业生认为与所在大学实际情况非常不符合和比较不符合，还有分别约 45.3%和 30.1%的被调查毕业生反映所在大学实际情况比较符合和非常符合，而其余约 21.8%的被调查毕业生则表示所在大学实际情况一般。

3. 制度化公有性大学文化资本现状

图 5-4 中，在大学教师学历高、学术成果丰富方面，约 1%和 2.2%的被调查毕业生分别认为与实际情况非常不符合和比较不符合，还有约 45.7%和 27.9%的被调查毕业生分别反映与实际情况比较符合和非常符合，而其余约 23.3%的被调查毕业生则表示所在大学实际情况一般。在关于大学有科学合理的规章制度、人性化的学生管理制度且能有效落实方面，关于大学课程设置和实习合理安排以及关于大学提供丰富科学的就业指导与实践机会这三个方面的调查结果显示，分别约 1%、0.8%、0.7%的被调查毕业生认为与实际情况非常不符合，分别约 2.3%、3.8%、4.2%的被调查毕业生认为与实际情况比较不符合，还有分别约 46.5%、46.3%、46%的被调查毕业生认为与实际情况比较符合，分别约 28.9%、24.4%、26.7%的被调查毕业生认为和实际情况非常符合，而其余被调查毕业生认为所在大学实际情况一般，分别占比约 21.3%、24.6%、22.4%。

（二）民族性大学文化资本现状

民族性大学文化资本主要依据被调查少数民族大学毕业生所感知的大学少数

民族学生数量、对不同民族文化的包容性、是否拥有独立的民族性资源设施、民族特有文体活动频率、是否开设专门针对少数民族学生的相关课程、是否有针对少数民族学生的独立奖励制度、是否有专门针对少数民族学生的就业培训与指导以及大学教育是否增强了毕业生的文化适应性等方面进行考查。被调查对象所在大学的民族性文化资本具体状况如图 5-5 所示。

1. 具身化民族性大学文化资本现状

图 5-5 的数据显示，在大学具有宽松多元文化氛围，对不同民族文化具有包容性方面，被调查毕业生中有约 1%和 1. 3%的同学分别认为与所在大学实际情况非常不符合和比较不符合，还有约 28. 6%和 52. 7%的毕业生分别认为与实际情况比较符合和非常符合，剩余约 16. 4%的毕业生则表示自己所在大学实际情况表现一般。而在大学教育增强了自己的文化适应性及让自己与不同民族同学相处融洽方面，约 1. 7%和 2. 2%的被调查毕业生分别认为与实际情况非常不符合和比较不符合，还有约 30. 2%和 41. 7%的被调查毕业生分别认为与实际情况比较符合和非常符合，另外约 24. 3%的被调查毕业生则反映所在大学的实际情况一般。

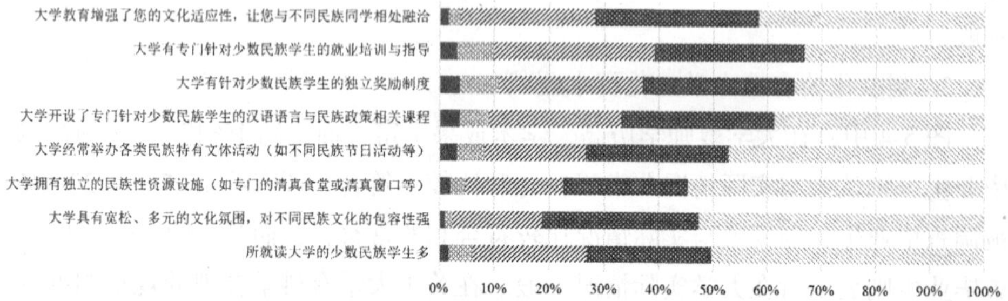

	所就读大学的少数民族学生多	大学具有宽松、多元的文化氛围，对不同民族文化的包容性强	大学拥有独立的民族性资源设施（如专门的清真食堂或清真窗口等）	大学经常举办各类民族特有文体活动（如不同民族节日活动等）	大学开设了专门针对少数民族学生的汉语语言与民族政策相关课程	大学有针对少数民族学生的独立奖励制度	大学有专门针对少数民族学生的就业培训与指导	大学教育增强了您的文化适应性，让您与不同民族同学相处融洽
■非常不符合	1.8%	1.0%	2.0%	3.2%	3.7%	3.7%	3.2%	1.7%
※比较不符合	4.2%	1.3%	2.7%	5.0%	5.3%	7.1%	6.8%	2.2%
⁄一般	20.8%	16.4%	17.9%	18.6%	24.1%	26.2%	29.2%	24.3%
■比较符合	22.9%	28.6%	22.8%	26.1%	28.2%	27.9%	27.7%	30.2%
⁄非常符合	50.3%	52.7%	54.7%	47.2%	38.7%	35.0%	33.1%	41.7%

图 5-5　被调查少数民族毕业生民族性大学文化资本状况图

2. 客观化民族性大学文化资本现状

图 5-5 中，对于大学拥有独立的民族性资源设施以及大学经常举办民族特有

文体活动这两项调查，分别有约2.0%、3.2%的被调查毕业生表示与所在大学实际情况非常不符合；分别有约2.7%和5.0%的被调查毕业生认为与实际情况比较不符合，分别有约17.9%和18.6%的被调查毕业生持中立意见认为自己所在大学实际情况一般，分别有约22.8%和26.1%的被调查毕业生认为与实际情况比较符合，最后还有分别约54.7%和47.2%的毕业生则认为与所在大学的实际情况非常符合。

3. 制度化民族性大学文化资本现状

图5-5中，制度化民族性大学文化资本主要从大学的民族品牌和具有民族特色的制度规范方面进行调查。其中，大学民族品牌通过调查少数民族大学毕业生所就读大学的少数民族学生数量来评价，调查显示，分别约1.8%和4.2%的被调查毕业生反映自己所在大学少数民族学生非常少和比较少，约20.8%的被调查毕业生反映自己所在大学实际情况一般，还有分别约22.9%和50.3%的被调查毕业生则表示自己所在大学少数民族学生比较多和非常多。而在具有民族特色的制度规章和管理制度上，关于开设专门针对少数民族学生的汉语语言与民族政策相关课程、提供针对少数民族学生的独立奖励制度以及有专门针对少数民族学生的就业培训与指导这三个方面，分别约3.7%、3.7%、3.2%的被调查毕业生认为与自己所在大学的实际情况非常不符合，分别约5.3%、7.1%、6.8%的被调查毕业生认为这与实际情况比较不符合，还有分别约28.2%、27.9%、27.7%的被调查毕业生表示与所在大学实际情况比较符合，约38.7%、35%、33.1%的被调查毕业生表示与实际情况非常符合，而剩余分别约24.1%、26.2%、29.2%的被调查毕业生则持中立意见，表示所在大学实际情况一般。

四、被调查毕业生人力资本现状

结合理论分析，少数民族大学毕业生的人力资本主要从显性人力资本和隐性人力资本状况两个方面进行调查分析。

(一)毕业生显性人力资本状况

被调查的少数民族毕业生的显性人力资本包括毕业生政治面貌、大学期间学习成绩、获得的荣誉证书、外语水平、其他学习经历、各类实践获奖以及实践经历多方面状况。

1. 被调查对象政治面貌情况

调查结果显示，被调查的少数民族大学毕业生中，绝大部分政治面貌为共青团员，共475人、占比约78.9%；有20名毕业生政治面貌为群众，占比约3.3%；还有102名毕业生为中共党员(或预备党员)，占比约16.9%；5名调查对象属于民主党派，占比约达0.8%。

2. 被调查对象大学学习成绩情况

被调查的少数民族毕业生在大学期间的学习成绩整体处于中等偏上，其中，处于中等水平的毕业生共有271人，占比约45%；237名毕业生学习成绩达到了良好水平，占比约39.4%；14名毕业生学习成绩达到了优秀水平，占比约2.3%，还有75名毕业生认为自己的学习成绩只能达到及格水平，占比约12.5%；只有5名毕业生大学期间学习成绩处于不及格的较差情况，占比约0.8%。

3. 被调查对象大学期间荣誉证书获得情况

在大学期间获得奖学金、“三好学生”“学生标兵”等荣誉证书方面，被调查少数民族毕业生中，有276名毕业生在大学期间没有获得任何相关荣誉证书，占比约45.8%；97名毕业生在大学期间获得过一次荣誉证书，占比约16.1%；82名毕业生在大学期间获得过两次荣誉证书，占比约13.6%；50名毕业生在大学期间获得过三次荣誉证书，占比约8.3%；还有97名毕业生在大学期间获得过三次以上荣誉证书，占比约16.1%。

4. 被调查对象外语水平情况

被调查少数民族毕业生的外语水平整体一般，共424名、占比约70.4%的毕业生通过了CET-4，共164名、占比约27.2%的毕业生通过了CET-6，共12名、占比约2.0%的毕业生通过了专业英语四级，共7名、占比约1.2%的毕业生通过了专业英语八级，共16名、占比约2.7%的毕业生通过了GRE、TOEFL、IELTS或其他英语考试，共18名、占比约3%的毕业生考过了日语、韩语等其他语言证书。调查也显示，部分少数民族毕业生同时拥有多个外语资格证书，其中，约0.2%的毕业生同时获得了上述任意五种相关外语考试证书，约0.3%的毕业生同时获得了其中任意四种外语考试证书，约3.7%的毕业生同时获得了其中任意三种外语考试证书，约24.9%的毕业生同时获得了其中任意两种外语考试证书，43.5%的毕业生获得了其中任意一种外语考试证书，还有约27.4%的毕业生则未通过上述任何外语考试。

5. 被调查对象其他学习成就情况

被调查对象在大学期间的其他学习成就包括获得职业资格证书、获得计算机等级证书、获得双学位、发表学术论文和参与课题研究五个方面。调查显示，有282名、占比约46.8%的毕业生获得过本专业相关职业资格证书，有174名、占比约28.9%的毕业生获得了计算机等级证书，有136名、占比约22.6%的毕业生在大学期间参与过课题研究，有47名、占比约7.8%的毕业生获得了双学位，有38名、占比约6.3%的毕业生在大学期间发表过学术论文。此外，尽管被调查的少数民族毕业生中没有同学同时拥有全部五种学习成就，但也有部分毕业生同时拥有其中多个方面的学习成就，其中，约0.7%毕业生获得或拥有过以上任意四种学习成就，约6.5%的毕业生拥有以上任意三种学习成就，约29.1%的毕业生拥有以上任意两种学习经历，约32.2%的毕业生有过以上任意一种学习成就，但还有约31.6%的毕业生没有五项学习成就中的任意一种。

6. 被调查对象实践获奖情况

在大学期间参加社会或高校举办的比赛或大型活动获奖情况方面，被调查少数民族毕业生相关获奖情况整体一般，有276名、占比约45.8%的毕业生未获得过任何奖项，获得校级比赛奖项的毕业生共222名、占比约36.9%，获得地市厅级奖项的毕业生共10名、占比约1.7%，获得省部级奖项的毕业生共43名、占比约7.1%，获得国家级奖项的毕业生共51名、占比约8.5%。

7. 被调查对象其他实践经历情况

在大学期间的其他实践经历主要包括担任学生干部、参加学生组织或社团活动、担任学生组织或社团的骨干或负责人、参加暑期“三下乡”等类似社会实践活动以及具有专业相关实习实践经历。调查显示，被调查少数民族毕业生大学期间活动经历整体比较丰富，有340名、占比约56.5%的毕业生在大学期间担任过学生干部，有404名、占比约67.1%的毕业生参加过学生组织或社团活动，有198名、占比约32.9%的毕业生在学生组织或社团担任骨干或负责人，有186名、占比约30.9%的毕业生参加过暑期“三下乡”等社会实践活动、有346名、占比约57.5%的毕业生具有专业相关的实习经历或工作经验。此外，也有部分毕业生同时拥有过多项实践经历，约8.1%的毕业生有过以上五种实践经历，16.6%的毕业生有过以上任意四种经历，约22.8%的毕业生有过以上任意三种经历，约23.3%的毕业生有过以上任意两种经历，约22.9%的毕业生有过其中任意一种经历，但还有约6.3%的毕业生则没有以上任意一种实践经历。

(二)毕业生隐性人力资本状况

少数民族大学毕业生的隐性人力资本主要通过道德品质素质、特殊文化能力、心理调适与承受能力、人际社交或沟通能力、工作与创新能力五方面的能力素质来反映。大部分被调查毕业生认为自己在这些能力上非常好或较好，其中，分别有约26.7%、8.5%、15.4%、11.1%、9.0%的毕业生认为自己的道德品质素质、特殊文化能力、心理调适与承受能力、人际社交或沟通能力、工作与创新能力等五项能力方面非常强，分别约56.8%、21.4%、52.3%、46.5%、41.9%的毕业生认为自己这五项能力方面比较强，还有分别约15.1%、46.5%、27.9%、34.9%、43.4%的毕业生认为自己这五项能力一般。也有少数被调查的毕业生认为自己的能力偏薄弱，分别有约0.7%、18.9%、3.3%、6.6%、4.5%的毕业生认为自己这五项能力方面比较弱，分别约0.7%、4.7%、1.0%、0.8%、1.3%的毕业生认为自己这五项能力方面非常弱。被调查对象的隐性能力素质状况如图5-6所示。

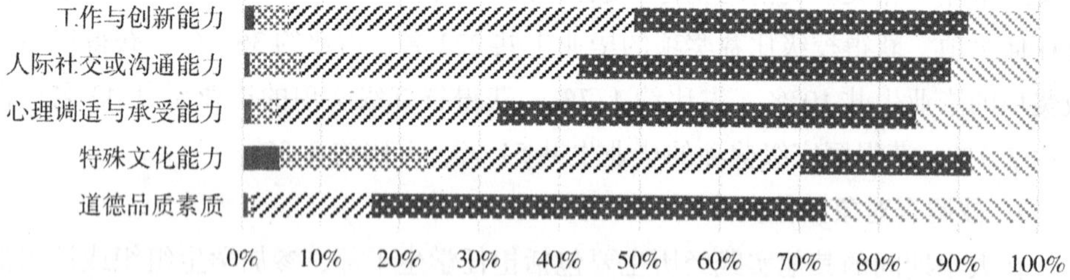

	道德品质素质	特殊文化能力	心理调适与承受能力	人际社交或沟通能力	工作与创新能力
非常弱	0.7%	4.7%	1.0%	0.8%	1.3%
比较弱	0.7%	18.9%	3.3%	6.6%	4.5%
一般	15.1%	46.5%	27.9%	34.9%	43.4%
比较强	56.8%	21.4%	52.3%	46.5%	41.9%
非常强	26.7%	8.5%	15.4%	11.1%	9.0%

图5-6　被调查少数民族毕业生能力素质状况图

五、被调查毕业生就业现状

少数民族大学毕业生就业现状的调查分析从就业的基本状况和就业风险状况两个方面展开。

（一）毕业生就业的基本状况

该部分调查主要通过被调查对象的当前就业状态、就业单位月收入、就业单位性质和就业单位所在地来反映少数民族大学毕业生的基本就业情况。

1. 被调查对象就业状态

对少数民族大学毕业生进行的调查分析显示，截至毕业离校时，被调查的少数民族毕业生就业状态整体上不是很理想。其中，只有221名、占比约36.7%的毕业生已签订工作合同协议或已确定意向等待签约，有19名、占比约3.2%的毕业生灵活就业，另外还有160名、占比约26.6%的毕业生继续学习深造，除此之外，还有较大部分毕业生共202名、占比约33.6%的毕业生仍处于待业状态。

2. 被调查对象就业单位月收入情况

在已实现非升学就业的240名被调查少数民族大学毕业生中，月收入3000元以下的毕业生有41人，占比约17.1%；月收入在3001~5000元的毕业生有116人，占比约48.3%；月收入在5001~7000元的毕业生有59人，占比约24.6%；月收入在7001~10000元的毕业生有19人，占比约7.9%；月收入在10000元以上的毕业生有5人，占比约2.1%。由此可见，绝大部分已就业毕业生月收入处在3001~5000元。

3. 被调查对象就业单位性质情况

在非升学就业的被调查少数民族大学毕业生中，绝大部分毕业生就职于民营企业或个体单位，有128名毕业生就业的单位属于民营企业或个体职业，占比约达53.3%。除此之外，还有59名、占比约24.6%的毕业生在国有企业或国有控股单位就业，有22名、占比约9.2%的毕业生在政府机构或事业单位工作，有19名、占比约7.9%的毕业生在外资或合资企业工作，还有3名、占比约1.3%的毕业生就职于非政府社会组织或非营利组织，另外有9名、占比约3.8%的毕业生选择自主创业或就职于其他性质单位。

4. 被调查对象就业单位所在地情况

在非升学就业的被调查少数民族大学毕业生中，有59名、占比约24.6%的毕业生就职于北、上、广、深四个一线城市，有28名、占比约11.7%的毕业生就职于东部城市，有72名、占比约30%的毕业生就职于中部城市，有41名、占比约17.1%的毕业生就职于西部城市，有2名、占比约0.8%的毕业生就职于东北部城市，还有24名、占比约10%的毕业生在县或县级市工作，有14名、占比约5.8%的毕业生在乡镇或乡村工作。

(二)毕业生的就业风险状况

该部分调查主要通过被调查对象的就业信息来源情况、收到的 offer 数量以及毕业生对就职的职业情况的评价来反映少数民族大学毕业生就业风险状况。

1. 被调查对象就业信息来源状况

在被调查对象的就业信息来源方面，602 名少数民族大学毕业生中，分别有约 5%和 20.8%的毕业生认为自己的就业信息来源非常有限和比较有限，而分别约 5.8%和 30.4%的毕业生表示自己的就业信息来源非常充足和比较充足，还有 38%的毕业生则表示自己的就业信息来源情况一般。

2. 被调查对象求职失败情况

被调查对象的求职失败状况主要通过收到 offer 的数量来评价。调查显示，约 74.4%的少数民族毕业生至少收到 1 个以上的 offer。其中，有 250 名、占比约 41.5%的毕业生收到了 1 个 offer，有 95 名、占比约 15.8%的毕业生收到了 2 个 offer，有 64 名、占比约 10.6%的毕业生收到了 3 个 offer，有 15 名、占比约 2.5%的毕业生收到了 4 个 offer，只有 24 名、占比约 4%的毕业生收到了 5 个及以上的 offer，但仍有 154 名、占比约 25.6%的毕业生没有收到任何 offer。

3. 被调查对象就职职业风险状况

对已实现非升学就业的少数民族大学毕业生的调查分析发现，在工作与预期

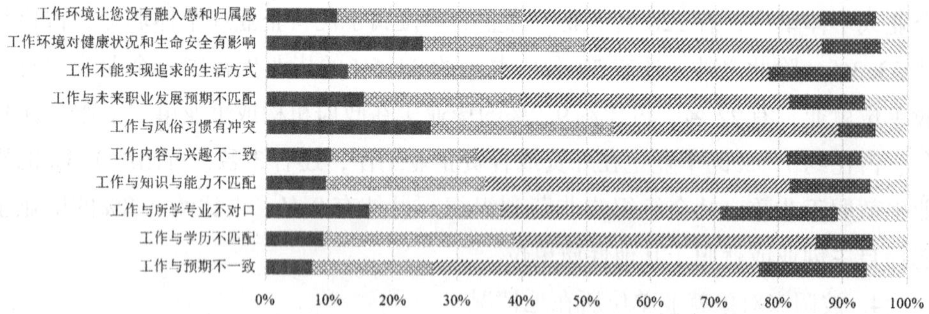

	工作与预期不一致	工作与学历不匹配	工作与所学专业不对口	工作与知识与能力不匹配	工作内容与兴趣不一致	工作与风俗习惯有冲突	工作与未来职业发展预期不匹配	工作不能实现追求的生活方式	工作环境对健康状况和生命安全有影响	工作环境让您没有融入感和归属感
■非常不符合	7.5%	9.2%	16.3%	9.6%	10.4%	25.8%	15.4%	12.9%	24.6%	11.3%
※比较不符合	18.8%	29.6%	20.4%	24.6%	22.5%	28.3%	24.2%	23.8%	25.0%	28.8%
⁄⁄一般	50.8%	47.1%	34.2%	47.5%	48.3%	35.0%	42.1%	41.7%	37.1%	46.3%
▩比较符合	16.7%	8.8%	18.3%	12.5%	11.7%	5.8%	11.7%	12.9%	9.2%	8.8%
⁘非常符合	6.3%	5.4%	10.8%	5.8%	7.1%	5.0%	6.7%	8.8%	4.2%	5.0%

图 5-7　被调查少数民族毕业生职业风险状况图

情况不一致、工作与学历不匹配、工作与所学专业不对口、工作与知识和能力不匹配、工作内容与自己的兴趣不一致这五个方面的自我评价上，分别有约7.5%、9.2%、16.3%、9.6%、10.4%的毕业生表示非常不符合自己的实际情况，分别有约18.8%、29.6%、20.4%、24.6%、22.5%的毕业生表示比较不符合，还有分别约16.7%、8.8%、18.3%、12.5%、11.7%的毕业生表示比较符合，分别约6.3%、5.4%、10.8%、5.8%、7.1%的毕业生表示非常符合，剩余分别约50.8%、47.1%、34.2%、47.5%、48.3%的毕业生则持中立意见表示自己的实际情况一般。在工作环境与风俗习惯有冲突、工作与未来职业发展预期不匹配、工作不能实现追求的生活方式、工作环境对健康状况和生命安全有影响、工作环境让自己没有融入感和归属感这五个方面的自我评价上，分别有约25.8%、15.4%、12.9%、24.6%、11.3%的毕业生表示非常不符合实际情况，分别约28.3%、24.2%、23.8%、25%、28.8%的毕业生表示比较不符合，还有分别约5.8%、11.7%、12.9%、9.2%、8.8%的毕业生表示比较符合，分别约5%、6.7%、8.8%、4.2%、5%的毕业生则表示非常符合，剩余分别约35%、42.1%、41.7%、37.1%、46.3%的毕业生则持中立意见表示一般。被调查对象就职职业风险评价状况如图5-7所示。

第二节　文化资本、人力资本与就业风险感知现状：在读生的调查分析

基于909名少数民族在读大学生的问卷调查数据，本书对少数民族大学生家庭与大学文化资本、人力资本、就业意愿、期望与风险感知现状进行详细分析。

一、被调查在读大学生基本特征

本调查选取少数民族在读大学生作为研究对象，回收有效调查问卷共909份，在个体特征、所就读学校类别特征和家庭背景特征上均存在一些差异。

（一）被调查在读生个体特征

1. 被调查对象民族分布特征

被调查的少数民族在读大学生分布于35个少数民族，其中，土家族有296人，占比约32.6%；回族有103人，占比约11.3%；壮族有79人，占比约8.7%；苗族有73人，占比约8.0%；藏族有51人，占比约5.6%；满族有49

人，占比约 5. 4%；彝族有 42 人，占比约 4. 6%；蒙古族有 38 人，占比约 4. 2%；布依族有 29 人，占比约 3. 2%；侗族和黎族均有 17 人，各占比约 1. 9%；瑶族有 16 人，占比约 1. 8%；维吾尔族有 14 人，占比约 1. 5%；白族和哈萨克族均有 13 人，各占比约 1. 4%；朝鲜族和仡佬族均有 8 人，占比约 0. 9%；土族有 6 人，占比约 0. 6%；羌族和畲族均有 5 人，占比约 0. 5%；傣族和傈僳族均有 4 人，占比约 0. 4%；哈尼族有 3 人，占比约 0. 3%；穿青人、纳西族、怒族和撒拉族均有两人，占比约 0. 2%；达斡尔族、德昂族、东乡族、拉祜族、毛南族、仫佬族、水族和塔吉克族分别有 1 人，占比约 0. 1%。被调查少数民族大学生民族分布如图 5-8 所示。

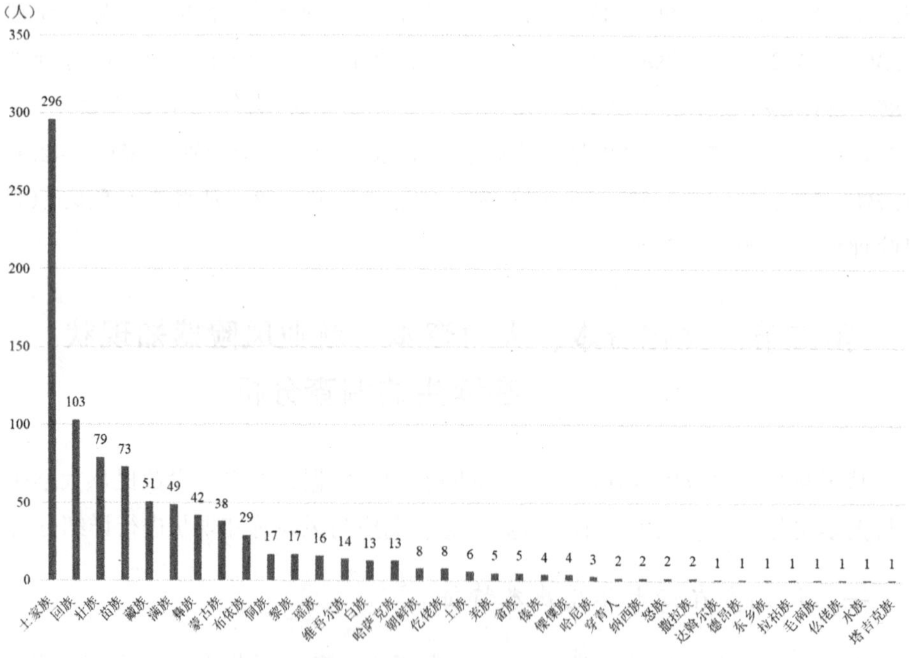

图 5-8　被调查少数民族在读大学生民族分布图

2. 被调查对象其他个人特征

被调查少数民族在读大学生中仅 4 名学生为专科生，其余学生均为本科生，男生共有 260 人、占比约 28. 6%，女生共有 649 人、占比约 71. 4%。被调查对象中，来自大一和大二的学生分别约占比 53. 4%和 14. 5%，来自大三和大四的学生分别约占比 29. 8%和 2. 3%。在生源地上，大部分学生来自农村或乡镇，共 543

人、占比约 59.7%，其余来自县或县级市的学生共 185 人、占比约 20.3%，来自市或市地级城市的学生共 135 人、占比约 14.9%，来自直辖市或省会城市的学生共 46 人、占比约 5.1%。在所学专业学科门类上，共分布于 12 个学科门类，其中，有 394 名管理学学科的学生，占比约 43.3%；124 名文学学科的学生，占比约 13.6%；106 名工学学科的学生，占比约 11.7%；86 名理学的学生，占比约 9.5%；63 名农学的学生，占比约 6.9%；40 名经济学学科的学生，占比约 4.4%；30 名医学学科的学生，占比约 3.3%；24 名法学学科的学生，占比约 2.6%；24 名教育学学科的学生，占比约 2.6%；13 名艺术学学科的学生，占比约 1.4%；3 名哲学学科的学生，占比约 0.3%；2 名历史学学科的学生，占比约 0.2%。

(二) 被调查在读生的学校特征

被调查少数民族在读大学生中，大部分学生就读于普通本科院校或国外普通院校，共 840 人，占比约 92.4%；40 人就读于 211(非 985)高校，占比约 4.4%；22 人就读于民办高校或独立学院，占比约 2.4%；4 人就读于 985 高校或国外重点高校，占比约 0.4%；3 人就读于高职高专，占比约 0.3%。

(三) 被调查在读生的家庭背景特征

在家庭背景特征方面，被调查少数民族在读大学生中，家庭经济状况非常差的学生有 57 人，占比约 6.3%；比较差的学生有 261 人，占比约 28.7%；一般的学生有 544 人，占比约 59.8%；比较好的学生有 43 人，占比约 4.7%；非常好的学生仅有 4 人，占比约 0.4%。在父母所从事的职业阶层上，被调查对象的父母所从事的最高职业阶层也偏低，较多的被调查少数民族大学生父母从事的职业属于农民、个体工商户和产业工人这三个阶层，分别有 329 人、155 人和 147 人，约占比 36.2%、17.1%和 16.2%；另外，各有 83 名和 23 名大学生的父母从事的职业属于国家与社会管理者阶层、经理人员阶层，分别约占比 9.1%、2.5%；分别有 12 名、32 名、67 名和 27 名大学生的父母所从事的职业属于私营企业主阶层、专业技术人员阶层、办事人员阶层和商业服务业员工阶层，分别约占比 1.3%、3.5%、7.4%和 3%；还有约 34 名大学生的父母属于城乡无业、失业、半失业者阶层，占比约 3.7%。

二、被调查在读大学生家庭文化资本现状

少数民族在读大学生的家庭文化资本现状调查也从公有性家庭文化资本和民

族性家庭文化资本两个维度展开。

（一）公有性家庭文化资本现状

结合理论分析，少数民族大学生公有性家庭文化资本的调查内容包括少数民族大学生父母文化程度、汉语水平、家庭文化物品和家庭文化活动、父母阅读习惯、文化交流等制度化、客观化和具身化三种形态的一般性文化资本占有。

1. 被调查在读生父母文化程度状况

被调查少数民族在读大学生父母文化程度的调查结果显示，绝大部分学生的父母具备初中及以上的文化程度，其中，285 名学生的父母为初中学历，占比约 31.4%；228 名学生的父母为高中学历，占比约 25.1%；71 名学生的父母为专科学历，占比约 7.8%；107 名学生的父母为本科学历，占比约 11.8%；15 名学生的父母为研究生及以上学历，占比约 1.7%；另有 183 名学生的父母仅为小学及以下学历，占比约 20.1%；20 名学生的父母则未接受过正式教育，占比约 2.2%。

2. 被调查在读生父母汉语能力状况

在父母的汉语语言能力上，约 6.1%的被调查少数民族在读生反映父母汉语水平非常差，约 13.8%的学生反映父母的汉语水平比较差，约 45.3%的学生反映父母的汉语水平一般，还有约 22.9%的学生反映父母汉语水平比较好，约 12%的学生则反映父母的汉语水平非常好。

3. 被调查在读生家庭文化物品状况

在被调查对象家庭拥有的文化物品种类上，578 名学生家庭中有书籍，占比约 63.6%；132 名学生家庭中有字画、雕塑等艺术品，占比约 14.5%；43 名学生家庭中有古董，占比约 4.7%；275 名学生家庭中有独立的书房或书桌，占比约 30.3%；613 名学生家庭中有学习工具（如电脑、ipad、计算器等电子学习工具或字典、词典、地图、报纸杂志等纸质学习工具），占比约 67.4%；262 名学生家庭中有文化器具（如钢琴、笛子等中西乐器、书法绘画工具等），占比约 28.8%。此外，许多被调查对象家庭也同时拥有多种文化物品，调查结果显示，约 2.20%的学生家里同时拥有上述全部六种文化物品，约 5.2%的学生家里同时拥有其中任意五种文化物品，约 11.4%的学生家里同时拥有其中任意四种文化物品，约 17.5%的学生家里同时拥有其中任意三种文化物品，约 23.5%的学生家里同时拥有其中任意两种文化物品，约 25%的学生家里拥有其中任一种文化物品，还有约 15.2%的学生家里什么文化物品都没有。

4. 被调查在读生家庭书籍数量状况

被调查对象中，大多数少数民族家庭拥有的书籍、报刊数量偏少，其中，303 名学生家中所拥有的数量一般，占比约 33.3%；272 名学生家中所拥有数量比较少，占比约 29.9%；182 名学生家中拥有的数量非常少，占比约 20%；还有 123 名学生家中拥有的数量比较多，占比约 13.5%；仅有 29 名学生家中拥有的数量非常多，占比约 3.2%。

5. 被调查在读生家庭具身化公有性文化资本状况

对于父母在喜欢阅读书籍、报刊方面，在经常听广播、看电视新闻、听音乐、绘画等方面，在经常与子女一起参加文化活动方面，在经常与子女交流时事、科学、文学、艺术、书籍等方面以及在希望子女继续升学或成为某一领域的专家这五个方面，少数民族在读大学生的调查数据显示，分别有约 18.7%、7.5%、30.9%、26.3%、4.70%的学生认为自己家庭的实际表现非常不符合；分别有约 26.1%、19.7%、33.4%、27.6%、10.9%的学生认为家庭实际表现比较不符合；分别约 36.6%、41.3%、27.4%、31.1%、34.7%的学生认为家庭实际情况一般；还有分别约 13.4%、24%、5.5%、11.3%、32.3%的学生认为家庭的实际表现比较符合；分别约 5.2%、7.6%、2.8%、3.6%、17.4%的学生认为家庭实际表现非常符合。被调查少数民族在读生的具身化公有性家庭文化资本状况如图 5-9 所示。

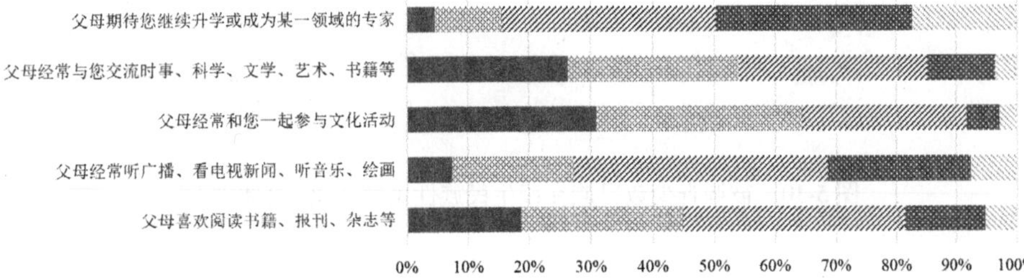

	父母喜欢阅读书籍、报刊、杂志等	父母经常听广播、看电视新闻、听音乐、绘画	父母经常和您一起参与文化活动	父母经常与您交流时事、科学、文学、艺术、书籍等	父母期待您继续升学或成为某一领域的专家
■非常不符合	18.7%	7.5%	30.9%	26.3%	4.7%
※比较不符合	26.1%	19.7%	33.4%	27.6%	10.9%
∥一般	36.6%	41.3%	27.4%	31.1%	34.7%
■比较符合	13.4%	24.0%	5.5%	11.3%	32.3%
⋰非常符合	5.2%	7.6%	2.8%	3.6%	17.4%

图 5-9　被调查少数民族在读生具身化公有性家庭文化资本状况图

(二)民族性家庭文化资本现状

少数民族在读大学生民族性家庭文化资本调查主要涉及客观化和具身化民族性家庭文化资本占有方面的调查。被调查对象的民族性家庭文化资本具体状况如图 5-10 所示。

图 5-10 中的数据显示，针对客观化民族性文化资本，在家庭里拥有许多本民族的文学作品、乐器等艺术产品、手工艺品、服饰、食品、民居方面以及父母熟悉并掌握本民族的文化物品使用这两个方面，被调查少数民族在读生的数据显示，分别有约 21. 2%、26. 8%的学生表示家庭实际表现与此非常不符合，分别有约 29. 7%、30%的学生认为家庭实际表现比较不符合，分别有约 31. 9%、28. 8%的学生认为家庭实际表现一般；还有分别约 12. 3%、9. 5%的学生认为实际情况比较符合，剩余分别有约 4. 8%、4. 8%的学生认为实际情况非常符合。

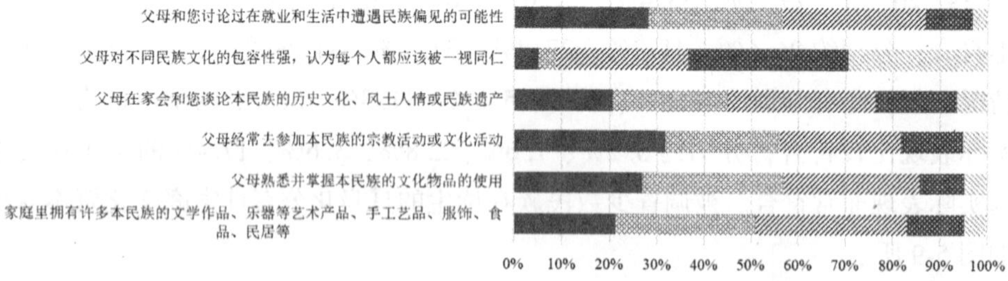

	家庭里拥有许多本民族的文学作品、乐器等艺术产品、手工艺品、服饰、食品、民居等	父母熟悉并掌握本民族的文化物品的使用	父母经常去参加本民族的宗教活动或文化活动	父母在家会和您谈论本民族的历史文化、风土人情或民族遗产	父母对不同民族文化的包容性强，认为每个人都应该被一视同仁	父母和您讨论过在就业和生活中遭遇民族偏见的可能性
■非常不符合	21.2%	26.8%	31.7%	20.6%	5.1%	28.1%
比较不符合	29.7%	30.0%	24.4%	24.3%	3.6%	28.6%
一般	31.9%	28.8%	25.6%	31.5%	27.8%	30.4%
比较符合	12.3%	9.5%	13.2%	17.2%	34.0%	9.7%
非常符合	4.8%	4.8%	5.1%	6.5%	29.5%	3.3%

图 5-10　被调查少数民族在读生民族性家庭文化资本状况图

针对具身化民族性家庭文化资本，在父母经常参加本民族的宗教活动或文化活动方面、家庭中对本民族文化的交流方面、父母对不同民族文化的包容性方面以及家庭中对就业与生活中遭遇民族偏见可能性的交流方面，分别有约 31. 7%、20. 6%、5. 1%、28. 1%的被调查学生认为这四个方面非常不符合家庭实际情况，约 24. 4%、24. 3%、3. 6%、28. 6%的学生认为这四个方面比较不符合家庭实际情况，约25.6%、31.5%、27.8%、30.4%的学生认为家庭在这四个方面表现一般，约13.2%、17.2%、34%、9.7%的学生认为这四个方面比较符合家庭实际情况，剩余分别有约5.1%、6.5%、29.5%、3.3%的学生认为这四个方面非常符合家庭实际情况。

三、被调查在读大学生大学文化资本现状

与少数民族大学毕业生的调查相同，根据作为受众群体的被调查少数民族在读大学生对所在大学公有性和民族性文化资本的感知来分析大学文化资本现状。

（一）公有性大学文化资本现状

对少数民族大学在读生的调查也发现，绝大部分学生对自己所就读大学的公有性文化资本给予了较为肯定的评价。被调查少数民族在读生所在大学的公有性文化资本基本状况如图5-11所示。

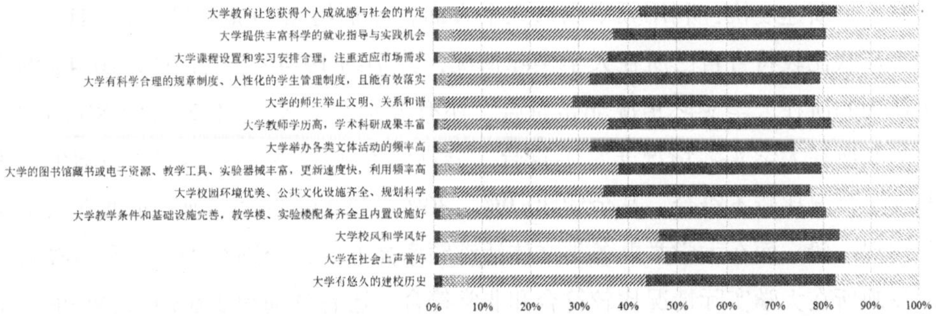

	大学有悠久的建校历史	大学在社会上声誉好	大学校风和学风好	大学教学条件和基础设施完善，教学楼、实验楼配备齐全且内置设施好	大学校园环境优美、公共文化设施齐全、规划科学	大学的图书馆藏书或电子资源、教学工具、实验器械丰富，更新速度快，利用频率高	大学举办各类文体活动的频率高	大学教师学历高，学术科研成果丰富	大学的师生举止文明、关系和谐	大学有科学合理的规章制度、人性化的学生管理制度，且能有效落实	大学课程设置和实习安排合理，注重适应市场需求	大学提供丰富科学的就业指导与实践机会	大学教育让您获得个人成就感与社会的肯定
■非常不符合	1.7%	1.0%	1.3%	1.3%	1.2%	0.8%	0.8%	0.9%	0.2%	0.7%	1.0%	1.1%	1.1%
▩比较不符合	5.4%	4.5%	3.9%	5.3%	3.7%	4.5%	2.6%	1.4%	2.3%	2.3%	3.3%	3.0%	4.3%
⁒一般	36.5%	42.0%	41.1%	30.9%	30.0%	32.8%	29.0%	33.7%	26.3%	29.3%	31.6%	32.9%	37.0%
■比较符合	38.9%	37.0%	37.1%	43.1%	42.4%	41.6%	41.6%	45.7%	49.5%	47.2%	44.6%	43.7%	40.5%
▩非常符合	17.5%	15.5%	16.6%	19.4%	22.7%	20.4%	26.0%	18.4%	21.7%	20.6%	19.6%	19.4%	17.2%

图5-11　被调查少数民族在读生公有性大学文化资本状况图

1. 具身化公有性大学文化资本现状

图5-11的结果显示，被调查少数民族在读生在对所在大学悠久的建校历史、大学社会声誉好、大学校风和学风好以及大学的师生举止文明、关系和谐四个方

面的评价上，分别约 38.9%、37%、37.1%、49.5%的学生认为比较符合所在大学实际情况，分别约 17.5%、15.5%、16.6%、21.7%的学生认为非常符合实际情况，还有分别约 36.5%、42%、41.1%、26.3%的学生认为所在大学实际情况一般，另外，有分别约 5.4%、4.5%、3.9%、2.3%的学生认为比较不符合所在大学实际情况，分别约 1.7%、1%、1.3%、0.2%的学生认为非常不符合所在大学情况。同时，在大学教育让自己获得个人成就感与社会的肯定方面的评价上，分别约 40.5%和 17.2%的学生表示比较同意和非常同意，分别约 4.3%和 1.1%的被调查学生表示比较不同意和非常不同意，其余约 37%的学生则表示实际情况一般。

2. 客观化公有性大学文化资本现状

被调查少数民族在读生的数据显示，在大学教学条件和基础设施完善，教学楼、实验楼配备齐全且内置设施好方面，在大学校园环境优美、公共文化设施齐全、规划科学方面，以及在大学的图书馆藏书或电子资源、教学工具、实验器械丰富，更新速度快，利用频率高这三个方面，分别约 43.1%、42.4%、41.6%的学生反映比较符合自己所在大学实际情况，分别约 19.4%、22.7%、20.4%的学生认为和所在大学实际情况非常符合，还有分别约 1.3%、1.2%、0.8%的学生认为与所在大学实际情况非常不符合，分别约 5.3%、3.7%、4.5%的学生认为和实际情况比较不符合，其余约 30.9%、30%、32.8%的学生则表示所在大学实际情况一般。而在大学举办各类文体活动频率高方面，分别约 41.6%和 26%的学生反映所在大学实际情况比较符合和非常符合，还有分别约 2.6%和 0.8%的学生认为与所在大学实际情况比较不符合和非常不符合，而其余约 29%的学生则表示所在大学实际情况一般。

3. 制度化公有性大学文化资本现状

在大学教师学历高、学术成果丰富方面，约 45.7%和 18.4%的被调查少数民族学生分别表示与实际情况比较符合和非常符合，还有约 1.4%和 0.9%的学生分别认为与实际情况比较不符合和非常不符合，其余约 33.7%的学生则表示所在大学实际情况一般。在被调查少数民族在读生对大学有科学合理的规章制度、人性化的学生管理制度且能有效落实方面，大学课程设置和实习安排合理方面以及关于大学提供丰富科学的就业指导与实践机会方面这三个方面的评价上，调查结果显示，分别有约 47.2%、44.6%、43.7%的被调查学生认为与所在大学实际情况比较符合，分别约20.6%、19.6%、19.4%的学生认为和实际情况非常符合，还有分别约0.7%、1%、1.1%的学生认为与实际情况非常不符合，分别约2.3%、3.3%、3.0%的学生认为与实际情况比较不符合，而其余分别占比约29.3%、31.6%、32.9%的学生则认为所在大学在这三个方面的表现一般。

（二）民族性大学文化资本现状

被调查少数民族在读生中的大部分学生也相对肯定自己所就读大学的民族性文化资本。被调查对象所在大学的民族性文化资本状况如图5-12所示。

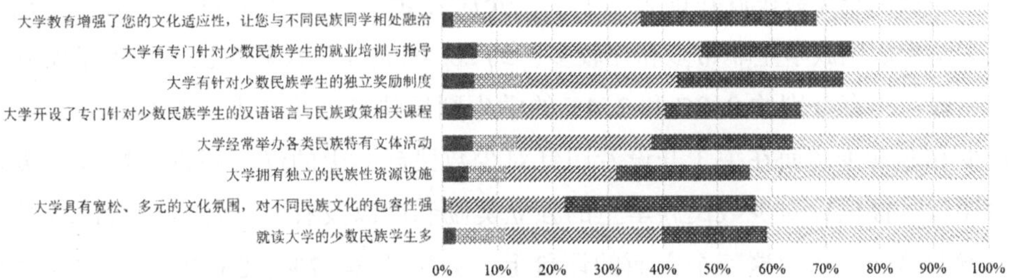

	就读大学的少数民族学生多	大学具有宽松、多元的文化氛围，对不同民族文化的包容性强	大学拥有独立的民族性资源设施	大学经常举办各类民族特有文体活动	大学开设了专门针对少数民族学生的汉语语言与民族政策相关课程	大学有针对少数民族学生的独立奖励制度	大学有专门针对少数民族学生的就业培训与指导	大学教育增强了您的文化适应性，让您与不同民族同学相处融洽
非常不符合	2.4%	0.6%	4.8%	5.5%	5.5%	5.9%	6.5%	2.2%
比较不符合	9.0%	1.1%	6.7%	8.1%	9.0%	8.6%	10.1%	5.5%
一般	28.4%	20.5%	20.0%	24.3%	25.9%	28.1%	30.5%	28.3%
比较符合	19.3%	34.8%	24.4%	25.9%	25.0%	30.7%	27.8%	32.3%
非常符合	40.9%	43.1%	44.0%	36.2%	34.7%	26.7%	25.1%	31.7%

图5-12　被调查少数民族在读生民族性大学文化资本状况图

1. 具身化民族性大学文化资本现状

图5-12的数据显示，在大学具有宽松多元文化氛围，对不同民族文化具有包容性方面的评价上，分别有约34.8%和43.1%的被调查学生认为与实际情况比较符合和非常符合，还有约1.1%和0.6%的学生分别认为与所在大学实际情况比较不符合和非常不符合，剩余约20.5%的学生则表示自己所在大学实际情况一般。而在大学教育增强了自己的文化适应性并让自己与不同民族同学相处融洽方面的评价上，约32.3%和31.7%的学生分别认为与实际情况比较符合和非常符合，还有约5.5%和2.2%的学生分别认为与实际情况比较不符合和非常不符合，另外约28.3%的学生则反映所在大学的实际情况一般。

2. 客观化民族性大学文化资本现状

对于大学拥有独立的民族性资源设施以及大学经常举办民族特有文体活动这两个方面的评价上，分别有约44.0%和36.2%的学生表示与所在大学的实际情况非常符合，分别约24.4%和25.9%的学生认为与实际情况比较符合，分别约20%和24.3%的学生认为自己所在大学实际情况一般，还有分别约4.8%和5.5%的学生认为与所在大学实际情况非常不符合，分别约6.7%和8.1%的学生则认为与实际情况比较不符合。

3. 制度化民族性大学文化资本现状

在被调查少数民族在读大学生中，分别约40.9%和19.3%的学生表示自己所在大学少数民族学生非常多和比较多，约28.4%的学生反映自己所在大学实际情况一般，还有分别约9.0%和2.4%的学生则反映自己所在大学少数民族学生比较少和非常少。而在关于开设专门针对少数民族学生的汉语语言与民族政策相关课程、提供针对少数民族学生的独立奖励制度以及有专门针对少数民族学生的就业培训与指导这三个方面的评价上，分别约34.7%、26.7%、25.1%的被调查学生表示与实际情况非常符合，分别约25%、30.7%、27.8%的学生表示与所在大学实际情况比较符合，还有分别约9%、8.6%、10.1%的学生认为与所在大学实际情况比较不符合，分别约5.5%、5.9%、6.5%的学生认为与实际情况非常不符合，其余分别约25.9%、28.1%、30.5%的学生则表示所在大学实际情况一般。

四、被调查在读大学生人力资本现状

少数民族在读大学生人力资本调查内容主要包括在读生的政治面貌、大学期间学习成绩、获得荣誉证书情况、外语水平、其他学习成就、实践获奖、其他实践经历等显性人力资本及隐性人力资本方面。

(一)在读生显性人力资本状况

1. 被调查对象政治面貌情况

被调查少数民族在读生中，有844名学生为共青团员，占比92.8%；39名学生已成为中共党员(或预备党员)，占比4.3%；25名学生为群众，占比2.8%；1名学生为民主党派，占比0.1%。

2. 被调查对象大学学习成绩情况

在大学期间，大部分被调查少数民族在读生的学习成绩处于中等偏上水平，其中，学习成绩中等的学生有383人，占比42.1%；学习成绩良好的学生有331人，占比36.4%；还有学习成绩优秀的学生有24人，占比2.6%；另外，学习成绩及格的学生有159人，占比17.5%；学习成绩较差的学生有12人，占比1.3%。

3. 被调查对象大学期间荣誉证书获得情况

被调查对象中，约有587名少数民族学生在大学期间尚未取得奖学金、“三好学生”“学习标兵”等方面的荣誉证书，占比64.6%；141名学生已获得过一次相关荣誉证书，占比15.5%；75名学生已获得过两次相关证书，占比8.3%；29名学生已获得过三次相关证书，占比3.2%；77名学生已获得过三次以上相关证书，占比8.5%。

4. 被调查对象外语水平情况

被调查少数民族在读大学生中，已通过CET-4的学生共435人，占比47.9%；已通过CET-6的学生有107人，占比11.8%；已通过专业英语四级的学生有16人，占比1.8%；已通过专业英语八级的学生有3人，占比0.3%；已获得GRE、TOEFL、IELTS或其他英语考试证书的学生有7人，占比0.8%；另有23名学生已取得了日语、韩语等其他语言证书，占比2.5%。同时，也有部分少数民族在读生已拥有多个外语资格证书，其中，有1人已取得了全部六种外语考试证书，还有约0.8%的学生同时获得了其中任意三种外语考试证书，约12.4%的学生同时获得了其中任意两种外语考试证书，约44.3%的学生已获得了其中任意一种外语考试证书，其余约42.4%的学生还未通过任何外语水平方面的考试。

5. 被调查对象其他学习成就情况

对少数民族在读大学生的调查显示，有173名学生已获得了本专业相关职业资格证书，占比19%；有139名学生已取得计算机等级证书，占比15.3%；20名学生已获得双学位，占比2.2%；35名学生已发表学术论文，占比3.9%；119名学生参与过课题研究，占比13.1%。此外，也有部分学生已经同时拥有多个方面的其他学习成就，其中，约0.3%的学生已获得或拥有上述全部五种学习成就，约0.2%的学生已拥有以上任意四种学习成就，约3.3%的学生已拥有以上任意三种学习成就，约9.2%的学生已拥有以上任意两种学习经历，约22.6%的学生已有过以上任意一种学习成就，但还有约 64.4%的学生尚没有获得其中任意一种学习成就。

6. 被调查对象实践获奖情况

被调查对象在大学期间参加的社会或者高校举办的比赛或大型活动获奖情况结果显示，580 名少数民族在读生未获得过相关奖项，占比约 63.8%；252 名学生已获得过校级奖项，占比约 27.7%；36 名学生已获得过省部级奖项，占比约 4%；33 名学生已获得过国家级奖项，占比约 3.6%；8 名学生已获得过地市厅级奖项，占比约 0.9%。

7. 被调查对象其他实践经历情况

在大学期间的其他实践经历方面，有 429 名被调查少数民族在读生担任过学生干部，占比约 47.2%；679 名学生参加了学生组织或社团活动，占比约 74.7%；239 名学生在学生组织或社团担任过骨干或负责人，占比约 26.3%；120 名学生已参加过暑期“三下乡”等社会实践活动，占比约 13.2%；215 名学生已具有专业相关的实习经历或工作经验，占比约 23.7%。调查结果还显示，约 2.4%的学生已同时拥有过上述全部五项实践经历，约 7.6%的学生已有过其中任意四项实践经历，约 18.9%的学生已有过其中任意三项经历，约 27.9%的学生已有过其中任意两项经历，约 29.9%的学生已获得其中任意一项经历，还有约 13.2%的学生则尚未有以上任何一项实践经历。

(二)在读生隐性人力资本状况

在隐性人力资本方面，大部分被调查少数民族在读大学生认为自己具有较好或非常好的相关能力。对道德品质素质、特殊文化能力、心理调适与承受能力、人际社交或沟通能力、工作与创新能力五方面的能力素质评价上，分别有约 55.8%、19.1%、46.4%、35.6%、33.7%的学生表示自己在这五个方面比较强，分别有约 19.1%、5.1%、12.1%、9.5%、6.9%的学生表示自己在这五个方面非常强，还有分别约 23.1%、44.4%、33.8%、42.8%、49.5%的学生反映自己在这五个方面一般，另外还有分别约 1%、26.3%、6.5%、10.8%、8.8%的学生认为自己在这五个方面能力上比较弱，分别约 1%、5.1%、1.2%、1.3%、1.1%的学生认为自己在这五个方面非常弱。被调查少数民族在读大学生的隐性能力素质状况如图 5-13 所示。

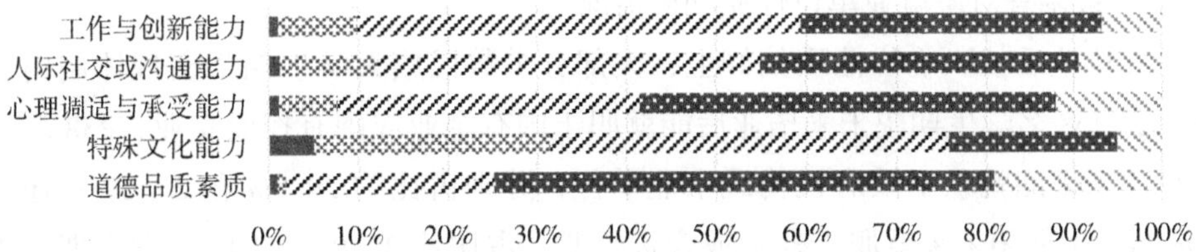

	道德品质素质	特殊文化能力	心理调适与承受能力	人际社交或沟通能力	工作与创新能力
非常弱	1.0%	5.1%	1.2%	1.3%	1.1%
比较弱	1.0%	26.3%	6.5%	10.8%	8.8%
一般	23.1%	44.4%	33.8%	42.8%	49.5%
比较强	55.8%	19.1%	46.4%	35.6%	33.7%
非常强	19.1%	5.1%	12.1%	9.5%	6.9%

图 5-13 被调查少数民族在读生能力素质状况图

五、被调查在读大学生就业偏好与风险感知现状

少数民族在读大学生就业相关的调查分析主要包括少数民族在读生就业意愿、就业期望等就业选择偏好状况和就业风险感知状况两个方面。

(一) 在读生的就业选择偏好状况

1. 被调查对象就业意愿状况

绝大多数被调查少数民族在读大学生大学毕业后打算继续深造或直接就业，其中，有 462 名打算通过专升本或考研实现国内继续升学，41 名学生打算毕业后出国留学，分别占比约 50.8%和 4.5%；360 名学生则打算直接就业，占比约 39.6%。另外，有 34 名学生打算毕业后自主创业，占比约 3.7%；而毕业后打算延迟就业的学生有 12 人，占比约 1.3%。

2. 被调查对象就业月收入期望情况

被调查少数民族在读大学生对自己未来毕业后就业月收入的期望普遍较高，其中，期望毕业后月收入在 10000 元以上的学生有 105 人，占比约 11.6%；期望未来月收入在 7001~10000 元的学生有 152 人，占比约 16.7%；期望未来就业月收入在 5001~7000 元的学生有 362 人，占比约 39.8%；期望未来月收入 3001~5000 元的学生有 282 人，占比约 31%；期望未来月收入在 3000 元以下的学生有 8 人，占比约 0.9%。

3. 被调查对象就业单位性质期望情况

在毕业后就职单位性质偏好上，大部分少数民族大学生期望实现体制内就业，有268名学生期望未来毕业后能就职于国有企业或国有控股企业，238名学生期望未来能就职于政府机构或事业单位，分别占比约29.5%和26.2%；还有208名学生期望未来就职于外资或合资企业，占比约22.9%；103名学生期望未来就职于民营企业或个体经营户，占比约11.3%；还有19名学生期望未来就职于非政府社会组织或非营利组织，占比约2.1%。另外，有73名学生期望未来实现自主创业或其他性质单位就业，占比约8%。

4. 被调查对象就业地点期望情况

在就业单位地点选择上，大部分少数民族大学生都期望毕业后能在经济更发达地区的城市就业。其中，有200名学生期望将来毕业后在北、上、广、深四个一线城市就业，占比约22%；还有206名、252名、150名和27名学生分别期望毕业后在东部城市、中部城市、西部城市和东北部城市就业，分别占比约22.7%、27.7%、16.5%和3%；此外，约7.4%的学生期望未来在县或县级市所在地就业，仅有约0.8%的学生期望未来到乡镇和乡村就业。

(二)在读生的就业风险感知状况

整体上看，少数民族在读大学生所感知的就业风险处于中等或较高水平。调查结果显示，在不了解当前就业形势与就业政策、不了解自己适合和能够从事的工作、毕业后可能找不到工作感知这三个方面的评价上，分别有约55.1%、45.5%、43.4%的学生认为自己这三个方面实际情况一般，分别约26.1%、27.1%、27.1%的学生表示比较同意，分别约4.8%、4.8%、7.8%的学生表示非常同意，还有分别约11.9%、17.4%、15.4%的学生表示比较不同意，分别约2.1%、5.2%、6.3%的学生则表示非常不同意。在未来职业与学历不匹配、与所学专业不对口、与知识和能力不匹配以及与自己的兴趣不一致这四个方面的感知评价上，分别有约43.9%、42.7%、46.9%、44.3%的学生认为自己这些方面感知一般，分别约32.9%、32.7%、31.1%、31.7%的学生认为比较符合自己感知的情况，分别约9%、10.1%、7.9%、9.9%的学生认为非常符合自己感知的情况，还有分别约10.5%、10.9%、10.8%、10.3%的学生表示比较不符合自己感知的情况，分别约3.7%、3.6%、3.3%、3.7%的学生则表示非常不符合自己感知的情况。在未来工作环境与风俗习惯有冲突、与职业发展预期不匹配、与追求的生活方式不一致、工作环境对健康状况和生命安全有影响、工作环境让自己没有融入感和归属感这五个方面的自我感知评价上，分别有约 46.4%、45.3%、44.1%、46.8%、45.2%的学生认为自己这些方面的感知一般，分别约 23.7%、33.2%、33.9%、22.1%、16.4%的学生认为比较符合自己感知的情况，分别约 7.4%、7.7%、8.3%、5.9%、4.3%的学生认为非常符合自己感知的情况，还有分别约 16.2%、10.5%、10.5%、19.7%、24.1%的学生表示比较不符合自己感知的情况，分别约 6.4%、3.3%、3.3%、5.5%、10%的学生则表示非常不符合自己感知的情况。在对毕业后可能找不到一份满意的工作的感知评价上，约 45.5%的学生表示自己感知的情况一般，分别约 32.5%和 8.8%的学生表示比较同意和非常同意，还有约 10.6%和 2.6%的学生则表示比较不同意和非常不同意。被调查少数民族在读大学生就业风险感知评价状况如图 5-14 所示。

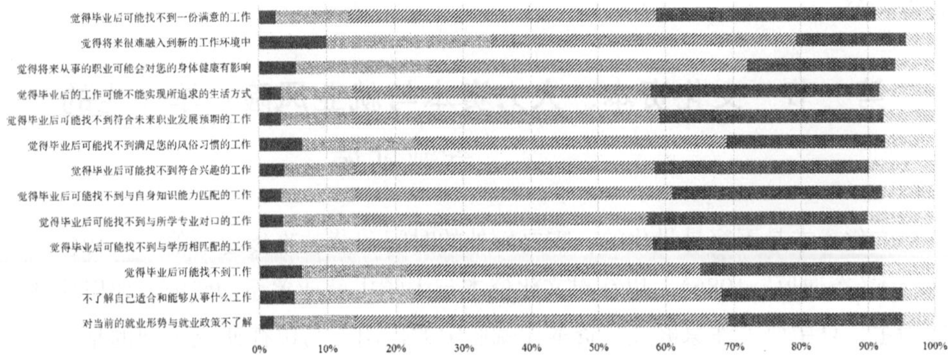

	对当前的就业形势与就业政策不了解	不了解自己适合和能够从事什么工作	觉得毕业后可能找不到工作	觉得毕业后可能找不到与学历相匹配的工作	觉得毕业后可能找不到与所学专业对口的工作	觉得毕业后可能找不到与自身知识能力匹配的工作	觉得毕业后可能找不到符合兴趣的工作	觉得毕业后可能找不到满足您的风俗习惯的工作	觉得毕业后可能找不到符合未来职业发展预期的工作	觉得毕业后的工作可能不能实现所追求的生活方式	觉得将来从事的职业可能会对您的身体健康有影响	觉得将来很难融入到新的工作环境中	觉得毕业后可能找不到一份满意的工作
非常不同意	2.1%	5.2%	6.3%	3.7%	3.6%	3.3%	3.7%	6.4%	3.3%	3.3%	5.5%	10.0%	2.6%
比较不同意	11.9%	17.4%	15.4%	10.5%	10.9%	10.8%	10.3%	16.2%	10.5%	10.5%	19.7%	24.1%	10.6%
一般	55.1%	45.5%	43.5%	43.9%	42.7%	46.9%	44.3%	46.4%	45.3%	44.1%	46.8%	45.2%	45.5%
比较同意	26.1%	27.1%	27.1%	32.9%	32.7%	31.1%	31.7%	23.7%	33.2%	33.9%	22.1%	16.4%	32.5%
非常同意	4.8%	4.8%	7.8%	9.0%	10.1%	7.9%	9.9%	7.4%	7.7%	8.3%	5.9%	4.3%	8.8%

图 5-14　被调查少数民族在读生就业风险感知状况图

第六章　文化资本与人力资本影响大学生就业风险的路径分析

借助对少数民族大学毕业生与在读大学生的问卷调查，本章分别基于大学毕业生和在读大学生的问卷数据，验证文化资本与人力资本的综合作用分别对就业风险和就业风险感知的影响路径，并在此基础上，进一步进行了调节效应检验和拓展研究。

第一节　文化资本、人力资本与就业风险：毕业生的经验证据

文化资本是不容易量化的，需要额外的时间和劳动来传递给他人或转化为经济资本(布迪厄，1986)。以往对文化资本与大学生就业关系的研究主要以质性研究为主，且主要关注家庭文化资本在就业中的作用。与以往研究不同的是，本节以少数民族大学毕业生为样本对象，关注家庭文化资本与大学文化资本的双重作用，同时强调公有性文化资本与民族性文化资本两个层面，并考虑人力资本的中介作用，基于大样本调查的经验数据，对文化资本、人力资本对就业风险的路径进行实证检验。

一、理论分析与研究假设

少数民族大学生就业与其个体素质、原生家庭、学校和社会环境都息息相关，涵盖公有性与民族性两个层面的家庭文化资本的代际传承、大学文化资本的建构传递以及个体人力资本的积累必然对少数民族大学毕业生的就业风险发挥极其重要的作用。

(一)家庭文化资本、人力资本与就业风险

家庭在中国传统文化中承担了重要角色(乔志宏等，2014)，少数民族大学生

家庭处于民族文化环境中，会受到民族文化的影响，相对于学校，家庭对于大学生人力资本与就业的影响更加隐蔽，但对于大学生在潜移默化中继承某一场域的文化却有明显促进作用。有研究表明，家庭文化资本对大学生毕业表现具有显著影响(Dumais & Ward, 2010)，且文化资本的代际传承促进了社会地位的获得与中下阶层、工人家庭、少数族群、农村家庭等劣势阶层的向上流动(Kalmijn & Kraaykamp, 1996; Blanden, 2006; Scherger & Savage, 2010; 仇立平、肖日葵, 2011; 杨春华, 2014; 张文宏、苏迪, 2018)。而这种社会地位的获得与向上流动可能就体现在职业成就上。少数民族大学生作为大学生中的一部分，既表现出大学生的基本特点，也表现出不同生活环境与风俗习惯影响下的特殊性。他们既继承了与社会主流文化所适应的大众性家庭文化资本，又继承了与社会主流文化具有一定差异性的民族性家庭文化资本。家庭所拥有的公有性和民族性文化资本能够以不同形式促进少数民族大学毕业生文化习性的形成，影响他们对就业意愿或职业意愿的选择，显著影响大学生在就业过程中的失业风险和职业风险。因此，提出以下假设：

假设1：家庭文化资本对少数民族大学生就业风险具有显著影响。

文化资本理论认为，优势阶级的文化资本对其子女获得文化优势非常有帮助，这些文化优势使这些子女在学校取得成功(Bourdieu & Passeron, 1990)。父母利用他们的文化资本和根深蒂固的性格，在从个人风格到教育抱负的生活各方面塑造他们的偏好和期望，促进他们的子女获得人力资本(Cooke-Rivers, 2014)。而人力资本理论认为，个人对人力资本的投资(如教育)增加了他们对组织的价值(Becker, 1964)，而组织通过更高的薪水和职业发展来承认这种更高的价值(Judge, Klinger & Simon, 2010)。一些研究已经证实，家庭文化资本对子女学业成绩具有显著的积极影响(如 Tramonte & Willms, 2010; Jæger, 2011; Huang & Liang, 2016; Caprara, 2016; Tan & Liu, 2018)，学习成绩在家庭文化资本对就业意愿的作用中发挥中介作用(张艳、张双月、张莉, 2018)。少数民族大学毕业生家庭丰富的公有性文化资本能够为他们创造更加优越的学习条件，也可能让他们培养更强烈的学习与事业上进心及树立更清晰的职业目标性，激发他们的学习主动性，积累人力资本，进而降低就业风险。而民族性家庭文化资本所传递的民族特色思想信念、风俗习惯、文化产品等，可能会促进少数民族大学生部分人力资本的积累(如素质能力等)，但它们与一般性的主流文化之间的差异性也可能造成少数民族大学毕业生人力资本积累和职业适应等方面的障碍，增加他们的就业风险。因此，提出以下假设：

假设 2：家庭文化资本通过显著影响少数民族大学生人力资本，进而对其就业风险产生显著影响。

（二）大学文化资本、人力资本与就业风险

多数研究发现，家庭文化资本与教育成就呈正相关，而很少有研究考察学校在决定文化资本和教育成就之间的关系时是否与家庭互动（Marteleto & Andrade，2014）。文化资本对大学生就业风险的作用不仅仅表现在对家庭文化资本的继承与运用上，也表现在学校为大学生所提供的文化资本是否充分与适当上。由于大学生的主要生活场域是原生家庭与就读大学，学校文化资本在大学生就业中必将发挥重要作用。缺乏文化资本的学生在获取文化资本时严重依赖学校（Raspail et al.，1977）。高等教育机构和任何机构一样，都有自己的文化，在随着时间与环境变更不断发展变化的同时，大学所传递的文化资本也具有顽强的生命力，成为不同大学生就业差异性的重要影响因素。有研究表明，学校声誉（类型）或学校质量等对毕业生的就业结果与收入具有显著正向影响（Fox，1993；Zhang，2005；Long，2008；Hartog、Sun & Ding，2010；闵维方等，2006；胡永远、马霖、刘智勇，2007），对少数民族大学生的研究也证实了这一观点（李玲、蔡文伯、杨建刚，2016）。实际上，高等教育体制下不同大学的文化资本差异化强调了不同的培养目标，无论是公有性文化资本还是民族性文化资本，对应着不同的职业需求和职业定位，所培养的毕业生也表现出各自的文化特色。大学教育通过文化资本传递不同的价值观与行为方式，帮助少数民族大学毕业生适应基于主流文化的就业市场，对他们的就业选择和就业风险产生重要影响。因此，提出以下假设：

假设 3：大学文化资本对少数民族大学生就业风险具有显著影响。

随着社会经济的发展，教育在社会分层中的功能日益凸显，习惯上，受教育者的成就应当归结为学校的作用。Heyneman 和 Loxley（1983）的分析发现，发展中国家学生学习成绩差异量的 27%由学校之间的差异所解释。文化的作用已被证明是影响学生学习动机和学业成绩的重要因素（Lin 等，2013）。学校品牌声誉、环境氛围、教师期望、师生关系、设施资源、教师学历资格、规章制度等与学生的学业成绩之间具有显著相关性（如 Win & Miller，2005；Rubie-Davies、Hattie & Hamilton，2006；Dube & Mlotshwa，2018；Arshad、Qamar & Gulzar，2018；Huang、Tse & Chu，2019；Rahim，2018；赵必华，2013）。而人力资本对大学生就业的影响也已经得到证实（如闵维方等，2006；乔志宏等，2014；董克用、薛在兴，2014；岳昌君、白一平，2018；张东海，2019；Grayson，2004；González-Romá、Gamboa & Peiró，2018；Liang & Yu，2019）。也有研究发现，人力资本对就业竞争力的影响被民族因素弱化(梁枫、赵建敏、任荣明，2016)。大学教育学生掌握符合主流社会需求的知识与能力，并进一步以学业成绩对学生进行选拔分流。我国高等教育在不断分化过程中形成了具有不同类别或性质的高等院校并存的格局，也在教育内部表现出差异化的大学文化资本，具有公有性与民族性特征的不同文化资本形成不同的教育风格，通过显著影响少数民族大学毕业生在专业知识或实践技能等方面获取的兴趣与结果，对毕业生的就业风险发挥重要作用。因此，提出以下假设：

假设 4：大学文化资本通过显著影响少数民族大学生人力资本，进而对其就业风险产生显著影响。

二、研究设计

(一)调查对象与数据来源

本节以家庭与大学文化资本、人力资本与就业风险关系的路径分析为主要目的，研究对象是少数民族大学毕业生，主要通过向少数民族大学毕业生发放问卷获取数据。样本数据来自国家社会科学基金教育学一般项目“文化资本与人力资本双重驱动下的少数民族大学生就业风险研究”的调查数据。课题组于 2019—2021 年通过两阶段完成样本数据的收集，其一，通过选取 13 名来自不同高校不同专业的少数民族大学毕业生进行访谈，深入了解他们的家庭文化资本、就读大学文化资本、个体人力资本和就业风险的情况，在此基础上，结合相关文献分析，设计相应的调查问卷，为后续进行问卷调查奠定基础；其二，分别于 2019—2021 年 5—6 月共分三批向不同地区不同高校的少数民族大学毕业生发放问卷，获取大规模的问卷调查数据，以弥补小规模访谈所存在的样本不足缺陷。调查问卷的发放分为预调查问卷与正式调查问卷发放两阶段，预调查问卷的发放主要是向本校不同专业的少数民族大学毕业生发放，共计发放问卷 212 份，回收有效问卷 173 份。正式调查问卷的发放则采用“问卷星”线上发放和纸质问卷等线下发放相结合的形式通过自己或委托同事、同学、亲属、朋友等社会关系网络发放，在重点针对几所民族类院校大学毕业生随机发放问卷的基础上，同时向东部、中部、西部、东北部等不同区域的部分普通高校少数民族大学毕业生随机发放调查问卷。正式调查共计向少数民族大学毕业生发放问卷 723 份，收回有效问卷 602

份，有效问卷回收率约为83%。

(二)问卷设计与变量测度

本研究的核心变量涉及少数民族大学毕业生家庭文化资本、大学文化资本、人力资本与就业风险四个主要的潜变量，均通过设计多个问卷题项所形成的观测变量予以反映。

1. 解释变量：家庭与大学文化资本

基于理论分析，本研究的解释变量主要包括少数民族大学毕业生家庭文化资本与大学文化资本，结合前述概念界定，在衡量家庭文化资本与大学文化资本时，综合考虑文化资本的制度化、客观化和具身化三种形态来设计观测指标。

(1)家庭文化资本

一是公有性家庭文化资本，借鉴Bourdieu(1986)、DiMaggio(1982，1985)、Tramonte和Willms(2010)、Dumais和Ward(2010)、Tan和Liu(2018)、郭丛斌和闵维方(2006)、孙远太(2010)、仇立平和肖日葵(2011)、张文宏和苏迪(2018)等关于文化资本的测度，本书从“父母文化程度”“父母汉语能力”“家庭文化物品”“家庭书籍报刊”“父母阅读习惯”“父母文化习惯”“高雅文化活动参与”“家庭亲子交流”“父母教育期望”方面设计了共9个问卷题项作为公有性家庭文化资本的观测指标，每个指标采用定序变量或李克特五级量表形式反映。二是民族性家庭文化资本，结合Wilson和Musick(1997)、Hughes等(2006)、Pahlke等(2012)、Cooke-Rivers(2014)以及姚佳胜和李颖芳(2012)等关于族群文化或民族特有文化资本的衡量，本书从“家庭民族性文化物品”“父母对民族性文化物品的熟悉与熟练”“父母对本民族宗教或文化活动的参与”“家庭对民族历史文化或风土人情等的交流”“父母对不同民族文化的包容性”“家庭中关于民族偏见的交流讨论”方面设计了6个问卷题项作为民族性家庭文化资本的观测指标，以李克特五级量表形式反映。

(2)大学文化资本

考虑到大学生是大学文化资本的受众群体，在研究中主要以大学生对就读大学文化资本的感知来衡量大学文化资本。结合陈国民(2011)、罗生全(2010)、齐学红(2007)关于学校文化资本的界定，借鉴王彬和崔玉平(2018)、蒙玛琳(2016)、郑雅君(2015)、须圆(2013)、廖慧宜(2006)、Lynn(2009)对学校文化资本的测度，形成公有性与民族性大学文化资本的观测指标。一是公有性大学文化资本，本书从“大学建校历史”“大学社会声誉”“大学校风学风”“大学教学设施”“大学校园文化环境”“大学文化软资源”“大学文体活动”“大学教师学历成果”“大学师生关系”“大学规章制度”“大学课程制度”“大学就业制度”“大学文化认同感”方面设计了共13个问卷题项作为公有性大学文化资本的观测指标，每个指标采用李克特五级量表形式反映。二是民族性大学文化资本，基于前述对民族性大学文化资本的界定，本书从“大学民族性品牌”“大学民族性资源设施”“大学民族文化氛围”“大学民族性文化活动”“大学民族性课程制度”“大学民族性奖励制度”“大学民族性就业指导制度”和“大学民族文化认同感”方面设计了8个问卷题项作为民族性大学文化资本的观测指标，以李克特五级量表形式反映。

2. 中介变量：大学生人力资本

国内学者在对大学生就业的研究中对大学生人力资本进行了测度。如陈成文和谭日辉(2004)将人力资本变量操作化为所学专业、政治面貌、学习成绩、工作能力、应聘技巧、工作经历、学校名气、外貌条件、生源地和性别等十个因素。马莉萍和丁小浩(2010)将学历层次、专业、学校名气和地位、学习成绩、学生干部或党员、学校或教师评价、工作能力、应聘技巧、相关实习与工作经历这些能体现个人受教育程度与能力水平的因素定义为与人力资本相关的因素。李泽彧和谭诤(2011)从学习成绩、英语(四级、六级)过级、专业类别、培训经历、职业资格证书获得、实习/兼职情况、获奖级别、政治面貌、学校类别和性别等因素对研究生人力资本进行了细分。乔志宏等(2011)通过学校专业学习(专业成绩排名、获得奖学金状况)、课外实践(参加社团活动、学生干部担任与志愿者经历等)与实习(实习过的单位数量、实习时间长短与实习效果等)等获得人力资本的途径来衡量大学生人力资本。从政治面貌、双学位或辅修第二学位经历、专业或职业证书获得、担任学生干部情况、获得奖项情况、英语等级、实习或兼职情况测量人力资本(乔志宏等，2011、2014)。赖德胜、孟大虎和苏丽锋(2012)以学习成绩、大学英语四级证书、英语六级证书、专业英语四级及以上、托福等英语证书获得、职业资格证书、党员、学生干部、奖学金和兼职作为大学生人力资本的衡量指标。宗晓武和周春平(2012)将大学生人力资本分为以学习成绩、英语六级等指标反映的知识资本和以交际、沟通表达能力等反映的能力资本。董克用和薛在兴(2014)认为，人力资本积累是大学生在大学在读期间关于知识、技术与能力等的学习与锻炼，具体包括政治面貌、英语水平、计算机水平、学习成绩、是否211高校毕业、是否担任过学生干部、社会实践、专业与奖励状况9个指标。岳昌君和张恺(2014)指出，大学生人力资本包括学历层次、政治面貌、学习成绩、资格证书、奖学金、学生干部及双学位(或辅修)7 组分类变量。黄敬宝(2015)将人力资本指标量化为政治面貌、学习成绩、英语等级、计算机等级、发表论文、学生干部、两个月以上实习经历、奖学金 9 个人力资本存量指标和收集信息、投递简历、主动联系、面试和求职费用 5 个人力资本价值展现方面的指标。刘复兴和朱俊华(2017)定义大学生人力资本为由个体特征、文化知识、技能水平与综合能力构成的基于大学生的知识、技能与体力价值的总和。宋国恺、武天和李冬(2017)将人力资本视为以教育途径所获得的个人能力资本存量，并操作化为是否成绩排名前 30%、是否获得英语四级、六级证书和是否有实习经历。

借鉴这些学者对大学生人力资本的测度，结合本书对大学生人力资本的界定，本书从显性与隐性人力资本设计了包括“政治面貌”“学习成绩”“荣誉证书”“外语水平”“其他学习成就(获得职业资格证书、计算机证书、双学位证书、发表学术论文、参与课题研究)”“实践获奖”“其他实践经历(如担任学生会干部、参加学生组织或社团活动、担任学生社团骨干或负责人、参加社会调查或实践、具有专业实践经验)”“道德品质素质”“特殊文化能力”“心理调适与承受能力”“人际社交或沟通能力”“工作与创新能力”方面设计了共 12 个问卷题项衡量大学生人力资本，采用定序变量和李克特五级量表形式反映。

3. 被解释变量：就业风险

根据本研究对少数民族大学生就业风险的概念界定，少数民族大学毕业生就业风险从就业结果上可分为失业风险和职业风险。

(1)失业风险

结合前述理论分析，失业风险以“就业信息来源风险”和“求职失败风险”综合衡量。由于失业可能是大学生求职失败造成的非自愿性失业，也可能是自愿性的主动失业，如布劳格等认为，大学生失业是由于不愿意降低工资所导致的结果(Blaug，1969)。自愿性失业更多地受到了大学生自我选择的影响，这种失业不能完整体现大学生所面临的失业风险。因此，本研究对求职失败风险的衡量并非以失业状态作为标准，而以“毕业时收到 offer 的数量”采用反向计分来衡量。当大学生在求职中收到的 offer 数量越多，则可供选择的就业机会越多，失业风险越小，反之则越大。

(2)职业风险

本书从“职业与期望不一致”“职业与学历不匹配”“职业与专业不对口”“职业与知识和能力不匹配”“职业与兴趣不一致”“工作环境与风俗习惯有冲突”“职业

与未来职业发展预期不一致”“职业与追求生活方式的不一致”“工作环境对健康状况和生命安全伤害的可能性”“工作环境没有融入感和归属感”方面设计了包括10个问卷题项衡量少数民族大学毕业生的职业风险，采用李克特五级量表形式反映，从“非常不同意”到“非常同意”5级计分，分别赋值为1~5。

本节涉及的核心变量及其他变量定义如表6-1所示。

表6-1　就业风险模型变量定义表

变量名		观测变量	问卷题项	变量性质	变量说明
家庭文化资本	公有性家庭文化资本	父母文化程度	您父母的最高受教育程度	定序变量	小学及以下=1；初中=2；高中(包括中专、技校、职高)=3；专科或本科=4；研究生及以上=5
		父母汉语能力	您父母的汉语水平	定序变量	非常差=1；比较差=2；一般=3；比较好=4；非常好=5
		家庭文化物品	您家里的文化物品的种类	定序变量	什么都没有=1；拥有书籍、字画雕塑等艺术品、古董、独立的书房或书桌、学习工具、文化器具六类文化物品中任意一种赋值为2，任意两种赋值为3，任意三种赋值为4，任意四种及以上赋值为5
		家庭书籍报刊	您家里拥有的书籍、报刊、杂志数量	定序变量	非常少=1；比较少=2；一般=3；比较多=4；非常多=5
		父母阅读习惯	您父母喜欢阅读书籍、报刊、杂志等(包括电子版)	定序变量	非常不符合=1；比较不符合=2；一般=3；比较符合=4；非常符合=5
		父母文化习惯	您父母经常听广播、看电视新闻或听音乐、绘画	定序变量	非常不符合=1；比较不符合=2；一般=3；比较符合=4；非常符合=5
		高雅文化活动参与	您父母经常和您一起参与文化活动	定序变量	非常不符合=1；比较不符合=2；一般=3；比较符合=4；非常符合=5

续表

变量名		观测变量	问卷题项	变量性质	变量说明
家庭文化资本	公有性家庭文化资本	家庭亲子交流	您父母经常与您交流时事、科学、文学、艺术、书籍等	定序变量	非常不符合=1；比较不符合=2；一般=3；比较符合=4；非常符合=5
		父母教育期望	您父母期待您继续升学或成为某一领域的专家	定序变量	非常不符合=1；比较不符合=2；一般=3；比较符合=4；非常符合=5
	民族性家庭文化资本	家庭民族性文化物品	您家庭里拥有许多本民族的文学作品、乐器等艺术产品、手工艺品、服饰、食品、民居等	定序变量	非常不符合=1；比较不符合=2；一般=3；比较符合=4；非常符合=5
		父母对民族性文化物品的熟悉与熟练	您父母熟悉并掌握本民族的文化物品的使用	定序变量	非常不符合=1；比较不符合=2；一般=3；比较符合=4；非常符合=5
		父母对本民族宗教或文化活动的参与	您父母经常去参加本民族的宗教活动或文化活动（如本民族的特有节日活动等）	定序变量	非常不符合=1；比较不符合=2；一般=3；比较符合=4；非常符合=5
		家庭对民族历史文化或风土人情等的交流	您父母在家会和您谈论本民族的历史文化、风土人情或民族遗产	定序变量	非常不符合=1；比较不符合=2；一般=3；比较符合=4；非常符合=5
		父母对不同民族文化的包容性	您父母对不同民族文化的包容性强，认为每个人都应该被一视同仁	定序变量	非常不符合=1；比较不符合=2；一般=3；比较符合=4；非常符合=5
		家庭中关于民族偏见的交流讨论	您父母和您讨论过在就业和生活中遭遇民族偏见的可能性	定序变量	非常不符合=1；比较不符合=2；一般=3；比较符合=4；非常符合=5

续表

变量名		观测变量	问卷题项	变量性质	变量说明
大学文化资本	公有性大学文化资本	大学建校历史	您的大学有悠久的建校历史	定序变量	非常不符合=1；比较不符合=2；一般=3；比较符合=4；非常符合=5
		大学社会声誉	您的大学在社会上声誉好	定序变量	非常不符合=1；比较不符合=2；一般=3；比较符合=4；非常符合=5
		大学校风学风	您的大学校风和学风好	定序变量	非常不符合=1；比较不符合=2；一般=3；比较符合=4；非常符合=5
		大学教学设施	您的大学教学条件和基础设施完善，教学楼、实验楼配备齐全且内置设施好	定序变量	非常不符合=1；比较不符合=2；一般=3；比较符合=4；非常符合=5
		大学校园文化环境	您的大学校园环境优美、公共文化设施齐全、规划科学	定序变量	非常不符合=1；比较不符合=2；一般=3；比较符合=4；非常符合=5
		大学文化软资源	您就读大学的图书馆藏书或电子资源、教学工具、实验器械丰富，更新速度快，利用频率高	定序变量	非常不符合=1；比较不符合=2；一般=3；比较符合=4；非常符合=5
		大学文体活动	您就读大学举办各类文体活动的频率高	定序变量	非常不符合=1；比较不符合=2；一般=3；比较符合=4；非常符合=5
		大学教师学历与成果	您就读大学教师学历高，学术科研成果丰富	定序变量	非常不符合=1；比较不符合=2；一般=3；比较符合=4；非常符合=5

续表

变量名		观测变量	问卷题项	变量性质	变量说明
大学文化资本	公有性大学文化资本	大学师生关系	您就读大学的师生举止文明、关系和谐	定序变量	非常不符合=1；比较不符合=2；一般=3；比较符合=4；非常符合=5
		大学规章制度	您的大学有科学合理的规章制度、人性化的学生管理制度，且能有效落实	定序变量	非常不符合=1；比较不符合=2；一般=3；比较符合=4；非常符合=5
		大学课程制度	您就读大学课程设置和实习安排合理，注重适应市场需求	定序变量	非常不符合=1；比较不符合=2；一般=3；比较符合=4；非常符合=5
		大学就业制度	您的大学提供丰富科学的就业指导与实践机会	定序变量	非常不符合=1；比较不符合=2；一般=3；比较符合=4；非常符合=5
		大学文化认同感	您的大学教育让您获得个人成就感与社会的肯定	定序变量	非常不符合=1；比较不符合=2；一般=3；比较符合=4；非常符合=5
	民族性大学文化资本	大学民族性品牌	您所就读大学的少数民族学生多	定序变量	非常不符合=1；比较不符合=2；一般=3；比较符合=4；非常符合=5
		大学民族性资源设施	您的大学拥有独立的民族性资源设施（如专门的清真食堂或清真窗口等）	定序变量	非常不符合=1；比较不符合=2；一般=3；比较符合=4；非常符合=5
		大学民族文化氛围	您的大学具有宽松、多元的文化氛围，对不同民族文化的包容性强	定序变量	非常不符合=1；比较不符合=2；一般=3；比较符合=4；非常符合=5

续表

变量名		观测变量	问卷题项	变量性质	变量说明
大学文化资本	民族性大学文化资本	大学民族性文化活动	您就读大学经常举办各类民族特有文体活动（如不同民族节日活动等）	定序变量	非常不符合=1；比较不符合=2；一般=3；比较符合=4；非常符合=5
		大学民族性课程制度	您的大学开设了专门针对少数民族学生的汉语语言与民族政策相关课程	定序变量	非常不符合=1；比较不符合=2；一般=3；比较符合=4；非常符合=5
		大学民族性奖励制度	您的大学有针对少数民族学生的独立的奖励制度	定序变量	非常不符合=1；比较不符合=2；一般=3；比较符合=4；非常符合=5
		大学民族性就业指导制度	您的大学有专门针对少数民族学生的就业培训与指导	定序变量	非常不符合=1；比较不符合=2；一般=3；比较符合=4；非常符合=5
		大学民族文化认同感	您的大学教育增强了您的文化适应性，让您与不同民族同学相处融洽	定序变量	非常不符合=1；比较不符合=2；一般=3；比较符合=4；非常符合=5
人力资本	显性人力资本	政治面貌	您大学期间的政治面貌	定序变量	群众=1；共青团员=2；民主党派=3；中共党员（或预备党员）=4
		学习成绩	您大学期间的学习成绩	定序变量	较差=1；及格=2；中等=3；良好=4；优秀=5
		荣誉证书	您大学期间获得荣誉证书（如奖学金、“三好学生”“学生标兵”等）的次数	定序变量	没有=1；一次=2；两次=3；三次=4；三次以上=5

续表

变量名		观测变量	问卷题项	变量性质	变量说明
人力资本	显性人力资本	外语水平	您大学期间的外语水平	定序变量	未过级=1；获得 CET-4、CET-6、专业英语四级、专业英语八级、其他英语考试证书、其他语言证书中的任意一种赋值为2，任意两种赋值为3，任意三种赋值为4，任意四种及以上赋值为5
		其他学习成就	您大学期间的其他学习经历	定序变量	都没有=1；有获得职业资格证书、计算机证书、双学位证书、发表学术论文、参与课题研究五种经历中的任意一种赋值为2，任意两种赋值为3，任意三种赋值为4，任意四种及以上赋值为5
		实践获奖	您大学期间参加的社会或者高校举办的比赛或大型活动的获奖情况	定序变量	未获得=1；校级奖项=2；地市厅级奖项=3；省部级奖项=4；国家级奖项=5
		其他实践经历	您在大学期间曾经是否有以下经历	定序变量	都没有=1；曾经担任学生会干部、参加学生组织或社团活动、担任学生社团骨干或负责人、参加社会调查或实践、具有专业实践经验五种经历中的任意一种赋值为2，任意两种赋值为3，任意三种赋值为4，任意四种及以上赋值为5
	隐性人力资本	道德品质素质	对道德品质素质(包括道德修养、政治素养、吃苦耐劳、勤奋好学等个体品质)的评价	定序变量	非常弱=1；比较弱=2；一般=3；比较强=4；非常强=5

续表

变量名		观测变量	问卷题项	变量性质	变量说明
人力资本	隐性人力资本	特殊文化能力	对特殊文化能力(如音乐、书法、绘画、运动等特长)的评价	定序变量	非常弱＝1；比较弱＝2；一般＝3；比较强＝4；非常强＝5
		心理调适与承受能力	对心理调适与承受能力(包括承受挫折与环境适应能力、文化适应能力、自我控制能力)的评价	定序变量	非常弱＝1；比较弱＝2；一般＝3；比较强＝4；非常强＝5
		人际社交或沟通能力	对人际社交或沟通能力(包括语言表达能力、沟通交流能力、团队协作能力)的评价	定序变量	非常弱＝1；比较弱＝2；一般＝3；比较强＝4；非常强＝5
		工作与创新能力	对工作与创新能力(包括办事能力、创新能力)的评价	定序变量	非常弱＝1；比较弱＝2；一般＝3；比较强＝4；非常强＝5
就业风险	失业风险	就业信息来源风险	您的就业信息来源状况	定序变量	非常充足＝1；比较充足＝2；一般＝3；比较有限＝4；非常有限＝5
		求职失败风险	您目前收到的 offer 数量是	定序变量	以收到的 offer 数量反向计分，0 个＝5；1 个＝4；2 个＝3；3 个＝2；4 个及以上＝1
	职业风险	职业与期望不一致	工作与预期不一致(如与期望的职业类型、工作地点、工作岗位、薪酬待遇等不一致)	定序变量	非常不符合＝1；比较不符合＝2；一般＝3；比较符合＝4；非常符合＝5

续表

变量名		观测变量	问卷题项	变量性质	变量说明
就业风险	职业风险	职业与学历不匹配	工作与您的学历不匹配	定序变量	非常不符合=1；比较不符合=2；一般=3；比较符合=4；非常符合=5
		职业与专业不对口	工作与您所学专业不对口	定序变量	非常不符合=1；比较不符合=2；一般=3；比较符合=4；非常符合=5
		职业与知识和能力不匹配	工作与您的知识和能力不匹配	定序变量	非常不符合=1；比较不符合=2；一般=3；比较符合=4；非常符合=5
		职业与兴趣不一致	工作内容与您的兴趣不一致	定序变量	非常不符合=1；比较不符合=2；一般=3；比较符合=4；非常符合=5
		工作环境与风俗习惯有冲突	工作与您的风俗习惯有冲突	定序变量	非常不符合=1；比较不符合=2；一般=3；比较符合=4；非常符合=5
		职业与未来职业发展预期不一致	工作与您的未来职业发展预期不匹配	定序变量	非常不符合=1；比较不符合=2；一般=3；比较符合=4；非常符合=5
		职业与追求的生活方式不一致	工作不能实现追求的生活方式	定序变量	非常不符合=1；比较不符合=2；一般=3；比较符合=4；非常符合=5
		工作环境对健康状况和生命安全伤害的可能性	工作环境对您的健康状况和生命安全有影响	定序变量	非常不符合=1；比较不符合=2；一般=3；比较符合=4；非常符合=5
		工作环境没有融入感和归属感	工作环境让您没有融入感和归属感	定序变量	非常不符合=1；比较不符合=2；一般=3；比较符合=4；非常符合=5

续表

变量名	观测变量	问卷题项	变量性质	变量说明
家庭背景	家庭经济状况	您家庭的经济状况	定类变量	中等以上（“一般”“比较好”“非常好”）= 1；较差（“非常差”“比较差”）= 0
	父母职业阶层	您父母所从事的最高职业阶层	定类变量	中上阶层（包括“专业技术人员”“私营企业主”“经理人员”“国家与社会管理者”阶层）= 1；中下阶层（包括“城乡无业、失业、半失业者”“农民”“产业工人”“商业服务业员工”“个体工商户”“办事人员”阶层）= 0
学校特征	学校类型	您所就读的大学	定类变量	高职高专或其他民办高校类（包括高职高专、民办本科高校或独立学院）= 1；普通高校类（国内外普通本科院校）= 2；重点高校类（包括 211、985 高校或国外知名高校）= 3
个体特征	性别	您的性别	定类变量	男生 = 1；女生 = 0
	生源地	您的家庭所在地	定类变量	城市籍 = 1；农村籍 = 0
就业结果	就业状态	您目前的就业状况	定类变量	已就业（含升学和求职就业）= 1；未就业 = 0
	就业单位薪酬	您就业单位的月收入	定序变量	“3000 元以下” = 1；“3001 ~ 5000 元” = 2；“5001 ~ 7000 元” = 3；“7001 ~ 10000 元” = 4；“10000 元以上” = 5
	就业单位性质	您就业单位的性质	定类变量	政府部门或国有企事业单位 = 1，其他性质单位 = 0
	就业单位地域	您就业单位的所在地	定类变量	乡镇和乡村 = 1；县、县级市 = 2；东北部城市 = 3；西部城市 = 4；中部城市 = 5；东部城市 = 6；北上广深 = 7

(三)研究思路与模型界定

本节综合考虑观测变量和潜变量的类型，运用 SPSS、AMOS 和 Mplus 软件作为分析工具。首先，运用 SPSS 与 AMOS 软件对少数民族大学毕业生的调查问卷进行效度与信度检验、变量相关分析等数据分析；其次，构建家庭与大学文化资本、大学生人力资本与就业风险的结构方程模型，结合少数民族大学毕业生数据，运用 AMOS 软件验证家庭与大学文化资本、大学生人力资本对其失业风险与职业风险的路径；再次，结合不同的少数民族大学毕业生家庭背景、学校特征与个体特征因素，运用 AMOS 软件进行多群组路径分析，检验它们在家庭与大学文化资本、人力资本与就业风险关系路径中是否发挥调节效应；最后，运用 Mplus 软件展开进一步拓展研究。就业风险分析模型如图 6-1 所示。

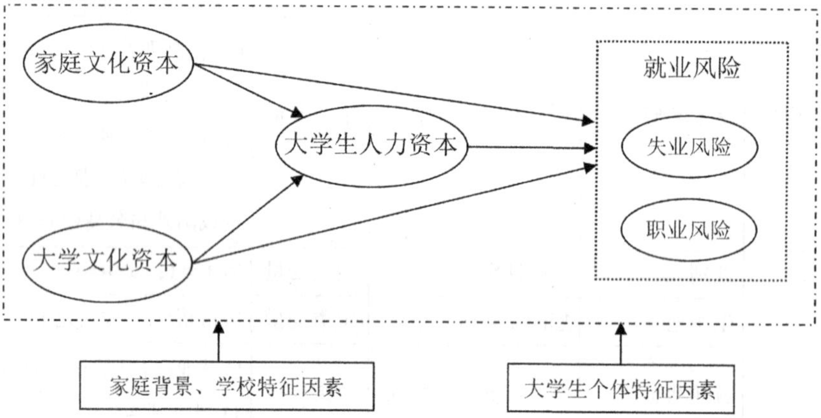

图 6-1　少数民族大学毕业生就业风险模型简图

三、调查数据分析

(一)预试问卷分析

在正式发放调查问卷之前，本研究首先对问卷进行预调查测试，并根据预调查结果对问卷进行修正。预调查分析包括对问卷进行项目分析、因素分析和信度检验，分别检验问卷在不同受试者之间的反应程度以确定个别问卷题项的适切或可靠性、检验问卷的建构效度以及检验问卷的整体稳定性与一致性。

对预调查问卷的项目分析主要以临界比值法作为判别指标①，采用 SPSS 软件分别对家庭文化资本、大学文化资本、大学生人力资本、就业风险变量的相关问卷题项进行项目分析。分析结果显示，家庭文化资本、大学文化资本、大学生人力资本和失业风险变量的每个预试问卷题项均具有鉴别度，所有预试问卷题项均能鉴别不同受试者的反映程度，而以实现求职就业的预调查样本的职业风险变量临界比值分析结果显示②，职业风险问卷题项中“工作与预期不一致”题项的鉴别度相对较弱（$t=2.059$，$p=0.05$），鉴于该问卷题项较多，且其余题项均非常显著（$p=0.000$），因此，将该问卷题项予以删除。

项目分析之后，进一步运用因素分析检验问卷的建构效度③。预调查中的因素分析主要是为了寻找问卷的潜在结构，减少问卷题项的数量，此时主要是一种探索性因素分析。探索性因素分析结果显示，少数民族大学生家庭文化资本、大学文化资本、人力资本、职业风险变量的 *KMO* 值分别为 0.865、0.938、0.780、0.918，Bartlett 球形检验的χ^2值分别为 1380.594、4539.254、509.042、491.479，均达显著，表明这四个变量的问卷题项均存在共同因素，适合进行因素分析。对家庭文化资本问卷的因素分析萃取出两个因素构面④，可分别命名为“公有性家庭文化资本”与“民族性家庭文化资本”，除“父母对不同民族文化的包容性”题项外，其余问卷题项均与理论分析确定的因素构面一致，对该问卷题项予以剔除。剔除该题项之后，问卷的 *KMO* 值为 0.881，两个因素构面可以解释的累积变异量为

① 临界比值法（或极端组法）主要通过计算量表每一题项的临界比率值 CR 值，将未达到显著性水平的题项予以删除。根据吴明隆（2010）的观点，在项目分析中，除了采用极端组法外，也可采用同质性检验法。同质性检验法包括题项与量表总分的相关、题项在量表共同因素的因素负荷量或整份量表的内部一致性信度检验值。由于临界比值法是项目分析最常用的一种判别指标，本书主要采用该指标作为项目分析的判别指标。

② 对少数民族大学毕业生职业风险的问卷调查仅能针对求职就业（如以签订协议或合同方式实现就业）的毕业生进行调查，而通过升学方式实现就业的毕业生则不适用。

③ 建构效度代表问卷能测量理论的概念或特质的程度。对建构效度进行检验的常用方法是因素分析法，具体有探索性因素分析（Exploratory Factor Analysis，EFA）和验证性因素分析（Confirmatory Factor Analysis，CFA）两种。

④ 由于编制问卷时依照理论分析对相关变量确定了一定的因素层面，此处在对家庭文化资本与大学文化资本问卷进行因素分析时采用限定因素数目挑选标准进行因素萃取，大学生人力资本采用限定因素数目挑选标准萃取的两个因素构面结果与理论分析确定的因素层面也是一致的，但当限定萃取两个层面时的联合解释变异量为 46.469%，因此，此处同时采用了以保留特征值大于 1 的因素数目挑选标准进行分析。

58.418%。对大学文化资本量表的因素分析萃取出的两个因素构面与理论分析确定的因素构面一致，即“公有性大学文化资本”与“民族性大学文化资本”两个因素构面，可以解释的累积变异量达74.485%。以保留特征值大于1的因素数目挑选标准对大学生人力资本问卷的分析萃取出三个因素构面，可分别命名为“显性知识型人力资本”“显性素质型人力资本”和“隐性能力型人力资本”，其中，“知识型人力资本”与“素质型人力资本”共同构成理论分析中的显性人力资本层面，这三个构面可以解释的累积变异量为56.399%。对大学生职业风险量表的分析萃取出一个共同因素，所有问卷题项全部保留，这一因素构面的解释变异量为71.461%。

在完成因素分析之后，继续对保留题项的相关问卷及其结构面进行信度检验。信度检验结果显示，少数民族大学生家庭文化资本问卷的 α 系数为0.872，因素层面“公有性家庭文化资本”与“民族性家庭文化资本”的 α 系数分别为0.867和0.888，表明问卷信度较好。大学文化资本量表的 α 系数为0.966，因素层面“公有性大学文化资本”与“民族性大学文化资本”的 α 系数分别为0.968和0.956，内部一致性信度较好。人力资本问卷的 α 系数为0.670，两个因素层面“显性人力资本”与“隐性人力资本”的 α 系数分别为0.711和0.805，内部一致性信度合理。职业风险量表的 α 系数为0.949，量表内部一致性信度较理想。

（二）正式问卷的效度检验

本研究所涉及的问卷是基于理论分析与文献研究并吸收借鉴国内外专家学者的问卷所设计的，问卷具有良好的内容效度。经过预调查阶段的分析，同时采用探索性与验证性因素分析对所形成的正式问卷的建构效度进行检验。

一方面，基于预试问卷的分析结果，以保留特征值大于1的因素提取标准对少数民族大学毕业生家庭文化资本、大学文化资本、人力资本、职业风险变量及其具体因素构面进行探索性因素分析。分析结果显示：①家庭文化资本问卷的 *KMO* 值为0.902，萃取出特征值大于1的两个因素，分析结果与预调查阶段基本一致，分别为“公有性家庭文化资本”与“民族性家庭文化资本”，其中“父母教育期望”问卷题项的因子值小于0.5，对该问卷予以剔除之后，问卷 *KMO* 值为0.898，Bartlett球形检验的 χ^2 值显著，两个因素层面可以解释的累积变异量达60.425%。对“公有性家庭文化资本”与“民族性家庭文化资本”两个因素层面的进一步因素分析显示，这两个层面的 *KMO* 值分别为0.890和0.845，“公有性家庭文化资本”层面的8个问卷题项和“民族性家庭文化资本”层面的5个问卷题项均保留，且均各自形成一个共同因素，分别对这两个因素层面的解释变异量达54.805%和66.049%。②大学文化资本量表的 *KMO* 值为0.961，Bartlett球形检验的χ^2值显著，萃取出特征值大于1的两个因素，分析结果与预调查阶段一致，公有性与民族性大学文化资本两个因素层面可以解释的累积变异量达74.326%。对“公有性大学文化资本”与“民族性大学文化资本”两个因素层面的进一步因素分析显示，这两个层面的*KMO*值分别为0.958和0.920，“公有性大学文化资本”层面的13个问卷题项和“民族性大学文化资本”层面的8个问卷题项均保留，且均各自形成一个共同因素，对这两个因素层面解释的变异量分别达73.901%和74.016%。③对大学生人力资本问卷的分析结果与预调查分析结果一致，分别对“显性人力资本”与“隐性人力资本”层面的分析显示，这两个层面的*KMO*值分别为0.811和0.792，Bartlett球形检验的χ^2值显著，其中，“显性人力资本”层面进一步萃取出包括学习成绩、外语水平和其他学习成就等体现知识水平的知识型资本与包括政治面貌、荣誉证书、实践获奖、其他实践经历等体现综合素质的素质型资本两个因素层面，它们的联合解释变异量达53.512%。而“隐性人力资本”层面则萃取出特征值大于1的一个因素，解释变异量达56.898%。④职业风险变量的*KMO*值为0.893，Bartlett球形检验显著，保留全部问卷题项并萃取出两个因素，可命名为“职业不匹配风险”层面(包括“职业与学历不匹配”“职业与专业不对口”“职业与知识和能力不匹配”“职业与兴趣不一致”“职业与追求生活方式的不一致”“职业与未来职业发展预期不一致”题项)和“职业健康伤害风险”层面(包括“工作环境与风俗习惯有冲突”“工作环境对健康状况和生命安全伤害的可能性”“工作环境没有融入感和归属感”题项)，这两个因素层面可以解释的累积变异量达75.469%。

另一方面，在探索性因素分析的基础上，结合理论分析中对少数民族大学生家庭与大学文化资本的具身化、客观化与制度化形态结构内容的界定，运用AMOS软件进一步对公有性与民族性家庭文化资本、公有性与民族性大学文化资本、显性与隐性人力资本、职业风险问卷进行验证性因素分析。部分修正后的验证性因素分析模型拟合度结果如表6-2所示①。

① 模型拟合指数反映的是模型整体的拟合程度，模型拟合评价可分为两类(Yuan, 2005)：假设检验与近似拟合检验。假设检验常采用χ^2/df来评价，有学者推荐χ^2/df值在2~5为可接受范围(Wheaton, 1987)，但也有学者认为介于1~3表示模型适配良好(吴明隆, 2010)。近似拟合指数最常见的可分为绝对拟合指数、增值拟合指数与简约拟合指数(侯杰泰等, 2004; Kline, 2010)，书中参考吴明隆(2010)、王孟成(2014)的研究，以*GFI*、*NFI*、*TLI*、*CFI*、*SRMR*、*RMSEA*作为近似拟合检验的参考指标。根据吴明隆(2010)、王孟成(2014)整理的模型拟合指标评价标准，*GFI*、*NFI*、*TLI*、*CFI*值越接近1，则模型拟合度越好，通常>0.90以上则模型拟合良好；*SRMR*值<0.08表示模型拟合理想(Hu & Bentler, 1999)；*RMSEA*值<0.05，适配优良，0.05<*RMSEA*值<0.08，适配合理。

表 6-2 变量验证性因素分析模型的拟合度结果表

指标 变量	χ^2/df	*GFI*	*NFI*	*TLI*	*CFI*	*SRMR*	*RMSEA*
公有性家庭文化资本	1.306	0.993	0.993	0.996	0.998	0.014	0.023
民族性家庭文化资本	1.631	0.996	0.996	0.996	0.998	0.014	0.032
公有性大学文化资本	1.267	0.988	0.995	0.998	0.999	0.011	0.021
民族性大学文化资本	2.204	0.993	0.996	0.993	0.998	0.013	0.045
显性人力资本	2.303	0.986	0.958	0.960	0.976	0.031	0.047
隐性人力资本	2.795	0.998	0.997	0.987	0.998	0.010	0.055
职业风险	2.325	0.968	0.976	0.971	0.986	0.031	0.074

表 6-2 中的数据显示，相关变量的验证性因素分析的 χ^2/df 均小于 3，且 *SRMR* 值<0.05，*RMSEA* 值<0.08，*GFI*、*NFI*、*TLI* 和 *CFI* 值均大于 0.90，表明模型均具有良好或合理的适配度。模型结果也显示，相关潜变量结构层面的参数估计均显著，其中，少数民族大学毕业生公有性家庭文化资本与民族性家庭文化资本变量的三个构面的标准化因子值分别介于 0.580～0.896、0.572～0.896，公有性大学文化资本与民族性大学文化资本变量的三个构面的标准化因子值分别介于 0.678～0.923、0.741～0.965，显性人力资本变量的两个构面的标准化因子值介于 0.478～0.719，隐性人力资本变量的观测变量中“特殊文化能力”题项的标准化因子值低于 0.45，剔除该题项后其余题项的因子值介于 0.532～0.796，职业风险变量的两个因素构面的标准化因子值介于 0.632～0.871，表明相关潜变量的观测指标具有较好或合理的效度。

（三）正式问卷的信度分析

为检验正式问卷的内部一致性信度，运用 SPSS 软件对相关潜变量及其结构层面的信度进行检验，以确定问卷测量结果的稳定性和一致性，具体结果如表 6-3 所示。

表 6-3　变量信度分析结果表

变　量	结构面(因素)	题项数	*Cronbach's* α
家庭文化资本		13	0. 879
	公有性家庭文化资本	8	0. 876
	具身化公有性家庭文化资本	4	0. 881
	客观化公有性家庭文化资本	2	0. 711
	制度化公有性家庭文化资本	2	0. 557
	民族性家庭文化资本	5	0. 868
	具身化民族性家庭文化资本	3	0. 782
	客观化民族性家庭文化资本	2	0. 856
大学文化资本		21	0. 966
	公有性大学文化资本	13	0. 970
	具身化公有性大学文化资本	5	0. 919
	客观化公有性大学文化资本	4	0. 945
	制度化公有性大学文化资本	4	0. 933
	民族性大学文化资本	8	0. 949
	具身化民族性大学文化资本	2	0. 823
	客观化民族性大学文化资本	2	0. 886
	制度化民族性大学文化资本	4	0. 914
人力资本		11	0. 707
	显性人力资本	7	0. 720
	显性知识型人力资本	3	0. 623
	显性素质型人力资本	4	0. 626
	隐性人力资本	4	0. 815
职业风险		9	0. 925
	职业不匹配风险	6	0. 914
	职业健康伤害风险	3	0. 876

表 6-3 的分析结果显示，少数民族大学生家庭文化资本、大学文化资本、人力资本、职业风险潜变量的 α 系数均在 0. 7 以上，且基本在 0. 8 以上，而所有潜

变量的具体因素构面的 α 系数均在 0.6 以上，表明这些潜变量的内部一致性信度均较佳或合理。

(四)变量的相关分析

由于本研究所涉及的变量均为不可直接观测的潜变量，在对相关潜变量采用均值法进行计算赋值后，同时运用 Spearman 和 Pearson 相关分析对研究模型中的主要变量之间的相关性进行检验，以判断研究假设和模型设定的初步合理性。

1. 文化资本、人力资本与失业风险各维度间的相关分析

基于全部被调查的602组样本数据对家庭与大学文化资本、人力资本与失业风险变量各维度间的相关性进行分析，分析结果见表6-4所示。

(1)家庭文化资本与大学文化资本各维度的内部相关性分析

表6-4中，公有性、民族性家庭文化资本分别与公有性、民族性大学文化资本之间的 Pearson 相关系数在 0.01 水平下具有显著的两两正相关，但民族性家庭文化资本与民族性大学文化资本之间的 Spearman 相关系数则不显著。Pearson 和 Spearman 相关系数均显示，公有性家庭文化资本的具身化、客观化与制度化三种形态与民族性家庭文化资本的具身化与客观化形态之间均在 0.01 水平下显著两两正相关。公有性大学文化资本的具身化、客观化与制度化三种形态与民族性大学文化资本的三种形态之间均在 0.01 水平下显著两两正相关。

(2)家庭文化资本各维度与人力资本各维度的相关分析

Pearson 和 Spearman 相关系数均显示，公有性家庭文化资本及其具身化、客观化与制度化三种形态与人力资本的两个维度显性人力资本、隐性人力资本均在 0.01 水平下具有显著两两正相关，但具身化公有性家庭文化资本与显性知识型人力资本之间却均不具有显著的相关性。民族性家庭文化资本及其具身化与客观化两种形态仅与隐性人力资本在 0.01 水平下具有显著正相关，但却与显性人力资本却不具有显著相关性。

(3)大学文化资本各维度与人力资本各维度的相关分析

Pearson 和 Spearman 相关系数均显示，公有性大学文化资本及其具身化、客观化与制度化三种形态与显性人力资本、隐性人力资本之间均显著正向相关，但具身化、制度化公有性大学文化资本与显性知识型人力资本之间却均不具有显著相关关系。民族性大学文化资本及其三种形态虽与显性人力资本、隐性人力资本显著正相关，但 Pearson 相关系数显示，民族性大学文化资本及其客观化、制度化形态与显性知识型人力资本却不具有显著相关性，且制度化民族性大学文化资

表 6-4　文化资本、人力资本与失业风险变量间的相关分析结果表

相关系数	*GFC*	*EGFC*	*OGFC*	*IGFC*	*EFC*	*EEFC*	*OEFC*	*GUC*	*EGUC*	*OGUC*	*IGUC*	*EUC*	*EEUC*	*OEUC*	*IEUC*	*EHC*	*IHC*	*KC*	*QC*	*UR*
公有性家庭文化资本(*GFC*)	1	.899 **	.809 **	.785 **	.375 **	.322 **	.383 **	.253 **	.248 **	.217 **	.252 **	.205 **	.187 **	.118 **	.217 **	.172 **	.234 **	.121 **	.162 **	-.139 **
具身化公有性家庭文化资本(*EGFC*)	.911 **	1	.554 **	.565 **	.455 **	.405 **	.445 **	.216 **	.221 **	.166 **	.225 **	.132 **	.127 **	.046	.150 **	.126 **	.259 **	.066	.127 **	-.152 **
客观化公有性家庭文化资本(*OGFC*)	.811 **	.567 **	1	.581 **	.167 **	.129 **	.185 **	.170 **	.161 **	.165 **	.160 **	.183 **	.161 **	.118 **	.185 **	.184 **	.127 **	.168 **	.156 **	-.109 **
制度化公有性家庭文化资本(*IGFC*)	.790 **	.572 **	.585 **	1	.216 **	.175 **	.238 **	.281 **	.268 **	.259 **	.268 **	.250 **	.225 **	.186 **	.257 **	.168 **	.175 **	.129 **	.157 **	-.083 *
民族性家庭文化资本(*EFC*)	.383 **	.464 **	.171 **	.231 **	1	.940 **	.889 **	.143 **	.152 **	.092 *	.160 **	.072	.058	.016	.097 *	.057	.190 **	.040	.057	-.163 **
具身化民族性家庭文化资本(*EEFC*)	.329 **	.410 **	.135 **	.191 **	.948 **	1	.692 **	.107 **	.119 **	.061	.118 **	.055	.038	.012	.077	.072	.178 **	.056	.063	-.158 **
客观化民族性家庭文化资本(*OEFC*)	.389 **	.457 **	.190 **	.247 **	.897 **	.709 **	1	.178 **	.180 **	.132 **	.198 **	.088 *	.077	.024	.114 **	.036	.181 **	.022	.044	-.147 **
公有性大学文化资本(*GUC*)	.261 **	.227 **	.170 **	.280 **	.171 **	.126 **	.203 **	1	.949 **	.917 **	.928 **	.585 **	.614 **	.535 **	.545 **	.105 *	.276 **	.070	.111 **	-.138 **
具身化公有性大学文化资本(*EGUC*)	.261 **	.235 **	.162 **	.271 **	.189 **	.146 **	.216 **	.959 **	1	.815 **	.861 **	.542 **	.569 **	.486 **	.504 **	.089 *	.293 **	.048	.102 *	-.134 **
客观化公有性大学文化资本(*OGUC*)	.229 **	.184 **	.163 **	.258 **	.124 **	.087 *	.154 **	.931 **	.835 **	1	.808 **	.583 **	.619 **	.566 **	.531 **	.126 **	.221 **	.101 *	.123 **	-.141 **

续表

相关系数	GFC	EGFC	OGFC	IGFC	EFC	EEFC	OEFC	GUC	EGUC	OGUC	IGUC	EUC	EEUC	OEUC	IEUC	EHC	IHC	KC	QC	UR
制度化公有性大学文化资本(*IGUC*)	.266**	.237**	.169**	.280**	.185**	.138**	.219**	.936**	.865**	.826**	1	.525**	.556**	.457**	.499**	.088*	.264**	.049	.098*	-.117**
民族性大学文化资本(*EUC*)	.213**	.153**	.180**	.245**	.109**	.091*	.115**	.582**	.545**	.590**	.524**	1	.892**	.883**	.967**	.102*	.222**	.047	.119**	-.118**
具身化民族性大学文化资本(*EEUC*)	.194**	.142**	.157**	.227**	.087*	.068	.097*	.618**	.578**	.625**	.561**	.882**	1	.826**	.803**	.106**	.220**	.059	.117**	-.114**
客观化民族性大学文化资本(*OEUC*)	.137**	.077	.122**	.192**	.057	.049	.058	.548**	.512**	.572**	.478**	.877**	.816**	1	.784**	.090*	.151**	.032	.107**	-.082*
制度化民族性大学文化资本(*IEUC*)	.219**	.162**	.186**	.243**	.127**	.107**	.133**	.519**	.490**	.512**	.478**	.954**	.782**	.764**	1	.090*	.226**	.042	.104*	-.109**
显性人力资本(*EHC*)	.178**	.114**	.197**	.177**	.042	.051	.023	.130**	.112**	.143**	.107**	.106**	.121**	.103*	.082*	1	.103*	.752**	.931**	-.234**
隐性人力资本(*IHC*)	.251**	.275**	.125**	.197**	.237**	.216**	.225**	.299**	.319**	.234**	.294**	.216**	.223**	.151**	.217**	.098*	1	-.027	.151**	-.294**
显性知识型人力资本(*KC*)	.127**	.052	.185**	.134**	.033	.043	.012	.090*	.064	.120**	.058	.064	.085*	.065	.055	.766**	-.019	1	.476**	-.222**
显性素质型人力资本(*QC*)	.165**	.121**	.160**	.160**	.044	.051	.028	.123**	.113**	.125**	.110**	.106**	.115**	.102*	.077	.931**	.139**	.484**	1	-.197**
失业风险(*UR*)	-.149**	-.147**	-.125**	-.089*	-.179**	-.172**	-.158**	-.151**	-.157**	-.148**	-.130**	-.127**	-.131**	-.090*	-.119**	-.238**	-.292**	-.232**	-.202**	1

说明：(1) ** 表示在 0.01 水平(双尾)下显著相关，* 表示在 0.05 水平(双尾)下显著相关；

(2)左下角部分为 Pearson 相关系数，右上角部分为 Spearman 相关系数。

本与显性素质型人力资本也不具有显著相关性。而 Spearman 相关系数显示，民族性大学文化资本及其三种形态与显性知识型人力资本之间不具有显著相关关系。

(4)家庭文化资本、大学文化资本、人力资本各维度与失业风险的相关分析

Pearson 和 Spearman 相关系数均显示，除制度化公有性家庭文化资本、客观化民族性大学文化资本与失业风险之间在 0.05 水平下显著负相关，家庭文化资本各维度层面、大学文化资本各维度层面、人力资本各维度均与失业风险之间在 0.01 水平下显著负相关。

2. 文化资本、人力资本与职业风险各维度间的相关分析

基于签订协议或合同等方式实现求职就业的 240 组样本数据对家庭与大学文化资本、人力资本与职业风险变量各维度间的相关性进行分析，分析结果见表 6-5 所示。

(1)家庭文化资本与大学文化资本各维度的内部相关性分析

表 6-5 中，Pearson 相关系数显示，公有性与民族性家庭文化资本、公有性与民族性大学文化资本在 0.01 水平下显著正相关，公有性大学文化资本与民族性大学文化资本之间、民族性家庭文化资本与大学文化资本的公有性与民族性维度之间均在 0.05 水平下显著正相关。Spearman 相关系数则显示，民族性家庭文化资本与民族性大学文化资本之间不具有显著相关。Pearson 和 Spearman 相关系数均显示，公有性家庭文化资本的三种形态与民族性家庭文化资本的两种形态之间显著两两正相关。公有性大学文化资本的三种形态与民族性大学文化资本的三种形态之间均在 0.01 水平下具有显著两两正相关关系。

(2)家庭文化资本各维度与人力资本各维度的相关分析

Pearson 和 Spearman 相关系数均显示，公有性家庭文化资本、民族性家庭文化资本及其各自形态层面与隐性人力资本之间均显著正相关，但却与显性人力资本、显性知识型与素质型人力资本之间均不具有显著相关性。

(3)大学文化资本各维度与人力资本各维度的相关分析

Pearson 和 Spearman 相关系数均显示，公有性大学文化资本及其三种形态层面与显性人力资本、隐性人力资本之间均显著正相关，但具身化、制度化公有性大学文化资本与显性知识型人力资本之间却不具有显著相关关系。而民族性大学文化资本及其三种形态层面均与隐性人力资本之间显著正相关，但民族性大学文化资本及其制度化形态与显性人力资本却不具有显著相关性。

表 6-5　文化资本、人力资本与职业风险变量间的相关分析结果表

相关系数	GFC	EGFC	OGFC	IGFC	EFC	EEFC	OEFC	GUC	EGUC	OGUC	IGUC	EUC	EEUC	OEUC	IEUC	EHC	IHC	KC	QC	PR	MR	HIR
公有性家庭文化资本(GFC)	1	.893**	.767**	.703**	.452**	.406**	.432**	.197**	.184**	.200**	.181**	.128*	.111	.043	.162*	.068	.267**	.036	.070	.038	.027	.044
具身化公有性家庭文化资本(EGFC)	.899**	1	.520**	.494**	.527**	.488**	.474**	.131*	.122	.131*	.117	.045	.030	-.043	.101	.064	.254**	.042	.054	.081	.043	.129*
客观化公有性家庭文化资本(OGFC)	.763**	.530**	1	.459**	.186**	.144*	.207**	.118	.108	.131*	.096	.150*	.126	.079	.146*	.096	.132*	.097	.088	-.070	-.044	-.098
制度化公有性家庭文化资本(IGFC)	.715**	.524**	.476**	1	.283**	.213**	.329**	.264**	.262**	.245**	.259**	.206**	.184**	.139*	.225**	.005	.241**	-.055	.039	.004	-.005	.006
民族性家庭文化资本(EFC)	.476**	.537**	.202**	.317**	1	.939**	.889**	.138*	.133*	.114	.140*	.075	.092	-.008	.130*	.047	.239**	.047	.044	.230**	.197**	.294**
具身化民族性家庭文化资本(EEFC)	.440**	.499**	.166*	.253**	.950**	1	.696**	.074	.058	.074	.073	.035	.055	-.031	.082	.061	.224**	.058	.052	.224**	.192**	.302**
客观化民族性家庭文化资本(OEFC)	.443**	.497**	.217**	.352**	.897**	.713**	1	.208**	.217**	.163*	.219**	.133*	.141*	.041	.190**	.032	.214**	.048	.025	.214**	.191**	.243**
公有性大学文化资本(GUC)	.208**	.149*	.126	.246**	.158*	.099	.215**	1	.957**	.908**	.939**	.600**	.601**	.559**	.549**	.192**	.350**	.112	.191**	-.101	-.049	-.179**
具身化公有性大学文化资本(EGUC)	.211**	.159*	.121	.243**	.157*	.090	.224**	.962**	1	.825**	.870**	.577**	.590**	.532**	.529**	.182**	.352**	.085	.194**	-.147*	-.090	-.185**
客观化公有性大学文化资本(OGUC)	.203**	.145*	.128*	.216**	.140*	.103	.169**	.914**	.828**	1	.798**	.594**	.602**	.601**	.530**	.203**	.283**	.137*	.188**	-.122	-.063	-.218**
制度化公有性大学文化资本(IGUC)	.192**	.141*	.111	.247**	.172**	.106	.234**	.944**	.872**	.801**	1	.528**	.533**	.458**	.500**	.174**	.318**	.111	.169**	-.021	.017	-.103

续表

相关系数	GFC	EGFC	OGFC	IGFC	EFC	EEFC	OEFC	GUC	EGUC	OGUC	IGUC	EUC	EEUC	OEUC	IEUC	EHC	IHC	KC	QC	PR	MR	HIR
民族性大学文化资本(EUC)	.158*	.085	.161*	.199**	.127*	.094	.152*	.610**	.594**	.581**	.531**	1	.895**	.877**	.957**	.106	.254**	.003	.141*	-.187**	-.110	-.235**
具身化民族性大学文化资本(EEUC)	.128*	.062	.119	.180**	.124	.094	.146*	.628**	.619**	.624**	.551**	.876**	1	.854**	.788**	.147*	.249**	.031	.180**	-.217**	-.145*	-.264**
客观化民族性大学文化资本(OEUC)	.079	.014	.085	.148*	.039	.014	.068	.584**	.566**	.616**	.487**	.866**	.846**	1	.751**	.129*	.188**	.003	.168**	-.206**	-.122	-.299**
制度化民族性大学文化资本(IEUC)	.193**	.152*	.147*	.206**	.190**	.151*	.212**	.522**	.510**	.490**	.465**	.941**	.747**	.735**	1	.068	.258**	-.017	.096	-.109	-.045	-.138*
显性人力资本(EHC)	.082	.050	.109	.019	.068	.069	.054	.188**	.174**	.197**	.159*	.107	.162*	.132*	.059	1	.062	.697**	.919**	-.084	-.041	-.084
隐性人力资本(IHC)	.303**	.297**	.145*	.285**	.284**	.267**	.259**	.399**	.412**	.300**	.383**	.268**	.268**	.179**	.261**	.075	1	-.100	.133*	.021	.038	.036
显性知识型人力资本(KC)	.049	.006	.115	-.047	.052	.052	.043	.096	.069	.129*	.078	.019	.053	.037	-.008	.722**	-.081	1	.386**	.011	.001	.023
显性素质型人力资本(QC)	.079	.044	.104	.052	.044	.046	.033	.193**	.189**	.187**	.165*	.128*	.181**	.151*	.050	.916**	.140*	.406**	1	-.129*	-.066	-.139*
职业风险(PR)	.073	.125	-.044	.034	.327**	.317**	.284**	-.023	-.041	-.071	.046	-.088	-.122	-.127*	-.005	-.072	.123	.007	-.118	1	.938**	.800**
职业不匹配风险(MR)	.063	.093	-.021	.026	.263**	.252**	.233**	.021	-.005	-.025	.076	-.042	-.083	-.068	.024	-.053	.118	.000	-.090	.961**	1	.595**
职业健康伤害风险(HIR)	.075	.159*	-.078	.043	.377**	.371**	.319**	-.103	-.102	-.142*	-.021	-.156*	-.169**	-.210**	-.058	-.091	.107	.018	-.145*	.855**	.679**	1

说明：(1) ** 表示在 0.01 水平(双尾)下显著相关，* 表示在 0.05 水平(双尾)下显著相关；

(2)左下角部分为 Pearson 相关系数，右上角部分为 Spearman 相关系数。

(4)家庭文化资本、大学文化资本、人力资本各维度与职业风险各维度的相关分析

Pearson 和 Spearman 相关系数均显示，民族性家庭文化资本及其两种形态层面与总职业风险及其两个维度均在 0.01 水平下显著正相关，而公有性家庭文化资本中仅具身化形态与健康伤害风险在 0.05 水平下显著正相关。Pearson 相关系数显示，公有性大学文化资本中仅客观化形态与健康伤害风险在 0.05 水平下显著负相关，民族性大学文化资本的客观化形态与总职业风险负相关，具身化与客观化形态均与健康伤害风险在 0.01 水平下显著负相关。显性素质型人力资本与健康伤害风险在 0.05 水平下显著负相关。Spearman 相关系数则显示，公有性大学文化资本的具身化形态与总职业风险显著负相关，而具身化与客观化形态均与健康伤害风险在 0.01 水平下显著负相关。民族性大学文化资本及其具身化与客观化形态均与总职业风险和健康伤害风险在 0.01 水平下显著负相关，而其具身化形态与职业不匹配风险之间、制度化形态与健康伤害风险之间在 0.05 水平下显著负相关。显性素质型人力资本与总职业风险、健康伤害风险在 0.05 水平下均显著负相关。

四、模型分析与检验

为检验少数民族大学生家庭与大学文化资本、人力资本与就业风险之间的路径关系，运用 AMOS 软件结合相应调查对象数据分别构建失业风险与职业风险结构方程模型，验证少数民族大学生家庭与大学文化资本分别对失业风险与职业风险的作用路径。

(一)文化资本、人力资本与失业风险的路径分析

以全部被调查的少数民族大学毕业生问卷数据为基础，构建家庭-失业风险模型、大学-失业风险模型、综合失业风险模型三组失业风险结构方程模型分别验证不同类型家庭文化资本、不同类型大学文化资本、家庭与大学文化资本的综合作用及人力资本的中介作用在少数民族大学毕业生失业风险中的作用效应。三组失业风险结构方程模型拟合度结果见表 6-6 所示。

表 6-6　失业风险结构方程模型拟合度结果表

指标 / 模型	X^2/df	*GFI*	*NFI*	*TLI*	*CFI*	*SRMR*	*RMSEA*
家庭-失业风险模型	2.999	0.932	0.879	0.897	0.915	0.055	0.058
大学-失业风险模型	2.847	0.932	0.923	0.938	0.948	0.055	0.055
综合失业风险模型	1.866	0.989	0.967	0.968	0.984	0.031	0.038

1. 家庭文化资本、人力资本与失业风险的路径分析

少数民族大学毕业生家庭文化资本、人力资本对失业风险的作用路径（家庭-失业风险结构方程模型）结果如图 6-2 所示。

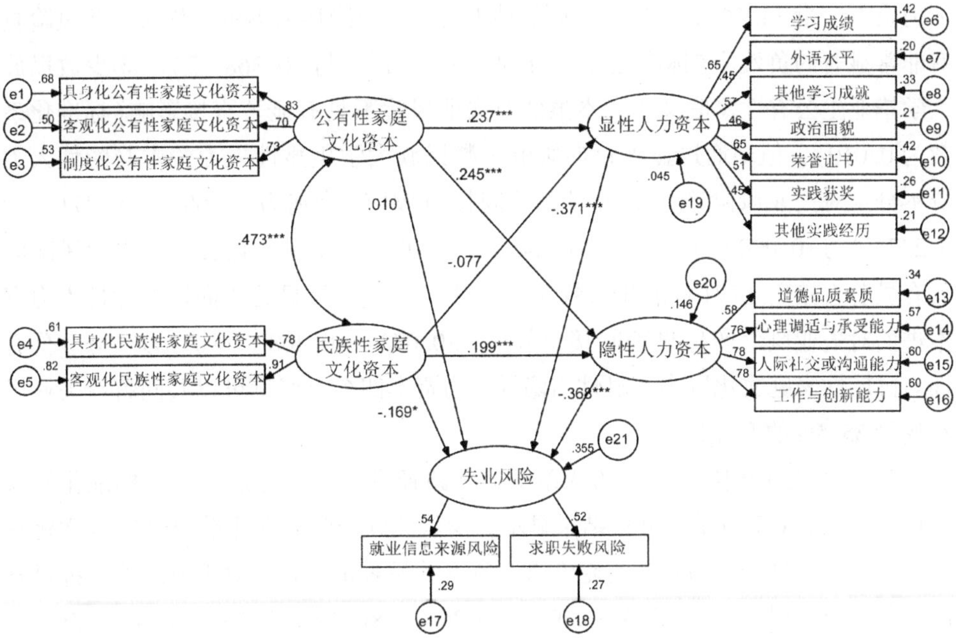

（注：＊＊＊表示在 0.001 水平下显著，＊＊表示在 0.01 水平下显著，＊表示在 0.05 水平下显著，#表示在 0.1 水平下显著。）

图 6-2　家庭-失业风险结构方程模型图

表 6-6 中，家庭-失业风险结构方程模型的拟合度指标结果显示，χ^2/df 值为 2.999<3，模型其他拟合指标中，*RMSEA* 值为 0.058<0.08，*GFI* 值、*CFI* 值均大于 0.900，*SRMR* 值 0.055<0.08，虽然 *NFI* 值和 *TLI* 值略小于 0.900，但考虑到模型其余拟合度指标基本都在可接受标准内，表明该结构方程模型基本拟合合理，因此，暂不考虑对模型进行修正。

图 6-2 中，家庭-失业风险模型路径分析结果表明，①由具身化、客观化和制度化三种形态维度衡量的少数民族大学毕业生公有性家庭文化资本潜变量与具身化、客观化两种形态维度衡量的民族性家庭文化资本潜变量之间具有显著正向相关性（标准化系数为 0.473^{***}）。②少数民族大学毕业生公有性家庭文化资本对显性

人力资本产生显著正效应(标准化系数为0.237***)，民族性家庭文化资本对显性人力资本则具有非显著的负效应。公有性家庭文化资本与民族性家庭文化资本对隐性人力资本均产生显著的正效应(标准化系数分别为0.245***和0.199***)，它们可以分别共同解释少数民族大学毕业生显性人力资本变量4.5%的变异量与隐性人力资本变量14.6%的变异量。而显性人力资本与隐性人力资本均对失业风险具有非常显著的负效应(标准化系数分别为-0.371***与-0.368***)。③少数民族大学毕业生公有性家庭文化资本虽然对失业风险不具有显著直接影响(标准化系数为0.010)，但却通过显著正向影响少数民族大学生显性人力资本与隐性人力资本分别对失业风险产生非常显著的间接负效应(分别为-0.088=-0.371***×0.237***与-0.090=-0.368***×0.245***)。民族性家庭文化资本对失业风险既具有显著直接负效应(标准化系数为-0.169*)，又通过显著正向影响隐性人力资本进而对失业风险产生显著间接负效应(-0.073=-0.368***×0.199***)。公有性与民族性家庭文化资本、显性与隐性人力资本四个潜变量可以共同解释失业风险变量35.5%的变异量。

对家庭-失业风险模型中的两条不显著路径进行删除之后，模型标准化效应分析结果见表6-7所示。分析结果显示，少数民族大学毕业生公有性家庭文化资本主要通过对显性人力资本与隐性人力资本的显著正向影响对失业风险发挥显著间接负效应(间接效应分别为-0.071=-0.366***×0.193***和-0.089=-0.365***×0.244***)，公有性家庭文化资本抑制失业风险的效应(总效应-0.160)中，约44%通过显性人力资本的中介发挥作用，约56%通过隐性人力资本的中介发挥作用。同时，民族性家庭文化资本依然显著直接负向影响失业风险(直接效应-0.160*)，且通过显著正向影响隐性人力资本对失业风险发挥负效应(间接效应-0.073=-0.365***×0.201***)，民族性家庭文化资本抑制失业风险的效应(总效应-0.234)中，约69%是直接发挥作用，约31%则通过隐性人力资本发挥作用。总体而言，家庭文化资本对失业风险发挥显著抑制效应，其中41%来源于公有性家庭文化资本的间接抑制作用，59%来源于民族性家庭文化资本的直接与间接抑制作用。

表6-7　剔除不显著路径后的家庭-失业风险模型标准化效应结果表

效　应	路　径	标准化效应值
直接效应	民族性家庭文化资本→失业风险	-0.160

续表

效　应	路　径	标准化效应值
间接效应	公有性家庭文化资本→显性人力资本→失业风险	−0.071
	公有性家庭文化资本→隐性人力资本→失业风险	−0.089
	民族性家庭文化资本→隐性人力资本→失业风险	−0.073
总效应	公有性家庭文化资本→失业风险	−0.160
	民族性家庭文化资本→失业风险	−0.233
	家庭文化资本→失业风险	−0.393

2. 大学文化资本、人力资本与失业风险的路径分析

大学-失业风险结构方程模型结果如图 6-3 所示。表 6-6 中，大学-失业风险结构方程模型的拟合指标结果显示，χ^2/df 值为 2.847<3，*RMSEA* 值为 0.055<0.08，*GFI* 值、*NFI* 值、*TLI* 值和 *CFI* 值均大于 0.900，*SRMR* 值 0.055<0.08，表明该结构方程模型与样本数据拟合合理。

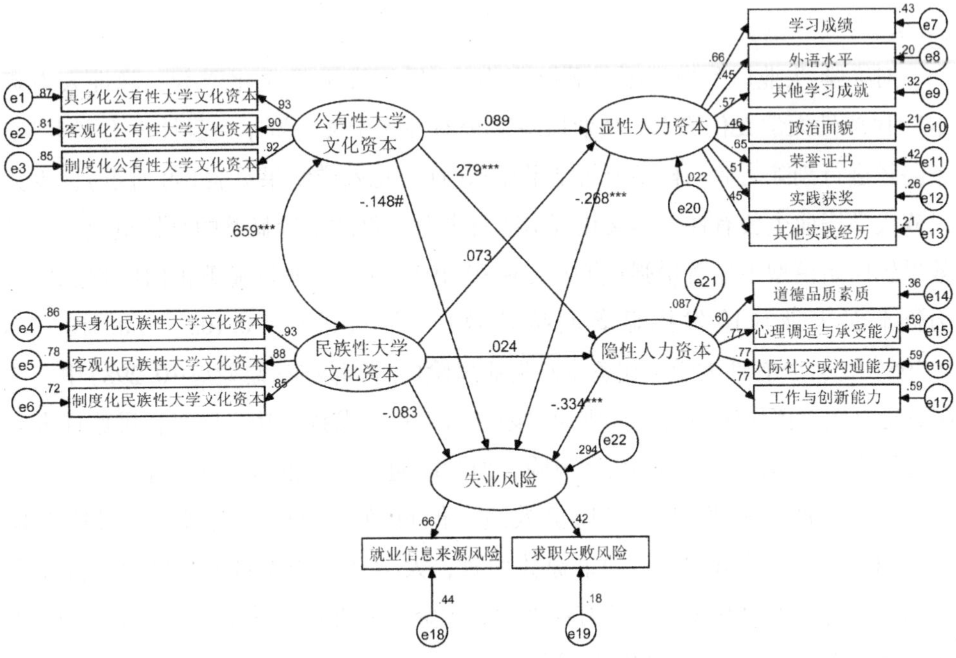

图 6-3　大学-失业风险结构方程模型图

图6-3中，大学-失业风险模型路径分析结果显示：①由具身化、客观化和制度化三种形态维度衡量的少数民族大学毕业生公有性大学文化资本潜变量与具身化、客观化、制度化三种形态维度衡量的民族性大学文化资本潜变量之间具有显著正向相关性（标准化系数为0.659***）。②少数民族大学毕业生公有性大学文化资本与民族性大学文化资本对显性人力资本均不产生显著效应，且民族性大学文化资本对隐性人力资本也不具有显著效应，但公有性大学文化资本则对隐性人力资本产生非常显著的正效应（标准化系数为0.279***）。公有性与民族性大学文化资本可以共同解释少数民族大学毕业生隐性人力资本变量8.7%的变异量。而显性人力资本与隐性人力资本均对失业风险具有非常显著的负效应（标准化系数分别为-0.268***与-0.334***）。③少数民族大学毕业生公有性大学文化资本对失业风险在0.1水平下产生一定显著负效应（标准化系数为-0.148#），同时通过显著正向影响隐性人力资本进而对失业风险发挥显著间接负效应（$-0.093=-0.334^{***}\times0.279^{***}$）。而民族性大学文化资本对失业风险则既不产生显著直接效应，也不产生显著间接效应。公有性与民族性家庭文化资本、显性与隐性人力资本四个潜变量可以共同解释失业风险变量29.4%的变异量。

对大学-失业风险模型不显著路径中的“民族性大学文化资本→隐性人力资本”“民族性大学文化资本→失业风险”“公有性大学文化资本→显性人力资本”三条路径进行剔除之后的模型分析结果显示（标准化效应结果见表6-8所示），少数民族大学毕业生公有性大学文化资本既对失业风险产生较显著的直接负效应，且效果较原始模型中显著增强（直接效应-0.195**），又通过显著正向影响隐性人力资本对失业风险发挥显著间接负效应（间接效应$-0.103=-0.350^{***}\times0.295^{***}$），公有性大学文化资本对失业风险的抑制效应（总效应-0.298）中，约65%是直接发挥作用，约35%则通过隐性人力资本发挥作用。同时，民族性大学文化资本并未显著直接影响失业风险，但却能通过显著正向影响显性人力资本也对失业风险产生较显著的间接负效应，但负效应程度相对较弱（间接效应$-0.041=-0.294^{**}\times0.138^{***}$）。总体而言，大学文化资本对失业风险发挥显著抑制效应，其中88%来源于公有性大学文化资本的直接与间接抑制作用，12%来源于民族性大学文化资本的间接抑制作用。

表 6-8　剔除不显著路径后的大学—失业风险模型标准化效应结果表

效　应	路　径	标准化效应值
直接效应	公有性大学文化资本→失业风险	−0.195
间接效应	公有性大学文化资本→隐性人力资本→失业风险	−0.103
	民族性大学文化资本→显性人力资本→失业风险	−0.041
总效应	公有性大学文化资本→失业风险	−0.299
	民族性大学文化资本→失业风险	−0.041
	大学文化资本→失业风险	−0.340

3. 文化资本、人力资本与失业风险的综合路径分析

在对家庭文化资本、大学文化资本与失业风险之间的作用路径进行独立分析的基础上，建立综合失业风险结构方程模型对家庭与大学文化资本、人力资本与失业风险之间的综合路径进行检验①，修正后的综合失业风险结构方程模型如图 6-4 所示。

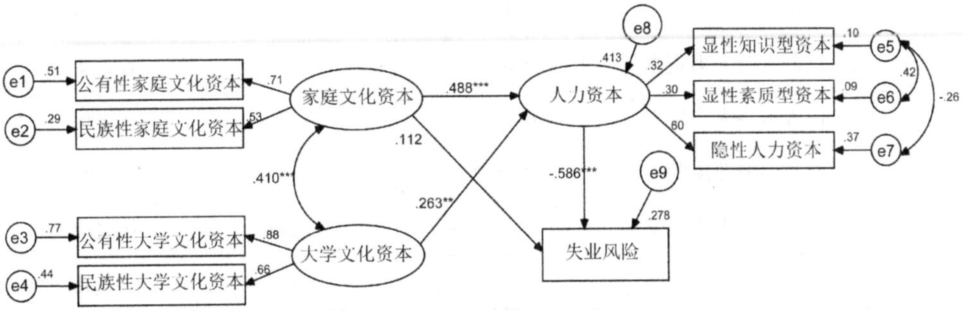

图 6-4　综合失业风险结构方程模型图

表 6-6 中，修正后的综合失业风险结构方程模型的拟合指标结果显示，X^2/df 值为 1.866<3，*GFI* 值、*NFI* 值、*TLI* 值和 *CFI* 值均在 0.950 以上，*RMSEA* 值为

① 根据家庭—失业风险模型与大学—失业风险模型的分析结果显示，少数民族大学毕业生大学文化资本对失业风险在 0.05 水平下不具有显著的直接效应，因此建立综合失业风险模型时剔除了这一路径。

0.038<0.05，*SRMR* 值 0.031<0.05，表明该结构方程模型拟合良好。图 6-4 中，综合失业风险模型标准化路径分析结果表明，由公有性与民族性家庭文化资本两个维度构成的少数民族大学毕业生家庭文化资本主要通过显著正向影响人力资本对失业风险发挥间接负效应（$-0.286=-0.586^{***}\times0.488^{***}$），而公有性与民族性大学文化资本两个维度构成的大学文化资本同样通过人力资本的中介显著负向影响失业风险（$-0.154=-0.586^{***}\times0.263^{**}$）。少数民族大学毕业生家庭文化资本与大学文化资本两个潜变量可以共同解释人力资本变量 41.3%的变异量，而家庭文化资本、大学文化资本、人力资本三个潜变量可以联合解释失业风险变量 27.8%的变异量。

对综合失业风险模型中的不显著路径进行剔除之后的修正模型标准化效应结果显示（见表 6-9 所示），少数民族大学毕业生家庭文化资本与大学文化资本均能显著抑制失业风险，且均主要通过人力资本的中介发挥显著间接抑制作用（间接效应分别为-0.214 和-0.136）。

表 6-9　修正后的综合失业风险模型标准化效应结果表

路　径	直接效应	间接效应	总效应
家庭文化资本→人力资本	0.439^{***}	—	0.439
大学文化资本→人力资本	0.279^{***}	—	0.279
人力资本→失业风险	-0.487^{***}	—	-0.487
家庭文化资本→失业风险	—	-0.214	-0.214
大学文化资本→失业风险	—	-0.136	-0.136

（二）文化资本、人力资本与职业风险的路径分析

以签订协议或合同等方式实现求职就业的少数民族大学毕业生问卷数据为基础，构建家庭-职业风险模型、大学-职业风险模型、综合职业风险模型三组职业风险结构方程模型分别验证不同类型家庭文化资本、不同类型大学文化资本、家庭与大学文化资本的综合效应及人力资本的中介作用在少数民族大学毕业生职业风险中的作用效应。三组职业风险结构方程模型拟合度结果见表 6-10 所示。

表 6-10　职业风险结构方程模型拟合度结果表

指　标 模　型	χ^2/df	*GFI*	*NFI*	*TLI*	*CFI*	*SRMR*	*RMSEA*
家庭-职业风险模型	1.663	0.912	0.850	0.918	0.933	0.064	0.053
大学-职业风险模型	1.878	0.894	0.883	0.929	0.941	0.066	0.061
综合职业风险模型	1.832	0.976	0.932	0.927	0.966	0.047	0.059

1. 家庭文化资本、人力资本与职业风险的路径分析

少数民族大学毕业生家庭文化资本、人力资本对职业风险的作用路径(家庭-职业风险结构方程模型)结果如图 6-5 所示。

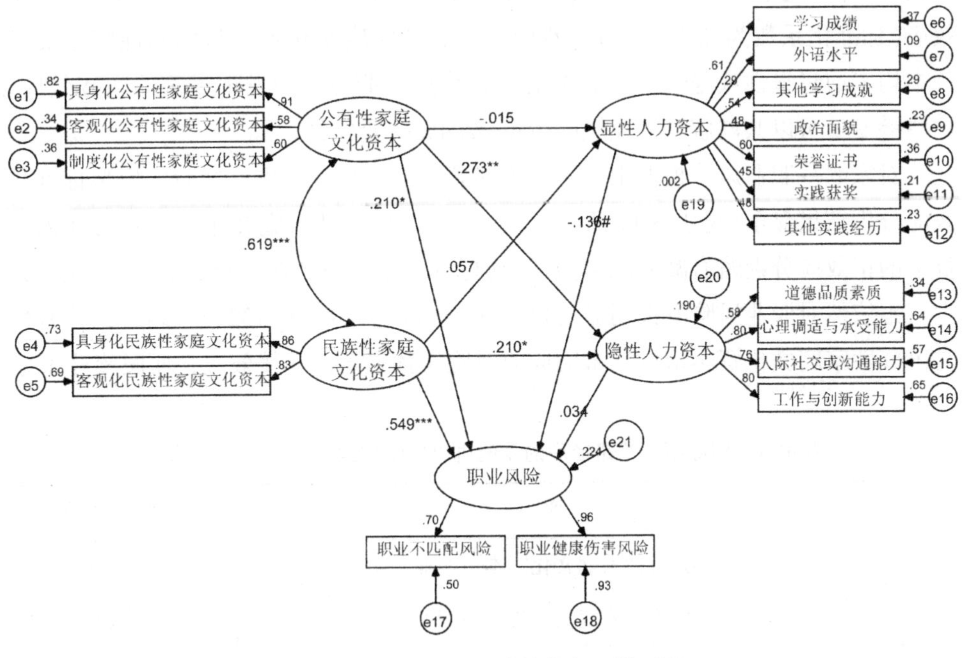

图 6-5　家庭-职业风险结构方程模型图

表 6-10 中，家庭—职业风险结构方程模型的拟合指标结果显示，χ^2/df 值为 1.663<3，模型其他拟合指标中，*RMSEA* 值为 0.053<0.08，*GFI* 值、*CFI* 值均大

于 0.900，*SRMR* 值 0.064<0.08，虽然 *NFI* 值小于 0.900，但考虑模型复杂度之后的校正指数 *TLI* 值大于 0.900，且其余相关拟合度指标都在可接受标准内，表明该结构方程模型拟合合理。

图 6-5 中，家庭—职业风险模型路径分析结果表明：①实现求职就业的少数民族大学毕业生公有性家庭文化资本潜变量与民族性家庭文化资本潜变量之间显著正向相关(标准化系数为 0.619^{***})。②公有性家庭文化资本与民族性家庭文化资本对显性人力资本均不具有显著效应，但对隐性人力资本则均产生显著正效应(标准化系数分别为 0.273^{**} 和 0.210^{*})，它们可以共同解释实现求职就业的少数民族大学毕业生隐性人力资本变量 19%的变异量。而显性人力资本对职业风险具有较弱显著的负效应(标准化系数 $-0.136^{\#}$)，且隐性人力资本对职业风险具有非显著的正效应。③实现求职就业的少数民族大学毕业生公有性与民族性家庭文化资本均对职业风险产生显著直接影响，但公有性家庭文化资本发挥显著直接负效应(标准化系数为 -0.210^{*})，而民族性家庭文化资本发挥非常显著的直接正效应(标准化系数为 0.549^{***})。然而，公有性家庭文化资本与民族性家庭文化资本均未通过显性或隐性人力资本的中介作用对职业风险发挥显著的间接效应。这些潜变量可以共同解释职业风险变量 22.4%的变异量。

对家庭—职业风险模型中的三条不显著路径全部进行剔除之后，模型标准化效应分析结果显示(见表 6-11 所示)，公有性与民族性家庭文化资本对隐性人力资本的正效应分别略有减弱和略微增强(标准化系数 0.267^{*} 与 0.217^{*})，显性人力资本依然对职业风险发挥弱显著负效应(标准化系数 $-0.132^{\#}$)。同时，公有性与民族性家庭文化资本依然均未对职业风险发挥显著的间接效应，而民族性家庭

表 6-11　剔除不显著路径后的家庭-职业风险模型标准化效应结果表

效　应	路　径	标准化效应值
间接效应	公有性家庭文化资本→职业风险	-0.197
	民族性家庭文化资本→职业风险	0.549
总效应	公有性家庭文化资本→职业风险	-0.197
	民族性家庭文化资本→职业风险	0.549
	家庭文化资本→职业风险	0.352

文化资本对职业风险依然具有非常显著的直接正效应（直接效应 0.549***），但公有性家庭文化资本对职业风险的直接负效应有所减弱（直接效应-0.197#）。总体而言，家庭文化资本对职业风险发挥一定正效应，全部来自于公有性家庭文化资本与民族性家庭文化资本的直接作用，但它们在职业风险中发挥的作用并不一致，其中公有性家庭文化资本发挥减缓或抑制作用，而民族性家庭文化资本则发挥增强或促进作用。

2. 大学文化资本、人力资本与职业风险的路径分析

大学—职业风险结构方程模型结果如图 6-6 所示。表 6-10 中，大学—职业风险结构方程模型的拟合指标结果显示，χ^2/df 值为 1.878，*RMSEA* 值为 0.061<0.08，*SRMR* 值 0.066<0.08，*TLI* 值和 *CFI* 值均大于 0.900，虽然 *GFI* 值和 *NFI* 值略小于 0.900，但考虑到模型其余拟合指标基本均在可接受标准内，表明该结构方程模型基本拟合合理。

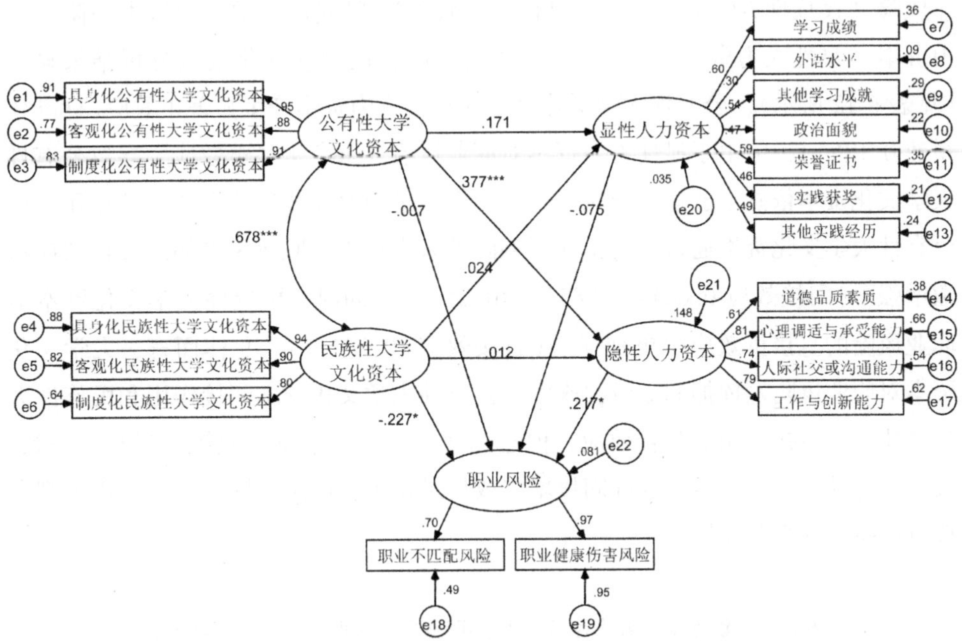

图 6-6 大学-职业风险结构方程模型图

图 6-6 中，大学-职业风险模型路径分析结果表明：①实现求职就业的少数民

族大学毕业生公有性大学文化资本潜变量与民族性大学文化资本潜变量之间显著正向相关(标准化系数为0.678***)。②公有性大学文化资本与民族性大学文化资本对显性人力资本及民族性大学文化资本对隐性人力资本均不产生显著效应，但公有性大学文化资本对隐性人力资本则具有非常显著的正效应(标准化系数为0.377**)，它们可以共同解释隐性人力资本变量14.8%的变异量。而显性人力资本对职业风险具有非显著的负效应，但隐性人力资本对职业风险却产生显著的正效应(标准化系数为0.217*)。③实现求职就业的少数民族大学毕业生的公有性大学文化资本并未显著直接影响其职业风险(标准化系数为-0.007)，但却通过正向影响隐性人力资本进而对职业风险发挥正效应(0.082=0.377***×0.217*)。而民族性大学文化资本对职业风险具有显著直接负效应(标准化系数为-0.227*)，却并未通过显性或隐性人力资本对职业风险发挥显著间接效应。它们可以共同解释职业风险变量8.1%的变异量。

对大学—职业风险模型不显著路径中的四条路径“公有性大学文化资本→职业风险”“民族性大学文化资本→显性人力资本”“民族性大学文化资本→隐性人力资本”“显性人力资本→职业风险”进行剔除，模型标准化效应分析结果显示(见表6-12所示)，公有性大学文化资本对显性人力资本产生显著正效应(标准化系数0.186*)，但由于显性人力资本对职业风险并未产生显著效应，导致公有性大学文化资本依然不能通过影响显性人力资本进而对职业风险发挥间接作用，但公有性大学文化资本通过显著正向影响隐性人力资本对职业风险的间接正效应略微增强了(间接效应0.084=0.385***×0.218*)。同时，民族性大学文化资本对职业风险的直接负效应也更加显著(直接效应-0.243**)。总体而言，大学文化资本对职业风险发挥抑制效应，来源于公有性大学文化资本间接作用和民族性大学文化资本直接作用的联合效应，但它们在职业风险中发挥的作用却并不一致，其中公有性大学文化资本发挥间接增强或促进作用，而民族性大学文化资本则发挥直接减缓或抑制作用。

表6-12　剔除不显著路径后的大学-职业风险模型标准化效应结果表

效　应	路　径	标准化效应值
直接效应	民族性大学文化资本→职业风险	-0.243
间接效应	公有性大学文化资本→隐性人力资本→职业风险	0.084

续表

效　应	路　径	标准化效应值
总效应	公有性大学文化资本→职业风险	0.084
	民族性大学文化资本→职业风险	−0.243
	大学文化资本→职业风险	−0.159

3. 文化资本、人力资本与职业风险的综合路径分析

基于家庭文化资本、大学文化资本对职业风险作用路径的独立分析，建立综合职业风险结构方程模型对家庭与大学文化资本、人力资本与职业风险之间的综合路径进行检验，综合职业风险结构方程模型如图 6-7 所示。

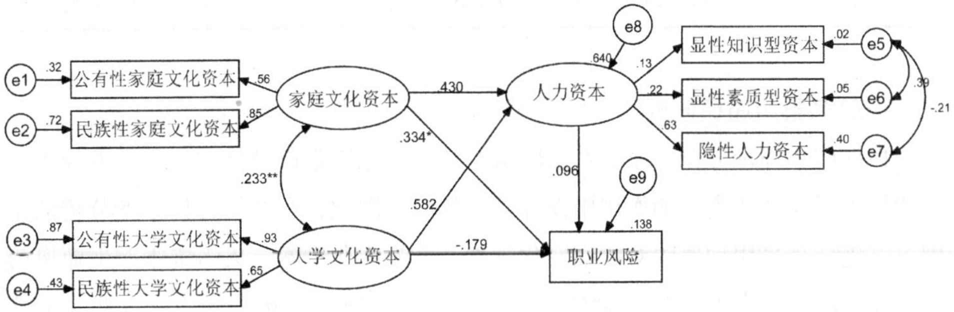

图 6-7　综合职业风险结构方程模型图

表 6-10 中，综合职业风险结构方程模型的拟合指标结果显示，删除不显著路径后的 χ^2/df 值为 1.832<3，*GFI* 值、*NFI* 值、*TLI* 值和 *CFI* 值均大于 0.900，*RMSEA* 值为 0.059<0.08，*SRMR* 值 0.047<0.05，表明该结构方程模型拟合合理。图 6-7 的综合职业风险模型标准化路径分析结果显示，由公有性与民族性两个维度构成的家庭文化资本与大学文化资本均未通过人力资本的中介对职业风险发挥显著间接效应，但家庭文化资本对职业风险具有显著的直接正效应（标准化系数 0.334*），而大学文化资本则未对职业风险产生显著直接效应。家庭与大学文化资本两个潜变量可以共同解释人力资本变量 64%的变异量，而家庭文化资本、大学文化资本、人力资本三个潜变量可以联合解释职业风险变量 13.8%的变异量。

结合家庭-职业风险模型与大学-职业风险模型的分析结果，根据综合职业风险模型的分析，进一步剔除“人力资本→职业风险”这一不显著路径之后的修正模型分析结果显示(标准化效应结果见表6-13)，少数民族大学毕业生家庭文化资本对职业风险的直接正效应显著性进一步增强(直接效应0. 378***)，且大学文化资本对职业风险的显著性作用有所提升，发挥一定程度的弱显著直接负效应(直接效应-0. 123$^{\#}$)。

表6-13　修正后的综合职业风险模型标准化效应结果表

路　径	直接效应	间接效应	总效应
家庭文化资本→职业风险	0. 378***	—	0. 378
大学文化资本→职业风险	-0. 123$^{\#}$	—	-0. 123

(三)多群组路径分析

根据前述理论分析，家庭背景因素、学校特征因素以及性别、城乡差异等个体特征因素在文化资本的作用中发挥调节效应。因此，在结构方程模型分析的基础上，进一步采用均值法对家庭文化资本、大学文化资本、人力资本、失业风险及职业风险相关潜变量进行赋值后，采用多群组路径分析分别检验这些家庭背景、学校特征与个体特征因素在文化资本、人力资本对少数民族大学毕业生失业风险或职业风险作用路径中的差异化效应。

1. 家庭背景因素的调节效应

对以父母职业阶层和家庭经济条件为代表的家庭背景因素进行归纳分类，根据父母所从事的最高职业阶层将父母职业阶层分为中上阶层(包括国家与社会管理者、经理人员、私营企业主、专业技术人员阶层)和中下阶层(包括城乡无业、失业与半失业者、农民、产业工人、商业服务业员工、个体工商户、办事人员阶层)两类，根据家庭经济收入状况将家庭经济条件分为中等以上(一般、比较好和非常好)和较差(非常差和比较差)两类。在此基础上，分别对它们在少数民族大学毕业生失业风险和职业风险路径分析中的差异化效应进行多群组路径分析，结果见表6-14所示。

表 6-14 家庭背景与学校特征的多群组路径分析结果表

路径（标准化系数） \ 变量		父母职业阶层			家庭经济条件			学校类别			
		中上阶层	中下阶层	系数差异临界比率	中等以上	较差	系数差异临界比率	高职高专、民办高校（1）	普通高校（2）	重点高校（3）	组 1 与 3 间系数差异临界比率
失业风险	家庭文化资本→人力资本	0. 316***	0. 147***	2. 008	0. 211***	0. 124$^{\#}$	1. 156	−0. 116	0. 215***	0. 330$^{\#}$	1. 915
	大学文化资本→人力资本	0. 060	0. 177***	−1. 028	0. 103*	0. 271***	−1. 614	0. 523***	0. 136**	0. 002	−1. 797
	人力资本→失业风险	−0. 225*	−0. 286***	0. 700	−0. 270***	−0. 318***	0. 990	−0. 339$^{\#}$	−0. 291***	−0. 193	0. 522
	家庭文化资本→失业风险	−0. 274**	−0. 060	−2. 208	−0. 075	−0. 175**	1. 265	−0. 419**	−0. 086*	−0. 138	0. 961
	大学文化资本→失业风险	0. 057	−0. 096*	1. 499	−0. 050	−0. 099	0. 534	0. 043	−0. 056	−0. 310$^{\#}$	−1. 620
	模型结构系数比较 *P* 值			0. 075			0. 185				0. 183
职业风险	家庭文化资本→人力资本	0. 386*	0. 173**	1. 097	0. 248***	0. 176$^{\#}$	0. 352	—	—	—	—
	大学文化资本→人力资本	0. 210	0. 317***	−0. 905	0. 276***	0. 350***	−0. 712	—	—	—	—
	人力资本→职业风险	0. 239	−0. 063	1. 589	−0. 107	0. 152	−1. 848	—	—	—	—
	家庭文化资本→职业风险	0. 376*	0. 232***	1. 160	0. 272***	0. 333**	−0. 387	—	—	—	—
	大学文化资本→职业风险	−0. 220	−0. 105	−0. 834	−0. 140$^{\#}$	−0. 143	−0. 065	—	—	—	—
	模型结构系数比较 *P* 值			0. 206			0. 324				—

失业风险模型的多群组路径分析结果显示：①在父母职业阶层上，模型结构系数比较的 P 值为 0.075，表示父母职业中下与中上阶层两组整体模型结构系数在 0.1 显著性水平下存在一定显著差异。组间系数差异的临界比率显示，中下阶层与中上阶层的家庭文化资本对人力资本和失业风险影响的系数间差异临界比率绝对值分别是 2.008(>1.96) 和 2.208(>1.96)，表明在父母为中下与中上阶层的家庭中，少数民族大学生家庭文化资本对人力资本和失业风险的影响均在 0.05 水平下存在显著差异，且在父母中上阶层家庭中，家庭文化资本对人力资本的作用效果更显著和强烈，对失业风险也具有显著直接效应，但在父母中下阶层家庭中，家庭文化资本对失业风险的直接效应则不显著。②在家庭经济条件上，中等以上和较差家庭经济条件两组间的整体模型路径系数比较的 P 值为 0.185>0.05，表示这两组在整体模型结构系数上不具有显著差异。且组间系数差异的临界比率显示，模型路径系数临界比率值的绝对值均小于 1.96，表示来自中等以上和较差家庭的少数民族大学毕业生两个群体在文化资本、人力资本对失业风险作用的路径系数上具有组间不变性。

职业风险模型的多群组路径分析结果显示：①在父母职业阶层上，模型结构系数比较的 P 值为 0.206，表示父母中下与中上阶层两组的职业风险模型整体结构系数不存在显著差异。且组间系数差异的临界比率结果也表明，来自父母中下与中上职业阶层家庭的少数民族大学毕业生两个群体在文化资本、人力资本对职业风险作用的路径系数上具有组间不变性。②在家庭经济条件上，中等以上和较差家庭经济条件两组间在整体模型结构系数上也不具有显著差异(模型结构系数比较 P 值为 0.324)。且组间系数差异的临界比率显示，来自中等以上和较差家庭的少数民族大学毕业生两个群体在文化资本、人力资本对职业风险作用的路径系数上具有组间不变性。这表明父母职业阶层和家庭经济条件这两个家庭背景因素在文化资本、人力资本与职业风险的路径关系中不产生显著调节效应。

2. 大学学校特征的调节效应

对以高校类别为代表的大学学校特征因素进行归纳分类，根据少数民族大学毕业生所就读的高校类型概括分为三类，即高职高专或其他民办高校类(包括高职高专、民办本科高校或独立学院)、普通高校类(国内外普通本科院校)和重点高校类(包括 211、985 高校或国外知名高校)三类。在此基础上，采用多群组路径分析检验不同高校类型下失业风险模型差异化效应①，结果见表 6-14 所示。多群组路径分析结果显示：三组模型结构系数比较的 P 值=0.183，表示高职高专或其他民办高校组、普通高校组、重点高校组三个群组的模型结构系数不存在显著性差异。且就读于高职高专或其他民办高校组与重点高校组的少数民族大学毕业生群体两组之间在文化资本、人力资本对失业风险作用的路径系数上具有组间不变性。

3. 大学生个体特征的调节效应

少数民族大学毕业生性别、城乡因素下的多群组路径分析结果如表 6-15 所示。失业风险模型的多群组路径分析结果显示：①在性别差异上，男生与女生两组的整体模型结构系数不具有显著性差异。但在少数民族男女毕业生之间，家庭

表 6-15　大学生个体特征的多群组路径分析结果表

路径（标准化系数）＼变量		性别差异			城乡差异		
		男生	女生	系数差异临界比率	城市	农村	系数差异临界比率
失业风险	家庭文化资本→人力资本	0.235***	0.208***	0.732	0.208***	0.167**	0.697
	大学文化资本→人力资本	0.141*	0.142**	−0.033	0.104#	0.192***	−1.014
	人力资本→失业风险	−0.282***	−0.291***	0.382	−0.238***	−0.315***	1.187
	家庭文化资本→失业风险	−0.201**	−0.038	−2.023	−0.206***	−0.097#	−1.047
	大学文化资本→失业风险	−0.075	−0.085#	0.218	−0.018	−0.111*	1.189
	结构系数模型 P 值			0.453			0.380
职业风险	家庭文化资本→人力资本	0.150	0.300***	0.939	0.348***	0.175*	1.463
	大学文化资本→人力资本	0.356***	0.238**	−0.871	0.176#	0.357***	−1.209
	人力资本→职业风险	0.029	−0.032	−0.427	−0.035	0.003	−0.269
	家庭文化资本→职业风险	0.325***	0.235**	−1.255	0.306**	0.276***	0.421
	大学文化资本→职业风险	−0.085	−0.160#	−0.439	−0.192#	−0.085	−0.877
	结构系数模型 P 值			0.516			0.575

① 由于以签订协议或合同等方式实现求职就业的少数民族大学毕业生样本中来自高职高专、民办本科高校或独立学院及重点高校的毕业生数量较少，这两组的样本量均不足 30 个，因此，不适合对不同高校类型下的职业风险模型进行多群组路径分析，此处仅分析了不同高校类型下的失业风险路径差异化效应。

文化资本对失业风险影响存在显著差异(系数差异临界比率值的绝对值为 2.023>1.96)，其中，男生的家庭文化资本对失业风险发挥更加显著的直接负效应，而女生的家庭文化资本却并未显著减弱她们的失业风险。②在城乡差异上，城市籍与农村籍少数民族毕业生两组之间的模型整体结构系数不存在显著差异，且具体路径系数上也具有组间不变性。而职业风险模型的多群组路径分析结果则显示，少数民族男女毕业生之间以及城乡籍毕业生之间在模型整体结构系数与具体路径系数上均不存在显著差异。这表明不同性别和生源地在文化资本、人力资本对职业风险的作用路径上没有产生显著的调节效应。

五、进一步研究

基于上述分析，进一步展开拓展研究，采用均值法对潜变量进行赋值后，构建家庭与大学文化资本、人力资本对就业结果作用的路径分析模型，探讨家庭与大学文化资本、人力资本对少数民族大学毕业生就业结果的影响路径。少数民族大学毕业生就业结果路径分析模型如图 6-8 所示。

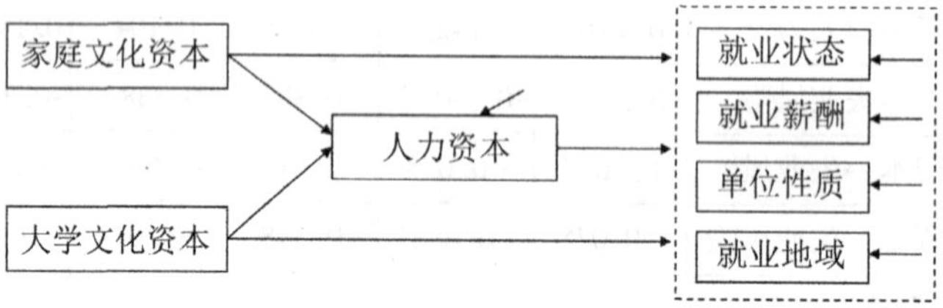

图 6-8 就业结果路径分析模型图

运用 Mplus 软件对少数民族大学毕业生文化资本、人力资本与就业结果的路径分析主要结果如表 6-16 所示①。

① 王孟成(2014)指出，当处理非正态分布或/和类别数据时，ML 所估计的卡方和标准误都不够准确，尽管当选项数目在 5 个以上时将其作为连续变量可以获得可靠估计结果(Johnson & Creech，1983)，但在处理类别数据时不管数据分布形态如何，选择 WLSMV 是相对稳妥的做法。考虑到本研究中因变量均为类别变量，且就业状态和就业单位性质变量均为五级以下类别变量，因此此处在分析时均采用 WLSMV 估计法进行路径分析。使用 WLSMV 估计类别变量模型时，推荐使用 WRMR 作为评价模型的拟合指标，当 WRMR≤1.0 表示模型拟合尚可，<0.08 表示好的拟合，值越小越好(Yu，2002)。

表 6-16 就业结果模型路径分析结果表

效应与路径 \ 模型		就业结果			
		就业状态	就业薪酬	单位性质	就业地域
直接效应	家庭文化资本→人力资本	0.208***	0.177**	0.176**	0.177**
	大学文化资本→人力资本	0.189***	0.259***	0.259***	0.259***
	人力资本→就业结果	0.384***	0.197**	0.035	0.108
	家庭文化资本→就业结果	-0.021	0.050	0.074	0.060
	大学文化资本→就业结果	-0.049	0.012	-0.039	0.013
间接效应	家庭文化资本→人力资本→就业结果	0.080***	0.035#	0.006	0.019
	大学文化资本→人力资本→就业结果	0.072***	0.051*	0.009	0.028
$R^2_{(人力资本)}$		0.103	0.119	0.119	0.119
$R^2_{(就业结果)}$		0.137	0.047	0.007	0.020
WRMR		0.000	0.000	0.000	0.000
样本量		602	240	240	240

表6-16中，四组就业结果模型的路径分析结果显示：一方面，基于全部少数民族大学毕业生的样本数据，在就业状态上，少数民族大学毕业生家庭文化资本与大学文化资本均对其人力资本具有非常显著的正效应（标准化系数分别为0.208***和0.189***），它们可以解释少数民族毕业生人力资本10.3%的变异量。少数民族毕业生人力资本对其就业状态具有非常显著的正效应（0.384***），即少数民族大学生人力资本的积累更多，则其更容易实现就业。家庭与大学文化资本及人力资本三个变量共同解释了少数民族毕业生就业状态13.7%的变异量。概括而言，家庭文化资本和大学文化资本对少数民族大学毕业生是否实现就业均未产生显著的直接效应，但却均通过积极影响少数民族毕业生人力资本对他们实现就业产生间接正效应（分别为0.080***和0.072***）。另一方面，基于已实现求职就业的少数民族大学毕业生的样本数据，在就业薪酬上，少数民族毕业生家庭文化资本与大学文化资本均对其人力资本具有显著的正效应（标准化系数分别为0.177**和0.259***），它们可以解释少数民族毕业生人力资本11.9%的变异量。

少数民族毕业生人力资本对其就业薪酬具有显著正效应(0.197**)，这三个变量共同解释了少数民族毕业生就业薪酬4.7%的变异量。概括而言，家庭文化资本和大学文化资本分别通过积极影响少数民族毕业生人力资本对其就业薪酬产生一定或显著的间接正效应(分别为0.035#和0.051*)，但这种显著效应较弱小。在就业单位性质和就业地域上，尽管家庭与大学文化资本均对少数民族毕业生人力资本具有显著正效应，但这三个变量对于少数民族毕业生实现就业的单位性质和所就业地域均未发挥显著的直接效应或间接效应。

对四组就业结果模型中不显著路径进行逐一剔除后的结果显示(见表6-17)：就业状态、就业薪酬、就业单位性质与就业地域路径分析模型的拟合指标 *WRMR* 分别为0.319、0.209、0.375和0.227，四个模型拟合均合理。路径分析结果显示：少数民族大学毕业生人力资本依然对其实现就业和就业薪酬发挥显著积极效应，效应略有变化，且对就业地域的积极效应更显著了(0.121#)。家庭与大学文化资本对少数民族毕业生就业结果依然均不发挥显著直接效应，但它们均通过显著积极促进少数民族毕业生的人力资本积累间接促进他们实现就业(间接效应分别为0.076***和0.067***)，也显著间接促进他们在就业中获得更高的薪酬(间接效应分别为0.039*和0.054*)，同时大学文化资本还能够通过积极促进少数民族毕业生人力资本积累在一定程度上间接影响他们实现就业的地域，让他们更容易到经济发展更快的地区就业(间接效应0.031#)。总体上，家庭文化资本与大学文化资本均对他们实现就业和获得更高薪酬发挥显著间接效应，而大学文化资本对他们到经济发达地区就业也发挥一定程度的间接效应，且这些间接效应完全通过人力资本的中介实现。

表6-17　剔除不显著路径后的就业结果路径分析模型效应结果表

效应	路　径	就业结果			
		就业状态	就业薪酬	单位性质	就业地域
间接效应	家庭文化资本→人力资本→就业结果	0.076***	0.039*	—	—
	大学文化资本→人力资本→就业结果	0.067***	0.054*	—	0.031#
WRMR		0.319	0.209	0.375	0.227

六、实证研究结论

基于少数民族大学毕业生的问卷调查数据，本研究验证家庭与大学文化资本及人力资本对就业风险的作用路径，并检验这一路径在不同家庭背景、学校特征与个人特征因素之间的差异化效应，之后进一步探讨文化资本与人力资本对就业结果的路径，主要形成以下结论：

第一，少数民族大学毕业生家庭文化资本与大学文化资本对其失业风险的抑制作用主要通过大学生人力资本的中介发挥间接效应，而对其职业风险则分别发挥直接增强或一定程度的直接抑制效应。

①基于全样本少数民族大学毕业生数据的研究结果显示，总体上，少数民族大学毕业生人力资本显著抑制其失业风险，家庭文化资本与大学文化资本均通过积极影响人力资本而间接抑制其失业风险。具体而言，家庭公有性文化资本通过显著积极影响少数民族毕业生显性和隐性人力资本而显著间接抑制其失业风险，家庭民族性文化资本既显著直接抑制少数民族毕业生失业风险，又通过显著积极影响隐性人力资本而显著间接抑制其失业风险；大学公有性文化资本既显著直接抑制少数民族毕业生失业风险，又通过显著积极影响隐性人力资本而显著间接抑制其失业风险，而大学民族性文化资本则通过积极影响显性人力资本而较显著地间接抑制失业风险。

②基于求职就业少数民族大学毕业生样本数据的分析结果显示，总体上，家庭文化资本显著直接增强了少数民族大学毕业生职业风险，而大学文化资本在一定程度上直接抑制了少数民族大学毕业生的职业风险。具体而言，家庭公有性文化资本显著直接抑制了少数民族毕业生的职业风险，而家庭民族性文化资本显著直接增强了他们的职业风险；大学公有性文化资本通过积极影响隐性人力资本显著间接增强了少数民族毕业生的职业风险，而大学民族性文化资本则显著直接抑制了他们的职业风险。

第二，文化资本、人力资本对少数民族大学毕业生失业风险的路径在某些家庭背景与个体特征之间具有显著差异化效应，而对职业风险的作用路径在这些背景特征之间则不具有显著差异化效应。

①全样本数据分析结果显示，来自中上阶层家庭的少数民族毕业生家庭文化资本对其人力资本发挥更显著和强烈的作用，对其失业风险也发挥显著直接效应，但来自中下阶层家庭的家庭文化资本对少数民族毕业生失业风险的直接效应

则不显著。男性少数民族毕业生的家庭文化资本更显著直接抑制了他们的失业风险，而女性少数民族毕业生的家庭文化资本却并未显著抑制她们的失业风险。

②实现求职就业毕业生样本数据分析结果显示，来自不同职业阶层或经济条件家庭以及不同性别、生源地的少数民族大学毕业生在文化资本、人力资本与职业风险的路径关系中未形成显著的差异。

第三，少数民族大学毕业生人力资本能显著直接促进他们实现就业和获得更高的职业薪酬，也能在一定程度上促进他们实现在经济更发达地区就业，而家庭文化资本与大学文化资本均能够通过显著积极影响他们的人力资本促进他们实现就业和获得更高薪酬，同时，大学文化资本还能够通过显著积极影响人力资本而在一定程度上促进他们在经济更发达的地区实现就业。

第二节　文化资本、人力资本与就业风险感知：在读生的经验证据

风险是客观存在的，且具有不确定性。而感知是个体意识对内外界信息的感觉与知觉的过程。德国著名社会学家贝克认为，风险既是客观的、实在的，又是被社会感知和建构的，风险与风险感知之间是互为条件且互相加强的。风险感知会影响行为者对风险的决策，通过发挥个体主观能动性提升主观风险意识，有助于应对风险所造成的冲击。为了更全面地反映家庭与大学文化资本及人力资本在少数民族大学生就业中的作用，进一步将对少数民族大学生就业风险的研究延伸至就业风险形成的主观领域，探讨它们对少数民族大学生就业风险感知的作用路径。

一、理论分析与研究假设

风险感知由鲍尔(Bauer，1960)在对消费者购买行为的研究中首先提出，之后这一概念被广泛运用于社会、经济、管理、心理、行为等多个领域研究风险社会所存在的各种风险，主要分为基于心理学视角的风险心理测量流派和基于社会学视角的风险文化理论流派。风险心理测量流派主要从心理学视角研究和测量风险感知，强调风险是由个体主观界定的，可能受到心理、社会等各种情景因素的影响，侧重于以情绪测量为基础从个体与情境两方面研究风险感知。Slovic (1987)将风险感知定义为人们依靠直觉对危险事物进行风险评估的判断过程。

Sitkin 和 Weingart(1995)指出，风险感知被定义为个人根据情境不确定性程度的概率估计对情境风险程度的评估，情境不确定性程度的可控制程度，以及对这些估计的信心(Baird & Thomas，1985；Bettman，1973)。而风险文化理论流派主要从社会学视角研究和测量风险感知，强调风险是一种社会建构现象，个体风险感知会受到社会文化的影响，侧重于结合认知个体的生活方式研究风险感知。该学派更加关注认知个体与社会之间的内在联系，认为风险感知依赖认知个体所共享的文化，而非依赖于个体心理。风险文化理论源自于 Douglas(1970)提出的“格-群”理论，该理论基于“格”和“群”两个维度对文化生活方式进行分类构建了“高-低”“格-群”的四种组合，其中，“格”是对社会制度化过程与分类体系一致性程度的衡量，“群”是对个体受社会群体影响的程度、服从社会秩序的程度和在群体中感受的压力程度的衡量(汪新建等，2017)。越来越多的学者将风险心理测量与文化理论范式的观点融合，建立跨学科整合研究视角，如风险文化认知理论、风险社会放大分析框架等。

对风险感知概念的使用旨在区分感知风险与真实风险(Coleman，1993)，其操作化形成了许多测度模型。Cunningham(1967)将感知风险概念化为两个相似成分，即如果一项行为的结果是不利的，将会损失的程度(即处于危险中的数量)，以及个人对不利结果确定性的主观感觉，最早提出了感知风险双因素模型，以结果的不确定性和危害性两个维度的乘积衡量风险感知。尽管他本人认为这种构建感知风险指数的方法比较随意，但双因素模型或其变体一直是感知风险研究的主流。后来的研究人员的主要关注点是决定如何将感知风险的各种要素结合起来，分歧在于是将双因素相乘还是相加的问题(Mitchell，1999)。Stone 和 Gronhaug(1993)则提出了在消费者和市场研究中使用的感知风险维度(即财务、心理、社会、绩效、身体和时间相关的风险)，研究表明，它占据了感知的总体风险的很大一部分，而风险概念的简约结构是存在的，因为其他风险维度是通过个体心理风险来中介的。

无论是心理学视角还是社会学视角的理解都揭示了对风险感知产生影响的心理、文化与社会因素。风险感知可能受到风险本身的属性特征(如风险可评估性、风险事件距离等)、感知主体的个体因素(如风险倾向、认知偏差、情绪情感、人口特征等)，还可能受到文化、社会环境等情境因素的影响。少数民族大学生就业风险感知是少数民族大学生对就业风险的主观感受和直觉判断，体现了少数民族大学生对就业风险的主观认知，它除了受到自身人力资本因素的影响，还可能会受到家庭或学校场域的多种外部因素的影响。

（一）家庭文化资本、人力资本与就业风险感知

文化是驱动和制约个体思想行为的内在动因。有研究表明，家庭文化资本在大学生就业认知方面发挥显著作用。例如，高耀、刘志民和方鹏(2010)基于江苏20所高校大学生的数据分析表明，人力资本和家庭资本显著影响大学生自主创业和到西部、基层与艰苦地区就业以及大学生对相关鼓励创业政策与就业政策的了解程度，对就业困难认知的影响也部分得到证实。张杨(2018)对研究生的问卷分析显示，家庭资本显著影响其就业意向、就业认知和就业期望收入。李春玲(2020)通过对高校毕业生的两轮追踪调查发现，2020年疫情之后，大学应届毕业生就业压力和就业风险感知强度明显上升。高岳涵(2015)通过对新疆和青海三所民族院校的调查发现，不同民族毕业生的就业期望在一定程度上受到父母职业与收入的影响。同时，被贴上民族标签的就业价值取向、文化思维与文化心理等因素也必然对少数民族大学生在基于大众文化背景的就业中产生影响(王培玲，2017)。对少数民族大学生而言，公有性家庭文化资本通过代际传承塑造了他们对就业的不同偏好和期望，影响他们对就业风险的感知，而民族性家庭文化资本必然会显著影响他们对基于大众文化背景的就业风险感知。民族性文化资本通过代际传承所传递的风俗习惯与行为模式等可能导致少数民族大学生无法更好地适应或融入主流就业市场，这些因素会使得少数民族大学生对就业风险感知更加强烈。因此，提出以下假设：

假设1：家庭文化资本对少数民族大学生就业风险感知具有显著影响。

文化资本是一种宝贵的资源，可以为孩子未来的学业、社会和经济成功提供机会(Bourdieu，1977；Bourdieu & Passeron，1977)。父母通过部署自己的文化和社会资本来促进孩子和青少年的学业成功(Lareau，2011；Parcel 等，2010；Ream & Palardy 2008；Devine，2004；Coleman，1988；Bourdieu，1977)。人力资本受到来自家庭和教育环境的学习行为、品位和偏好等文化资本的影响，遗传自家庭的文化习惯与性格等文化资本的代际传承奠定了个体学校成败的基础，促进他们获得和积累人力资本。而人力资本的积累通常对就业结果具有直接影响。当公司雇佣员工时，他们更有可能雇佣那些以前在同一行业工作过的人，因为这些人积累了更多相关的人力资本(Ueda，2019)。对少数民族大学生而言，公有性家庭文化资本通过代际传承塑造大学生在个人风格或教育抱负等各方面的偏好和期望，促进他们获得人力资本，进而影响他们对就业风险的感知。而民族性家庭

文化资本具有的民族性则对人力资本积累可能产生积极和消极的双重影响。由于个体人力资本直接影响了在就业市场中的就业效果，如果少数民族大学生借助文化资本的代际传承增加了人力资本的积累，就有资格获得与该人力资本相匹配的就业机会，这也能显著减弱他们对就业风险的感知。因此，提出以下假设：

假设 2：家庭文化资本通过显著影响少数民族大学生人力资本，进而对其就业风险感知产生显著影响。

（二）大学文化资本、人力资本与就业风险感知

除了家庭，学校是学生学习生活的主要场域，也是文化资本发展的主要来源。通过学校教育可以生产、积累和传递文化资本。研究不断表明，每一所大学都有一种特定的文化（Kuh 等，2005），尽管也会随着大学生的流动和不断变化的环境因素而发生一些变化，但具有悠久历史和底蕴深厚的大学所传递的文化资本往往具有较强的生命力。大学教育虽然以培养学生和促进学生发展为主要目标，但也在客观上引导和推动大学生融入主流文化社会。大学通过建构与主流社会相适应的文化资本，在大学生就业中发挥重要作用，既影响大学生的客观就业风险，又影响大学生对就业风险的主观感受与判断。尤其是对少数民族大学生而言，上大学让他们离开了本民族的文化环境，大学传递的民族性文化资本能够帮助他们更快地融入大学的文化环境，接受大学所传递的主流文化，而大学通过教育教学传递的与主流社会相适应的公有性文化资本，有助于建立少数民族大学生对待主流文化的正确态度和适应主流文化的充足信心，减弱他们对未来能否适应主流就业市场的就业风险感知，也增加他们未来在主流就业市场的成功。因此，提出以下假设：

假设 3：大学文化资本对少数民族大学生就业风险感知具有显著影响。

高等教育是获取适应职业市场所需的人力资本的一条重要途径。大学通过自身文化资本的建设预演就业市场或职业场所的关系角色，向大学生传授不同职业阶层所需的知识与能力，培养大学生对不同职业的兴趣，帮助大学生获取和积累适应就业市场的人力资本。而人力资本在劳动力就业市场中发挥着“信号”作用，是单位选择员工的直接参考依据。当大学生积累的人力资本更多时，更能够适应就业市场对不同人才的需求，在就业市场中更具有竞争优势，所感知的就业风险也将会显著减弱。在跨文化与跨民族研究中，文化在教育成就中也发挥着关键作用。研究认为，某些方面的缺陷导致了学习成绩差（Cobb & Hodge，2011），这些缺陷可能表现为能力低下、文化缺陷或语言问题等。而学习国家通用语言从而掌握现代科学知识和就业技能，已经成为我国西部少数民族青年学生成长、发展的必不可缺的桥梁①。少数民族大学生在大学学习与就业中可能面临更多的压力，但大学文化资本的传递让他们能尽量积累与所读大学保持一致的人力资本。大学占有的民族性文化资本能够帮助少数民族大学生迅速适应学校环境，增加他们的学习兴趣与适应性，而占有公有性文化资本更多的大学在教育观念、师资队伍、校园文化环境等各方面都能为少数民族大学生创造更优质的体验，都能够影响他们的人力资本积累，进而影响他们对未来融入主流就业市场的就业风险感知。因此，提出以下假设：

假设 4：大学文化资本通过显著影响少数民族大学生人力资本，进而对其就业风险感知产生显著影响。

二、研究设计

（一）调查对象与数据来源

本节以家庭与大学文化资本、人力资本对其就业风险感知的路径分析为主要目的，研究样本对象是少数民族大学生，主要通过向少数民族在读大学生发放问卷获取数据。课题组于 2019—2021 年分多次向不同地区不同高校的少数民族在读大学生发放问卷。问卷调查采用“问卷星”线上发放和纸质问卷等线下发放相结合的形式，在重点针对几所民族类院校在读大学生随机发放问卷的基础上，同时向不同区域的部分普通高校少数民族在读大学生随机发放调查问卷。正式调查共计向少数民族在读大学生发放有效问卷 909 份。

（二）问卷设计与变量测度

本节的核心变量涉及少数民族大学生家庭文化资本、大学文化资本、人力资本和就业风险感知四个潜变量。

①解释变量：家庭与大学文化资本。本书中的解释变量家庭文化资本与大学文化资本采用本章第一节中的测量指标衡量。

②中介变量：大学生人力资本。本书中的中介变量大学生人力资本采用本章第一节中的测量指标衡量。

③被解释变量：就业风险感知。基于对大学生就业风险感知的概念界定，借

① 马戎. 学校教育是少数民族走向现代化和共同繁荣的桥梁——少数民族大学生的学习与就业[J]. 民族教育研究，2019，30(2)：5.

鉴高耀(2011)、塔娜和达万吉(2017)、张杨(2018)对就业认知的测度，结合车蕾和杜海峰(2019)、陆绍凯(2011)、田铁杰、江勇和李春光(2012)等对风险感知的测度方法，从“就业市场环境认识不确定性”“自我认识不确定性”“求职失败风险的感知”“职业与学历不匹配的感知”“职业与专业不对口的感知”“职业与知识和能力不匹配的感知”“职业与兴趣不一致的感知”“职业与未来职业发展预期不一致的感知”“职业与追求生活方式不一致的感知”“工作环境与风俗习惯冲突的感知”“工作环境健康安全风险的感知”“工作环境融入感和归属感的感知”“职业不满意的感知”方面设计了13个问卷题项衡量少数民族在读大学生就业风险感知，以李克特五级量表反映。

本节解释变量和中介变量的测度同上节的表6-1所示，被解释变量和涉及的部分其他变量定义如表6-18所示。

表6-18　就业风险感知模型变量定义表

变量名	观测变量	问卷题项	变量性质	变量说明
就业风险感知	就业市场环境认识不确定性	您对当前的就业形势与就业政策不了解	定序变量	非常不同意=1；比较不同意=2；一般=3；比较同意=4；非常同意=5
	自我认识不确定性	您不了解自己适合和能够从事什么工作	定序变量	非常不同意=1；比较不同意=2；一般=3；比较同意=4；非常同意=5
	求职失败风险的感知	您觉得毕业后可能找不到工作	定序变量	非常不同意=1；比较不同意=2；一般=3；比较同意=4；非常同意=5
	职业与学历不匹配的感知	您觉得毕业后可能找不到与学历相匹配的工作	定序变量	非常不同意=1；比较不同意=2；一般=3；比较同意=4；非常同意=5
	职业与专业不对口的感知	您觉得毕业后可能找不到与所学专业对口的工作	定序变量	非常不同意=1；比较不同意=2；一般=3；比较同意=4；非常同意=5

续表

变量名	观测变量	问卷题项	变量性质	变量说明
就业风险感知	职业与知识和能力不匹配的感知	您觉得毕业后可能找不到与自身知识能力匹配的工作	定序变量	非常不同意=1；比较不同意=2；一般=3；比较同意=4；非常同意=5
	职业与兴趣不一致的感知	您觉得毕业后可能找不到符合兴趣的工作	定序变量	非常不同意=1；比较不同意=2；一般=3；比较同意=4；非常同意=5
	工作环境与风俗习惯冲突的感知	您觉得毕业后可能找不到满足您的风俗习惯的工作	定序变量	非常不同意=1；比较不同意=2；一般=3；比较同意=4；非常同意=5
	职业与未来职业发展预期不一致的感知	您觉得毕业后可能找不到符合未来职业发展预期的工作	定序变量	非常不同意=1；比较不同意=2；一般=3；比较同意=4；非常同意=5
	职业与追求生活方式不一致的感知	您觉得毕业后的工作可能不能实现所追求的生活方式	定序变量	非常不同意=1；比较不同意=2；一般=3；比较同意=4；非常同意=5
	工作环境健康安全风险的感知	您觉得将来从事的职业可能会对您的身体健康有影响	定序变量	非常不同意=1；比较不同意=2；一般=3；比较同意=4；非常同意=5
	工作环境融入感和归属感的感知	您觉得将来很难融入到新的工作环境中	定序变量	非常不同意=1；比较不同意=2；一般=3；比较同意=4；非常同意=5
	职业不满意的感知	您觉得毕业后可能找不到一份满意的工作	定序变量	非常不同意=1；比较不同意=2；一般=3；比较同意=4；非常同意=5

续表

变量名	观测变量	问卷题项	变量性质	变量说明
个体特征	年级	您目前的年级是	定类变量	高年级组(大三、大四)=1；低年级组(大一、大二)=0
就业意愿与期望	就业意愿	您大学毕业后的打算	定类变量	有直接就业意愿(含直接就业、自主创业)=1；无直接就业意愿(含升学、出国留学、延迟就业)=0
	就业薪酬期望	您期望大学毕业后就业单位的月收入	定序变量	“3000元以下”=1；“3001~5000元”=2；“5001~7000元”=3；“7001~10000元”=4；“10000元以上”=5
	就业单位性质期望	您期望大学毕业后就业单位的性质	定类变量	政府部门或国有企事业单位=1，其他性质单位=0
	就业地域期望	您期望大学毕业后就业单位的所在地	定类变量	乡镇和乡村=1；县、县级市=2；东北部城市=3；西部城市=4；中部城市=5；东部城市=6；北上广深=7

(三)研究思路与模型界定

本节综合运用SPSS、AMOS和Mplus软件，基于问卷的效度与信度检验和变量相关分析，构建结构方程模型，验证少数民族在读大学生家庭与大学文化资本、大学生人力资本对其就业风险感知的作用路径，并结合不同的少数民族大学生家庭背景、学校特征与个体特征因素进行多群组结构方程模型分析，检验它们在文化资本、人力资本与就业风险感知关系路径中是否发挥调节效应。在此基础上，进一步对少数民族大学生家庭与大学文化资本、人力资本和就业意愿与期望的关系展开拓展研究。就业风险感知分析模型如图6-9所示。

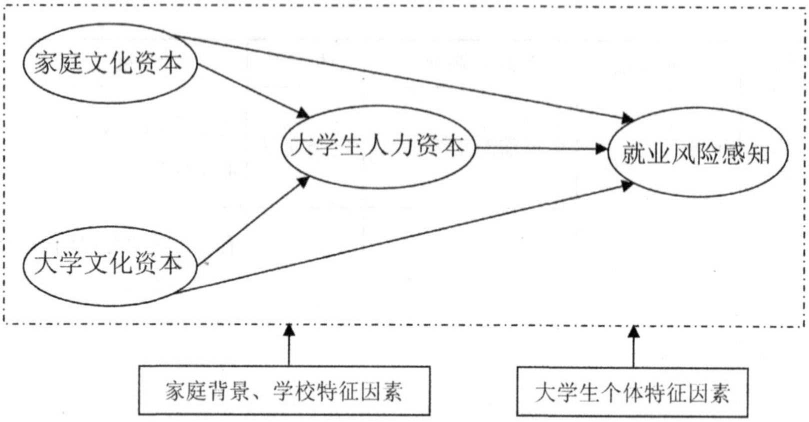

图 6-9 少数民族大学生就业风险感知模型简图

三、调查数据分析

(一)问卷的效度检验

对少数民族在读大学生的预调查分析结果基本与毕业生的预调查结果一致，在正式调查中，尽管已经基于少数民族大学毕业生数据对问卷进行了效度检验，为了更好地验证问卷效度的稳定性，在此进一步依据少数民族大学在读生的问卷数据采用探索性与验证性因素分析对问卷的建构效度再次进行检验。

一方面，以保留特征值大于 1 的因素提取标准对少数民族大学生家庭文化资本、大学文化资本、人力资本、就业风险感知变量及其具体因素构面进行探索性因素分析。分析结果显示：①家庭文化资本问卷的 *KMO* 值为 0.902，萃取出特征值大于 1 的两个因素，分析结果与少数民族大学毕业生数据结果一致，分别为“公有性家庭文化资本”与“民族性家庭文化资本”，其中“父母教育期望”问卷题项的因子值为 0.395，依然小于 0.5，对该问卷予以剔除之后，问卷 *KMO* 值为 0.900，Bartlett 球形检验的 χ^2 值显著，两个因素层面可以解释的累积变异量达 61.888%。对“公有性家庭文化资本”与“民族性家庭文化资本”两个因素层面的进一步因素分析显示，这两个层面的 *KMO* 值分别为 0.886 和 0.838，“公有性家庭文化资本”和“民族性家庭文化资本”层面的问卷题项均保留，且均各自形成一个共同因素，分别对这两个因素层面的解释变异量达 54.724%和 68.855%。②大学文化资本量表的 *KMO* 值为 0.959，Bartlett 球形检验的 χ^2 值显著，萃取出特征值大于 1 的两个因素，与前述分析结果一致，公有性与民族性大学文化资本层面可以累积解释大学文化资本变量72.857%的变异量。而对“公有性大学文化资本”与“民族性大学文化资本”两个层面的因素分析的*KMO*值分别为0.955和0.920，两个层面的全部问卷题项均保留，且均各自形成一个共同因素，对这两个因素层面解释的变异量分别达71.178%和73.730%。③大学生人力资本问卷*KMO*值为0.813，Bartlett球形检验的χ^2值显著，萃取出特征值大于1的三个因素构面，与前述少数民族大学毕业生分析结果一致，可分别命名“显性知识型人力资本”“显性素质型人力资本”和“隐性人力资本”，这三个构面可以累积解释人力资本53.525%的变异量。进一步对“显性人力资本”与“隐性人力资本”层面的分析显示，这两个层面的*KMO*值分别为0.788和0.805，与前述分析结果一致，“显性人力资本”层面也萃取出显性知识型人力资本(包括学习成绩、外语水平和其他学习成就指标)和素质型人力资本(包括政治面貌、荣誉证书、实践获奖、其他实践经历指标)，它们可以联合解释显性人力资本51.467%的变异量。而“隐性人力资本”层面则萃取出特征值大于1的一个因素，解释变异量达55.630%。④就业风险感知量表的*KMO*值为0.941，Bartlett球形检验显著，保留全部问卷题项并萃取出两个因素，可命名为“失业风险感知”层面(包括就业市场环境认识不确定性、自我认识不确定性、求职失败风险的感知三个指标)和“职业风险感知”层面(包括职业与学历不匹配的感知、职业与专业不对口的感知、职业与知识和能力不匹配的感知、职业与兴趣不一致的感知、职业与未来职业发展预期不一致的感知、职业与追求生活方式不一致的感知、工作环境与风俗习惯冲突的感知、工作环境健康安全风险的感知、工作环境融入感和归属感的感知及职业不满意的感知十个指标)，这两个因素层面可以累积解释就业风险感知变量66.357%的变异量。

另一方面，基于少数民族在读大学生数据对家庭文化资本、大学文化资本、人力资本、就业风险感知问卷进行验证性因素分析。部分变量修正后的验证性因素分析模型拟合度结果如表6-19所示。

表6-19 变量验证性因素分析模型拟合度结果表

指标 变量	χ^2/df	*GFI*	*NFI*	*TLI*	*CFI*	*SRMR*	*RMSEA*
公有性家庭文化资本	1.562	0.995	0.995	0.995	0.998	0.011	0.025
民族性家庭文化资本	1.152	0.998	0.998	0.999	1.000	0.008	0.013

续表

变量＼指标	χ^2/df	*GFI*	*NFI*	*TLI*	*CFI*	*SRMR*	*RMSEA*
公有性大学文化资本	2.119	0.989	0.995	0.993	0.997	0.012	0.035
民族性大学文化资本	1.167	0.999	1.000	0.999	1.000	0.004	0.014
显性人力资本	1.691	0.994	0.978	0.984	0.991	0.022	0.028
隐性人力资本	1.546	0.997	0.996	0.996	0.998	0.010	0.025
就业风险感知	1.779	0.989	0.993	0.993	0.997	0.016	0.029

表 6-19 中，对部分变量进行修正后的验证性因素分析结果显示，χ^2/df 均小于 3，且 *SRMR* 值<0.05，*RMSEA* 值<0.05，*GFI*、*NFI*、*TLI* 和 *CFI* 值均大于 0.90，表明模型均具有良好的适配度。模型结果也显示，相关潜变量结构层面的参数估计均显著，少数民族在读大学生公有性与民族性家庭文化资本、公有性与民族性大学文化资本、显性与隐性人力资本变量的标准化因子分析结果与前述少数民族大学毕业生数据的分析结果基本一致①，修正后就业风险感知的两个因素构面的标准化因子值介于 0.481~0.903，表明相关潜变量的观测指标具有较好或合理的效度。

（二）问卷的信度分析

基于少数民族在读大学生的问卷数据，对相关潜变量及其结构层面的信度进行检验，具体结果如表 6-20 所示。

表 6-20　变量信度分析结果表

变　量	结构面（因素）	题项数	*Cronbach's α*
家庭文化资本		26	0.889
	公有性家庭文化资本	8	0.876
	具身化公有性家庭文化资本	4	0.867

① 基于少数民族在读大学生数据对隐性人力资本变量的验证性分析中，“特殊文化能力”题项的标准化因子值为 0.457，考虑到前述基于少数民族毕业生的验证性因素分析时剔除了该观测指标，而该观测指标在隐性人力资本潜变量的验证性因素分析中的标准化因子值最小，因此，此处对隐性人力资本变量的验证性因素分析之后依然剔除了该观测指标。

续表

变　量	结构面(因素)	题项数	*Cronbach's α*
	客观化公有性家庭文化资本	2	0.701
	制度化公有性家庭文化资本	2	0.626
	民族性家庭文化资本	5	0.886
	具身化民族性家庭文化资本	3	0.815
	客观化民族性家庭文化资本	2	0.886
大学文化资本		42	0.961
	公有性大学文化资本	13	0.966
	具身化公有性大学文化资本	5	0.904
	客观化公有性大学文化资本	4	0.930
	制度化公有性大学文化资本	4	0.928
	民族性大学文化资本	8	0.948
	具身化民族性大学文化资本	2	0.793
	客观化民族性大学文化资本	2	0.909
	制度化民族性大学文化资本	4	0.918
人力资本		11	0.747
	显性人力资本	7	0.697
	隐性人力资本	4	0.808
就业风险感知		13	0.938
	失业风险感知	10	0.936
	职业风险感知	3	0.742

表6-20的分析结果显示，少数民族大学生家庭文化资本、大学文化资本、人力资本、就业风险感知潜变量的 α 系数均在0.7以上，而所有潜变量的具体因素构面的 α 系数均在0.6以上，表明这些潜变量均具有较佳或合理的内部一致性信度。

(三)变量的相关分析

采用均值法对相关潜变量赋值后，运用Spearman和Pearson相关分析检验少数民族大学生就业风险感知模型中的主要变量之间的相关性。分析结果如表6-21所示。

表 6-21　文化资本、人力资本与就业风险感知变量间的相关分析结果表

相关系数	GFC	EGFC	OGFC	IGFC	EFC	EEFC	OEFC	GUC	EGUC	OGUC	IGUC	EUC	EEUC	OEUC	IEUC	EHC	IHC	KC	QC	ERP	URP	PRP
公有性家庭文化资本(GFC)	1	.904**	.784**	.808**	.418**	.339**	.455**	.272**	.272**	.249**	.254**	.228**	.200**	.210**	.217**	.143**	.262**	.113**	.119**	-.116**	-.086**	-.120**
具身化公有性家庭文化资本(EGFC)	.914**	1	.535**	.612**	.501**	.426**	.521**	.225**	.240**	.193**	.211**	.188**	.139**	.154**	.191**	.105**	.247**	.061	.096**	-.098**	-.076*	-.104**
客观化公有性家庭文化资本(OGFC)	.791**	.545**	1	.553**	.219**	.158**	.260**	.218**	.207**	.211**	.201**	.170**	.195**	.172**	.144**	.147**	.197**	.137**	.115**	-.147**	-.120**	-.144**
制度化公有性家庭文化资本(IGFC)	.820**	.634**	.564**	1	.229**	.166**	.276**	.260**	.252**	.248**	.242**	.238**	.213**	.237**	.221**	.130**	.202**	.115**	.098**	-.072*	-.036	-.079*
民族性家庭文化资本(EFC)	.430**	.522**	.221**	.239**	1	.946**	.891**	.138**	.162**	.097**	.129**	.073*	.018	.035	.083*	-.001	.124**	-.045	.023	.003	.027	-.005
具身化民族性家庭文化资本(EEFC)	.358**	.452**	.168**	.182**	.951**	1	.706**	.116**	.133**	.092**	.102**	.072*	.014	.035	.083*	-.005	.099**	-.045	.014	.043	.057	.034
客观化民族性家庭文化资本(OEFC)	.459**	.531**	.258**	.279**	.901**	.723**	1	.146**	.179**	.089**	.146**	.068*	.025	.032	.074*	.008	.147**	-.037	.035	-.047	-.010	-.052
公有性大学文化资本(GUC)	.298**	.264**	.222**	.277**	.189**	.165**	.191**	1	.954**	.930**	.938**	.587**	.629**	.548**	.546**	.106**	.317**	.075*	.089**	.010	.033	-.001
具身化公有性大学文化资本(EGUC)	.307**	.285**	.217**	.273**	.217**	.182**	.229**	.959**	1	.829**	.870**	.523**	.564**	.480**	.492**	.090**	.309**	.057	.085*	.002	.040	-.015
客观化公有性大学文化资本(OGUC)	.271**	.227**	.213**	.265**	.145**	.139**	.128**	.939**	.842**	1	.834**	.629**	.657**	.611**	.581**	.116**	.270**	.091**	.089**	.038	.054	.025
制度化公有性大学文化资本(IGUC)	.266**	.233**	.200**	.248**	.172**	.144**	.182**	.950**	.878**	.838**	1	.518**	.581**	.476**	.478**	.090**	.313**	.072*	.069*	.004	.022	-.005

续表

相关系数	GFC	EGFC	OGFC	IGFC	EFC	EEFC	OEFC	GUC	EGUC	OGUC	IGUC	EUC	EEUC	OEUC	IEUC	EHC	IHC	KC	QC	ERP	URP	PRP
民族性大学文化资本(EUC)	.235**	.210**	.163**	.227**	.120**	.119**	.101**	.592**	.538**	.633**	.518**	1	.887**	.935**	.976**	.156**	.186**	.146**	.113**	.063	.086**	.052
具身化民族性大学文化资本(EEUC)	.209**	.159**	.189**	.208**	.064	.060	.059	.638**	.577**	.655**	.587**	.878**	1	.827**	.818**	.150**	.218**	.138**	.111**	.039	.063	.028
客观化民族性大学文化资本(OEUC)	.225**	.190**	.164**	.231**	.102**	.102**	.084*	.537**	.479**	.597**	.455**	.931**	.771**	1	.867**	.157**	.136**	.149**	.112**	.080*	.105**	.066*
制度化民族性大学文化资本(IEUC)	.223**	.218**	.133**	.207**	.139**	.139**	.115**	.536**	.492**	.571**	.463**	.971**	.786**	.852**	1	.137**	.183**	.132**	.098**	.068*	.087**	.058
显性人力资本(EHC)	.157**	.123**	.150**	.140**	.017	.006	.030	.109**	.103**	.117**	.091**	.166**	.155**	.169**	.149**	1	.287**	.763**	.884**	-.141**	-.168**	-.126**
隐性人力资本(IHC)	.282**	.275**	.210**	.211**	.154**	.130**	.163**	.298**	.299**	.256**	.293**	.155**	.182**	.115**	.148**	.266**	1	.171**	.296**	-.145**	-.182**	-.130**
显性知识型人力资本(KC)	.151**	.111**	.149**	.146**	-.024	-.022	-.023	.110**	.093**	.117**	.104**	.166**	.149**	.170**	.152**	.788**	.179**	1	.407**	-.111**	-.119**	-.100**
显性素质型人力资本(QC)	.126**	.104**	.117**	.105**	.040	.023	.057	.085*	.087**	.091**	.062	.128**	.125**	.131**	.114**	.916**	.263**	.474**	1	-.117**	-.144**	-.105**
就业风险感知(ERP)	-.117**	-.085*	-.147**	-.074*	.019	.051	-.029	.023	.001	.053	.012	.086**	.070*	.092**	.080*	-.129**	-.164**	-.109**	-.113**	1	.760**	.973**
失业风险感知(URP)	-.082*	-.061	-.113**	-.037	.041	.065	.000	.068*	.053	.090**	.051	.105**	.090**	.115**	.093**	-.141**	-.187**	-.114**	-.127**	.814**	1	.632**
职业风险感知(PRP)	-.119**	-.086**	-.147**	-.080*	.011	.043	-.035	.007	-.014	.038	.000	.075*	.059	.078*	.071*	-.116**	-.146**	-.100**	-.100**	.985**	.700**	1

说明：(1) ** 表示在 0.01 水平(双尾)下显著相关，* 表示在 0.05 水平(双尾)下显著相关；

(2)左下角部分为 Pearson 相关系数，右上角部分为 Spearman 相关系数。

1. 家庭文化资本与大学文化资本各维度的内部相关性分析

Pearson 和 Spearman 相关系数结果均显示，公有性、民族性家庭文化资本分别与公有性、民族性大学文化资本之间具有显著的两两正相关，而公有性家庭文化资本三种形态与民族性家庭文化资本的两种形态之间以及公有性大学文化资本与民族性大学文化资本的各自三种形态之间均在 0.01 水平下显著两两正相关。这一结果与少数民族大学毕业生数据分析结果基本一致。

2. 家庭文化资本、人力资本与就业风险感知各维度的相关分析

Pearson 相关系数显示，公有性家庭文化资本及其三种形态与人力资本及其具体维度之间均在 0.01 水平下具有显著两两正相关，公有性家庭文化资本中仅客观化形态与失业风险感知显著负相关，具身化与制度化形态均与失业风险感知之间不具有显著相关。而 Spearman 相关系数结果则显示，公有性家庭文化资本中具身化形态与显性知识型人力资本之间却不具有显著的相关性。具身化与客观化形态与失业风险感知显著负相关，制度化形态与失业风险感知不具有显著相关。Pearson 和 Spearman 相关系数均显示，民族性家庭文化资本及其两个维度仅与隐性人力资本之间在 0.01 水平下显著两两正相关，却与显性人力资本及显性知识型与素质型人力资本两个维度之间均不具有显著相关关系。人力资本的各个维度与就业风险感知的各个维度均在 0.01 水平下显著负相关。公有性家庭文化资本及其三种形态均与就业风险感知及职业风险感知维度显著负相关。民族性家庭文化资本及其两种形态与就业风险感知及其两个维度之间均不具有显著相关关系。

3. 大学文化资本、人力资本与就业风险感知各维度的相关分析

Pearson 和 Spearman 相关系数均显示，民族性大学文化资本及其三种形态与人力资本及其各个维度之间均在 0.01 水平下具有显著两两正相关。Pearson 相关系数显示，公有性大学文化资本及其具身化、客观化形态与人力资本的各个维度之间均显著正相关，但制度化公有性大学文化资本虽与显性人力资本、隐性人力资本和显性知识型资本之间显著正相关，却与显性素质型资本之间不具有显著相关关系。公有性大学文化资本及其客观化形态与失业风险感知之间显著正相关，其余形态与就业风险感知及其具体维度间均不具有显著相关关系。民族性大学文化资本中，除具身化形态与职业风险感知不具有显著相关性外，其三种形态与就业风险感知及其两个维度之间均显著正相关。而 Spearman 相关系数则显示，公有性大学文化资本的具身化形态与显性知识型资本之间不具有显著的相关性，但

制度化形态与显性素质型资本之间在 0.05 水平下具有显著相关关系。公有性大学文化资本及其三种形态与就业风险感知及其具体维度间均不具有显著相关关系。民族性大学文化资本中具身化形态与就业风险感知两个维度之间均不具有显著相关性，且制度化形态与职业风险感知之间也不相关。

四、模型分析与检验

为检验少数民族大学生家庭与大学文化资本、人力资本与就业风险感知之间的作用路径，运用 AMOS 软件分别构建三组就业风险感知结构方程模型，验证少数民族大学生家庭与大学文化资本对其就业风险感知的作用路径。

（一）文化资本、人力资本与就业风险感知的路径分析

基于少数民族在读大学生问卷数据，构建家庭-就业风险感知、大学-就业风险感知以及综合就业风险感知结构方程模型分别验证不同类型家庭文化资本、不同类型大学文化资本、不同类型家庭与大学文化资本的综合作用及人力资本的中介作用在少数民族大学生就业风险感知中的综合作用效应。三组就业风险感知结构方程模型拟合度结果见表 6-22 所示。

表 6-22　就业风险感知结构方程模型拟合度结果表

指标 变量	χ^2/df	*GFI*	*NFI*	*TLI*	*CFI*	*SRMR*	*RMSEA*
家庭—就业风险感知模型	3.706	0.944	0.908	0.916	0.930	0.058	0.055
大学—就业风险感知模型	4.162	0.934	0.930	0.935	0.946	0.061	0.059
综合就业风险感知模型	3.039	0.986	0.967	0.959	0.977	0.031	0.047

1. 家庭文化资本、人力资本与就业风险感知的路径分析

少数民族大学生家庭文化资本、人力资本对就业风险感知的作用路径（家庭—就业风险感知模型）的标准化路径分析结果与拟合度结果分别如图 6-10 和表 6-22 所示。

表 6-22 中，家庭-就业风险感知结构方程模型的拟合度结果显示，模型 χ^2/df 值为 3.706，模型其余拟合指标中，*RMSEA* 值为 $0.055<0.08$，*GFI* 值、*NFI* 值、*TLI* 值和 *CFI* 值均大于 0.900，*SRMR* 值 $0.058<0.08$，尽管 χ^2/df 值大于 3，但由于研究样本量较大，考虑到其余模型拟合度指标均在可接受标准内，表明该结构

方程模型总体上与实际数据拟合合理，模型可以接受①。

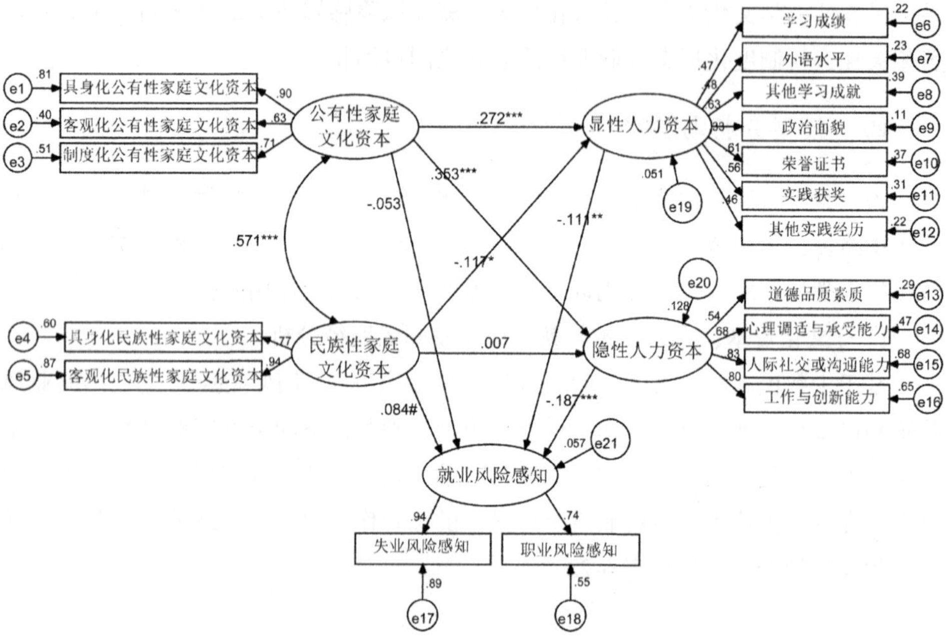

图 6-10　家庭-就业风险感知结构方程模型图

图 6-10 中，家庭-就业风险感知模型的标准化路径分析结果显示：①少数民族大学生公有性家庭文化资本潜变量与民族性家庭文化资本潜变量之间具有显著正向相关性(标准化系数为 0. 571 ***)。②少数民族大学生公有性家庭文化资本对显性与隐性人力资本均产生非常显著的正效应(标准化系数分别为 0. 272 *** 和 0. 353 ***)，而民族性家庭文化资本对显性人力资本则具有显著负效应(标准化系数为-0. 117 *)，却对隐性人力资本未产生显著影响。公有性与民族性家庭文化资本可以共同解释少数民族大学生显性人力资本变量 5. 1%的变异量与隐性人力资本变量 12. 8%的变异量。而显性人力资本与隐性人力资本均对就业风险感知产

① 尽管有学者推荐χ^2/df值在 2~5 为可接受范围(Wheaton，1987)，也有学者认为介于 1~3 表示模型适配良好(吴明隆，2010)。但由于χ^2/df值无法消除样本量的影响(侯杰泰等，2004)，当样本量较大时该值越大，而此处研究样本量较大，因此，需要结合其他拟合指标进行模型评价。

生显著负效应(标准化系数分别为-0.111** 与-0.187***)。③少数民族大学生公有性家庭文化资本对其就业风险感知未产生显著的直接效应(标准化系数为-0.053)，但却分别通过显著正向影响其显性人力资本与隐性人力资本对就业风险感知发挥显著的间接负效应(分别为-0.030=-0.111** ×0.272*** 与-0.066=-0.187*** ×0.353***)。少数民族大学生民族性家庭文化资本对其就业风险感知在0.1水平下具有一定显著正效应(标准化系数为0.084#)，也通过显著正向影响显性人力资本进而对就业风险感知产生一定程度的显著间接正效应(0.013=-0.111** ×-0.117*)。公有性与民族性家庭文化资本、显性与隐性人力资本四个潜变量可以共同解释就业风险感知变量5.7%的变异量。

对家庭-就业风险感知模型中的不显著路径进行逐步剔除，修正后的家庭-就业风险感知模型标准化效应分析结果如表6-23所示。结果显示，少数民族大学生公有性家庭文化资本主要通过显著积极影响显性与隐性人力资本进而对其就业风险感知发挥显著间接负效应(间接效应分别为-0.033=-0.122** ×0.273*** 与-0.067=-0.186*** ×0.358***)，即公有性家庭文化资本对就业风险感知的负效应(总效应-0.100)中，约33%通过显性人力资本的中介发挥作用，约67%通过隐性人力资本的中介发挥作用。同时，民族性家庭文化资本对就业风险感知的直接正效应减弱并不显著，但依然通过显著消极影响显性人力资本对就业风险感知发挥一定间接积极效应(间接效应0.014=-0.122** ×-0.119*)，即民族性家庭文化资本对就业风险感知的显著积极效应主要通过显性人力资本的中介发挥作用。总体而言，家庭文化资本对就业风险感知发挥显著消极效应，均来自于公有性家庭文化资本与民族性家庭文化资本的间接作用，但它们发挥着不一致的作用，其中公有性家庭文化资本发挥减缓或降低作用，而民族性家庭文化资本则发挥促进或增强作用。

表6-23　剔除不显著路径后的家庭-就业风险感知模型标准化效应结果表

效　应	路　径	标准化效应值
间接效应	公有性家庭文化资本→显性人力资本→就业风险感知	-0.033
	公有性家庭文化资本→隐性人力资本→就业风险感知	-0.067
	民族性家庭文化资本→显性人力资本→就业风险感知	0.014

续表

效　应	路　径	标准化效应值
总效应	公有性家庭文化资本→就业风险感知	−0.100
	民族性家庭文化资本→就业风险感知	0.014
	家庭文化资本→就业风险感知	−0.086

2. 大学文化资本、人力资本与就业风险感知的路径分析

大学—就业风险感知模型的标准化路径分析与拟合度结果分别如图 6-11 和表 6-22 所示。表 6-22 中，大学—就业风险感知结构方程模型的拟合度结果显示，模型 χ^2/df 值为 4.162，尽管该值大于 3，但模型其余拟合指标中，*RMSEA* 值为 0.059<0.08，*GFI* 值、*NFI* 值、*TLI* 值和 *CFI* 值均大于 0.900，*SRMR* 值 0.061<0.08，这些模型拟合度指标均在可接受标准内，表明该结构方程模型总体上与样本数据基本拟合合理。

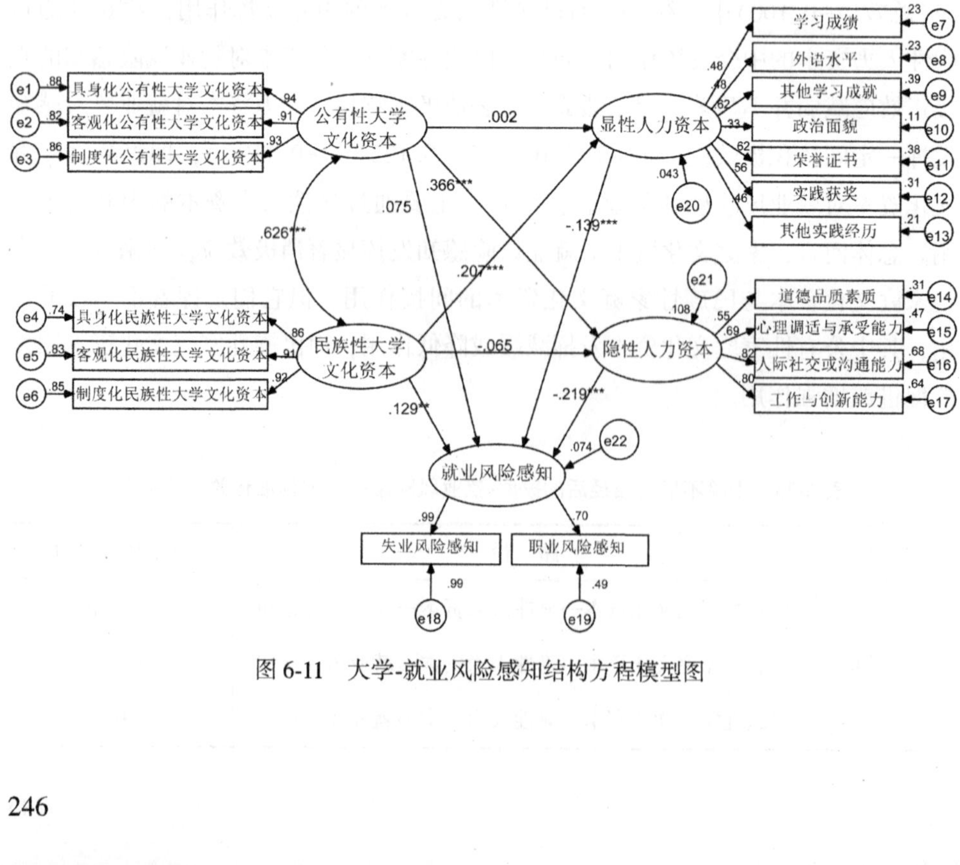

图 6-11　大学-就业风险感知结构方程模型图

图6-11中，大学—就业风险感知模型的标准化路径分析结果显示：①少数民族大学生公有性大学文化资本与民族性大学文化资本潜变量之间具有显著正向相关性(标准化系数为0.626***)。②少数民族大学生公有性大学文化资本对显性人力资本不具有显著正效应，但对隐性人力资本产生显著正效应(标准化系数为0.366***)，而民族性大学文化资本对显性人力资本具有显著正效应(标准化系数为0.207***)，却对隐性人力资本未产生显著影响。公有性与民族性大学文化资本可以分别共同解释少数民族大学生显性人力资本变量4.3%的变异量与隐性人力资本变量10.8%的变异量。而显性人力资本与隐性人力资本均对就业风险感知产生显著负效应(标准化系数分别为-0.139***与-0.219***)。③少数民族大学生公有性大学文化资本对其就业风险感知未产生显著的直接效应(标准化系数为0.075)，但却通过显著积极影响隐性人力资本对其就业风险感知发挥显著的间接负效应(-0.080=-0.219***×0.366***)。少数民族大学生民族性大学文化资本既对其就业风险感知具有显著积极效应(标准化系数为0.129**)，也通过显著积极影响显性人力资本进而对其就业风险感知产生显著间接负效应(-0.029=-0.139***×0.207***)。公有性与民族性大学文化资本、显性与隐性人力资本四个潜变量可以共同解释就业风险感知变量7.4%的变异量。

剔除大学—就业风险感知模型中的不显著路径后的模型标准化效应分析结果显示(见表6-24所示)，少数民族大学生公有性大学文化资本依然主要通过显著积极影响隐性人力资本进而对其就业风险感知发挥显著间接负效应(间接效应为-0.066=-0.204**×0.322***)，即公有性大学文化资本对就业风险感知的负效应主要通过隐性人力资本的中介发挥作用。同时，民族性大学文化资本依然显著直接积极影响少数民族大学生就业风险感知(直接效应0.182***)，且通过显著积极影响显性人力资本对就业风险感知发挥负效应(间接效应-0.031=-0.149***×0.209***)，即民族性大学文化资本对就业风险感知同时发挥直接积极效应和间接消极效应。总体而言，少数民族大学生大学文化资本对就业风险感知发挥显著积极效应，其中既包括来源于公有性大学文化资本的间接减缓作用，又包括来源于民族性大学文化资本的直接强化与间接减缓的双重联合作用。

表 6-24 剔除不显著路径后的大学-就业风险感知模型标准化效应结果表

效 应	路 径	标准化效应值
直接效应	民族性大学文化资本→就业风险感知	0.182
间接效应	公有性大学文化资本→隐性人力资本→就业风险感知	−0.066
	民族性家庭文化资本→显性人力资本→就业风险感知	−0.031
总效应	公有性大学文化资本→就业风险感知	−0.066
	民族性大学文化资本→就业风险感知	0.151
	大学文化资本→就业风险感知	0.085

3. 文化资本、人力资本与就业风险感知的综合路径分析

基于家庭文化资本、大学文化资本对就业风险感知作用的独立分析构建综合就业风险感知模型，修正后的综合就业风险感知结构方程模型标准化路径分析结果如图 6-12 所示①。

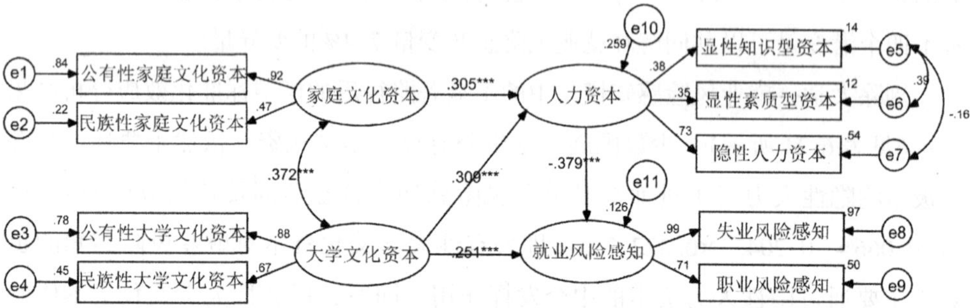

图 6-12 综合就业风险感知结构方程模型图

表 6-22 中，修正后的综合失业风险结构方程模型的拟合指标结果显示，χ^2/df 值为 3.039，尽管该值大于 3，但其余拟合度指标 *GFI* 值、*NFI* 值、*TLI* 值和

① 根据家庭—就业风险感知模型与大学-就业风险感知模型的分析结果，少数民族大学生家庭文化资本对就业风险感知未产生显著的直接效应，且包含此路径的综合就业风险感知模型分析结果也显示，家庭文化资本对就业风险感知依然不具有显著直接效应，因此此处的修正后综合就业风险感知模型中剔除了这一路径。

CFI 值均在 0.950 以上，*RMSEA* 值为 0.047<0.05，*SRMR* 值 0.031<0.05，表明该结构方程模型拟合良好。图 6-12 中，综合就业风险感知模型结果表明，少数民族大学生人力资本潜变量可以被家庭文化资本与大学文化资本两个潜变量解释的变异量为 25.9%，而就业风险感知潜变量可以被家庭文化资本、大学文化资本、人力资本三个变量解释的变异量为 12.6%。模型标准化效应分析结果显示（见图 6-12 和表 6-25 所示），由公有性与民族性家庭文化资本两个维度构成的少数民族大学生家庭文化资本主要通过显著积极影响人力资本对就业风险感知发挥间接负效应（间接效应 $-0.116=-0.379^{***}\times 0.305^{***}$），而公有性与民族性大学文化资本两个维度构成的大学文化资本既对少数民族大学生就业风险感知产生显著的直接正效应（直接效应 0.251^{***}），又通过人力资本的中介作用对就业风险感知发挥显著负效应（间接效应 $-0.117=-0.379^{***}\times 0.309^{***}$）。总体而言，大学文化资本直接增强了少数民族大学生的就业风险感知，而家庭文化资本和大学文化资本均能显著间接减弱或降低少数民族大学生就业风险感知，且主要通过人力资本的中介发挥作用，在对就业风险感知的总负效应中，49.8%来源于家庭文化资本的间接负效应，而 50.2%来源于大学文化资本的间接负效应。

表 6-25　修正后的综合就业风险感知模型标准化效应结果表

路　径	直接效应	间接效应	总效应
家庭文化资本→人力资本	0.305^{***}	—	0.305
大学文化资本→人力资本	0.309^{***}	—	0.309
人力资本→就业风险感知	-0.379^{***}	—	-0.379
家庭文化资本→就业风险感知	—	-0.116	-0.116
大学文化资本→就业风险感知	0.251^{***}	-0.117	0.134

（二）多群组结构方程模型分析

结合理论分析，构建多群组结构方程模型分别检验家庭背景因素、学校类别因素以及大学生个体特征因素在文化资本、人力资本与少数民族大学生就业风险感知关系中的调节效应。

1. 家庭背景因素的调节效应

以父母职业阶层和家庭经济状况为代表的家庭背景因素在综合就业风险感知结构方程模型中的差异化效应检验结果见表 6-26。①通过对中下与中上父母职业阶层的多群组结构方程模型分析发现，模型 χ^2/df 值均小于 3，*GFI*、*NFI*、*TLI* 和 *CFI* 值均在 0. 900 以上，*RMSEA* 和 *SRMR* 值均小于 0. 05，表明模型与样本数据拟合良好。表 6-26 中，假设测量模型为真的情况下，结构系数模型的 *P* 值 = 0. 000 <0. 001，表示父母是中下与中上职业阶层两组的整体结构模型系数在 0. 001 显著性水平下具有显著差异。而组间结构模型系数差异的临界比率显示，中下阶层与中上阶层的家庭文化资本对人力资本影响的系数间差异临界比率值是 2. 008> 1. 96，表明在父母为中下阶层与中上阶层的家庭中，少数民族大学生家庭文化资本对人力资本的影响在 0. 05 的显著性水平下存在显著差异，且家庭文化资本对人力资本的作用在父母中上阶层家庭中的效果更显著和强烈。②通过对较差与中等以上家庭经济状况的多群组结构方程模型分析发现，模型 χ^2/df 值均小于 3，*GFI*、*NFI*、*TLI* 和 *CFI* 值均在 0. 900 以上，*RMSEA* 值和 *SRMR* 值均小于 0. 05，表明模型拟合良好。表 6-26 中，假设测量模型为真的情况下，结构系数模型的 *P* 值 = 0. 002<0. 01，表示家庭经济状况较差和中等以上两组的整体结构模型系数在 0. 01 水平下具有显著性差异。而在这两组之间，家庭文化资本和大学文化资本对人力资本影响的系数间差异临界比率值分别为 3. 097（>2. 58）和 2. 283（>1. 96），且大学文化资本对就业风险感知影响的系数间差异临界比率值的绝对值为 2. 829>2. 58，表明在较差和中等以上经济状况家庭中，少数民族大学生家庭文化资本、大学文化资本对人力资本的影响分别在 0. 01 和 0. 05 的显著性水平下存在显著差异，大学文化资本对就业风险感知的影响也在 0. 01 水平下具有显著差异。其中，家庭经济状况中等以上的少数民族大学生家庭文化资本和大学文化资本对人力资本产生显著积极效应，但经济状况较差家庭中则并未发挥显著影响。且在经济状况较差家庭中，大学文化资本能够对就业风险感知发挥更显著和强烈的正效应。

2. 大学学校特征的调节效应

表 6-26 中，以学校类别为代表的大学学校特征因素在综合就业风险感知模型中的差异化效应分析结果显示，假设测量模型为真的情况下，结构系数模型的 *P* 值 = 0. 058>0. 05，表示民办高校与高职高专组、普通高校组、重点高校

组三个群组的结构模型系数在 0.05 水平下没有显著性差异。而民办高校或高职高专组与重点高校组两组之间的组间结构模型系数差异的临界比率值的绝对值均小于 1.96，表明在 0.05 的显著性水平下，这两组之间就业风险感知模型相关路径均无显著性差异。即无论少数民族大学生所就读的高校是何种类型的高校，其家庭与大学文化资本、人力资本对就业风险感知的作用路径均不存在显著性差异。

3. 大学生个体特征的调节效应

表 6-27 中的分析结果显示：①通过对不同性别少数民族大学生的多群组结构方程模型分析发现，模型与样本数据拟合良好。假设测量模型为真的情况下，结构系数模型的 P 值 $=0.036<0.05$，表示男生与女生两组的整体结构模型系数在 0.05 水平下具有显著性差异。在男女少数民族大学生之间，家庭文化资本对就业风险感知影响的系数差异临界比率值的绝对值是 $2.365>1.96$，表明男女少数民族大学生家庭文化资本对就业风险感知的影响在 0.05 水平下存在显著性差异，其中，男生的家庭文化资本对就业风险感知发挥较为显著的直接正效应，但女生的家庭文化资本对就业风险感知却产生显著的直接负效应。②通过对来自城市与农村的少数民族大学生的多群组结构方程模型分析显示，模型拟合良好，假设测量模型为真的情况下，结构系数模型的 P 值 $=0.003<0.01$，表示城市籍与农村籍少数民族大学生两组之间的整体结构模型系数在 0.01 水平下具有显著性差异。在城乡籍少数民族大学生之间，家庭文化资本、大学文化资本对人力资本影响的系数差异临界比率值分别为 2.164(>1.96) 和 2.480(>1.96)，表明城乡籍少数民族大学生之间的家庭文化资本和大学文化资本对人力资本的影响均在 0.05 水平下具有显著差异，且家庭文化资本和大学文化资本对人力资本的作用效果均在城市籍少数民族大学生中更加显著和强烈。③通过对高低年级组少数民族大学生的多群组结构方程模型分析显示，模型拟合良好。假设测量模型为真的情况下，结构系数模型的 P 值 $=0.001$，表示高低年级少数民族大学生的结构模型系数在 0.001 水平下具有显著性差异。在高低年级少数民族大学生之间，大学文化资本对人力资本影响的系数差异临界比率值为 3.641(>3.29)，表明高低年级少数民族大学生大学文化资本对人力资本的影响在 0.001 显著性水平下具有显著差异，且高年级少数民族大学生大学文化资本对人力资本发挥更加显著且强烈的作用效果。

表 6-26　家庭背景与学校特征的多群组结构方程模型分析结果表

路径（标准化系数）＼变量	父母职业阶层			家庭经济条件			学校类别			
	中上阶层	中下阶层	系数差异临界比率	中等以上	较差	系数差异临界比率	高职高专、民办高校（1）	普通高校（2）	重点高校（3）	组1与3间系数差异临界比率
家庭文化资本→人力资本	0.516**	0.211**	2.008	0.306***	0.219	3.097	-.074	.273***	.609	1.330
大学文化资本→人力资本	0.385**	0.278***	1.341	0.323***	0.282	2.283	.313$^{\#}$	.314***	.260	0.480
人力资本→就业风险感知	-0.085	-0.392**	1.071	-0.284**	-0.482	1.279	-.397	-.387***	-.173	-0.444
家庭文化资本→就业风险感知	0.058	-0.042	1.240	-0.045	0.066	-1.125	.032	-.081	.240	0.978
大学文化资本→就业风险感知	0.018	0.277***	-1.668	0.128*	0.420***	-2.829	.409	.272***	-.060	-0.966
结构模型比较 P 值(假设测量模型为真)			0.000			0.002				0.058

（注：表中为了简化省略了测量模型结果，只反映结构模型的部分结果。）

表 6-27　大学生个体特征的多群组结构方程模型分析结果表

路径（标准化系数）＼变量	性别差异			城乡差异			年级差异		
	男生	女生	系数差异临界比率	城市	农村	系数差异临界比率	低年级	高年级	系数差异临界比率
家庭文化资本→人力资本	0.451**	0.228***	0.105	0.395***	0.222*	2.164	0.364***	0.073	-1.613
大学文化资本→人力资本	0.349*	0.271***	0.507	0.495***	0.174*	2.480	0.158*	0.724***	3.641
人力资本→就业风险感知	-0.662*	-0.310**	1.574	-0.526*	-0.214*	-0.742	-0.292**	-0.750$^{\#}$	-0.681
家庭文化资本→就业风险感知	0.284$^{\#}$	-0.101*	-2.365	-0.045	-0.002	-0.363	-0.058	-0.041	0.038
大学文化资本→就业风险感知	0.433***	0.165**	-1.865	0.346*	0.159***	0.954	0.233***	0.581$^{\#}$	1.077
结构模型比较 P 值(假设测量模型为真)			0.036			0.003			0.001

（注：表中为了简化省略了测量模型结果，只反映结构模型的部分结果。）

五、进一步研究

基于对文化资本、人力资本与少数民族大学生就业风险感知关系的分析，采用均值法对相关潜变量赋值，进一步构建就业意愿与期望路径分析模型，探讨少数民族大学生家庭与大学文化资本、人力资本对其就业意愿与期望的作用路径。少数民族大学生就业意愿与期望路径分析模型如图 6-13 所示。

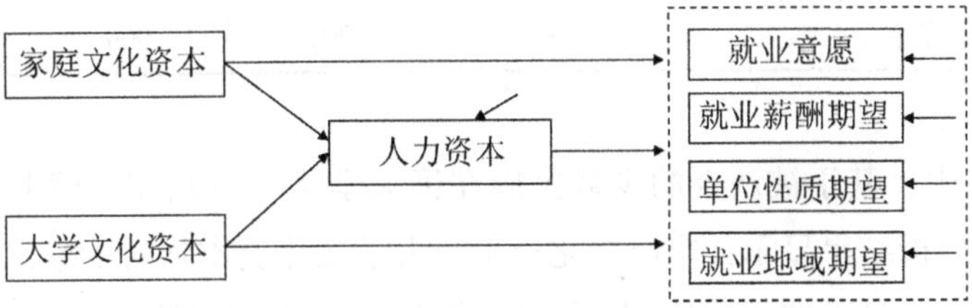

图 6-13　就业意愿与期望路径分析模型图

运用 Mplus 软件类别变量估计法对文化资本、人力资本与少数民族大学生就业意愿与期望的路径分析结果如表 6-28 所示。

表 6-28　就业意愿与期望模型的路径分析结果表

效应与路径 \ 模型		就业意愿与期望			
		就业意愿	就业薪酬期望	单位性质期望	就业地域期望
直接效应	家庭文化资本→人力资本	0.162***	0.162***	0.162***	0.162***
	大学文化资本→人力资本	0.195***	0.195***	0.195***	0.195***
	人力资本→就业意愿与期望	−0.153***	0.096**	0.052	0.105**
	家庭文化资本→就业意愿与期望	−0.179***	0.116***	−0.058	−0.006
	大学文化资本→就业意愿与期望	0.026	−0.086*	−0.055	−0.026
间接效应	家庭文化资本→人力资本→就业意愿与期望	−0.025**	0.016*	0.008	0.017**
	大学文化资本→人力资本→就业意愿与期望	−0.030**	0.019**	0.010	0.020**

续表

模型 效应与路径	就业意愿与期望			
	就业意愿	就业薪酬期望	单位性质期望	就业地域期望
$R^2_{(人力资本)}$	0.083	0.083	0.083	0.083
$R^2_{(就业意愿与期望)}$	0.063	0.025	0.008	0.010
WRMR	0.000	0.002	0.000	0.002
样本量	909	909	909	909

表6-28中，基于被调查的少数民族在读大学生样本数据，就业意愿与期望模型的路径分析结果显示：家庭文化资本与大学文化资本均对少数民族大学生人力资本具有非常显著的正效应（标准化系数分别为0.162***和0.195***），它们可以解释少数民族大学生人力资本8.3%的变异量。在就业意愿方面，家庭文化资本对少数民族大学生直接就业意愿具有非常显著的直接负效应（−0.179***），人力资本对其也具有非常显著的负效应（−0.153***），即家庭文化资本更丰富和积累更多人力资本的少数民族大学生更不愿意直接进入劳动力市场就业，而更愿意继续升学深造或延迟就业。同时，家庭文化资本和大学文化资本均通过积极影响少数民族大学生人力资本对他们的直接就业意愿产生显著间接负效应（分别为−0.025**和−0.030**）。在就业薪酬期望方面，家庭文化资本和人力资本对少数民族大学生就业薪酬期望都具有显著正效应（标准化系数分别为0.116***和0.096**），而大学文化资本对他们的就业薪酬期望产生显著的直接负效应（−0.086*），即家庭文化资本更丰富和人力资本积累更多的少数民族大学生期望未来就业有更高的薪酬，而来自大学文化资本更丰富的少数民族大学生对未来就业期望薪酬则相对更低。同时，家庭和大学文化资本还均通过积极影响少数民族大学生人力资本对他们未来就业的期望薪酬产生不同程度的显著间接正效应（分别为0.016*和0.019**）。在就业单位性质期望方面，家庭与大学文化资本、人力资本均未对少数民族大学生期望的就业单位性质产生显著影响。在就业地域期望方面，少数民族大学生人力资本对其期望的就业地域具有显著正效应（0.105**），即人力资本积累更多的少数民族大学生更希望未来在经济发展更快的地区就业，但家庭文化资本和大学文化资本均未对其产生显著直接作用，却均通过积极影响少数民族大学生人力资本积累对他们期望的就业地域产生显著间接

正效应(分别为0.017**和0.020**)。

对就业意愿与期望模型中的不显著路径进行剔除后的分析结果显示，少数民族大学生家庭文化资本、大学文化资本与人力资本对其就业意愿、就业薪酬期望和就业地域期望的直接效应、间接效应和总效应仅在强弱大小上有一定变化，总体上并无较显著或较大的变化。

六、实证研究结论

基于少数民族在读大学生的问卷调查数据，本研究通过多组结构方程模型验证家庭与大学文化资本及人力资本对就业风险感知的效应，并检验家庭背景、学校特征与个体特征因素在其中的差异化效应，之后进一步对文化资本、人力资本和就业意愿与期望进行路径分析，主要形成以下结论：

第一，少数民族大学生家庭文化资本与大学文化资本对其就业风险感知的抑制作用主要通过大学生人力资本的中介发挥间接效应，且大学文化资本还对其就业风险感知发挥显著直接促进效应。

①少数民族大学生的家庭文化资本并未显著直接影响其就业风险感知，但通过显著积极影响其人力资本而显著间接减弱其对就业风险的感知。具体而言，家庭公有性与民族性文化资本均未显著直接影响少数民族大学生的就业风险感知，但家庭公有性文化资本通过显著积极影响少数民族大学生显性和隐性人力资本而显著间接减弱了他们的就业风险感知，而家庭民族性文化资本则可能在一定程度上通过抑制少数民族大学生显性人力资本积累而在一定程度上间接增强了他们的就业风险感知。

②少数民族大学生的大学文化资本既显著直接增强了其就业风险感知，又通过显著积极影响人力资本而显著间接减弱其对就业风险的感知。具体而言，大学公有性文化资本通过显著积极影响少数民族大学生隐性人力资本而显著间接减弱了他们对就业风险的感知，而大学民族性文化资本既显著直接增强了少数民族大学生的就业风险感知，又通过显著积极影响少数民族大学生的显性人力资本而显著间接减弱了他们对就业风险的感知。

第二，不同家庭背景和个体特征因素在少数民族大学生家庭与大学文化资本、人力资本对就业风险感知的作用路径中发挥显著调节效应，但这一作用路径在不同学校类别之间不具有显著差异化效应。

父母职业阶层、家庭经济条件、大学生性别、生源地和就读年级在文化资本、人力资本对少数民族大学生就业风险感知的作用路径中发挥显著调节效应。其中，相对于中下阶层或经济条件较差家庭，来自中上阶层或经济条件中等以上家庭的少数民族大学生家庭文化资本对人力资本的促进作用更加显著且强烈，且大学文化资本对经济条件中等以上家庭的少数民族大学生人力资本的促进作用也相对更显著和强烈，但经济状况较差家庭中，大学文化资本却能更显著和强烈地直接增强他们对就业风险的感知。少数民族女性大学生的家庭文化资本显著直接减弱了她们的就业风险感知，但男生的家庭文化资本却在一定程度上直接增强了他们对就业风险的感知。城市籍少数民族大学生家庭文化资本能更显著和强烈地积极影响他们的人力资本，且大学文化资本对城市籍或高年级少数民族大学生人力资本的促进作用比对农村籍或低年级学生的促进作用更显著和强烈。

第三，少数民族大学生人力资本显著减弱了他们直接进入劳动力市场就业的意愿，而提升了他们的就业薪酬期望和就业地域期望，让他们更期望未来就业获得更高薪酬的职业或到经济发展更快的地区就业。而少数民族大学生家庭文化资本显著直接减弱了他们的直接就业意愿和提升了他们对就业薪酬的期望，大学文化资本则直接降低了他们的薪酬期望。同时，家庭文化资本与大学文化资本均通过显著积极影响少数民族大学生人力资本而间接减弱他们的直接就业意愿，也均通过显著积极影响人力资本而间接增强他们获得更高职业薪酬或到经济发展更快地区实现就业的期望。

第七章　大学生就业风险应对策略与措施

结合理论分析与实证检验的结果，建立大学生就业风险应对的总体策略和具体措施，在文化资本与人力资本框架下，从不同层面制定具体措施充分发挥家庭代际传承、学校过程建构与个人后天努力的综合作用，才能有效地应对大学生，尤其是少数民族大学生的就业风险。

第一节　总体策略：规避、承受、转移与降低

针对所面临的不同类型就业风险，结合少数民族大学生的风险承受能力和风险态度，可以制定或选择风险规避、风险承受、风险转移、风险降低四种不同的就业风险总体应对策略，这需要大学生发挥主动性和外部实行帮扶，从内部个体和外部群体双向共同努力实现。

一、就业风险规避

就业风险规避是通过改变与就业风险相关的某些计划或活动以规避未来由于失业或职业不匹配、职业健康伤害等可能对少数民族大学生造成的损失或影响。放弃或停止是风险规避的基本理念之一，排除就业风险来源是规避就业风险的重要策略之一。尽管风险无处不在，无法彻底避免或消除，且在当前就业市场环境下，少数民族大学生面临着越来越复杂的就业风险，但依然可以采取一定方式在一定程度上规避就业风险。具体包括：

第一，客观定位评价，舍弃不合理的就业目标。许多少数民族大学毕业生在就业时缺乏明确的就业目标或具有较高的就业目标，这就需要采取措施明确就业形势，利用就业与创业政策，客观定位和评价自我，确定继续深造、求职就业或自主创业目标，及时舍弃不合理的就业目标以规避就业风险。访谈发现，在当前社会经济环境和就业市场环境下，许多少数民族大学生选择或准备在毕业时“考

研”或“考公”，却并未结合自身人力资本优势考虑是否适宜这一就业目标，导致就业风险的增加。而他们的就业目标与意愿虽然是自身的选择，却往往会受到家庭、学校和社会环境的影响。调查分析也显示，少数民族大学生人力资本与家庭文化资本直接减弱他们的直接就业意愿，且家庭与大学文化资本还间接减弱他们的直接就业意愿。因此，少数民族大学生个体、家庭、学校和社会需要共同发挥作用，促使大学生结合个体的专业、兴趣特长以及人力资本优势选择是否继续考研深造或考取公务员，避免从众攀比心理导致的盲目报考。而对于准备创业的少数民族大学生则需要充分利用各项民族政策或就业政策，结合个体的创业基础和创业经验，在创业中合理制定创业计划，舍弃不符合社会发展和自身能力的高风险创业计划，规避就业与创业风险。

第二，转变就业观念，舍弃理想化的就业策略。就业观念是大学生就业策略选择的基础，对大学生就业结果具有重要影响。当前许多少数民族大学生的就业观念相对保守，较为理想化，追求一次性稳定就业，希望通过高等教育实现在毕业之后到经济发达地区获得高待遇和高稳定性的职业，对于不符合自己要求的就业单位却往往宁愿不就业也不愿意去，但这些地区或职业的就业吸纳能力有限，而在劳动力市场上本身处于相对劣势的少数民族大学生受到语言文化或风俗习惯等方面的影响，更加难以实现一步到位的就业。访谈分析发现，尽管一些少数民族大学生就业范围集中于民族地区，但依然追求高收入或“铁饭碗”，这种观念与策略的选择增加了他们在劳动力市场上的就业风险。因此，需要少数民族大学生个体、家庭、高校或社会各个层面共同努力，转变一次性就业或稳定就业的观念，树立多元化的就业观念，将初次就业作为择业的起点而非终点，舍弃必须寻找“铁饭碗”、高薪酬或发达地区大城市就业的理想化就业策略，结合人力资本状况和其他因素选择适宜锻炼或提升自我的灵活就业策略，或积极投身基层建设、或到经济发展相对薄弱的民族地区投身当地经济建设，促进就业风险规避。

第三，健全职业观念，舍弃不适当的就业期望。健全职业观念，舍弃不适当的就业期望是就业风险规避的手段之一。就业期望过高容易造成结构性失业，而就业期望偏低则容易导致职业风险增强。质性研究结果显示，少数民族大学生受到父母思想文化观念等因素的影响，往往更期望回到家乡生源地选择稳定性较高的岗位就业，而忽略了基于自身人力资本特征确定就业期望，进一步增加了就业风险。而实证研究结果也显示，少数民族大学生的就业风险除了受到自身人力资本的影响，还受到家庭文化资本和大学文化资本的影响，家庭文化资本直接或间接提升了少数民族大学生对就业薪酬的期望或实现经济发达地区就业的期望，大学文化资本则能直接降低他们的就业薪酬期望。因此，父母、高校和社会在少数民族大学生就业方面给予更多的引导与支持，充分发挥家庭文化资本和大学文化资本在就业期望中的作用，帮助大学生合理定位自己，客观评价自己拥有的人力资本，结合就业环境与自身优劣势及时地确定和调整就业收入、单位性质和就业地域期望，舍弃超出自身风险承受度的职业期望，有助于合理规避就业风险。

第四，规范择业就业，舍弃不合规的就业行为。就业过程中的协议或合同违约风险也是失业风险的主要来源之一，这就需要通过规范的择业就业，舍弃不合规或虚假性的就业行为或要求，规避失业风险。一方面，注重追求诚信是大学生就业的基础。少数民族大学生务必要增强自身的诚信意识，在求职中保证求职档案真实可靠，杜绝如虚构成绩或奖励证书等弄虚作假行为或夸大自身人力资本积累优势的行为，杜绝随意单方面违反劳动协议或合同的行为，避免由于自身诚信或不合规就业行为所导致的就业风险。另一方面，少数民族大学生务必要舍弃不可靠的招聘行为，规范签订就业合同。对于在择业过程中可能碰到的虚假性的招聘信息和行为，毕业生要提高自我保护意识，积极运用法律武器维护自己的正当权益，拒绝不合理的求职要求。为此，家庭、学校、政府社会需要共同努力加强少数民族大学生就业指导与服务工作，完善劳动法律法规并加强对少数民族大学生就业法律法规的宣传教育，同时进一步规范就业环境，杜绝虚假性招聘行为对少数民族大学生可能造成的损失或影响。

二、就业风险承受

就业风险承受是对于在风险承受能力范围内的就业风险，在权衡成本效益后，准备应对就业风险事件并维持现有就业风险水平，即接受未来可能的失业或职业不匹配、职业健康伤害等对少数民族大学生造成的损失或影响。采取这一策略的主要原因在于无法消除就业所存在的所有风险。这种策略的选择表明决策者不预备改变与就业相关的某些计划或活动来处置就业风险，该策略既包括不采取任何行动措施，而是待风险实际发生时视情况处理，消极被动接受就业风险后果，也包括主动地适应现状，制定应急方案，积极主动应对就业风险事件。

少数民族大学生具有不同的风险承受能力和风险态度。作为风险承担者，少数民族大学生的风险承受能力受到个人、家庭等多方面因素的影响，表现出不同的风险承受能力，例如，物质生活条件与经济状况较好家庭的少数民族大学生对就业风险的承受能力可能更强，更愿意或更有能力接受或承担暂未就业或职业不匹配等所造成的风险，人力资本存量更多的少数民族大学生的就业风险承受能力也可能越强。在风险承受能力范围内，不同少数民族大学生面对风险也表现出风险偏好、风险中性或风险厌恶三种不同态度。风险偏好型的少数民族大学生在就业时可能更加偏向于确定风险性较高的就业目标和就业期望，即便是可能面临着风险损失，依然愿意选择具有更高挑战性的就业，如自主创业、选择报考竞争较激烈的名牌高校热门专业的研究生或热门岗位公务员、选择到竞争性较强的行业部门求职等，而不愿意舍弃风险较高的就业目标、期望和策略，他们更愿意在风险中寻找或把握机会，承担可能面临的失业或职业风险。风险中性型的少数民族大学生主要根据就业目标或期望的风险程度来判断是否选择相应的就业策略，他们更偏向于风险适中的就业策略，且愿意承担这种就业策略所可能造成的风险损失或影响。而风险厌恶型的少数民族大学生则主要偏向于风险较小的目标和期望，力图最大限度地回避高风险的就业策略，而选择风险较小的就业策略，相对于风险较高的就业目标或期望，他们更愿意接受相对更加保险或风险相对较小的就业策略。

具有不同风险承受能力和风险态度的少数民族大学生在应对就业风险时所愿意接受的就业风险是存在差异的，且对就业风险承受的策略也是不同的。对于在风险承受能力范围内的就业风险，有些少数民族大学生可能选择不采取任何措施控制风险，而是消极被动接受就业风险后果。如访谈分析发现，部分少数民族大学生提到考虑到在外地就业可能较为困难、自身人力资本又不具有优势，毕业后直接选择回到家乡所在地寻找一份职业，对职业的期望也不高。而有些少数民族大学生则采取更积极主动的态度去承受可能的就业风险，例如，部分少数民族大学生虽然可能确定了较高的“考研”或“考公”目标，但是会尽全力去复习准备、收集资料、准备笔试或面试，做好充足的考试准备。而有些预备求职的少数民族大学生则会通过各种途径充分了解各种就业政策、民族政策，深入了解就业市场环境，积极收集整理和筛选各种就业信息，做好充足的求职准备以承受就业风险。可见，尽管在当前劳动力市场环境下，少数民族大学生往往难以一步到位实现较高的就业目标或期望，面临着较大的就业风险，但是少数民族大学生自身及其家庭和就读高校均应当共同努力帮助他们及时调整心态，正确客观地研判就业市场环境与经济发展形势，积极主动地做好就业准备，以快速适应就业市场环境，接受就业风险并积极应对。

三、就业风险转移

风险转移通常是风险承担者以不同方式设法转移风险后果及其连带的应对责任至第三方，即以正当合理的理由让其他方帮忙承担风险可能的全部或部分损失或影响，而并非完全清除风险。少数民族大学生作为就业风险的直接承担者，是就业风险的决策主体，难以真正为就业购买保险，以正当理由让其他方承担风险损失，实现就业风险的绝对转移，仅能通过调整利用个人就业选择、借助家庭或学校的部分力量，暂时性地实现就业风险的相对转移。比如，大学毕业生利用个人就业选择暂时转移就业风险，通过选择继续升学深造、第二学位、自主创业或先临时短期谋职之后再进行职业迁移，暂时缓解转移特定就业环境下的就业风险。调查分析发现，50%以上的少数民族大学生预备在毕业之后继续升学深造，这自然是他们提升人力资本的需求，但往往也是为了回避当前就业压力的选择，这种方式似乎是为未来就业购买了保险，但实质上只是暂时隐藏或延后了就业风险。又比如，借助家庭社会经济资本的作用，社会资本更丰富的家庭可以动用更多的社会资源为子女就业提供更多信息和创造更多机会，且经济状况更好的家庭更有能力承担子女的暂时性失业或职业风险损失，在一定程度上能够转移就业风险可能给大学生子女造成的损失。再比如，借助大学的校企合作联合培养，如订单式培养模式，加强高校与企业的合作，引入企业参与高校人才培养活动，毕业之后直接进入相应企业工作，让就读高校和企业在一定程度上共担风险，可以帮助暂时转移就业风险。

四、就业风险降低

就业风险降低是在权衡成本效益之后，采取适当的控制措施减少或降低就业风险事件可能产生的后果，将就业风险控制在可以承受的范围之内。这一策略是通过提前采取行动设法降低不利的就业风险事件发生的概率或者减少就业风险事件可能造成的损失或影响，将就业风险概率或风险后果降低至少数民族大学生的风险承受能力范围内。具体策略主要有：

第一，树立风险意识，提升就业风险感知。高等教育投资是具有风险的投资行为，大学生应当客观评价就业市场环境，树立风险忧患意识，充分感受可能面临的就业危机，避免就业时的盲目乐观。当前就业市场环境复杂多变，尤其是受到疫情影响所导致的全球经济下行状况下，就业风险越来越复杂。尽管大部分少数民族大学生就业风险感知较强，但有些同学依然对就业风险感知不明确，调查显示，家庭与大学文化资本通过人力资本的作用间接减弱了他们的就业风险感知，而大学文化资本显著直接强化了他们的就业风险感知。因此，充分发挥家庭和大学在大学生就业风险感知中的作用，让少数民族大学生体会就业危机感，坦然面对就业中可能面临的风险或失败，有助于激发他们积极培养风险防范能力，对于降低就业风险具有显著意义。

第二，端正风险态度，积极参与就业竞争。除了树立风险危机意识，在应对就业时，大学生还要强化心理调适，积极参与就业竞争，理性应对就业中的各种风险，增强就业信心。由于受到家庭文化资本，尤其是民族性文化资本的影响，一些少数民族大学生在人力资本的积累方面相对较薄弱，在就业时具有较高风险意识，可能会导致他们在就业中具有自卑心理，一旦在求职中遇到挫折就失去信心，无法帮助他们实现下一次的成功求职，也容易导致他们选择一些保守消极的就业行为，很可能使得他们在就业中面临着更高的风险。因此，少数民族大学生需要根据自身人力资本合理定位自我，认识就业风险中的机会，发掘自身人力资本优势，拓宽和利用各种就业渠道，积极主动求职就职，理性参与就业竞争，以积极主动的心态应对风险，降低无法就业可能产生的风险或盲目就业可能产生的各种风险。

第三，做好职业规划，积累人力资本优势。研究发现，人力资本依然是增加就业机会、提升就业质量和降低就业风险最主要的因素之一。为了降低少数民族大学生就业风险，在进入高校时应当尽早提前做好职业生涯规划并及时进行修正优化，确立大学期间的学习目标与方向，积累适应职业规划的人力资本优势。职业生涯规划是大学生结合自身情况确立未来的职业目标或方向，且为实现这一职业生涯目标而制定的相应行动计划或方案。少数民族大学生在进入大学开始，应当全面分析就业环境，正确认识自我，结合自身实际、家庭情况和社会需求等多方面选择专业、学习专业，确立未来就业目标和职业方向，明确所需要具备的知识、素质和能力，利用各种机会锻炼和培养各种专业技能，提升就业能力，积累符合职业规划的优势人力资本，降低就业风险。这需要家庭引导、学校教育、外部政策和内部努力的有机联动。

第二节　具体措施：个体、家庭、大学与社会层面

本书的理论分析与实证检验的结果已经证实，家庭与学校场域的文化资本及

学生人力资本是少数民族大学生就业风险的双重驱动因素。结合少数民族大学生就业风险应对的总体策略，发挥个体、家庭、大学与社会层面的多维作用才能具体应对少数民族大学生的就业风险。

一、个体层面：积蓄人力资本

质性与定量研究发现，文化资本与人力资本占用共同解释了少数民族大学生就业风险与就业风险感知，而人力资本依然是解释少数民族大学生家庭与大学文化资本对就业风险或就业风险感知之间联系的重要解释因素。以少数民族大学生自身为主导，积蓄人力资本依然是应对少数民族大学生就业风险的核心措施。

(一)积累人力资本存量

人力资本是影响少数民族大学生就业风险的关键直接因素，只有在大学期间制定完善的职业生涯规划，注重人力资本投资，提高知识水平，培养综合素质，增强职业能力，循序渐进地积累人力资本存量，才能应对就业风险。

1. 提升显性人力资本

质性分析与问卷调查分析均显示，大部分少数民族大学生在显性知识型与素质型人力资本的积累上都没有表现出显著优势，这让他们在劳动力市场上不具有竞争优势，因而面临着更高的就业风险。为此，少数民族大学生需要做到以下几点：

第一，提高知识水平。体现知识水平的知识型人力资本是构成大学生人力资本的重要方面，主要表现在学习成绩、外语水平以及如职业证书获取、计算机水平、双学位、发表论文和参与课题研究等其他学习成就等方面，而大部分少数民族大学生普遍这些方面具有相对弱势。调查数据显示，大部分少数民族毕业生成绩处于中等或良好水平，外语水平仅仅通过英语四级达到基本毕业要求，仅有少部分同学有一定的其他学习成就，且这些学习成就并未特别突出。可见，提高显性知识资本依然是少数民族大学生人力资本积累的基础方面。由于许多少数民族大学生，尤其是来自民族聚集区的学生在入学时的知识基础相对薄弱，导致他们在进入高校之后与汉族同学并未处于同一起跑线，且部分同学在汉语语言上的弱势也进一步增加了他们在文化知识学习上的困难，这可能造成他们在文化知识学习上的消极态度，也造成了他们在知识积累上的更多障碍。因此，少数民族大学生要提高自身知识水平，首先需要端正学习态度，正视自身的不足，克服消极学习心理，还需要合理规划大学四年时间，进一步提高汉语水平夯实基础，然后要充分利用大学学习环境，努力学好专业知识，提高学习成绩和外语水平，同时尽量拓宽自身知识面，获得更有含金量的其他学习成就。

第二，培养综合素质。政治面貌、荣誉证书、实践获奖和其他实践经历等体现综合素质的素质型人力资本既是大学生人力资本的重要维度，也是大学生能力型人力资本的显性体现。质性研究和调查数据显示，少部分少数民族毕业生在政治面貌、奖学金等荣誉证书获得或社会实践活动比赛方面具有一定优势，且尽管大部分少数民族毕业生都会积极参加学生组织或社团活动，也具有一些专业相关的实习实践经历，但获得省部级以上奖项的同学极少，所参与的社团活动也以校级文化或文体活动为主，实习实践经历很多都流于形式，对未来职业能力的帮助甚微。总体上，少数民族大学生的综合素质依然不高，进一步培养提高综合素质是积累人力资本存量的重要方面。为此，少数民族大学生要进一步加强自己的政治素养和道德修养，结合自身职业规划，在学习之余积极担任学生干部，积极参加社会实践活动，拓宽视野和增长见识，真正实现专业知识水平与实际工作的有效结合，在培养文化能力的同时，还要有意识地锻炼语言表达与沟通能力、协作沟通能力、发现与解决问题能力等，培养在就业市场上具有竞争力的素质型资本。

2. 增强隐性人力资本

除了显性人力资本，隐性人力资本对少数民族大学生就业风险也发挥重要作用，且在对家庭、大学文化资本与就业的关系中发挥着重要解释作用。隐性人力资本是少数民族大学生对自身能力型资本的隐性表达与评价，本质上应当与其素质型资本具有一定关联性。作为就业风险的主要承担者，除了需要具备良好扎实的专业知识与综合素质，还需要具备健全的道德品质素质、人际社交与沟通能力、适应能力、心理承受能力、团队合作能力与创新能力等。少数民族大学生应当从思想上明确提升能力型资本的重要性，并有意识地以各种方式锻炼增强自身的能力型资本。思想道德与政治素养是大学生应当具备的最基本素养，少数民族毕业生应当爱国爱岗、诚信守法，拥护党的各项民族政策，树立科学正确的世界观、人生观和价值观，具备良好的道德素质，遵守职业道德，积极参与国家社会经济建设中。由于少数民族大学生受到民族风俗文化等因素的影响，大多数时间局限于自己的民族圈，往往导致在与外界交往中缺乏自信，也会影响他们对外界文化环境的适应。要实现就业或获得理想职业，少数民族大学生应当主动利用高校包容性的文化环境，拓展人际社交网，通过与不同民族同学之间的交流交往提高语言能力和沟通交往能力等，通过对多元化文化的包容与理解，提升自身对不同环境的心理承受与适应能力，还可以通过积极担任学生干部、参与社团组织、校内外各种比赛竞赛活动、创新创业活动或实践活动等，努力主动增强人际社交与沟通能力、团队合作能力与创新能力等各种隐性能力。

（二）优化人力资本结构

从存量上而言，不同类型的人力资本积蓄对少数民族大学生就业都具有非常显著的作用力，人力资本存量显著促进了少数民族大学生就业机会获得与就业质量增加，也有助于降低就业风险。然而，高等教育人力资本投资成本较高，也具有一定风险，无法实现所有类型人力资本积累上的均衡性发展。因此，少数民族大学生需要根据自己的就业目标和就业期望，关注未来职业需求，在人力资本存量积累基础上，有针对性地着重培养与职业目标相适应的知识、素质与能力，实现知识学习、素质培养和能力提升的相对均衡发展。例如，对于选择毕业后继续学习深造的同学，尤其是预备报考学术型研究生的同学，在综合素质和隐性能力培养的同时，应当侧重于加强专业知识学习，在课程学习、发表论文、参与课题研究上可以适当加大投入，注重培养学术能力及发现与解决问题的能力等，在时间和精力投入有限的情况下，参与社团组织和各种实践活动方面可选择在适当阶段安排，如大一、大二这种入学初期阶段或硕士学习阶段等。而对于毕业后预备求职就业的同学，则在加强专业知识学习的同时，要侧重于综合素质和能力的锻炼，可以适当加大在学生组织任职或社会实践活动参与等方面的投入，注重培养综合素质与能力。对于预备创业的同学则更应当侧重于创新能力的培养。即便是在专业学习上，也应注意结合职业规划有的放矢地投入。调查研究发现，一些少数民族大学生在大学阶段也获得了一些相关专业资格证书，但这些证书的考取更多的是盲从选择，而非结合职业目标规划的学习计划，并非对所有同学均具有同等含金量，如教师资格证仅对从事教师职业的同学才是有用的，在大学阶段不应只是盲目进行人力资本投资获取各种技能证书，而是要结合就业目标期望选择获取较高含金量的专业证书。

二、家庭层面：增值家庭文化资本

尽管不同家庭条件的少数民族大学生所拥有资源具有先天差异，但家庭文化资本因素依然能够直接或间接潜移默化地影响少数民族大学生就业风险及其感知。家庭除了提供经济资本和社会资本，文化资本的支持也很重要。以家庭为基础，实现家庭文化资本的增值，即丰富、传承和利用公有性家庭文化资本和民族性家庭文化资本，是少数民族大学生积累人力资本及应对就业风险的后勤保障与精神支撑。

(一)增值公有性家庭文化资本

少数民族家庭公有性与民族性文化资本配置在大学生就业风险及其感知中具有不同的解释力，而公有性家庭文化资本依然发挥着主导作用。数据分析显示，家庭公有性文化资本对少数民族毕业生失业风险和职业风险分别发挥显著间接抑制和直接抑制作用，并显著间接减弱了少数民族大学生的就业风险感知。合理地丰富和提升公有性家庭文化资本并实现增值转化，有助于提升少数民族大学生人力资本和积极应对就业风险。

1. 实现具身化公有性家庭文化资本增值

家庭文化资本对子女的影响更多地融入家庭环境中，是一种耳濡目染的作用。良好的家庭为子女所提供的并不仅仅是优越的经济条件，更应当是丰富的文化资本，尤其是与主流文化相适应的文化能力。具体可以从以下几个方面实现：第一，吸收丰富具身化公有性文化资本。父母需要认识家庭教育的重要性，注重自身一般性文化能力的作用，在工作生活中通过多种渠道尽量吸收强化与主流文化相适应的具有优势的具身化文化资本，不断更新教育观念，秉持开明的家庭教育理念和教育观念，有意识地培养良好的文化习惯，在提升自身文化素养的基础上，注重营造良好的家庭文化氛围和开放的亲子交流沟通环境，加强与子女关于书籍阅读与社会时事的讨论以及进行学习、就业与生活等方面的沟通强度，鼓励或与子女共同参与各种性质的文化活动，从物质和精神上关心和支持大学生子女参加高校的社会实践活动，结合子女实际情况建立对子女教育与就业的合理期望，避免盲目攀比的过高期望和过分自卑的过低期望。第二，充分发挥具身化公有性文化资本的实际效用。父母除了吸收增强自身文化能力的丰富度，如增加阅读的频率、亲子沟通的强度或文化活动的频率，还应当通过增强自身阅读、亲子沟通和亲子活动的效果等，充分发挥自身文化能力对子女文化习惯培养的有效性，实现效用的转化。效用的转化并非父母的全程代劳和过分干预，而是通过有效的沟通、合理的期望等帮助子女端正就业心态，鼓励子女拓宽眼界与视野，树立正确的就业目标或期望，建立完善的职业生涯规划，客观定位自我和认识市场环境，促进少数民族大学生积累人力资本，应对复杂的就业市场环境。

2. 实现客观化公有性家庭文化资本增值

质性分析显示，少数民族家庭的藏书等文化物品相对较少，而且品类也较单一，这本身与家庭的经济状况条件相关，也与父母文化程度和职业具有一定关联性。家庭有必要尽力为子女创造良好的客观文化条件和引导子女恰当利用文化物品。第一，适当提供客观化文化物品。尽管不同经济条件的家庭在文化物品上存在较大差异性，但即便是经济状况薄弱的家庭，家庭也可以力所能及地为子女创造一定的客观化文化资本。例如，若没有经济条件创造单独的书房，可以尽量为子女提供独立的书桌，为大学生子女在家中能够拥有独立的学习时间与空间。第二，适度配比客观化文化物品。质性与数据分析都显示，许多少数民族家庭中虽然有部分藏书，但书籍多以娱乐性书籍为主，文化资源相对较少，且家庭中文化物品的品类都较为单一。父母应当根据子女成长阶段及时更新书籍，配备适应不同成长阶段的书籍。虽然大学生作为成年人已经具备一定的自主判断能力和独立思考能力，但依然需要家庭提供支持购买文化物品，父母可以根据子女的成长与发展需求支持子女购买一些与子女思想、学习与就业相关的书籍，并为子女人力资本积累创造更丰富的文化物品，如电子类学习工具、音乐绘画等文化器具等。第三，引导子女恰当利用文化物品。在丰富文化物品的基础上，父母需要在子女的整个成长阶段引导子女合理运用家庭文化物品，培养子女的文化习惯和学习习惯，这对于子女进入大学阶段后积极积累人力资本也有一定影响。

3. 实现制度化公有性家庭文化资本增值

父母的文化程度和汉语能力等制度化文化资本不仅可能通过更广泛的关系网络直接为大学生提供更多就业信息，创造更多的就业机会和更好的就业条件，也可能与家庭具身化与客观化公有性文化资本相互转化，促进大学生子女人力资本积累和就业风险降低。要发挥制度化文化资本的增值效应以应对就业风险，具体可以从两方面实现：第一，充实制度化公有性文化资本。虽然少数民族大学生家庭中父母学历水平等制度化文化资本状况较难改变，但当前社会经济与教育生活背景下，父母树立终生学习理念，加强自身学历和知识素质，为子女树立良好的榜样，共同学习与成长，对于促进少数民族家庭子女主动学习意愿和教育成功都有潜移默化的影响。少数民族家庭父母有必要明确自身接受教育对于大学生子女家庭教育的重要性，树立自觉学习意识，主动继续学习，积极参与教育培训或进修学习，通过官方认证或民间颁发等不同途径充实自身学历水平和资格证书认证等，树立榜样效应，激励子女的学习意愿，发挥家庭教育在子女教育成功中的重要作用。第二，强化制度化公有性文化资本的作用效果。质性分析与定量研究都表明，少数民族大学生的学习意愿、人力资本积累与就业都较容易受到父母学历与职业及语言能力等方面的影响，文化程度更高和汉语语言能力更强的少数民族家庭父母通常能为大学生子女提供更实质性的指导意见和支持，帮助其人力资本积累和降低就业风险。因此，父母除了实现制度化文化资本在量上的提升，更需要切实发挥自身制度化文化资本的有效作用，而这可能需要有效利用具身化与客观化文化资本的共同作用得以实现。

（二）增值民族性家庭文化资本

少数民族群体不仅具备一般主流文化特质与习性，还拥有族群性的文化特质与习性，家庭民族性文化资本似乎具有"双刃剑"作用，研究结论显示，少数民族大学生家庭民族性文化资本显著直接或间接抑制失业风险，但显著直接增强了职业风险，同时间接增强就业风险感知。且民族性文化资本与公有性文化资本之间相互作用与强化，有可能影响少数民族家庭对公有性文化资本的使用。有效地传承和利用民族性文化资本，发挥其积极作用并合理规避消极影响，实现民族性文化资本的增值，对于少数民族大学生应对就业风险也具有重要意义。因此，少数民族家庭需要有效地传承和利用民族性文化资本，实现增值转化。第一，家庭要坚持开放包容的文化意识，更好地利用民族文化活动与交流活动对大学生思想观念与品性行为等方面的积极作用，引导大学生树立正确的思想观念，鼓励与支持大学生与其他不同民族的广泛交往交流交融，丰富大学生的文化生活，充分有效地发挥民族文化惯习在大学生学习成长中的潜移默化的教育意义。第二，家庭应当明确认识民族优秀的传统文化物品是构成中华文化的重要部分，注重保护与保留民族乐器、舞蹈、绘画、作品或手工艺品等民族文化物品以及推崇对这些文化物品的熟悉与熟练使用，更需要将这些技艺传授给大学生子女，真正实现技艺的传承，这对于少数民族大学生认知与非认知性人力资本的发展都将具有重要影响。第三，家庭要增强民族文化资本传承意识，让经过历史检验和实践证明的珍贵民族文化遗产得以保存，并充分运用以指引与促进少数民族子孙后代健康成长与发展，促进他们进一步传承与发展，尤其是充分调动少数民族大学生群体利用大学宽松、多元与包容的文化交流环境实现民族文化遗产的传承与发展，这不仅对于国家文化遗产保护具有重要意义，也能进一步增强少数民族大学生的文化自尊自信和促进自身文化包容性与适应性。

三、大学层面：提升大学文化资本

后期的学校教育与早期的家庭教育无法割裂且互为补充，对于大学生而言，大学学校教育过程中所传递的且在不同学生群体文化影响下不断更新发展的大学文化资本在大学生学习与就业中可能发挥着更加重要的作用。以大学为载体，充分发挥全体教师和大学生群体的共同作用，实现大学文化的资本化，并进一步将大学文化资本与大学生家庭或社会文化资本相结合，促使大学文化资本的提升，使之价值内化至教师和大学生群体，是促进少数民族大学生积累人力资本进而应对就业风险的有效助力。

(一)提升公有性大学文化资本

大学公有性文化资本能够显著直接和间接抑制少数民族大学生失业风险并积极影响人力资本，尤其是隐性人力资本，进而对职业风险产生作用，也显著间接减弱就业风险感知。因此，有必要提升公有性大学文化资本，充分发挥大学公有性文化资本在少数民族大学生人力资本积累和应对就业风险上的积极作用。

1. 提升具身化公有性大学文化资本

大学具身化文化资本是长期积累的过程，大学声誉、师资水平等方面本身与学校品牌类型之间具有一定的联系，但学校品牌类型并不能完全代表大学文化资本的多寡。具身化文化资本是大学文化资本的核心，体现了大学的办学理念、管理哲学与精神追求，需要大学历届师生群体身体力行地共同努力，将普遍认可的优秀思想观念与行为模式融入大学场域主体的认知与行为中。要实现具身化公有性文化资本的提升，大学需要提高教师和学生的自主性，共同孕育优势文化能力。第一，依托建校历史，发掘、保护并继承学校精神文化遗产，形成大学独特的价值理念和校园文化。大学文化资本具有明显的分层现象，这与大学的建校历史有较大关系，建校历史悠久的大学应当注重学校精神文化遗产的保护与继承，形成更为持久的文化理念，而新兴大学也应尽快发掘出体现办学理念的校园文化与价值观，并实现在大学场域中的传承与发扬。第二，营造积极开放的文化氛围，建立良好的人文环境。坚持立德树人的根本任务，将办学理念融入大学的文化环境，树立人才引领发展的理念，调动师生参与文化环境的建设与维护，共同营造积极开放的文化氛围，建立师生之间、生生之间、不同岗位师师之间平等交流与和谐共处的人文生态。第三，注重师生文化素养的提升，打造优良的校风学风。通过加强教师与学生的思想道德建设，推动师德师风建设常态化，建设高素质的专业化教师队伍，引导大学教师潜心育人，发挥师德师风的文化涵育作用，实现师风与学风的互促共进，提高少数民族大学生的思想政治觉悟与道德文化素养，增长他们的爱国情、强国志和报国行。第四，鼓励大学内部师生共同维护和提升学校社会声誉等。大学要激励教师提高教学科研水平，提升学校的办学质量和社会声誉，同时注重学生诚信教育，引导毕业生建立良好的职业声誉，向劳动力市场传递积极信号。第五，提升师生对大学的文化认同感，实现具身化文化资本的价值内化。即便同一大学的不同大学生对文化资本的感知依然存在差异，大学文化资源只有在开发利用的基础上，内化凝结于大学师生身上，才能真正有助于师生的成长和发展，转变为资本。大学作为高等教育机构，要提高教育力量，充分发挥教育功能，促进师生对大学的文化认同，将学校具身化文化内化为全体大学生的品性素质。这些措施既能够促进大学生树立正确的人生观与价值观，培育大学生文化性格与积极的学习态度，又能够促进大学吸引更多的优秀人才进一步充实大学的文化能力，对人力资本积累产生潜移默化的影响，还能够在劳动力市场上产生信号效应。

2. 提升客观化公有性大学文化资本

大学客观化文化资本包括学校物质环境、设施设备和图书资源等文化软硬件资源以及文体活动，客观化文化资本的积累以具身化文化资本为基础，需要大学同时投入经济资本与具身化文化资本，使具有优势家庭文化资本的大学生认识到自己与学校要求之间的差距而更努力地提升成就，也使处于弱势家庭文化资本的大学生获得公平的资源追求学业成就。第一，及时更新文化软硬件资源。尽管大学在办学规模上的差异导致拥有的软硬件资源存在一定差异，但大部分大学在办学中都对文化物品形成了一定量上的积累，只是有些高校对于文化物品的更新速度较慢，有些资源无法及时满足大学生的需求，这一问题在访谈中也有所体现。这就需要大学逐步优化大学物质环境，建立相应的文化物品更新利用制度，及时统计学校的现有资源状况，了解资源最新发展动态和师生的需求状况，将经济资本的投入有效地运用于及时更新文化资源上。第二，提升开展文化活动的意识，明确各类文化活动的目的与意义，增加健康向上与格调高雅的文体活动的开展。大学文体活动应当向学生传递积极的价值导向，通过定期或不定期组织不同形式的线下或线上校园文化活动，注重打造和推广精品文化活动，在文化实践活动中去发掘与培养大学生的素质能力。第三，引导客观文化资源的使用并充分资本化。大学的客观化文化资本不仅仅是作为一种固定资产，而应当是促进大学生知识学习、素质提高和精神享受的价值体现。大学可以通过文明校园创建活动，引导大学生增强对文化物品的利用率和利用效果，充分发挥大学人文建筑景观、文化物品等的文化价值。同时，要使课程学习与文化活动紧密融合，开发学生的文化结构，拓展大学生的视野，强化大学生的知识学习。将文化物品的使用与文化活动的开展融入大学生的学习和生活，使其充分资本化实现价值增值，促进其人力资本的积累。第四，建立适宜具身化文化资本转化为客观化文化资本的条件。经济资本的投入可以帮助大学获得客观化文化资本，但却不能实现客观化文化资本的价值创造，而具身化文化资本则能帮助实现客观化文化资本的价值创造性与增值性。大学需要建立适宜具身化文化资本转化为客观化文化资本的条件，如完善师德师风建设长效机制、人才引进与聘用机制、教学科研管理制度、客观的人才评价体系与奖惩机制等，将教师知识转化为客观化文化资本。

3. 提升制度化公有性大学文化资本

制度化文化资本需要大学不断获得权威机构的资质认证，而具身化文化资本是其形成与积累的前提，与其相辅相成。提升制度化文化资本可以通过以下途径：第一，注重打造优质特色品牌。大学品牌是制度化文化资本的重要表现形式之一，大学在发展过程中不仅需要遵循基本的办学规律，还需要结合自身情况创建自身的特色，不同品牌的高校拥有不同的精神文化与物质文化，造成了具身化与客观化文化资本的校际差异，例如国家重点建设的一流高校拥有更多的文化资源，尽管在众多大学中，并非所有的大学都能够成为知名品牌，但大学合理定位人才培养目标，在打造特色优质品牌的同时，更应注重培育特色品牌，将文化能力转化为制度化文化资本，能够为毕业生提供更多的就业资本。第二，加大投入引进高素质、高学历的高层次师资力量。大学需要提供更多资金支持用于引进和培养政治立场坚定的优质教师，提升师资力量的知名度与影响力，提升大学主体教师的学历、职称、荣誉证书称号，再通过这些教师创造更多公开发表的经认证的教学科研成果，从大学内部个体角度提升制度化文化资本。第三，建立完善的制度体系，并使制度获得教育机构、权威评价机构或学术同行的认可与支持。完善的制度体系是大学良好文化环境与氛围形成的基础，包括规章管理制度、课程建设制度以及就业指导服务制度等。在规章管理制度方面，注重标准化与个性化管理结合，如通过标准化奖惩机制规范师生的行为，促进教师与学生对学校的归属感，也为大学生健康发展建立宽松的环境，完善学生助学制度帮助贫困家庭少数民族大学生获得公平的学习机会。在课程建设方面，要与时俱进，根据主流劳动力市场需求不断更新调整课程体系；教学内容上融入课程思政，引导少数民族大学生坚定理想信念和增强使命担当；课程设置上考虑如何增强少数民族学生融入不同环境的意识与能力，调查发现，大部分少数民族大学生偏重于选择文史、教育类专业，学生实践能力相对较差，可以通过增设实践课程，提供双学位、第二学位或公开课学习等选修机会，创造更多的学习实践机会，帮助就业形势较差专业的学生拓宽知识面，让少数民族大学生既能适应主流就业市场环境，又能适应民族地区经济建设需求。在就业培训指导方面，培养一批高素质专业化的就业指导培训师资力量，建立全程全员有针对性的分阶段就业指导，从职业生涯规划开始将就业指导纳入课程教学体系中，对低年级学生开展职业规划指导，引导进行就业知识与能力储备，对高年级学生组织开展创业就业教育和与就业相关的法律法规制度教育，对即将毕业的学生加强就业心理辅导，提供就业形势分析、信息检索整理与求职技巧方面的培训指导，举办如信息搜索指导、简历制作指导、模拟应聘指导等多种形式的就业指导，引导少数民族大学生理性进行就业选择。在就业信息服务方面，注重有效收集与发布有价值的就业信息，利用多渠道多形式结合大学生就业需求开展就业信息定制推送服务，如利用大数据筛选建立定制信息推送渠道，使用多种信息渠道依据不同学生的特点需求推送适宜的求职信息。同时，大学制度虽然由学校内部自主制定与执行，但所有制度的制定、修改与废止工作均需要合法化和规范化，使其成为经认可的办事规程和行为准则。

(二)提升民族性大学文化资本

大学民族性文化资本分别显著间接和直接抑制少数民族毕业生失业风险与职业风险，还显著直接增强和间接减弱了少数民族大学生就业风险感知。大学既要优化校园文化氛围、教师水平、校园资源等公有性文化资本，又要注重民族性文化资本的培育，发挥大学民族性文化资本在大学生人力资本积累中的积极作用，以帮助少数民族大学生应对就业风险。

1. 提升具身化民族性大学文化资本

大学除了重视物质环境建设，更应注重宽松多元、包容性强的文化环境建设，促进各民族文化的交流，增强少数民族大学生对本民族文化的认同，也增强对其他民族文化的理解。来自民族聚集地区的少数民族大学生的思想观念相对单纯封闭，在大学这一全新陌生环境中不可避免地存在观念的碰撞与矛盾，大学宽松多元和包容性强的文化氛围能够减少他们的心理压力，让他们更快地适应和融入大学环境。定性与调查分析均显示，少数民族大学生所在大学基本上具有宽松多元化的文化氛围，对民族文化的包容性较强，大学生活也让少数民族同学增强了文化适应性，通过与不同民族同学的交往交流，更能快速适应不同文化环境。大学应当进一步发挥在传播、弘扬与传承文化中的积极作用，鼓励教师对处于学习弱势的少数民族学生给予相应的学习帮扶和生活关注，尤其是掌握少数民族大学生的思想动态与价值观念，引导支持不同民族同学之间进行各种交流交往，实现求同存异和兼收并蓄，提升少数民族大学生的自信心，增强少数民族大学生的文化素养与能力。

2. 提升客观化民族性大学文化资本

少数民族大学生主要集中于民族类高校或民族地区高校，来自这类大学的少数民族学生较多，学校对少数民族学生的成长发展考虑也较多，基本上会提供较为独立的民族性资源设施，开展的民族性文体活动也比较多样化，而普通高校在这方面则相对较弱。而且，民族性文化物品应当具有增值性，民族性文化活动的开展也应具有价值创造性，应当能够促进大学生学习，同时满足大学生的精神需求。大学应当照顾少数民族群体的差异性，进一步完善民族性资源设施的建设，在饮食与住宿等方面上提供更便利的条件，为少数民族学生创造更舒适的学习环境。同时，立足主流文化兼顾族群文化，以正式或非正式的形式鼓励倡导积极向上的多样化民族性文体活动的开展，将民族性文化资源、文化活动与少数民族大学生的思想品质与文化素养培养相结合，这既能增加少数民族学生对学校的归属感，稳步提升他们的获得感、满意度与自信心，也能促进不同民族同学的交流融合，对于少数民族大学生文化知识学习、文化适应能力等方面都是有利的。

3. 提升制度化民族性大学文化资本

大学需要进一步加强品牌建设和民族特色的制度建设，充分发挥民族性大学文化制度在少数民族大学生人力资本积累与就业风险应对中的作用。一方面，民族品牌大学要进一步建设与发挥品牌优势。民族类院校是经过教育机构认证的民族品牌性大学，相对于其他普通高校，它们为少数民族学生提供了更多接受高等教育的机会，也是传承与弘扬各民族优秀文化的主要基地。民族类院校可以借助民族品牌特色，与民族地区建立对口支援关系，建立大学与民族地区的互动平台，为愿意去民族地区就业的少数民族大学生搭建就业桥梁，还应当帮助他们了解民族地区以外就业市场环境与形势，消除在民族地区以外就业的顾虑性。另一方面，加强针对少数民族大学生的特色规章与管理制度建设与宣传推广。例如，在招生政策方面，许多民族类高校在专业设置上主要偏重于社会科学类专业，这些专业实务性较弱，导致就业范围较窄，大学需要优化专业设置的结构布局，加大技能型专业建设的投入并扩充招生规模，普通高校也需要扩充技能型专业上对少数民族大学生的招生规模。在课程体系建设上，应结合社会需求与少数民族学生发展需求，补充设计特色课程内容，如汉语语言、民族政策等方面的相关课程，既要开设适合少数民族学生特点的职业生涯规划课程，还要注重设置适应少数民族教学特点的特色实践课程以提高民族聚集区学生的汉语语言水平与汉语沟通能力，增强他们的创新思想。在奖励制度方面，可以适当设置专门针对少数民族学生的独立奖励制度，由于少数民族大学生在大学教育学习中是弱势群体，在学习成就获取上存在一些劣势，大学应当关注这些学生的学习劣势，从制度上设置专项培养资金和独立奖励制度，对他们给予学习援助与鼓励支持，也能够激发学生的学习热情。在就业制度方面，针对少数民族大学生设计专门的就业培训与指导体系，强化个性化就业指导，结合民族特点指导少数民族大学生就业或创业，例如加强民族政策、少数民族骨干计划研究生招生政策、民族地区或基层组织就业市场分析、创业就业政策优惠等方面的培训指导，帮助少数民族大学生制定合理的就业期望，并运用多种信息渠道依据少数民族大学生的个性需求推送适宜的求职信息，如定制推送民族地区选调生、村官等基层就业实际岗位需求信息等。当然，除了建设针对少数民族大学生的特色制度，大学更需要通过宣传推广使广大少数民族大学生充分了解并有效运用学校的相关民族性特色文化制度，让这些制度真正在促进人力资本积累和就业风险应对中发挥实际效用。

四、社会层面：营造公平环境

无论是少数民族大学生人力资本积累以及家庭文化资本的增值、大学文化资本的提升，还是就业风险的防范与控制，除了需要大学生自身发挥主动性以及家庭与大学的联动外，还需要政府与其他社会各界的共同支持，营造公平的教育与职业环境，提供基本的环境保障，以充分发挥文化资本与人力资本在少数民族大学生就业风险中的双重驱动作用，积极应对就业风险。

(一)政府完善政策调控

大学生就业过程中，政府应当充分发挥人社部门、教育部门、财政部门等不同机构在就业上的多重联动机制，承担起规则制定、事务服务、市场裁判和公平维护的责任，利用宏观调控创造良好的社会环境，借助政策制定与运行对大学生自身及其家庭、高校、用人单位和市场等多方主体的相互关系进行调节，一方面直接促进少数民族大学生就业风险的降低，另一方面鼓励和帮助家庭文化资本与大学文化资本的强化与运用，促进大学生人力资本的积累，为应对少数民族大学生就业风险提供政策保障。

1. 促进家庭文化资本增值的政策调控

政府可以通过政策支持和引导调节文化资本积累与传承过程，促进少数民族大学生家庭文化资本的增值。

一方面，作为公共资源分配者，国家和地方政府，尤其是民族地区政府基于财政资源的合理分配，需要进一步加大对民族地区教育、文化等基础建设的投入，促进少数民族家庭，尤其是处于职业阶层较低、经济状况较差或农村地区等相对弱势地位的少数民族家庭更好地利用政府公共文化资源，实现家庭文化资本的增值。具体包括：第一，增加民族地区基础教育投入或培训投入，通过增加各级各类学历或非学历教育投入和汉语语言教育的投入，推广汉语普通话，让更多少数民族家庭父母有机会进一步提升制度性文化资本，也让大学生子女能够尽早熟练掌握汉语语言能力，这是他们进入大学后快速融入环境并积蓄人力资本的前提条件。第二，完善公共文化资源的建设与使用，例如建立和开放公共图书馆、美术馆、博物馆等文化场所，免费举办各种讲座或培训班，尤其是在农村地区建立便民学习机构，鼓励建立全民学习的学习型社会。第三，加强文化思想宣传教育，各级政府需要完善政策举措，在民族地区深入实施文明创建与道德建设等工程，提升少数民族群众的思想观念与精神情趣。同时，采用不同方法开展各种形式文化活动，营造各民族人民群众交往交流的文化氛围，促进各民族交往交流与交融，实现各民族在社会、经济、文化、生活与心理等方面的融合，提升少数民族群体的文化包容性与适应性，这有助于少数民族家庭和大学生树立积极向上的符合主流文化理念的修养、态度、偏好或品位等。

另一方面，国家和地方政府还需要完善制度建设，注重科学保护各民族优秀传统文化，保障少数民族家庭民族性文化资本的传承与利用。具体包括：第一，促进民族性文化的制度化并实现价值增值。通过加强立法等制度建设，建立详细的民族文化传承人认定制度与民族文化资源评估制度体系，进行品牌授予，让这些知识与技能的价值得到官方认可，实现在经济价值上的增值。例如，适当松绑少数民族文化传承人身份认定，鼓励少数民族非遗文化传承人的申报，并加大对开展少数民族文化研究工作人员的奖励。在尊重和保护少数民族语言文字学习使用的基础上，将少数民族家庭和大学生所掌握的语言文字作为知识技能以证书形式制度化，并鼓励这种文化体制运用于民族特色创业活动中。第二，促进民族性文化资源的传承与利用。少数民族大学生家庭代际传承下的民族文化惯习与文化物品等，在就业中并未发挥显著积极效应，反而是具有"双刃剑"作用，在少数民族大学生文化能力积累和民族产业发展中具有明显优势。要发挥这些民族特色优势，政府除了需要进一步从资金、人才、场地等方面加大投入保护与传承民族性物质与非物质文化遗产，建立少数民族文化遗产示范基地促进传承，还需要在鼓励加大少数民族文化物品与活动保护力度的同时，将少数民族文化资源与旅游、精准扶贫结合，制定民族文化物品设计、制作与销售的相关优惠政策，支持民族特色产业的发展，鼓励民族性文化物品产业链的形成，实现少数民族文化保护传承与经济发展的结合。第三，建立民族性文化资本增值的社会环境。通过主流媒体引导各族群众在铸牢中华民族共同体意识的同时，正确认识各民族优秀传统文化也是中华文化的重要组成部分，宣传少数民族文化保护传承的重要性，提高民族性文化保护与传承的全民意识，增强少数民族族群的文化自信和对不同民族文化的包容性，同时让少数民族文化获得社会的认同，并客观对待它们在劳动力市场上创造价值的可能性，为少数民族家庭民族性文化资本增值创造良好的社会环境。

2. 促进大学文化资本提升的政策调控

大学文化资本的提升与内化也需要政府发挥教育部门等相关部门的政策调控作用，促进少数民族大学生能够真正感受大学所传递的优质文化资本并实现有效的转化。

一方面，进一步深化改革高等教育体制与结构，让少数民族大学生有更多的机会感受更丰富的大学文化资本来源并实现价值内化。第一，建立开放融合的民族教育体系。深化改革招生制度，实现民族教育与普通教育的融合，增加普通高校招收少数民族大学生的名额，让少数民族大学生不仅仅集中于民族院校，弱化少数民族与汉族学生的差异性，在不同高校实现民族文化的融合，并内化于大学生群体中。第二，调整高等教育的层次或科类结构等。有效配置高等教育资源，规范高等教育的扩展速度和提升高等教育质量，结合劳动力市场需求改革高等教育，注重引导高等教育依据劳动力市场需求适当调整，加强应用型高校建设和高校专业调整，推动大学生专业学习与市场需求的平衡与协调，并增加这类高校对少数民族学生的招生计划。第三，优化高等教育区域发展格局。通过政策倾斜扶持民族地区高等教育的发展，既要加大经费投入在欠发达或民族地区创办和新建更多不同类型的高校，如发展高等职业技术教育、社区高校等形式，鼓励开展如民族药学、唐卡绘画、民族舞蹈、民族工艺品制作、餐饮制作等技能型教育，结合现代教育手段保护和传承传统文化，充分发挥民族性文化能力教育在地方建设中的作用，同时要以政策支持鼓励知名高校到欠发达地区或民族地区开设分校，逐步优化欠发达地区或民族地区的高等教育结构。

另一方面，鼓励现有高等教育体制下的民族类院校和民族地区高校提升文化资本并促进在师生群体中的价值内化与转化。第一，打造民族类高校和民族地区高校的制度品牌，当前少数民族大学生依然主要分布于民族类高校或民族地区高校，而这些高校大部分在社会声誉和品牌制度上相对较弱，需要进一步加大基础建设投入，建设一批高质量的民族类院校或民族地区高校特色品牌，也能为少数民族大学生提供更好的客观文化环境与资源。第二，进一步扩大知名高校对民族类院校或民族地区高校的对口支援力度，促进它们在专业结构、课程设置和规章制度上的优化，提升民族院校和民族地区高校的人才培养质量，缩小民族院校与其他普通高校在专业设置、学缘结构等的差异，促进少数民族大学生在专业结构和能力素质上的提升。第三，从宏观层面给予政策和财政支持优化民族类院校或民族地区高校的学科结构和管理制度，在保留部分民族特色专业外，鼓励和引导这些高校重点培育和发展一批民族文化与现代专业技术结合的应用型农业、医学、药学等理工类特色优势专业，同时，提供资金支持帮助它们建立针对少数民族大学生的特色课程、奖励与管理制度，为少数民族大学生提供更公平的学习资源与环境。第四，充分发挥高校与企业之间的桥梁作用，推进高校与地方政府、企事业单位的战略性合作，尤其是民族类高校或民族地区高校与民族地区政府、企事业单位的合作，从政策上鼓励企事业单位参与这些高校的专业课程设置和人才培养等方面。

3. 促进少数民族大学生就业的政策调控

促进少数民族大学生就业，需要政府多方位的行政调控与市场引导相结合，实现劳动力市场均衡发展，激发劳动力市场活力，消除就业偏见，引导就业偏好和保障就业权益。

首先，完善经济政策，激发市场活力。第一，促进经济结构调整，改善经济结构。深化国有企业改革，大力发展混合所有制经济，支持中小微民营企业发展，鼓励扶持发展如民族文化产品生产等民族特色民营企业，带动劳动力市场活力。第二，推动产业结构的优化升级，尤其是落后地区产业结构升级。加大第三产业的投入，实现劳动密集型产业向高新技术产业、服务型产业转变，促进经济健康平稳发展。尤其是对少数民族大学生就业具有主要吸纳力的民族地区虽然经济发展相对缓慢，但利用民族地区自然资源优势，积极发展与民族文化产业相关的旅游、餐饮、工艺品制作等第三产业，并带动特色中小微企业的发展，能够创造更多的就业空间。第三，缩小地区经济差距。中央与各级部门需要继续支持民族地区经济发展，增加民族地区的公共财政收入，用于投入教育和文化设施建设等方面，缩小民族地区与其他地区的经济差距，帮助少数民族家庭及其大学生子女获得均衡性的教育与就业资源。第四，发展民族地区地方经济。除了加大民族地区财政投入，民族地区经济发展不能仅仅依赖输血式扶持政策，更应当是增强民族地区自我发展的能力。要加大民族地区交通运输体系的建设力度，进一步完善民族地区基础设施建设，增强区域的快速可达性，促进与其他区域的人员、物质与信息等方面的迅速流动，促进当地经济发展与劳动力市场活力。

其次，完善制度建设，消除就业偏见。第一，改革人事档案与户籍制度，消除城乡、地域与民族、性别的就业偏见。目前的人事管理制度依然对档案和户籍流动存在一定限制，严重阻碍了先就业再择业理念的真正实施，有必要进一步放开人才流动的限制，打破人才流动的壁垒，将人事制度改革与市场经济发展协同，创造更加自由的人才迁移环境。通过完善人事制度、户籍制度和社会保障制度等，缩小不同区域之间的发展差距，统筹城乡之间、民族地区与其他地区之间的协调发展，真正实现公务员、事业单位、职工与城镇居民社会保障统一，促进社会择业观念的转变，促进人才在不同区域之间的广泛流动。第二，完善平等就业的相关法律与制度，强化就业歧视的执法监督。尽管目前的法律法规中已经规定劳动就业不得有宗教信仰、性别等方面的歧视，但执行与处罚条例并不明确，需要通过劳动法、劳动合同法等就业相关法律制度中完善反性别歧视和民族偏见、差别影响歧视的界定与操作，建立平等就业的责任义务、奖励制度与惩罚措施等，加强就业歧视方面的执法监督力度。第三，建立适应少数民族大学生人力资本积累的制度体系，增强少数民族大学生多元化异质性人力资本在劳动力市场上的适应力与生产力。完善民族地区人才选拔机制，政府事业单位在人才选拔考试内容中适度增加民族文化相关的知识内容，将民族地区文化多样性纳入选拔指标，既能激励少数民族文化继承与保护，又能在就业市场中对少数民族大学生的选拔发挥引导作用。同时，人才评价机制中可以考虑纳入民族性文化知识技能，并适当为拥有特殊民族性文化知识技能提供更多的就业岗位，并让这种民族性文化知识得到充分的价值转化。民族特色人力资本的价值评判制度既体现了对民族文化的尊重，也有助于优良文化的传承与发扬。

再次，完善利益激励，引导就业偏好。建立少数民族大学生人才回流返乡创业就业与家乡以外区域就业双向流动协调机制。第一，通过政策优惠加强创业引导，营造良好创业环境。尽管国家和地方政府已经出台了许多创业优惠或鼓励政策，高校创业教育力度也越来越大，但少数民族大学生普遍思想相对偏向保守，需要进一步深入引导。政府从政策层面提供免费的创业咨询、培训，加强创业教育和创业能力提升，加大对大学生自主创业的资金、审批、税收与市场准入等方面的支持力度，建立法律法规维护大学生创业的基本权益，建立创业项目公共服务平台，为大学生自主创业提供项目风险评估、融资担保、技术支持与市场开拓等方面的扶持，尤其是鼓励具有特殊文化专长的少数民族大学生进行民族特色产业的创业活动，如民族音乐、手工艺品制作等等，引导更多的少数民族大学生自主创业。第二，引导少数民族大学生基层或返乡就业。加大基层就业、农村就业与中西部边远艰苦地区就业创业的鼓励性政策优惠，少数民族大学生大多来自西部或偏远民族地区，愿意也能够更好地在这些地区就业，政府应当提供更多的优惠政策，如加大基层、农村与中西部偏远艰苦地区行政事业单位中少数民族大学生录用比例、提升贫困地区就业的专项经费补贴、疏通职业晋升流动渠道、提高中西部地区就业待遇等，从编制解决、职业发展和经费支持等创造少数民族大学生基层就业创业的良好环境。第三，鼓励支持到非民族聚集区就业。基于户籍、档案和社会保障制度等的完善，鼓励政府企事业单位和中小微民营企业对少数民族大学生进行吸纳，给予聘用少数民族大学生的政府企事业单位适当的政策倾斜，如设置民族员工饮食等方面的津补贴，明确录用少数民族大学生一定比例可申领，帮助解决少数民族大学生在非民族地区就业的饮食习惯等方面的顾虑，让拥有人力资本竞争优势的少数民族大学生树立自信到家乡以外区域就业，并通过良好的回流通道实现未来可能的再回流。

最后，完善就业服务，保障就业权益。第一，加强就业服务平台的市场化建设，充分发挥市场在劳动力资源配置中的基础作用，同时规范人才市场中介服务的准入制度与行为规范，开辟就业渠道，创造更加公开、透明的就业市场环境。第二，加强对就业网络信息服务平台的监管，规范劳动力市场就业信息发布、聘用等秩序，保障就业信息的客观、准确与有效性。进一步完善劳动合同与劳动者权益保护相关法律制度，建立社会诚信体系，为大学生就业提供免费的劳动维权服务，保障就业劳动关系与就业手续等合法合理，解决大学生就业的后顾之忧。第三，建立与完善高质量的“政府—单位—高校”三位一体的全国统一的大学生就业信息网络大数据分析与监测系统平台。教育部于2022年已正式推出“国家24365大学生就业平台”这一大学生就业服务、指导与管理综合性平台并全面推广使用，但具体运用还需要在使用中逐步完善，如实现所有相关就业网站信息的整合连接和互联互享，提升各级各类高校促进系统平台运用的数字化能力。在就业信息监测上，还需要监管用人单位就业信息发布的真实性，完善高校毕业生就业数据披露的客观性，如通过细化高校就业状况发布的具体结构内容，规范高校就业状况公布制度，明确实现真实纯粹的高校就业状况披露。

（二）其他主体协同合作

除了政府政策调控的作用外，用人单位、社会媒体、中介机构等社会主体在积极应对就业风险中也发挥着各自的作用，需要这些市场主体协同合作，共同助力营造公平公正的社会环境。

首先，用人单位建立公平的竞争机制，营造良好的用人环境。第一，提高责任意识，消除对少数民族大学生的就业偏见。访谈分析发现，尽管少数民族毕业生反映目前大多数用人单位在招聘中对不同民族同学都是一视同仁的，但依然有少部分用人单位基于生活习惯等方面的考虑而不愿意聘用少数民族毕业生。因此，用人单位有必要提高自身责任意识，消除偏见，建立公平竞争和公正选人的聘用机制，规范招聘录用程序，积极吸收少数民族大学生就业，创造选人进人的良好环境。第二，规范用人机制，建立员工发展长效机制。坚持以人为本，以员工发展为中心的用人理念，制定规范透明的职业晋升制度与薪酬制度。在注重全体员工发展的同时，关注和考虑少数民族员工在饮食、风俗习惯等方面的特殊需求，完善员工培养制度与培养计划，树立包容性强的文化氛围，营造不同民族员工之间和谐共处的工作环境，帮助少数民族大学毕业生更好地融入工作环境，增强少数民族员工的归属感和企业向心力。

其次，社会媒体发挥文化宣传作用，营造良好的职业舆论环境。除电视、广播等传统媒体外，还需加强网络新媒体的宣传力度，充分发挥网络直播平台、微信公众号等新媒体的文化宣传与舆论引导作用。第一，社会媒体应当正确发挥舆论导向作用，既要引导社会消除民族偏见，又要引导大学生建立积极健康向上的就业观。舆论媒体应当积极贯彻党的政策方针，在社会上引导铸牢中华民族共同体意识，正确认识中华文化与各民族文化的关系，消除对少数民族大学生的不公平认识和民族偏见，树立公平公正的评判意识，引导社会各界尊重和客观对待少数民族大学生，破除以外貌或风俗习惯作为标准的偏见存在。第二，社会媒体舆论应当引导广大群众正确认识创业和基层、偏远地区就业，及时且有针对性地扩大就业政策宣传力度，让全社会了解各级政府对就业创业的各种优惠政策与扶持政策，正面引导积极宣传基层就业的观念，同时树立就业创业的典型案例，提倡对创业的理性对待，逐步引导少数民族大学生家庭及其个人改变追求一次性稳定就业的观念。第三，社会媒体还需发挥舆论监督作用，对用人单位在民族、性别、生源地、文化、宗教方面的不公平对待和侵害行为给予客观报道，实施监督，帮助大学生维护就业中的合法权益。

最后，就业中介机构完善服务功能，营造良好的供需双方沟通环境。在政府政策调控建立全国统一的大学生就业信息网络大数据分析与监测系统平台的基础上，完善社会组织主办的就业中介机构的服务功能，充分发挥就业中介机构在市场调节中的作用。第一，在信息服务方面，中介机构需要整顿强化已有的信息服务功能，进一步改进与完善信息平台建设，除了线下供需见面会，还需要建立线上人才系统，利用信息技术与全国统一的大学生就业信息网络服务平台实现整合联动，同时加强对供需双方信息的监管，如对于虚假招聘的单位给予禁止发布信息惩罚等，打造良好的供需双方交流沟通平台。第二，在培训或咨询服务方面，针对高校毕业生就业进行针对性指导服务，深入高校进行人才测评、信息咨询、实习与就业推荐等配套服务，提供一对一线上就业指导，同时可以有针对性地提供或与培训机构合作提供职业能力培训或咨询服务，如提供大学生创业培训、少数民族民间工艺或手工技术培训及相应的创业培训或咨询服务等，增强少数民族大学生的自主创业能力或在职业中的适应力，降低其就业风险。

结　语

一、主要研究结论

本书以少数民族大学生为样本对象，基于教育的家校建构与个体特质的相互关系，结合理论与实证研究，探讨文化资本与人力资本对大学生就业的双重驱动作用。研究发现，文化资本与人力资本对大学生就业具有双重驱动作用，家庭文化资本与大学文化资本对就业风险既发挥直接效应，又通过积极影响人力资本而发挥间接效应，因此，需要充分利用教育的家校建构与个体特质的相互关系，结合就业风险总体应对策略，从个体、家庭、大学与社会层面实施具体措施，发挥家庭代际传承、学校过程建构与个人后天努力的综合作用，以应对大学生就业风险。具体结论如下：

第一，文化资本理论、人力资本理论、不确定性与有限理性理论构成了文化资本与人力资本对大学生就业风险作用的理论基础。文化资本理论是建立家庭和学校建构与大学生成就关系的理论基础，人力资本理论是建立个人努力与大学生就业之间关系的理论基础，不确定性理论与有限理性理论是建立大学生就业风险形成的理论基础。

第二，在概念框架上，首先，少数民族大学生就业风险是由于大学生就业环境所存在的各种不确定性与少数民族大学生个人预期的不完善性，致使少数民族大学生在就业中遭受失业、从事与所学不相匹配的职业等而面临实际就业收益低于预期就业收益的可能性。基于就业结果可分为失业风险和职业风险两种类型，具体可分为失业风险、职业不匹配风险、职业健康伤害风险。其次，关于人力资本定义主要有人力投资观、知识能力观、个体价值观、特殊个体观、综合定义观几种代表性观点，而其要素构成可分为形成要素、形态要素、性质要素和类型要素，依据这些观点，少数民族大学生人力资本是通过个体、家庭、学校和国家的各种投资所形成的，凝结在少数民族大学生个体身上的，有助于其提供具有经济价值的生产与服务，能够在未来预期创造经济收益或社会效益的各种体力与脑力要素的总和。它是由少数民族大学生外显性人力资本与内隐性人力资本构成的有机整体。最后，关于文化资本的内涵主要形成了文化结构论、主体能力论、价值积累论、价值增值论、文化资产论、文化资源论、资本关系论几种代表性观点，基于对文化资本形态的分析，本书从家庭与学校两个层面考虑文化资本，将少数民族大学生家庭文化资本和大学文化资本分别分为公有性和民族性文化资本两个维度，表现为具身化、客观化和制度化三种形态。

第三，在作用机理上，首先，少数民族大学生就业风险来源于微观层面的大学生个体因素、中观层面的家庭与学校因素和宏观层面的社会环境因素。其次，家庭文化资本与学校文化资本的不同形态要素及其交互作用对学生成就产生了重要影响，来自不同家庭的学生传承不同的文化资本，而具有不同文化特性的学生构成了一个文化差异化的学校群体，家庭与学校文化资本在对学生成就的作用中具有一定的交互效应。再次，以学习成绩、外语水平、其他学习成就、政治面貌、学生获奖情况、学生干部经历、实习实践或兼职简历等为代表的大学生显性人力资本以及道德品质素质、特殊文化技能或能力、心理调适与承受能力、人际社交或沟通能力、工作与创新能力等为代表的大学生隐形人力资本对大学生就业具有显著影响。最后，文化资本与人力资本双重驱动下的少数民族大学生就业风险综合作用系统是存在于一定的环境中，体现个人努力与家校建构等多元关系主体共同联动构成的有机整体，这一作用系统体现了直接和间接的双重综合效应，即“家庭文化资本→就业风险”“家庭文化资本→人力资本→就业风险”“大学文化资本→就业风险”和“大学文化资本→人力资本→就业风险”。

第四，定性分析结论显示，首先，不同类型的人力资本在其就业风险中产生不同影响，显性人力资本方面的积累，尤其是综合素质方面的优势，可以在一定程度上增加其就业机会、提升就业质量，降低就业风险。以非认知能力为主要表现形式的隐性能力型人力资本在就业中也发挥较大的作用。其次，家庭文化资本在对就业风险的影响中既发挥一定直接作用，又通过人力资本发挥一定间接作用。其中，少数民族家庭不同形态的公有性文化资本越丰富，少数民族大学生就业风险相对越小，这些文化资本形态也能够通过影响大学生人力资本的积累对其就业风险发挥作用。而少数民族家庭民族性文化资本越丰富，大学生的失业风险可能相对越小，但职业风险在一定程度上可能相对会越大，且具身化和客观化形态的民族性文化资本在人力资本积累上具有一定积极影响，尤其是在综合素质和能力的积累上，进而对就业也产生一定影响。最后，大学文化资本在对就业风险的影响中同样既发挥一定直接作用，又通过人力资本发挥一定间接作用。其中，大学不同形态公有性文化资本越丰富，毕业生就业风险相对越小，且大学民族性文化能力和文化制度越强，毕业生就业风险相对越小，民族性资源设施和文体活动的举办对就业虽然没有显著的直接影响，但却能够增强学生的文化包容性和民族文化认同度，对其就业风险产生一定影响。而不同形态的公有性与民族性大学文化资本均通过影响人力资本积累对就业风险发挥作用。

第五，大数据实证分析结论显示，一方面，针对少数民族大学毕业生，首先，家庭文化资本与大学文化资本对其失业风险的抑制作用主要通过大学生人力资本的中介发挥间接效应，而对其职业风险则分别发挥直接增强或一定程度的直接抑制效应；其次，文化资本与人力资本对失业风险的作用路径在某些家庭背景与个体特征之间具有显著差异化效应，而对职业风险的作用路径在这些背景特征之间则不具有显著差异化效应；最后，人力资本能显著直接影响就业状态、就业薪酬和就业地域，而家庭文化资本与大学文化资本均能够通过显著积极影响人力资本促进实现就业和获得更高薪酬，同时，大学文化资本还能够通过显著积极影响人力资本而在一定程度上促进在经济更发达的地区实现就业。另一方面，针对少数民族在读大学生，首先，家庭文化资本与大学文化资本对其就业风险感知的抑制作用主要通过大学生人力资本的中介发挥间接效应，且大学文化资本还对其就业风险感知发挥显著直接促进效应；其次，不同家庭背景和个体特征因素在家庭与大学文化资本、人力资本对就业风险感知的作用路径中发挥显著调节效应，但这一作用路径在不同学校类别之间不具有显著差异化效应；最后，人力资本显著减弱了直接进入劳动力市场就业的意愿，而提升了就业薪酬期望和就业地域期望。而家庭文化资本显著直接减弱了直接就业意愿和提升了就业薪酬期望，大学文化资本则直接降低了薪酬期望。同时，家庭文化资本与大学文化资本均通过显著积极影响人力资本而间接减弱直接就业意愿，也均通过显著积极影响人力资本而间接增强就业薪酬期望或就业地域期望。

第六，少数民族大学生就业风险应对应当结合就业风险规避、风险承受、风险转移、风险降低四种就业风险总体应对策略，从个人、家庭、高校和社会不同层面积蓄人力资本、增值家庭文化资本、提升大学文化资本，丰富公有性文化资本、利用民族性文化资本，以及完善政府政策调控和其他主体协同合作等营造公平的社会环境，以充分发挥教育的家校建构与个体特质在就业风险应对中的双重积极效应。

二、研究特色与创新

(一)研究特色

本书的主要特色在于：

第一，研究视角的特色：独特性与新颖性。本书以大学生就业的影响机制为研究对象，综合考虑教育的家校建构与个体特质两方面的关系，将家庭与大学文化资本、人力资本与就业风险有效链接，以少数民族大学生为样本对象，从一个全新的视角研究大学生就业问题，选题视角具有现实性、独特性和新颖性，是本研究的特色之一。

第二，研究方法的特色：学科交叉性与融合性。本书交叉融合了经济学、管理学、教育学、社会学、统计学等多学科知识进行跨学科综合研究，在研究过程中构建理论框架，结合实地调研、问卷调查及计量经济分析进行实证检验，将规范研究与实证研究、定性研究与定量研究相结合，实现理论与实践的有机协调。研究方法具有学科交叉性与融合性，是本研究的特色之二。

第三，研究观点的特色：适用性与可操作性。本书形成如下基本观点：①少数民族大学生就业风险受到社会与个体层面的双重作用，而教育的家校建构又对个体特质产生影响；②少数民族大学生家庭文化资本与大学文化资本均直接或透过人力资本间接对其就业风险规避与降低等具有积极效应；③少数民族大学生就业风险的应对需要结合总体应对策略从大学生个人、家庭、高校和其他社会层面实现。这些研究成果对于如何解决少数民族大学生就业问题以及大学生个体、学生家庭、大学和社会分别应当如何作为以应对社会的激烈竞争等诸如此类问题，将会提供部分解决方案。研究成果具有广泛的适用性与可操作性，是本书的特色之三。

(二)研究创新

本书的创新之处主要表现在以下方面：

第一，同时强调家庭与学校场域的文化资本作用，不仅强调家庭文化资本对就业风险的作用，同时强调大学文化资本在其中的作用，形成了家庭与大学文化资本、人力资本与就业风险关系的系统分析框架，增强了在少数民族大学生就业风险应对中对家庭代际传承、学校过程建构与大学生个人努力作用的理解。

第二，兼顾文化的一般性与族群性，将民族特色文化应用于文化资本理论，选取少数民族大学生为样本，构建公有性与民族性两种性质多种形态的家庭文化资本与大学文化资本在就业风险中的动态作用框架，从理论与现实上揭示了家庭与大学场域的两种性质文化资本对少数民族大学生就业风险的多条作用路径。

第三，综合考虑文化资本的多种形态和人力资本的不同维度在就业中的作用，解读了文化资本与人力资本占用在大学生就业风险应对中如何发挥综合作用。由于文化资本、人力资本均是无法直接观测的变量，以往多数研究，尤其是实证研究中，往往使用一个或几个观测指标衡量进行独立分析，本书中则对所涉及的家庭文化资本、大学文化资本、人力资本、就业风险(感知)变量均采用多个维度的观测指标进行组合测度，更有利于完整反映相应变量，便于对它们之间的关系予以综合评价。

三、研究不足与展望

尽管本书结合理论与实证分析，以少数民族大学生为样本，从一个新视角研究了文化资本与人力资本双重驱动下的大学生就业问题，在某些方面拓展了以往关于文化资本、人力资本与大学生就业领域的相关研究，也形成了一些有意义的研究结论。但本书依然存在一些不足之处尚待完善，具体在于：一是数据收集上的不足。少数民族大学生的调查数据较难获得，虽然本研究跨多个年度进行了多阶段收集，但问卷回收率依然不高，调查样本量依然需要进一步扩充。而且，在采用问卷调查获取数据时，虽已涵盖了多个地区不同家庭和大学背景特征的少数民族大学生调查样本，但由于少数民族大学生主要集中于民族高校或民族地区高校，为了尽量确保访谈和调查对象认真对待调查，访谈和调查数据依然通过半随机发放获取，并非绝对完全的随机调查，可能导致调查数据的分布并非绝对完全均衡。同时，由于数据获取的限制也导致研究中无法区分来自民族聚居地区、杂居地区与散居地区等不同地区的少数民族大学生进行差异性分析。二是指标设计上的不足。尽管本书对家庭文化资本、大学文化资本、人力资本和就业风险均从不同性质维度设计多个测量指标进行综合评价，但由于所涉及研究变量较多，且考虑到调查问卷的可回收性，在测量维度和具体指标设计上依然可能存在不够细致与全面之处。此外，由于文化资本的复杂性与多样性，考虑家庭文化资本时主要考虑的是父母文化资本的作用，而并未纳入家庭中其他亲属传递的文化资本，同时，对毕业生就业也主要针对初次就业来分析，还未扩展至对二次就业等进行追踪调查。

鉴于在数据收集和调查设计等方面的局限性，后续研究还可以从以下方面进一步拓展：第一，持续扩充样本量，无论是访谈或问卷调查方面，都可以再继续扩大样本量，尽量囊括所有地区全部高校的大学生样本，获取更高质量的研究数据，并充分考虑汉族与少数民族大学生以及不同来源的少数民族大学生的差异性进行分类分析，增强研究结论的普适性与说服力。第二，基于样本量的扩充，进一步完善测量指标设计，借助因素分析等形成更完善的家庭与大学文化资本、人力资本和就业风险等要素的综合评价体系。第三，逐步拓展研究内容，如将家庭亲属文化资本纳入分析范围，考虑就业机会资本等偶然不可控因素的影响，对大学毕业生就业更替进行追踪调查等，构建大学生就业风险作用系统的完整理论体系。这些方面也是有待未来进一步研究的方向。

参考文献

一、中文参考文献

[1]赫伯特·西蒙. 现代决策理论的基石[M]. 杨砾，徐立，译. 北京：北京经济学院出版社，1989.

[2]舒尔茨. 人力资本投资：教育和研究的作用 [M]. 蒋斌，张蘅，译. 北京：商务印书馆，1990.

[3]平冢益德. 世界教育辞典[M]. 黄德诚，等，译. 长沙：湖南教育出版社，1989.

[4]诺沃特尼，斯科特，吉本斯. 反思科学：不确定性时代的知识与公众[M]. 上海：上海交通大学出版社，2011.

[5]凡托维茨，拉韦茨. 告别“魔教”：科学咨询的不确定性与质量管理[M]. 上海：上海交通大学出版社，2010.

[6]安东尼·吉登斯. 失控的世界：全球化如何重塑我们的生活[M]. 周红云，译. 南昌：江西人民出版社，2001.

[7]伊特韦尔，等. 新帕尔格雷夫经济学大词典[M]. 北京：经济科学出版社，1996.

[8]约翰·穆勒. 政治经济学原理及其在社会哲学上的若干应用(上卷)[M]. 赵荣潜，等，译. 北京：商务印书馆，1991.

[9]白娟娟. 民族高校少数民族大学生就业意向调查研究[D]. 哈尔滨：哈尔滨师范大学，2019.

[10]白亮，万明钢. 西部地区少数民族大学生就业问题研究——基于教育供给侧的分析[J]. 高等教育研究，2016，37(7).

[11]白玉芳. 社会资本、人力资本与大学生就业——基于某高校的调研分析[J]. 理论探索，2014(4).

[12]北京大学经济系《资本论》教学组.《资本论》释义[M]. 北京：北京出版社，1980.

[13]毕淑芝，王义高. 当代外国教育思想研究[M]. 北京：人民教育出版社，2002.

[14]蔡昉，都阳，王美艳. 人口转变新阶段与人力资本形成特点[J]. 中国人口科学，2001(2).

[15]蔡昉. 强化人力资本：扩大中等收入群体的源与径[J]. 中国人大，2016(17).

[16]曾湘泉. "双转型"背景下的就业能力提升战略研究[M]. 北京：中国人民大学出版社，2010.

[17]车蕾，杜海峰. 就近务工农民工就业风险感知现状及其影响因素研究[J]. 西安交通大学学报(社会科学版)，2019(4).

[18]陈成文，谭日辉. 人力资本与大学毕业生就业的关系——基于 2003、2004 届大学毕业生的实证研究[J]. 高等教育研究，2004(6).

[19]陈成文，汪希. 就业储备对大学毕业生就业的影响——基于 2009 届大学毕业生的实证研究[J]. 高等教育研究，2009，30(10).

[20]陈国民. 学校文化资本评价：基本内涵、内在逻辑与评价机制[J]. 教育科学研究，2011(3).

[21]陈海平. 人力资本、社会资本与高校毕业生就业——对高校毕业生就业影响因素的研究[J]. 青年研究，2005(11).

[22]陈宏军，李传荣，陈洪安. 社会资本与大学毕业生就业绩效关系研究[J]. 教育研究，2011，32(10).

[23]陈乐. "先赋"与"后生"：文化资本与农村大学生的内部分化[J]. 江苏高教，2019(8).

[24]陈丽萍，刘森林. 人力资本视角下英语水平对大学生就业的影响[J]. 青年研究，2015(5).

[25]陈荣耀. 经济现代发展的"人本"效应[J]. 学术月刊，1995(6).

[26]陈维政，刘苹，胡豪. 人力资本与公司治理[M]. 大连：大连理工大学出版社，2005.

[27]陈扬霖. 2019 年高校贫困毕业生就业状况的实证研究[J]. 教育学术月刊，2021(1).

[28]陈勇. 社交网络时代高校毕业生就业质量提升路径研究[J]. 中国高等教育, 2020(10).
[29]陈赞晓. 论文化资本及其营造[J]. 学术研究, 2007(5).
[30]成长群. 大学生就业问题研究[D]. 武汉: 武汉大学, 2010.
[31]程承坪, 刘小平. 人力资本概念新论[J], 科学学与科学技术管理, 2001(10).
[32]仇立平, 肖日葵. 文化资本与社会地位获得——基于上海市的实证研究[J]. 中国社会科学, 2011(6).
[33]崔玉平, 王彬. 大学文化资本积累及其对一流大学建设的意义[J]. 黑龙江高教研究, 2018(4).
[34]代懋. 中国大学生基层就业项目参与意愿的影响因素研究[J]. 中国青年研究, 2020(7).
[35]翟玉龙. 人力资本与少数民族就业能力关系研究[D]. 昆明: 云南大学, 2011.
[36]丁栋虹, 刘志彪. 从人力资本到异质型人力资本[J]. 生产力研究, 1999(3).
[37]丁小浩. 我国专科与本科毕业生在劳动力市场上的相对位置和比较优势分析[J]. 北京大学教育评论, 2004(2).
[38]董克用, 薛在兴. 高校毕业生人力资本积累对其就业的影响[J]. 中国行政管理, 2014(6).
[39]杜桂英, 岳昌君. 高校毕业生就业机会的影响因素研究[J]. 中国高教研究, 2010(11).
[40]段萍. 新疆少数民族大学生就业观研究[D]. 乌鲁木齐: 新疆师范大学, 2016.
[41]段兴民, 张志宏, 等. 中国人力资本定价研究[M]. 西安: 西安交通大学出版社, 2005.
[42]樊文有, 徐迅, 石来德. 高校毕业生人力资本信号在就业市场中的效用研究[J]. 教育与经济, 2011(3).
[43]范丽恒, 李锦, 金盛华. 教师差别行为对初中生学业成绩、同伴接纳和学校满意度的影响[J]. 中国临床心理学杂志, 2009, 17(6).
[44]方超, 黄斌. 非认知能力、家庭教育期望与子代学业成绩——基于 CEPS 追

踪数据的经验分析[J]. 全球教育展望，2019，48(1).
[45]方曼. 风险感知跨学科研究的理论进展与范式变迁——基于心理学视域的解读[J]. 国外理论动态，2017(6).
[46]方长春，风笑天. 家庭背景与学业成就——义务教育中的阶层差异研究[J]. 浙江社会科学，2008(8).
[47]方长春，风笑天. 阶层差异与教育获得——一项关于教育分流的实证研究[J]. 清华大学教育研究，2005(5).
[48]方竹兰. 论人力资本及其制度分析价值——与魏杰教授商榷[J]. 学术月刊，2002 (10).
[49]冯强，石义彬. 媒体传播对食品安全风险感知影响的定量研究[J]. 武汉大学学报(人文科学版)，2017，70(2).
[50]冯子标，焦斌龙. 论人力资本营运[J]. 管理世界，1999(5).
[51]盖骁敏. 企业人力资本产权研究[M]. 北京：经济科学出版社，2005.
[52]高波，张志鹏. 文化资本：经济增长源泉的一种解释[J]. 南京大学学报，2004(5).
[53]高闯，邵剑兵. 高科技企业的资本构成及其治理结构——一个基于资产专用性理论的分析框架[J]. 经济管理，2001(24).
[54]高娟. 文化资本、人力资本与大学生地位获得——兼论教育的家校建构与个体特质的关系[J]. 人口与发展，2022，28(2).
[55]高素英. 人力资本与经济可持续发展[M]. 北京：中国经济出版社，2010.
[56]高耀. 人力资本与家庭资本对高校学生就业的影响[D]. 南京：南京农业大学，2011.
[57]高岳涵，刘梦茹，王志萌. 各民族在校大学生的就业预期比较研究——以东西部四所高校调研为例[J]. 贵州民族研究，2018，39(6).
[58]高岳涵. 社会稳定视角下的西北少数民族大学生就业影响因素研究[J]. 西南民族大学学报(人文社会科学版)，2015，(5).
[59]高振强，王志军. 大学毕业生就业偏好实证分析[J]. 高教发展与评估，2018，34(1).
[60]葛玉辉主编，人力资本原理：基于经济与管理相结合的视角[M]. 北京：经济管理出版社，2010.
[61]顾永红，彭超然. 农民工人力资本视角的就业风险考察[J]. 财政研究，

2012(3).
[62]广东、广西、湖南、河南辞源修订组，商务印书馆编辑部编. 辞源[M]. 北京：商务印书馆，1998.
[63]郭丛斌，闵维方. 家庭经济和文化资本对子女教育机会获得的影响[J]. 高等教育研究，2006(11).
[64]郭琦. 劳动者福祉视角下的大学毕业生就业质量研究[D]. 大连：东北财经大学，2016.
[65]郭玉林. 隐性人力资本的价值度量[J]. 中国工业经济，2002(7).
[66]韩璐璠. 家庭资本对大学毕业生初次就业的影响研究[D]. 大连：东北财经大学，2016.
[67]何承金. 人力资本管理[M]. 成都：四川大学出版社，2000.
[68]何仕. 当代中国大学生就业的经济学研究——以福建省高校毕业生就业为例[D]. 福州：福建师范大学，2014.
[69]洪锡熙. 风险管理[M]. 广州：暨南大学出版社，1999.
[70]侯龙龙，李锋亮，郑勤华. 家庭背景对高等教育数量和质量获得的影响——社会分层的视角[J]. 高等教育研究，2008(10).
[71]胡维芳，谢政航. 职业价值观对藏族大学生择业效能感的影响：心理资本的中介作用[J]. 民族教育研究，2019，30(3).
[72]胡雪龙，康永久. 主动在场的本分人：农村学生家庭文化资本的实证研究[J]. 全球教育展望，2017，46(11).
[73]胡永远，马霖，刘智勇. 个人社会资本对大学生就业市场的影响[J]. 中国人口科学，2007(6).
[74]胡永远，邱丹. 个性特征对高校毕业生就业的影响分析[J]. 中国人口科学，2011(2).
[75]黄国石. 预期与不确定性[M]. 厦门：厦门大学出版社，2004.
[76]黄建军，丁志铭，曾凡清. 论我国人力资本的新内涵及其产权性质[J]. 经济问题探索，1998(10).
[77]黄敬宝. 人力资本和社会资本视角下的大学生就业研究[M]. 北京：中国社会科学出版社，2014.
[78]霍绍周. 系统论[M]. 北京：科学技术文献出版社，1988.
[79]江晓东. 非理性与有限理性：中国股市投资者行为实证研究[M]. 上海：上

海财经大学出版社，2006.
[80]姜世健. 关于我国大学生就业难问题的研究[D]. 天津：南开大学，2010.
[81]蒋国河，闫广芬. 城乡家庭资本与子女的学业成就[J]. 教育科学，2006(4).
[82]蒋逸民. 国外对中小学生家庭环境影响的研究及其启示[J]. 外国教育研究，2007(4).
[83]金相郁，武鹏. 文化资本与区域经济发展的关系研究[J]. 统计研究，2009(2).
[84]靳希斌. 人力资本理论阐释——兼论教育的人力资本价值[J]. 广西师范大学学报(哲学社会科学版)，2003，39(3).
[85]康小明. 人力资本、社会资本与职业发展成就[M]. 北京：北京大学出版社，2009.
[86]赖德胜，孟大虎，苏丽锋. 替代还是互补——大学生就业中的人力资本和社会资本联合作用机制研究[J]. 北京大学教育评论，2012，10(1).
[87]乐君杰，胡博文. 非认知能力对劳动者工资收入的影响[J]. 中国人口科学，2017(4).
[88]李宝元. 人力资本与经济发展：跨世纪中国经济发展及其战略选择的人本视角与考察[M]. 北京：北京师范大学出版社，2000.
[89]李春玲. “80后”的教育经历与机会不平等——兼评《无声的革命》[J]. 中国社会科学，2014(4).
[90]李春玲. 教育地位获得的性别差异——家庭背景对男性和女性教育地位获得的影响[J]. 妇女研究论丛，2009(1).
[91]李春玲. 疫情冲击下的大学生就业：就业压力、心理压力与就业选择变化[J]. 教育研究，2020(7).
[92]李红霞，刘款，杨永健，张建武. 一线城市硕士研究生就业质量评价、影响因素及提升路径研究[J]. 西北人口，2022，43(2).
[93]李宏彬，孟岭生，施新政，吴斌珍. 父母的政治资本如何影响大学生在劳动力市场中的表现？——基于中国高校应届毕业生就业调查的经验研究[J]. 经济学(季刊)，2012，11(3).
[94]李建民. 人力资本通论[M]. 上海：上海三联书店，1999.
[95]李珂，叶竹梅. 法经济学基础理论研究[M]. 北京：中国政法大学出版社，

2013.
[96]李拉亚. 通货膨胀与不确定性[M]. 北京：中国人民大学出版社，1995.
[97]李黎明，张顺国. 影响高校大学生职业选择的因素分析——基于社会资本和人力资本的双重考察[J]. 社会，2008(2).
[98]李玲，蔡文伯，杨建刚. 少数民族大学生就业期望影响因素分析[J]. 贵州民族研究，2016(9).
[99]李沛新. 文化资本运营理论与实务[M]. 北京：中国经济出版社，2007.
[100]李文利. 高等教育之于学生发展：能力提升还是能力筛选？[J]. 北京大学教育评论，2010，8(1).
[101]李锡元，王永海. 人力资源会计[M]. 武汉：武汉大学出版社，2007.
[102]李玉江. 区域人力资本研究[M]. 北京：科学出版社，2005.
[103]李煜. 文化资本、文化多样性与社会网络资本[J]. 社会学研究，2001(4).
[104]李泽彧，谭诤. 人力资本和社会资本双重作用下的研究生就业分析[J]. 现代大学教育，2011(2).
[105]李正卫，傅剑，裘颖. 大学生就业竞争力影响因素的实证研究[J]. 浙江工业大学学报(社会科学版)，2010，9(1).
[106]李中建，袁璐璐. 体制内就业的职业代际流动：家庭背景与学历[J]. 南方经济，2019(9).
[107]李忠路，邱泽奇. 家庭背景如何影响儿童学业成就？——义务教育阶段家庭社会经济地位影响差异分析[J]. 社会学研究，2016，31(4).
[108]李忠民. 人力资本——一个理论框架及其对中国一些问题的解释[M]. 北京：经济科学出版社，1999.
[109]梁枫，赵建敏，任荣明. 人力资本与社会资本视角下的少数民族大学生就业竞争力研究——基于上海市高校的实证分析[J]. 民族教育研究，2016，27(3).
[110]梁君. 文化资本与区域文化产业发展关系研究[J]. 广西社会科学，2012(3).
[111]廖慧宜. 学校赋予学生文化资本及社会资本之研究[D]. 新竹：新竹教育大学，2006.
[112]林嘉绥. 幼儿数学入学准备调查报告[J]. 学前教育研究，2000(2).
[113]林宇. 家庭文化资本与农民工子女成就动机内驱力[M]. 厦门：厦门大学

出版社，2011.
[114]刘畅，单中元. 大学生就业难题需多方共解[J]. 人民论坛，2017(10).
[115]刘春雷. 当代大学生就业心理问题及其影响因素研究[D]. 长春：吉林大学，2010.
[116]刘翠霞. 知识的力量：公众风险感知的影响因素审思——基于一项科普干预实验与调查的探索性分析[J]. 山东社会科学，2019(11).
[117]刘复兴，朱俊华. 大学生就业结果的影响因素研究——人力资本、SCCT 职业发展理论的视角[J]. 西南大学学报(社会科学版)，2017，43(5).
[118]刘贵生，余传贵. 现代财务经济学中一个重大的理论与现实课题——关于按人力资本分配问题的探讨[J]. 财经理论与实践，2001，22(6).
[119]刘怀德. 不确定性经济学研究[M]. 上海：上海财经大学出版社，2001.
[120]刘辉武. 文化资本与农民工的城市融入[J]. 农村经济，2007(1).
[121]刘家树. 基于 Logit 模型经管类大学生就业影响因素调查分析[J]. 统计教育，2008(10).
[122]刘洁. 文化资本视阈下高职院校的品牌培育[J]. 教育学术月刊，2009(5).
[123]刘精明. 中国基础教育领域中的机会不平等及其变化[J]. 中国社会科学，2008(5).
[124]刘莉萍. 论地域精神在地方性大学文化资本中的建构[J]. 教育理论与实践，2014，34(24).
[125]刘苹. 战略性人力资本投资[M]. 成都：四川大学出版社，2013.
[126]刘世锦. 经济体制效率分析导论：一个理论框架及其对中国国有企业体制改革问题的应用研究[M]. 上海：格致出版社，2016.
[127]刘铁明，袁建昌. 企业人力资本分类研究[J] . 税务与经济，2008(3).
[128]刘文. 高等教育投资与毕业生供求研究——基于人力资本的视角[M]. 北京：中国经济出版社，2006.
[129]刘文. 企业隐性人力资本形成和作用机理研究[M]. 北京：中国经济出版社，2010.
[130]刘小瑜，胡军刚. 基于回归模型的大学毕业生就业影响因素实证分析[J]. 江西财经大学学报，2008(2).
[131]刘艳枫. 人力资源竞争力视角下民族院校少数民族大学生就业问题研究[D]. 成都：西南民族大学，2018.

[132]刘艳茹，盛舒涵，郭海彧. 基于文本挖掘的社会资本与大学生就业质量的关联性研究[J]. 社会保障研究，2018(4).
[133]刘迎秋. 论人力资本投资及其对中国经济成长的意义[J]. 管理世界，1997(3).
[134]刘永生. 当代优秀大学生的成长路径特征及启示——基于3所名牌大学10位青年学子优质就业的质性研究[J]. 中国青年研究，2016(6).
[135]刘志民，高耀. 家庭资本、社会分层与高等教育获得——基于江苏省的经验研究[J]. 高等教育研究，2011，32(12).
[136]刘仲文. 人力资源会计[M]. 北京：首都经济贸易大学出版社，1997.
[137]陆绍凯. 风险可评估性对风险感知的影响——基于在校大学生就业风险的实证研究[J]. 管理评论，2011(12).
[138]罗生全. 学校文化资本建设的现实选择[J]. 中国教育学刊，2010(1).
[139]吕国营. 第二种人力资本——兼论医患关系的和谐[J]. 财政研究，2010(11).
[140]马莉萍，丁小浩. 高校毕业生求职中人力资本与社会关系作用感知的研究[J]. 清华大学教育研究，2010，31(1).
[141]马戎. 学校教育是少数民族走向现代化和共同繁荣的桥梁——少数民族大学生的学习与就业[J]. 民族教育研究，2019，30(2).
[142]马永堂. 关于就业、失业和不充分就业的国际定义与统计方法[J]. 中国劳动，2015(2).
[143]蒙玛琳. 文化资本视角下大学生学业成绩影响因素研究[D]. 大连：大连理工大学，2016.
[144]孟大虎，苏丽锋，李璐. 人力资本与大学生的就业实现和就业质量——基于问卷数据的实证分析[J]. 人口与经济，2012(3).
[145]孟大虎. 风险条件下的个人选择与大学生就业[J]. 复旦教育论坛，2005(1).
[146]闵维方，丁小浩，文东茅，岳昌君. 2005年高校毕业生就业状况的调查分析[J]. 高等教育研究，2006(1).
[147]聂倩，张大均，滕召军，陆星月，郭成. 学生感知的学校氛围与主客观学业成绩：心理素质及其分维度的中介作用[J]. 心理发展与教育，2018，34(6).

[148]彭正霞，陆根书，李丽洁. 大学毕业生就业质量的影响因素及路径分析[J]. 中国高教研究，2020(1).
[149]齐学红. 学校、家庭中的文化资本与社会资本[J]. 全球教育展望，2007(1).
[150]强晓华，查晓虎. 大学生的文化资本及其在职业获得中的作用[J]. 安徽工业大学学报(社会科学版)，2007(1).
[151]乔志宏，宋慧婷，冯明礼，邵燕萍. 人力资本和社会资本与中国大学生就业的相关研究[J]. 中国青年研究，2011(4).
[152]秦兴方. 按人力资本分配在分配结构中的耦合功能[J]. 经济学家，2003(5).
[153]秦印. 人力资本类型与大学生初职就业质量关系研究[J]. 广西民族大学学报(哲学社会科学版)，2017，39(4).
[154]曲如晓，曾燕萍. 国外文化资本研究综述[J]. 国外社会科学，2016(2).
[155]茹克亚·热西提. 创业带动下的新疆少数民族大学生就业问题研究[D]. 乌鲁木齐：新疆财经大学，2012.
[156]邵华. 基于协同理论视角下的大学生就业工作创新研究[J]. 湖南社会科学，2015(5).
[157]盛冰. 社会资本与文化资本视野下的现代学校制度变革[J]. 教育研究，2006(1).
[158]石永昌. 基于偏好视角的大学生就业促进制度研究[D]. 北京：北京交通大学，2010.
[159]史慕华. 政策网络视阈下的中国大学生就业政策分析[D]. 长春：吉林大学，2014.
[160]舒心. 家庭资本对子女高等教育入学机会获得的影响研究[D]. 湘潭：湘潭大学，2017.
[161]宋国恺，武天，李冬. 家庭地位、人力资本与政策对大学生基层就业意愿的影响[J]. 西安交通大学学报(社会科学版)，2017，37(5).
[162]宋爽，郭衎. 家庭背景因素对初中生数学学业成就的影响[J]. 数学教育学报，2018，27(1).
[163]孙远太. 家庭背景、文化资本与教育获得——上海城镇居民调查[J]. 青年研究，2010(2).

[164]孙志军，刘泽云，孙百才. 家庭、学校与儿童的学习成绩——基于甘肃省农村地区的研究[J]. 北京师范大学学报(社会科学版)，2009(5).
[165]塔娜，达万吉. 青海省高校少数民族大学本科生就业观调查分析[J]. 民族教育研究，2017，28(2).
[166]谭敏，谢作栩. 家庭背景、族群身份与我国少数民族的高等教育获得[J]. 高等教育研究，2011，32(10).
[167]陶建杰，张志安. 过渡性职业：新媒体环境下本科新闻学子的择业意愿及影响因素[J]. 现代传播(中国传媒大学学报)，2018，40(9).
[168]田铁杰，江勇，李春光. 大学生焦虑、抑郁水平与预见就业风险认知的关系[J]. 现代教育管理. 2012(8).
[169]铁明太. 农村籍大学生就业风险与对策[J]. 求索，2011(5).
[170]涂又光. 中国高等教育史论[M]. 武汉：湖北教育出版社，1997.
[171]吐尔地·卡尤木，买买提·喀尤甫，阿依古力·阿布力孜. 新疆少数民族大学生就业观念的调查与分析[J]. 民族教育研究，2015，26(4).
[172]宛恬伊. 大学生职业地位获得实证研究[J]. 青年研究，2005(12).
[173]汪蕾. 心理资本、家庭资本对大学生就业倾向影响研究[D]. 哈尔滨：黑龙江大学，2017.
[174]汪歙萍，潘国俭，姚栋华，陆勤，董盈盈，庄莉婷. 专业教育与大学生就业关系研究——针对上海高校、学生、用人单位的调研报告[J]. 教育发展研究，2007(7).
[175]汪卫平，叶忠. 文化资本对大学毕业生就业支持性的分析[J]. 当代青年研究，2015(2).
[176]汪新建，张慧娟，武迪，吕小康. 文化对个体风险感知的影响：文化认知理论的解释[J]. 心理科学进展，2017，25(8).
[177]王爱华. 人力资本投资风险[M]. 北京：经济管理出版社，2005.
[178]王处辉，朱焱龙. 文化资本的"名""实"分离——中国语境下文化资本对高等教育获得影响的重新检视[J]. 高等教育研究，2018，39(7).
[179]王春超，张承莎. 非认知能力与工资性收入[J]. 世界经济，2019(3).
[180]王甫勤，时怡雯. 家庭背景、教育期望与大学教育获得——基于上海市调查数据的实证研究[J]. 社会，2014，34(1).
[181]王会来. 我国高校毕业生就业风险规避[D]. 武汉：华中科技大学，2007.

[182]王慧，叶文振. 性别意识与女大学生就业质量——基于福建省五所高校的调查[J]. 人口与发展，2016，22(2).

[183]王建民. 论中国人力资本生产制度市场化及其必然性[J]. 北京师范大学学报(人文社会科学版)，2001(4).

[184]王金营. 人力资本与经济增长：理论与实证[M]. 北京：中国财政经济出版社，2001.

[185]王利国. 东北地区大学生就业问题研究[D]. 长春：吉林大学，2018.

[186]王孟成. 潜变量建模与 Mplus 应用·基础篇[M]. 重庆：重庆大学出版社，2014.

[187]王明杰，郑一山. 西方人力资本理论研究综述[J]. 中国行政管理，2006(8).

[188]王默. 家庭文化资本对高中生升学志愿选择的影响研究——基于 D 县域某高中的数据[D]. 长春：东北师范大学，2013.

[189]王培玲. 民族标签与大众需求：少数民族大学生就业的文化社会学思考[J]. 贵州民族研究，2017(5).

[190]王鹏程，龚欣. 家庭文化资本对学前教育机会的影响——基于 CFPS 数据的实证研究[J]. 学前教育研究，2020(12).

[191]王伟. 少数民族大学生就业状况及就业援助体系研究[J]. 黑龙江民族丛刊，2017(3).

[192]王兴宇. 关系与能力的较量：社会资本与人力资本对研究生就业的双重作用[J]. 黑龙江高教研究，2020，38(3).

[193]王秀丽，张昭俊. 人力资本——要素的柔性组合[J]. 中国人力资源开发，2008(11).

[194]王雪野. 国际文化资本运营[M]. 北京：中国传媒大学出版社，2008.

[195]王烨晖，张缨斌，辛涛. 父母教育期望对四年级学生数学成就的影响：多重中介效应分析[J]. 心理与行为研究，2018，16(1).

[196]王颖，李慧清. 文化资本与社会资本对大学生创业意愿影响的实证研究——基于广州 20 所高校的调查[J]. 高教探索，2015(3).

[197]王云，龙志和，陈青青. 文化资本对我国经济增长的影响——基于扩展 MRW 模型[J]. 软科学，2013，27(4).

[198]王志明. 人力资本、文化资本与个体教育获得——基于教育与社会结构关

系框架下的讨论[J]. 江苏高教，2008(2).
[199]魏杰. 产权制度的设置必须注重人力资本[J]. 经济纵横，2000(2).
[200]魏泽. 当前大学生就业存在的问题与对策——基于学生自我提升的视角[J]. 黑龙江高教研究，2016(11).
[201]吴国存. 企业人力资本投资[M]. 北京：经济管理出版社，1999.
[202]吴明隆. 结构方程模型——AMOS 的操作与应用(第 2 版)[M]. 重庆：重庆大学出版社，2010.
[203]吴明隆. 问卷统计分析实务——SPSS 操作与应用[M]. 重庆：重庆大学出版社，2010.
[204]吴能全，冯巨章. 企业人力资本治理[J]. 上海经济研究，2003(6).
[205]吴树畅. 相机财务论：不确定性条件下的财务行为选择研究[M]. 北京：中国经济出版社，2005.
[206]吴玉楠. 新疆高校少数民族大学生就业能力的实证研究[D]. 石河子：石河子大学，2018.
[207]吴愈晓，黄超. 基础教育中的学校阶层分割与学生教育期望[J]. 中国社会科学，2016(4).
[208]吴愈晓. 中国城乡居民的教育机会不平等及其演变(1978—2008)[J]. 中国社会科学，2013(3).
[209]武向荣. 论大学毕业生就业风险[J]. 北京师范大学学报(社会科学版)，2004(3).
[210]武毅英，刘莹. 多学科视域下的高校毕业生就业流动与社会分层之关系[J]. 现代大学教育，2013(2).
[211]夏光，张胜波，黄颖. 人力资本内涵与分类的再研究[J]. 人口学刊，2008(1).
[212]夏劲钢. 贵州省少数民族大学生的就业困境和对策研究[D]. 贵阳：贵州大学，2010.
[213]项保华，刘丽珍. 社会资本与人力资本的内在关系研究[J]. 商业研究，2007(11).
[214]肖阳，边燕杰. 社会网络对人职匹配的双重影响——基于关系强度和内外匹配的视角[J]. 社会科学辑刊，2019(4).
[215]谢爱磊，匡欢，白杰瑞等. 总体性文化资本投资与精英高校城乡学生的社

会适应[J]. 高等教育研究, 2018, 39(9).
[216]谢作栩, 杨倩. 家庭背景、族群身份与我国不同少数民族的高等教育机会——基于云南省高校少数民族大学生的调查分析[J]. 大学教育科学, 2012(5).
[217]熊福生. 风险理论[M]. 武汉: 武汉大学出版社, 2005.
[218]须圆. 大学文化资本对大学生择业意向影响的研究[D]. 苏州: 苏州大学, 2013.
[219]徐光华, 陈万明, 王怀明. 基于人力资本与投入资本博弈的企业剩余收益分配模式研究[J]. 管理世界, 2006(6).
[220]徐莉, 郭砚君. 大学生就业质量与社会资本关系研究——以武汉高校为例[J]. 中南民族大学学报(人文社会科学版), 2010, 30(5).
[221]徐明生. 我国文化资本与经济发展的协调性研究[J]. 厦门大学学报(哲学社会科学版), 2011(1).
[222]徐鸣. 论人力资本的要素结构及其特性[J]. 江西财经大学学报, 2010(6).
[223]徐玮嘉. 新疆少数民族大学生就业遭遇与困境的研究[D]. 石河子: 石河子大学, 2016.
[224]徐晓军. 大学生就业过程中的双重机制: 人力资本与社会资本[J]. 青年研究, 2002(6).
[225]徐永健. 思想政治教育视阈中的大学生文化资本研究[D]. 长春: 东北师范大学, 2015.
[226]徐真. 产业升级、结构转型与大学生就业促进研究——基于2015年吉林省大学生就业监测的情况分析[J]. 税务与经济, 2016(5).
[227]许殷宏, 朱俐嫚. 社会阶级与家庭教养之探究——以两个家庭个案为例[J]. 教育学术月刊, 2014(3).
[228]薛海平, 王蓉. 教师绩效奖金对学生成绩影响研究[J]. 中国教育学刊, 2013(5).
[229]薛晓源, 曹荣湘. 全球化与文化资本[M]. 北京: 社会科学文献出版社, 2005.
[230]薛在兴. 社会资本对大学生就业质量的影响——基于北京市14所高校的一项实证研究[J]. 青年研究, 2014(3).
[231]阎达五, 徐国君. 关于人力资源会计的框架——以劳动者权益会计为中心

[J]．会计研究，1996(11)．
[232]杨宝琰，万明钢．父亲受教育程度和经济资本如何影响学业成绩——基于中介效应和调节效应的分析[J]．北京大学教育评论，2015，13(2)．
[233]杨春华．“无形文化资本”与农村家庭社会地位的获得：基于对农村调查的思考[J]．山东社会科学，2014(8)．
[234]杨东平．高等教育入学机会：扩大之中的阶层差距[J]．清华大学教育研究，2006(1)．
[235]杨砾，徐立．人类理性与设计科学——设计技能探索[M]．沈阳：辽宁人民出版社，1988.
[236]杨雪冬．全球化、风险社会与复合治理[J]．马克思主义与现实，2004(4)．
[237]姚佳胜，李颖芳．民族地区家庭文化资本对学生学业成就的影响[J]．继续教育研究，2012(3)．
[238]姚俭建．论西方社会的中产阶级——文化资本理论框架内的一种解读[J]．上海大学学报(社会科学版)，2005，12(3)．
[239]姚立根，韩伯棠．基于人力资本的企业核心能力构建研究[J]．科学学与科学技术管理，2007(6)．
[240]叶蜀君，温俊艳．关于建立管理型人力资本和技术型人力资本分配机制的设想[J]．北京交通大学学报(社会科学版)，2004，3(4)．
[241]叶正茂，叶正欣．组织人力资本论：人力资本理论的拓展研究与应用[M]．上海：复旦大学出版社，2007.
[242]余秀兰．中国教育的城乡差异：一种文化再生产现象的分析[M]．北京：教育科学出版社，2004(12)．
[243]袁建华．影响大学生就业的自身因素及提高就业率的对策[J]．中国大学生就业，2016(3)．
[244]岳昌君，白一平．2017年全国高校毕业生就业状况实证研究[J]．华东师范大学学报(教育科学版)，2018，36(5)．
[245]岳昌君，文东茅，丁小浩．求职与起薪：高校毕业生就业竞争力的实证分析[J]．管理世界，2004(11)．
[246]岳昌君，杨中超．我国高校毕业生的就业结果及其影响因素研究——基于2011年全国高校抽样调查数据的实证分析[J]．高等教育研究，2012，33(4)．

[247]岳昌君，张恺. 高校毕业生求职结果及起薪的影响因素研究——基于2013年全国高校抽样调查数据的实证分析[J]. 教育研究，2014(11).
[248]岳昌君. 中国高校毕业生就业满意度的影响因素分析[J]. 北京大学教育评论，2013，11(2).
[249]岳德军，田远. 人力资本与大学生就业质量：职业认同的中介作用[J]. 江苏高教，2016(1).
[250]张宝贵. 大学生就业问题形成的根本原因探讨——人力资本与技术进步匹配的计量经济学模型解析[J]. 复旦教育论坛，2017，15(5).
[251]张东海. 人力资本抑或身份符号：研究生就业匹配质量影响因素的实证研究[J]. 高等教育研究，2019，40(1).
[252]张敬培. 小学生家庭教育现状调查[M]. 北京：教育科学出版社，2016.
[253]张俊宗. 现代大学制度：高等教育改革与发展的时代回应[M]. 北京：中国社会科学出版社，2004.
[254]张抗私，史策. 高等教育、个人能力与就业质量[J]. 中国人口科学，2020(4).
[255]张抗私，盈帅. 性别如何影响就业质量——基于女大学生就业评价指标体系的经验研究[J]. 财经问题研究，2012(3).
[256]张抗私，朱晨. 大学毕业生就业质量的影响因素[J]. 人口与经济，2017(1).
[257]张庆玲，张斌，张宝和. 研究生社会资本与研究生就业关系探讨[J]. 中国高教研究，2007(10).
[258]张顺，程诚. 西部高校毕业生求职难度影响因素的实证研究——基于社会资本、人力资本与物质资本的比较研究及其交互效应[J]. 青年研究，2009(2).
[259]张彤，刘铸. 国外大学生就业力模式研究及对我国的启示[J]. 现代教育管理，2016(5).
[260]张文宏，韩钰. 家庭背景影响学生知识素养的路径研究——基于PISA 2015中国四省市数据的分析[J]. 江苏行政学院学报，2018(2).
[261]张文宏，苏迪. 文化资本、经济资本与阶层再生产[J]. 江海学刊，2018(3).
[262]张文宏. 社会网络资源在职业配置中的作用[J]. 社会，2006(6).

[263]张文贤. 人力资源会计[M]. 大连：东北财经大学出版社，2002.
[264]张文玉，蒋承. 家庭社会资本与大学生就业——区分社会资本存量与使用量的实证分析[J]. 教育学术月刊，2018(9).
[265]张文玉. 家庭社会资本、动员能力与大学生求职[J]. 中国青年研究，2017(12).
[266]张雪魁. 知识、不确定性与经济理论：主流经济理论的三个替代性假设[M]. 上海：上海人民出版社，2010.
[267]张亚强. 大学毕业生就业风险的社会危害及其规避[J]. 山西财经大学学报，2012，34(S1).
[268]张艳，张双月，张莉. 基于SEM的家庭文化资本对农科大学生农村基层就业意愿的影响分析[J]. 现代教育管理，2018(4).
[269]张杨. 家庭资本与研究生就业认知——基于“211”高校的实证研究[J]. 高教探索，2018(1).
[270]张意忠，黄礼红. 家庭文化资本与高等教育需求关系实证分析[J]. 江西社会科学，2017，37(8).
[271]张优良，刘腾飞. 大学生能力发展与就业部门选择的实证研究——基于首都高校大学生发展状况的调查[J]. 国家教育行政学院学报，2016(7).
[272]赵必华. 影响学生学业成绩的家庭与学校因素分析[J]. 教育研究，2013，34(3).
[273]赵德成，王璐环. 学校治理结构及其对学生成绩的影响：中国四省(市)与PISA2015高分国家/经济体的比较分析[J]. 全球教育展望，2019，48(6).
[274]赵建国，王嘉箐. 社会资本对大学生就业质量的影响研究[J]. 财经问题研究，2017(6).
[275]赵曙明，陈天渔. 经济增长方式转型与人力资本投资[J]. 江苏社会科学，1998(1).
[276]赵延东. 再就业中的社会资本：效用与局限[J]. 社会学研究，2002(4).
[277]赵钊翊. 疫情影响下大学生就业风险与应对策略[J]. 山东人力资源和社会保障，2020(11).
[278]郑雅君. 谁是90后名校优等生——文化资本与学业成就关系的个案研究[J]. 甘肃行政学院学报，2015(5).
[279]中国大百科全书出版社《简明不列颠百科全书》编辑部译. 简明不列颠百科

全书2[M]. 北京：中国大百科全书出版社，1985.
[280]钟云华. 人力资本、社会资本与大学毕业生求职[J]. 高教探索，2011(3).
[281]周必彧，翁杰，韩翼祥. 大学生就业和劳动力市场效率研究[J]. 高等工程教育研究，2010(1).
[282]周春平. 人力资本结构对高校毕业生就业的影响——江苏5所地方高校2012届毕业生的实证分析[J]. 人口与社会，2014，30(3).
[283]周坤. 论人力资本的特征及其价值实现[J]. 中国科技论坛，1997(3).
[284]周其仁. 市场里的企业：一个人力资本与非人力资本的特别合约[J]. 经济研究，1996(6).
[285]周天勇. 劳动与经济增长[M]. 上海：上海三联书店，上海人民出版社，1994.
[286]周小李. 女大学生就业难：文化资本与符号资本的双重弱势[J]. 教育研究与实验，2011(1).
[287]周序. 文化资本与学业成绩——农民工家庭文化资本对子女学业成绩的影响[J]. 国家教育行政学院学报，2007(2).
[288]周云波，武鹏，高连水. 文化资本的内涵及其估计方案[J]. 中央财经大学学报，2009(8).
[289]朱必祥. 人力资本理论与方法[M]. 北京：中国经济出版社，2005.
[290]朱国宏主编. 经济社会学[M]. 上海：复旦大学出版社，2003.
[291]朱红，张宇卿. 非认知与认知发展对大学生初职月薪的影响[J]. 华东师范大学学报(教育科学版)，2018，36(5).
[292]朱明伟，杨刚. 企业人力资本管理研究[J]. 南开管理评论，2001(5).
[293]朱镕君. 城乡之间：底层文化资本生成的空间机制[J]. 中国青年研究，2021(4).
[294]朱伟珏. "资本"的一种非经济学解读——布迪厄"文化资本"概念[J]. 社会科学，2005(6).
[295]朱晓妹，丁通达，连曦，陈科. 新生代大学生就业预期影响因素分析[J]. 华东交通大学学报，2013，30(2).
[296]朱舟. 人力资本投资的成本收益分析[M]. 上海：上海财经大学出版社，1999.
[297]祝军，岳昌君. 家庭背景、人力资本对高校毕业生自主创业行为的影响关

系研究——基于2017年高校毕业生就业状况调查的实证分析[J]. 中国青年研究，2019(1).

[298]宗晓武，周春平. 人力资本对大学生就业能力的影响[J]. 江苏高教，2012(1).

[299]邹波，周家星. 大学生如何能够找到"好工作"——人力资本影响大学生就业质量的实证分析[J]. 教育学术月刊，2019(10).

二、外文参考文献

[1] Alimi O S, Ehinola G B, Alabi F O. School Types, Facilities and Academic Performance of Students in Senior Secondary Schools in Ondo State, Nigeria[J]. International Education Studies, 2012, 5(3).

[2] Arshad M, Qamar Z A, Gulzar F H. Effects of Physical Facilities at Public Schools on Students' Achievement in Punjab, Pakistan [J]. Global Social Sciences Review, 2018, 3(4).

[3] Aschaffenburg K, Maas I. Cultural and Educational Careers: The Dynamics of Social Reproduction[J]. American Sociological Review, 1997, 62(4).

[4] Attewell P, Battle J. Home Computers and School Performance[J]. Information Society, 1999, 15(1).

[5] Bamford M. The Influence of Cultural Capital on Teachers' Perceptions of Native and Immigrant Students' Academic and Social Behaviors[D]. The Florida State University, 2014.

[6] Banks A. Student Engagement, Social and Cultural Capital of Incarcerated Youth and Their Overall Human Capital Net Worth[D]. University of Redlands, 2015.

[7] Barone C. Cultural Capital, Ambition and the Explanation of Inequalities in Learning Outcomes: A Comparative Analysis[J]. Sociology, 2006, 40 (6).

[8] Barrett R. Liberating the Corporate Soul: Building a Visionary Organization [M]. Cambridge, MA: Butterworth-Heinemann, 1998.

[9] Becker G S. Investment in Human Capital: A Theoretical Analysis[J]. Journal of Political Economy, 1962, 70(5).

[10] Becker L A. Noncredit to Credit Transitions: The Role of Cultural Capital and Habitus for Adult Immigrant Learners in the Community College[D]. California

State University, Long Beach, 2010.

[11]Blaug M. The Empirical Status of Human Capital Theory: A Slightly Janundiced Survey [J]. Journal of Economic Literature, 1976, 14(3).

[12]Bodovski K, Chykina V, Khavenson T. Do Human and Cultural Capital Lenses Contribute to Our Understanding of Academic Success in Russia [J]. British Journal of Sociology of Education, 2019, 40(3).

[13]Bouhlila D S. The Heyneman—Loxley Effect Revisited in the Middle East and North Africa: Analysis Using TIMSS 2007 Database[J]. International Journal of Educational Development, 2015, 42 (C).

[14]Boxman E A W, De Graaf P M, Flap H D. The Impact of Social and Human Capital on the Income Attainment of Dutch Managers[J]. Social Networks, 1991, 13(1).

[15]Broadfoot T. Reviewed Work(s): Reproduction in Education, Society and Culture by Pierre Bourdieu and Jean-Claude Passeron [J]. Comparative Education, 1978, 14(1).

[16]Cabanová V. Relation of Family Conditions and School Success[C]. International Multidisciplinary Scientific Conference on Social Sciences & Arts SGEM, 2014.

[17]Cabrera N L, Padilla A M. Entering and Succeeding in the "Culture of College": The Story of Two Mexican Heritage Students[J]. Hispanic Journal of Behavioral Sciences, 2004, 26(2).

[18]Candal M A. Cultural Capital, Boundary Crossing, and Parent Involvement: A Case Study of Involvement by Low-Income, African-American Parents at a Charter School[D]. University of Michigan, 2016.

[19]Caprara B. The Impact of Cultural Capital on Secondary Student's Performance in Brazil[J]. Universal Journal of Educational Research, 2016, 4(11).

[20]Carter P L. "Black" Cultural Capital, Status Positioning, and Schooling Conflicts for Low-Income African American Youth [J]. Social Problems, 2003, 50(1).

[21]Casey A, Layte R, Lyons S, Silles M. Home Computer Use and Academic Performance of Nine-year-olds[J]. Oxford Review of Education, 2012, 38(5).

[22]Castro M, Expósito-Casas E, López-Marítn E, Lizasoain L, Navarro-Asencio E, Gaviria J L. Parental Involvement on Student Academic Achievement: A Meta-

analysis[J]. Educational Research Review, 2015, 14.
[23] Chan W K. Employability Does Not Necessarily Lead to Competitiveness: An Employment Gap Resulting from Ascribed Factors [J]. Chinese Education and Society, 2012, 45(2).
[24] Charlton L B. From College to Kindergarten: Teacher Education Background and Student Achievement[D]. The University of North Carolina at Chapel Hill, 2010.
[25] Cheng S T, Kaplowitz S A. Family Economic Status, Cultural Capital, and Academic Achievement: The Case of Taiwan [J]. International Journal of Educational Development, 2016, 49 (C).
[26] Chiu M M, Chow B W Y. Culture, Motivation, and Reading Achievement: High School Students in 41 Countries[J]. Learning and Individual Differences, 2010, 20(6).
[27] Clucas R S. A Case Study of the After-School Programs at Tomorrow's Aeronautical Museum and the Development of Embodied Cultural Capital [D]. Claremont Graduate University, 2015.
[28] Coleman J S. Social Capital in the Creation of Human Capital [J]. American Journal of Sociology, Supplement: Organizations and Institutions: Sociological and Economic Approaches to the Analysis of Social Structure, 1988, 94.
[29] Cooke-Rivers J O. On the Nature of Cultural Capital: The Reinforcing Action of Non-Elite Forms and Racial Differences in Student Achievement in the Middle Class[D]. Harvard University, 2014.
[30] Coonfield E S. Job Search Patterns of College Graduates: The Role of Social Capital[D]. University of Kansas, 2012.
[31] Costanza R, Daly H E. Natural Capital and Sustainable Development [J]. Conservation Biology, 1992, 6(1).
[32] Curry M J. Adult ESL Students in the Contact Zone: Exploring the Effects of Multiple Educational Attainment Levels on the Community College Writing Classroom [R]. Paper presented at the Annual Meeting of the American Educational Research Association (April 10-14, 2001). Seattle, WA. 2001.
[33] Dalziel P, Saunders C, Fyfe R, Newton B. Sustainable Development and Cultural Capital[J]. Statistics New Zealand, 2009 (1).

[34] David P L, Scott A S. The Human Resource Architecture: Toward A Theory of Human Capital Allocation and Development[J]. The Academy of Management Review, 1999, 24 (1).

[35] Davidsson P, Honig B. The Role of Social and Human Capital among Nascent Entrepreneurs[J]. Journal of Business Venturing, 2003, 18(3).

[36] De Graaf N D, De Graaf P M, Kraaykamp G. Parental Cultural Capital and Educational Attainment in the Netherlands: A Refinement of the Cultural Capital Perspective[J]. Sociology of Education, 2000, 73(2).

[37] Diaz L S. Examining the Role of Social and Cultural Capital in Latino Parents Access of a College-Going Culture[D]. San Diego State University, 2016.

[38] DiMaggio P. Cultural Capital and School Success: The Impact of Status Culture Participation on the Grades of U. S. High School Students [J]. American Sociological Review, 1982, 47(2).

[39] Dreher G F, Bretz R D. Cognitive Ability and Career Attainment: Moderating Effects of Early Career Success[J]. Journal of Applied Psychology, 1991, 76 (3).

[40] Dube M B, Mlotshwa P R. Factors Influencing Enrolled Nursing Students' Academic Performance at a Selected Private Nursing Education Institution in KwaZulu-Natal[J]. Curationis, 2018, 41 (1).

[41] Dumais S A, Ward A. Cultural Capital and First-generation College Success [J]. Poetics, 2010, 38 (3).

[42] Dumais S A. Cultural Capital, Gender, and School Success: The Role of Habitus [J]. Sociology of Education, 2002, 75 (1).

[43] Duran J C. Cultural Capital and Achievement Goals in Hispanic College Students at Two- and four-year Educational Institutions[D]. Oklahoma State University, 2010.

[44] Earthman G I. Examining Methodological Differences: Research on the Relationship between School Building Condition and Student Achievement[J]. Educational Planning, 2018, 25(3).

[45] Eitle T M, Eitle D J. Race, Cultural Capital, and the Educational Effects of Participation in Sports [J]. Sociology of Education, 2002, 75(2).

[46] Farkas G, Sheehan D, Grobe R P, Shuan Y. Cultural Resources and School Success: Gender, Ethnicity, and Poverty Groups within an Urban School District [J]. American Sociological Review, 1990, 55(1).

[47] Fernández C. The Role of Education vis-a-vis Job Experience in Explaining the Transitions to Employment in the Spanish Youth Labour Market [J]. Spanish Economic Review, 2006, 8(3).

[48] Fitz-enz J. The ROI of Human Capital: Measuring the Economic Value of Employee Performance [M]. New York: Amacom, 2000.

[49] Fox M. Is It a Good Investment to Attend an Elite Private College? [J]. Economics of Education Review, 1993, 12(2).

[50] Fugate M, Kinicki A J, Ashforth B E. Employability: A Psycho-Social Construct, Its Dimensions, and Applications [J]. Journal of Vocational Behavior, 2004, 65 (1).

[51] Gao L. Impacts of Cultural Capital and Economic Capital on Student College Choice Process in China [D]. University of Maryland, College Park., 2008.

[52] Gearhart S R. Cultural Capital and School Choice Participation: Who Chooses What? Evidence from the High School Longitudinal Study of 2009 [D]. Temple University, 2018.

[53] Gibbons R, Waldman M. Task-specific Human Capital [J]. The American Economic Review, 2004, 94(2).

[54] Gietz C, McIntosh K. Relations between Student Perceptions of Their School Environment and Academic Achievement [J]. Canadian Journal of School Psychology, 2014, 29 (3).

[55] González-Romá V, Gamboa J P, Peiró J M. University Graduates' Employability, Employment Status, and Job Quality [J]. Journal of Career Development, 2018, 45(2).

[56] Gouldner A W. The Future of Intellectuals and the Rise of the New Class [M]. New York: Macmillan Co., 1979.

[57] Grayson J P. Cultural Capital and Achievement of Chinese International and Canadian Domestic Students in a Canadian Business Programme [J]. International Journal of Management Education, 2011, 9(2).

[58] Grayson J P. Social Dynamics, University Experiences, and Graduates' Job Outcomes[J]. British Journal of Sociology of Education, 2004, 25(5).

[59] Guo X, Lv B, Zhou H, Liu C, Liu J, Jiang K, Luo L. Gender Differences in How Family Income and Parental Education Relate to Reading Achievement in China: The Mediating Role of Parental Expectation and Parental Involvement[J]. Frontiers In Psychology, 2018, 9.

[60] Hanselman P, Bruch S K, Gamoran A, Borman G D. Threat in Context: School Moderation of the Impact of Social Identity Threat on Racial/Ethnic Achievement Gaps[J]. Sociology of Education, 2014, 87(2).

[61] Hartog J, Sun Y, Ding X. University Rank and Bachelor's Labour Market Positions in China[J]. Economics of Education Review, 2010, 29(6).

[62] Heyneman S P, Loxley W A. The Effect of Primary-School Quality on Academic Achievement Across Twenty-nine High- and Low-Income Countries[J]. American Journal of Sociology, 1983, 88(6).

[63] Hill N E, Castellino D R, Lansford J E, Nowlin P, Dodge K A, Bates J E, Pettit G S. Parent Academic Involvement as Related to School Behavior, Achievement, and Aspirations: Demographic Variations across Adolescence [J]. Child Development, 2004, 75(5).

[64] Hill N E, Tyson D F. Parental Involvement in Middle School: A Meta-analytic Assessment of the Strategies that Promote Achievement [J]. Developmental Psychology, 2009, 45(3).

[65] Hopland A O. School Facilities and Student Achievement in Industrial Countries: Evidence from the TIMSS[J]. International Education Studies, 2013, 6(3).

[66] Hossain B, Lamb L. The Impact of Human and Social Capital on Aboriginal Employment Income in Canada[J]. Economic Papers, 2012, 31(4).

[67] Howkins J. Creative Ecologies: Where Thinking is a Proper Job[M]. Lisbon: University of Queensland Press, 2009.

[68] Huang H, Liang G. Parental Cultural Capital and Student School Performance in Mathematics and Science across Nations[J]. Journal of Educational Research. 2016, 109 (3).

[69] Huang H, Tse S, Chu S K, et al. The Correlation between Out-of-School and In-

School Reading Resources with Primary School Students' Reading Attainment[J]. Information Research, 2019, 24(3).

[70] Hughes J N, Luo W, Kwok O M, Loyd L K. Teacher-student Support, Effortful Engagement, and Achievement: A 3-year Longitudinal Study [J]. Journal of Educational Psychology, 2008, 100(1).

[71] Iffland A R. The Influence of Financial, Cultural and Social Capital on the Likelihood of Success of Community College Students: A Quantitative Study Utilizing the Education Longitudinal Study of 2002—2012 [D]. The Claremont Graduate University, 2016.

[72] Jacobs N, Harvey D. The Extent to Which Teacher Attitudes and Expectations Predict Academic Achievement of Final Year Students[J]. Educational Studies, 2010, 36(2).

[73] Jæger M M, Møllegaard S, Cultural Capital, Teacher Bias, and Educational Success: New Evidence from Monozygotic Twins [J]. Social Science Research, 2017, 65(7).

[74] Jæger M M. Does Cultural Capital Really Affect Academic Achievement? New Evidence from Combined Sibling and Panel Data [J]. Sociology of Education, 2011, 84(4).

[75] Jæger M M. Equal Access but Unequal Outcomes: Cultural Capital and Educational Choice in a Meritocratic Society[J]. Social Forces, 2009, 87(4).

[76] Jeynes W H. The Relationship between Parental Involvement and Urban Secondary School Student Academic Achievement: A Meta-Analysis[J]. Urban Education, 2007, 42(1).

[77] Johnson S M, Kraft M A, Papay J P. How Context Matters in High-Need Schools: The Effects of Teachers' Working Conditions on Their Professional Satisfaction and Their Students' Achievement[J]. Teachers College Record, 2012, 114(10).

[78] Jones E B, Long J E. Human Capital and Labor Market Employment: Additional Evidence for Women[J]. Journal of Human Resources, 1979, 14(2).

[79] Kalmijn M, Kraaykamp G. Race, Cultural Capital, and Schooling: An Analysis of Trends in the United States[J]. Sociology of Education, 1996, 69 (1).

[80] Kamens D. Colleges and Elite Formation: The Case of Prestigious American

Colleges [J]. Sociology of Education, 1974, 47(3).

[81]Katsillis J, Rubinson R. Cultural Capital, Student Achievement, and Educational Reproduction: The Case of Greece[J]. American Sociological Review, 1990, 55(2).

[82]Kingston P W. The Unfulfilled Promise of Cultural Capital Theory[J]. Sociology of Education, 2001, 74.

[83]Kirchmeyer C. Determinants of Managerial Career Success: Evidence and Explanation of Male/Female Differences[J]. Journal of Management, 1998, 24(6).

[84]Kozlowski K P. Contradiction in Culture: Cultural Capital or Oppositional Culture? [D]. The University of North Carolina at Chapel Hill. 2011.

[85]Kuh G D, Kinzie J, Schuh J H, Whitt E J, and Associates. Student Success in College: Creating Conditions That Matter [M]. Jossey-Bass, San Francisco, CA: American Association for Higher Education, 2005.

[86]Kulm T L, Cramer S. The Relationship of Student Employment to Student Role, Family Relationships, Social Interactions and Persistence [J]. College Student Journal, 2006, 40(4).

[87]Lamont M, Lareau A. Cultural capital: Allusions, Gaps and Glissandos in Recent Theoretical Developments[J]. Sociological Theory, 1988, 6(2).

[88] Langelett G. Human Capital: A Summary of the 20th Century Research[J]. Journal of Education Finance, 2002, 28(1).

[89]Lareau A, Weininger E B. Cultural Capital in Educational Research: A Critical Assessment[J]. Theory & Society, 2003, 32(5/6).

[90]Lavy S, Nixon J L. Applications, Enrollment, Attendance, and Student Performance in Rebuilt School Facilities: A Case Study[J]. International Journal of Construction Education and Research, 2017, 13(2).

[91]Lay Y F, Chandrasegaran A L. Availability of School Resources and TIMSS Grade 8 Students' Science Achievement: A Comparative Study between Malaysia and Singapore[J]. International Journal of Environmental and Science Education, 2016, 11(9).

[92] Lee J W, Barro R J. Schooling Quality in a Cross-Section of Countries[J].

Economica, 2001, 68(272).

[93]Lee-Cha M S. Cultural Capital, Social Identity, and Self-Efficacy Impact on the Academic Achievement of Professional Hmong Women [D]. California State University, Fresno, 2017.

[94]Liang Y L, Yu L. Human Capital and The Re-employment of Retrenchment Labor in Urban China[J]. Review of Development Economics, 2019, 23(3).

[95]Lin C Y, Chen C H. Early Childhood Family Learning Environment's Influence on Adolescent Learning Achievement in Taiwan[J]. Australasian Journal of Early Childhood, 2015, 40(2).

[96]Lockheed M E, Fuller B, Nyirongo R. Family Effects on Students' Achievement in Thailand and Malawi[J]. Sociology of Education, 1989, 62(4).

[97]Long M C. College Quality and Early Adult Outcomes [J]. Economics of Education Review, 2008, 27(5).

[98]Lucas R E. On the Mechanics of Economic Development[J]. Journal of Monetary Economics, 1988, 22 (1).

[99] Lucas S R. Selective Attrition in a Newly Hostile Regime: The Case of 1980 Sophomores[J]. Social Forces, 1996, 75(2).

[100]Luhmann N. Risk: A Sociological Theory [M]. De Gruyter: Berlin, Germany, 1993.

[101] Luiselli J K, Putnam R F, Handler M W. Whole-School Positive Behaviour Support: Effects on Student Discipline Problems and Academic Performance[J]. Educational Psychology, 2005, 25(2-3).

[102]Lynn R. Learning to Like Facebook? Effects of Cultural and Educational Capital on the Use of Social Network Sites in a Population of University Students[D]. University of Missouri - Saint Louis, 2009.

[103]Marks G N. The Influence of Cultural Capital on Educational and Early Labour Market Outcomes of Young People in Australia. In: Robson K, Sanders C. (eds) Quantifying Theory: Pierre Bourdieu[M]. Springer, Dordrecht, 2009.

[104]Marsden P V, Hurlbert J S. Social Resources and Mobility Outcomes: A Replication and Extension[J]. Social Forces, 1988, 66 (4).

[105]Marteleto L, Andrade F. The Educational Achievement of Brazilian Adolescents:

Cultural Capital and the Interaction between Families and Schools[J]. Sociology of Education, 2014, 87(1).

[106] Marvel M R, Lumpkin G T. Technology Entrepreneurs' Human Capital and Its Effects on Innovation Radicalness[J]. Entrepreneurship: Theory & Practice, 2007, 31 (6).

[107] McArdle S, Waters L, Briscoe J P, Hall D T. Employability during Unemployment: Adaptability, Career Identity and Human and Social Capital[J]. Journal of Vocational Behavior, 2007, 71 (2).

[108] McDonough P M, Antonio A L, Horvat E M. College Choice as Capital Conversion and Investment: A New Model[C]. ASHE Annual Meeting Paper, 1997.

[109] McFadden D. Human Capital Accumulation and Depreciation[J]. Review of Agricultural Economics, 2008, 30(3).

[110] McGuinness S. University Quality and Labour Market Outcomes[J]. Applied Economics, 2003, 35 (18).

[111] Mercy J A, Steelman L C. Familial Influence on the Intellectual Attainment of Children[J]. American Sociological Review, 1982, 47(4).

[112] Meza K A. Cultural Capital Origins, Knowledge, and Strategies in the Four-year College Choice Process: A Study of Latinao Community College Transfer Students [D]. The Claremont Graduate University, 2011.

[113] Mitchell K D. Cultural Capital Facilitators and First-generation Community College Students[D]. The University of Arizona, 2007.

[114] Mitchell V W. Consumer Perceived Risk: Conceptualisations and Models[J]. European Journal of Marketing, 1999, 33(1/2).

[115] Mwamwenda T S, Mwamwenda B B. School Facilities and Pupils' Academic Achievement[J]. Comparative Education, 1987, 23(2).

[116] Nakhaie M R, Kazemipur A. Social Capital, Employment and Occupational Status of the New Immigrants in Canada[J]. Journal of International Migration & Integration, 2013, 14(3).

[117] Ndlovu N. School Resources and Student Achievement: A Study of Primary Schools in Zimbabwe[J]. Educational Research and Reviews, 2018, 13(7).

[118]Ng T W H, Eby L T, Sorensen K L, Feldman D C. Predictors of Objective and Subjective Career Success: A Meta-analysis [J]. Personnel Psychology, 2005, 58(2).

[119]Nonoyama-Tarumi Y. Cross-national Estimates of the Effects of Family Background on Student Achievement: A Sensitivity Analysis[J]. International Review of Education, 2008, 54.

[120]O'Neill D J, Oates A D. The Impact of School Facilities on Student Achievement, Behavior, Attendance, and Teacher Turnover Rate in Central Texas Middle Schools[J]. Educational Facility Planner, 2001, 36(3).

[121]Paul J J, Murdoch J. Higher Education and Graduate Employment in France [J]. European Journal of Education, 2000, 35(2).

[122]Perna L W. Differences in the Decision to Attend College among African Americans, Hispanics, and Whites[J]. The Journal of Higher Education, 2000, 71(2).

[123]Pietro G D, Cutillo A. University Quality and Labour Market Outcomes in Italy [J]. Labour: Review of Labour Economics & Industrial Relations, 2006, 20 (1).

[124]Piri S, Pishghadam R, Dixon L Q, et al. Predictors of L2 Achievement: Testing a Model based on EFL Learners' Emotional, Social, and Cultural Capitals[J]. Issues in Educational Research, 2018, 28(3).

[125]Plian P H, Lee S H. Human Capital or Social Network: What Constrains CEO Dismissals[J]. Academy of Management Best Papers Proceedings, 1995.

[126]Portes A. Social Capital: Its Origins and Applications in Modern Sociology[J]. Annual Review of Sociology, 1998, 24(1).

[127]Rahim B. School Resources and Learning Outcomes: An Empirical Study of Rural Public Schools [J]. Excellence in Education Journal, 2018, 7(2).

[128]Reynolds A J, Gill S. The Role of Parental Perspectives in the School Adjustment of Innercity Black Children[J]. Journal of Youth & Adolescence, 1994, 23(6).

[129]Riaz F, Zafar M I, Maann A A, et al. Parent's Cultural Capital and its Effects on Children Academic Performance [J]. Pakistan Journal of Agricultural

Sciences, 2010, 47(2).

[130] Robinson R V. Garnier M A. Class Reproduction Among Men and Women in France: Reproduction Theory on Its Home Ground [J]. American Journal of Sociology, 1985, 9(2).

[131] Romer PM. Increasing Returns and Long-Run Growth [J]. Journal of Political Economy, 1986, 94(5).

[132] Rotkowski J. Rapid Labor Reallocation with a Stagnant Unemployment Pool: The Puzzle of the Labor Market in Lithuania [R]. World Bank Policy Research Working Paper 2946, 2003.

[133] Rowan B, Chiang F S, Miller R J. Using Research on Employees' Performance to Study the Effects of Teachers on Students' Achievement [J]. Sociology of Education, 1997, 70(4).

[134] Rubie-Davies C, Hattie J, Hamilton R. Expecting the Best for Students: Teacher Expectations and Academic Outcomes [J]. British Journal of Educational Psychology, 2006, 76(3).

[135] Ruhm C J. Is High School Employment Consumption or Investment? [J]. Journal of Labor Economics, 1997, 15(4).

[136] Ruiz-Adame Reina M. Employment Outcomes and Satisfaction Levels in Graduates of the Gerontology Master's Programs in Spain [J]. Educational Gerontology, 2016, 42(8).

[137] Saks A M, Ashforth B E. Is Job Search Related to Employment Quality? It All Depends on the Fit [J]. Journal of Applied Psychology, 2002, 87(4).

[138] Sanders J. Nativity, Human Capital, and Government Employment [J]. Social Science Research, 2007, 36(1).

[139] Santos A S, Reis Neto M T, Verwaal E. Does Cultural Capital Matter for Individual Job Performance? A Large-scale Survey of the Impact of Cultural, Social and Psychological Capital on Individual Performance in Brazil [J]. International Journal of Productivity & Performance Management, 2018, 67(8).

[140] Scherger S, Savage M. Cultural Transmission, Educational Attainment and Social Mobility [J]. Sociological Review, 2010, 58(3).

[141] Scribner M. Influence of Social and Cultural Capital including Language of

English Learners on Student Engagement[D]. University of Redlands, 2016.

[142] Shrum C M. Embracing Cultural Capital: Civic Entrepreneurs Transforming Community[D]. Fielding Graduate University, 2015.

[143] Sitkin S B, Weingart L R. Determinants of Risky Decision-Making Behavior: A Test of the Mediating Role of Risk Perceptions and Propensity[J]. Academy of Management Journal, 1995, 38(6).

[144] Slovic P. Perception of Risk[J]. Science, 1987, 236(4799).

[145] Spera C, Wentzel K R, Matto H C. Parental Aspirations for Their Children's Educational Attainment: Relations to Ethnicity, Parental Education, Children's Academic Performance, and Parental Perceptions of School Climate[J]. Journal of Youth & Adolescence, 2009, 38(8).

[146] Stephenson J, Stanley P. In-school Labour Force Status and Post-school Wage Rates of Young Men[J]. Applied Economics, 1981, 13(3).

[147] Strayhorn T L. When Race and Gender Collide: Social and Cultural Capital's Influence on the Academic Achievement of African American and Latino Males [J]. Review of Higher Education, 2010, 33(3).

[148] Sullivan A. Cultural Capital and Educational Attainment[J]. Sociology, 2001, 35(4).

[149] Sun J, Lau C, Sincovich A, Rao N. Socioeconomic Status and Early Child Development in East Asia and the Pacific: The Protective Role of Parental Engagement in Learning Activities [J]. Children & Youth Services Review, 2018, 93.

[150] Tan C Y, Liu D. What is the Influence of Cultural Capital on Student Reading Achievement in Confucian as Compared to Non-Confucian Heritage Societies? [J]. Compare: A Journal of Comparative & International Education, 2018, 48 (6).

[151] Tan C Y. Examining Cultural Capital and Student Achievement: Results of a Meta-Analytic Review[J]. Alberta Journal of Educational Research, 2017, 63 (2).

[152] Tan C Y. The Contribution of Cultural Capital to Students' Mathematics Achievement in Medium and High Socioeconomic Gradient Economies [J].

British Educational Research Journal, 2015, 41(6).

[153]Thiele M. Class, Cultural Capital and the Elite University: A Look at Academic and Social Adjustment and Relations with Authority [D]. University of California, Irvine, 2011.

[154]Thomas S L. Longer-Term Economic Effects of College Selectivity and Control [J]. Research in Higher Education, 2003, 44(3).

[155]Throsby D. The Production and Consumption of the Arts: A View of Cultural Economics[J]. Journal of Economic Literature, 1994(1).

[156]Tramonte L, Willms J D. Cultural Capital and Its Effects on Education Outcomes [J]. Economics of Education Review, 2010, 29 (2).

[157]Turner E A, Chandler M, Heffer R W. The Influence of Parenting Styles, Achievement Motivation, and Self-Efficacy on Academic Performance in College Students[J]. Journal of College Student Development, 2009, 50(3).

[158]Ueda K. How Do Local Labor Markets and Human Capital Affect Employment Outcomes after Job Loss? [J]. Southern Economic Journal, 2019, 86(2).

[159]Uline C, Tschannen-Moran M. The Walls Speak: The Interplay of Quality Facilities, School Climate, and Student Achievement[J]. Journal of Educational Administration, 2008, 46(1).

[160]Usman S. Factors Influencing Students' Academic Performance at Higher Secondary Level: Teachers' Perception [J]. Language in India, 2012, 12(9).

[161]Van den Bergh L, Denessen E, Hornstra L, Voeten M, Holland R W. The Implicit Prejudiced Attitudes of Teachers: Relations to Teacher Expectations and the Ethnic Achievement Gap [J]. American Educational Research Journal, 2010, 47(2).

[162]Vorhies V, Davis K, Frounfelker R, Kaiser S. Applying Social and Cultural Capital Frameworks: Understanding Employment Perspectives of Transition Age Youth with Serious Mental Health Conditions [J]. Journal of Behavioral Health Services & Research, 2012, 39(3).

[163]Wadhwa R. Unequal origin, Unequal Treatment, and Unequal Educational Attainment: Does being First Generation Still a Disadvantage in India? [J]. Higher Education, 2018, 76(2).

[164] Walton G M, Cohen G L. A Brief Social-Belonging Intervention Improves Academic and Health Outcomes of Minority Students [J]. Science, 2011, 331 (6023).

[165] Wang Youhang, Wen Dongmao. Characteristics and Factors of the Grassroots Employment of College Graduates[J]. Chinese Education & Society, 2015, 48 (1).

[166] Whyte I. The Influence of Cultural Capital on Student Motivation to Learn and Succeed in Bermuda Schools[D]. Northcentral University, 2015.

[167] Wildhagen T. Why Does Cultural Capital Matter for High School Academic Achievement? An Empirical Assessment of Teacher-Selection and Self-Selection Mechanisms as Explanations of the Cultural Capital Effect [J]. Sociological Quarterly, 2009, 50.

[168] Wildhagen T. Why does Cultural Capital Matter for High School Academic Performance? An Empirical Assessment of Teacher-Selection and Self-Selection Mechanisms as Explanations of the Cultural Capital Effect [J]. Sociological Quarterly, 2009, 50(1).

[169] Wilson J, Musick M. Who Cares? Toward an Integrated Theory of Volunteer Work[J]. American Sociological Review, 1997, 62(5).

[170] Win R, Miller P W. The Effects of Individual and School Factors on University Students' Academic Performance [J]. Australian Economic Review, 2005, 38 (1).

[171] Winkle-Wagner R. Cultural Capital: The Promises and Pitfalls in Education Research[J]. ASHE Higher Education Report, 2010, 36(1).

[172] Wu Yuxiao. Cultural Capital, the State, and Educational Inequality in China, 1949-1996[J]. Sociological Perspectives, 2008, 51(1).

[173] Xie C, Ma Y. The Mediating Role of Cultural Capital in the Relationship between Socioeconomic Status and Student Achievement in 14 Economies[J]. British Educational Research Journal, 2019, 45(4).

[174] Xu J, Hampden-Thompson G. Cultural Reproduction, Cultural Mobility, Cultural Resources, or Trivial Effect? A Comparative Approach to Cultural Capital and Educational Performance [J]. Comparative Education Review,

2012, 56(1).

[175] Yosso T J. Whose Culture Has Capital? A Critical Race Theory Discussion of Community Cultural Wealth[J]. Race Ethnicity and Education, 2005, 8(1).

[176] Zemková J, Mentel A. A Relationship between Home Resources for Education, Educational Aspirations and School Outcomes of Pupils: A Qualitative Probe on the Cultural Capital Transmission[C]. Proceedings of the Conference on Social Processes & Personality, 2013.

[177] Zhang L. Do Measures of College Quality Matter? The Effect of College Quality on Graduates' Earnings[J]. Review of Higher Education, 2005, 28(4).

[178] Zweigenhaft R L. Prep School and Public School Graduates of Harvard: A Longitudinal Study of the Accumulation of Social and Cultural Capital[J]. Journal of Higher Education, 1993, 64(2).